Franziska Lempe

Die rechtliche Kartografierung von Forschungs- und Entwicklungsverträgen

Franziska Lempe

Die rechtliche Kartografierung von Forschungs- und Entwicklungsverträgen

Die Vertragstypologie der Forschungs- und Entwicklungsleistungen

Tectum Verlag

Vorliegende Dissertation von Franziska Lempe wurde angenommen von der Juristischen Fakultät der Technischen Universität Dresden.

Franziska Lempe

Die rechtliche Kartografierung von Forschungs- und Entwicklungsverträgen. Die Vertragstypologie der Forschungs- und Entwicklungsleistungen

Zugl. Diss. Technische Universität Dresden, Juristische Fakultät, 2011
ISBN: 978-3-8288-2997-8

Umschlagabbildung: Fotolia.com © Guido Vrola
Druck und Bindung: CPI buchbücher.de, Birkach
Printed in Germany

Besuchen Sie uns im Internet
www.tectum-verlag.de

MIX
Papier aus verantwortungsvollen Quellen
FSC® C003147

Bibliografische Informationen der Deutschen Nationalbibliothek
Die Deutsche Nationalbibliothek verzeichnet diese Publikation in der Deutschen Nationalbibliografie; detaillierte bibliografische Angaben sind im Internet über http://dnb.ddb.de abrufbar.

Für Ronny.

Vielen Dank für Deine Geduld.

&

Für meine Eltern.

INHALTSÜBERSICHT

INHALTSVERZEICHNIS

ABKÜRZUNGSVERZEICHNIS

a.A.	andere Ansicht
a.a.O.	am angegebenen Ort
a.F.	alte Fassung
ABlEG	Amtsblatt der Europäischen Union
Abs.	Absatz
AGB	Allgemeine Geschäftsbedingungen
Anm.	Anmerkung
AnwKomm-BGB	Anwaltkommentar BGB
ArbnErfG	Gesetz über Arbeitnehmererfindungen
Art.	Artikel
Aufl.	Auflage
BAG	Bundesarbeitsgericht
Bd.	Band
BGBl.	Bundesgesetzblatt
BGH	Bundesgerichtshof
BGHZ	Entscheidungen des Bundesgerichtshofs in Zivilsachen
BMBF	Bundesministerium für Bildung und Forschung
BMWi	Bundesministerium für Wirtschaft und Technologie
BMWi-Kommission	vom BMWi eingesetzte Expertenkommission zur Ausgestaltung der Vertragsverhältnisse zwischen Wissenschaft und Wirtschaft
BT-Drucks.	Bundestags-Drucksache
BVerfG	Bundesverfassungsgericht
BVerfGE	Entscheidungen des Bundesverfassungsgerichts
Bzw.	Beziehungsweise
CISG	Convention on the International Sales of Goods (Übereinkommen der Vereinten Nationen über Verträge über den internationalen Warenkauf)
demggü.	demgegenüber

ders.	derselbe
DFG	Deutsche Forschungsgemeinschaft
Diss.	Dissertation
EwiR	Entscheidungen zum Wirtschaftsrecht
f.	Folgende [Seite]
ff.	Folgende [Seiten]
FhG	Fraunhofer-Gesellschaft
FS	Festschrift
FuE	Forschung und Entwicklung
FuE-Vertrag	Forschungs- und Entwicklungsvertrag
FuEVO	Verordnung Nr.2659/2000 der Kommission vom 29. November 2000 über die Anwendung von Artikel 81 Absatz 3 des Vertrages auf Gruppen von Vereinbarungen über Forschung und Entwicklung
GG	Grundgesetz
ggf.	gegebenenfalls
ggü.	gegenüber
grds.	grundsätzlich
GRUR	Gewerblicher Rechtsschutz und Urheberrecht
GRUR Int.	Gewerblicher Rechtsschutz und Urheberrecht, Internationaler Teil
Hrsg.	Herausgeber
i.d.R.	in der Regel
i.e.S.	im engeren Sinne
insb.	insbesondere
i.S.	im Sinne
i.w.S.	im weiteren Sinne
ISIPLAV	International Studies in Intellectual Property Law – Alumni Verein e. V. (Sitz: Dresden)
i.Ü.	im Übrigen
LG	Landgericht
m.E.	meines Erachtens
m.w.N.	mit weiteren Nachweisen
MDR	Monatsschrift für deutsches Recht
Mitt.	Mitteilungen der deutschen Patentanwälte
MPG	Max-Planck-Gesellschaft
MünchKomm-BGB	Münchener Kommentar zum Bürgerlichen Gesetzbuch
MuW	Markenschutz und Wettbewerb
Neubearb.	Neubearbeitung
NJW	Neue Juristische Wochenschrift
NJW-RR	NJW-Rechtsprechungsreport
Nr.	Nummer

NZBau	Neue Zeitschrift für Baurecht und Vergaberecht
OLG	Oberlandesgericht
RdA	Recht der Arbeit
RG	Reichsgericht
RGZ	Entscheidungen des Reichsgerichts in Zivilsachen
Rn.	Randnummer
Rspr.	Rechtsprechung
S.	Seite
sog.	sogenannt
u.a.	unter anderem
unveröff.	unveröffentlicht
Urt.	Urteil
v.	vom
VerbrRL	Richtlinie 1999/44/EG des Europäischen Parlaments und des Rates vom 25.05.1999 zu bestimmten Aspekten des Verbrauchsgüterkaufs und der Garantien für Verbrauchsgüter (Verbrauchsgüterrichtlinie)
vgl.	vergleiche
Vorbem.	Vorbemerkungen
VPP	Vereinigung von Fachleuten des Gewerblichen Rechtsschutzes
WissR	Wissenschaftsrecht
WM	Wertpapier-Mitteilungen, Zeitschrift für Wirtschafts- und Bankrecht
WuB	Entscheidungssammlung zum Wirtschafts- und Bankrecht
ZPO	Zivilprozessordnung
zugl.	zugleich

EINLEITUNG

„Wenn wir wüssten, was wir tun,
würden wir das nicht Forschung nennen."

Albert Einstein, für viele der Inbegriff des Forschers schlechthin, fasst mit diesem Ausspruch ein Phänomen zusammen, welches in seiner allgemeinen Bedeutung wohl jedem Forschenden schon begegnet ist und dessen Ausprägungen in zunehmendem Maß auch auf juristischer Ebene interessant werden.

Forschung ist ungewiss, so die Botschaft, denn ihr Abzielen auf das Erfahren und Erschaffen von etwas objektiv Neuem oder subjektiv Unbekanntem nutzt Wege und Ansätze, die kaum bekannt, oft auch nicht vorhersehbar sind. Ihr Wesen ist geprägt von der Suche, dem Versuch, dem Irrtum und dem neuen Versuch. Die Entwicklung wird nicht genannt, ihr geht es aber, wie noch zu sehen sein wird, in aller Regel ebenso.

Die juristische Ebene der Problematik ist nicht schwer zu finden; sie liegt, als juristische „Gewandung" der Forschung, im Vertragsrecht. Hier bringt die Unwägbarkeit mit ihrem Defizit an Wissen und Vorhersehbarkeit einen Unsicherheitsfaktor ins Spiel, der weder das angestrebte Ziel noch den eingeschlagenen Lösungsweg oder vereinbarten Leistungsumfang unberührt lässt. Betroffene Verträge bleiben faktisch ergebnisoffen. Das Risiko einer Fehlkalkulation, respektive eines Misserfolgs, ist groß und wird anschaulich bezeichnet durch den Ausspruch[1], dass bei Forschung und Entwicklung immer eine Hälfte des Geldes zum Fenster herausgeworfen werde, man nur vorher nie wisse, welche.

Eine zweite Botschaft schält sich aus der Unwägbarkeit und deren juristischer „Gewandung" heraus. Es ist die Botschaft der Komplexität, die immer dann entsteht, wenn der Versuch unternommen wird, unsichere

1 *Schmeißer/Zirkel,* MDR 2003, S.849(850).

Konstellationen sicher zu regeln. Oft wird dabei eine Vielzahl verschiedener Inhalte vereint, die aufgrund genauester Abwägungen und harter Verhandlungen nur in ihrer Gesamtheit ein sinnvolles Ganzes ergeben. *Einstein* wusste dies nicht, er war aber auch kein Jurist.

Beide Botschaften manifestieren sich, und hier sei ein erster Bogen zum Thema der vorgelegten Arbeit geschlagen, in einer Reihe von Missständen bei der rechtlichen und praktischen Handhabung der betroffenen sog. Forschungs- und Entwicklungsverträge. Diese Missstände beginnen mit der Suche nach der passenden Gestaltungsform und sind mit dem Zustandekommen des Vertrags noch lange nicht erschöpft. Verhandlung und Abschluss der Verträge sind ob der Vielfalt möglicher und erforderlicher Absprachen problembeladen[2], langwierig und teuer, die Ermittlung der auf die Verträge anwendbaren Gesetzesvorschriften ist aber dennoch alles andere als klar. Die Vertragsdurchführung ist mit erheblichem organisatorischen und administrativen Aufwand verbunden, der sich bei der Inanspruchnahme von Forschungsförderung zudem noch verstärkt. Schließlich tun sich, ohne dass an dieser Stelle den Anspruch auf Vollständigkeit erhoben würde, Probleme in den Bereichen des nationalen und europäischen Kartellrechts, der Behandlung von Vertragsstörungen und des Verbleibs bereits vorhandener bzw. im Rahmen des Vertragsverhältnisses neu entstehender Rechte auf.

Die Situation erscheint trostlos, erlaubt aber eine weitere Brücke zur vorgelegten Arbeit, deren Themenwahl in einem Dreischritt begründet liegt, zu schlagen. Der erste Schritt, die Relevanz, macht auf die enorm große Bedeutung der Forschungs- und Entwicklungsverträge für Wirtschaft und Wissenschaft gleichermaßen sowie für die Gesellschaft allgemein aufmerksam. Dennoch, und hier wird der zweite Schritt gegangen, haben die Verträge mit den eben geschilderten Schwierigkeiten zu kämpfen. Der dritte Schritt offenbart schließlich, dass der Umfang des eine Problemlösung versuchenden Materials in der Literatur zwar steigt, aber noch immer deutlich hinter dessen Bedeutung zurückbleibt. Nach wie vor besteht ein erheblicher Bedarf an juristischer Aufarbeitung.

Diese Aufarbeitung ist Anliegen und Ausgangspunkt der vorgelegten Arbeit, die eine Kartografierung verspricht und damit in freier Interpretation die Vermittlung und Veranschaulichung eines komplexen Sachverhalts mittels Vermessung und Grenzziehung meint.

Vermessen werden Forschungs- und Entwicklungsverträge, kurz FuE-Verträge genannt. Dies sind, zunächst ganz allgemein, all diejenigen Ver-

---

2 *Wissenschaftsrat,* Drucksache 7865-07, S.106.

träge, die die Erbringung von Forschungs- und Entwicklungsleistungen auf einem beliebigen Gebiet betreffen.

Die Grenzziehung geschieht nicht hinsichtlich sämtlicher aufgeworfener Probleme, sondern konzentriert sich auf einen Aspekt, dessen Behandlung tiefgreifende und umfassende Verbesserungen verspricht – die Vertragstypologie der FuE-Leistungen. Erst darin findet sie ihr wirkliches Thema. FuE-Leistungen sind die namensgebende Komponente der FuE-Verträge. Die Frage nach deren Vertragstypologie bzw. deren vertragstypologischer Einordnung ist eine solche nach deren rechtlicher Handhabung. Sie ist deshalb bedeutsam, weil ihre Beantwortung das jeweils anwendbare Gesetzesrecht offenbart und damit maßgeblichen Einfluss auf die Rechte und Pflichten der Vertragsparteien haben kann. Jedoch ist die Antwortfindung schwierig und erfährt trotz der geschilderten großen Bedeutung wenig Aufmerksamkeit. Insgesamt und ohne die späteren Ausführungen vorwegzunehmen, ist die Vertragstypologie der FuE-Leistungen deshalb Thema, Arbeitsgrundlage und Problemstellung in einem; deren Evaluierung, Anpassung und Neuentwicklung sind Ziel, Arbeitsplan und Problemlösung.

Die Veranschaulichung als dritter Aspekt der Kartografierung erfolgt schließlich mittels einer Reihe grafischer Darstellungen, die ausgewählte Fragestellungen in Übersichtskarten zusammenfassen.

Rechtsprechung und Literatur sind auf dem Stand vom November 2009, dem Termin der Abgabe.

§1. DAS PROBLEM

FuE-Verträge gehen bei ihrer praktischen Handhabung oft mit schwierigen Besonderheiten und erheblichen Missständen einher. Ein Grund für diese Eigenheiten, die schwierige Beantwortung der Frage nach der Vertragstypologie der FuE-Leistungen, wurde zum maßgeblichen Thema bestimmt.

Warum dies so ist, in welchem Rahmen die Arbeit agiert, welche Meinungen aufeinanderstoßen und welche Bedeutung den FuE-Leistungen und deren Vertragstypologie tatsächlich innewohnt, welche Lösungsansätze versucht werden und wie sich schließlich das weitere Prozedere gestaltet, wird im Folgenden erörtert.

A. Definitionen und thematische Reichweite

FuE-Verträge i.S. dieser Arbeit sind all diejenigen Verträge, welche die Erbringung von Forschungs- und Entwicklungsleistungen auf einem beliebigen Gebiet betreffen. FuE-Leistungen sind nur eine von mehreren Vertragskomponenten der FuE-Verträge, haben aber, wie schon ihre namensgebende Funktion verdeutlicht, innerhalb dieser eine maßgebliche Stellung inne. Sie bezeichnen all jene Leistungen, die originär und unmittelbar auf die Erbringung von FuE-Tätigkeiten ausgerichtet sind. Ihr Anfall nur bei Gelegenheit von Forschung und Entwicklung genügt nicht.

Die thematische Reichweite der Arbeit beschränkt sich auf die Probleme, die originär aus Forschung und Entwicklung hervorgehen. Der Grund hierfür liegt darin, dass erst Forschung und Entwicklung das thematisierte Defizit an Wissen und Vorhersehbarkeit verursachen. Viele der aufgeworfenen Probleme und Missstände erfahren gerade im FuE-Bereich eine Verschärfung oder existieren außerhalb seiner überhaupt nicht. Sie teilen deshalb weder die den FuE-Verträgen eingeräumte Sonderstellung noch bedürfen sie dieser Sonderstellung überhaupt. Eine trennscharfe Abgrenzung ist unverzichtbar.

B. Abgrenzung von anderen Missständen

Die Unklarheit hinsichtlich der vertragstypologischen Einordnung von FuE-Leistungen ist ein Missstand unter vielen, hat im Vergleich zu anderen Problemen und Vertragskomponenten aber deutliche Priorität.

I. Abgrenzung mittels der thematischen Reichweite

Eine Grenze besteht bereits im soeben abgesteckten thematischen Rahmen, welcher nur diejenigen Missstände umfasst, in denen sich die Besonderheiten von Forschung und Entwicklung widerspiegeln. Entscheidend ist nicht, ob die Missstände auch in ähnlich gearteten Situationen ohne FuE-Bezug vorkommen bzw. vorkommen können. Vielmehr wird gefragt, ob sie in der konkreten Situation beziehungslos neben den Besonderheiten stehen oder auf diesen beruhen. Nur in letzterem Fall ist der Bezugsradius der Arbeit betroffen.

Die bürokratischen Herausforderungen bei der Inanspruchnahme von Forschungsförderung stehen nicht nur in enger Beziehung zu den genannten Besonderheiten, sondern gehen gar aus diesen hervor. Auch die Frage nach der passenden Gestaltungsform und die Unklarheit hinsichtlich der auf FuE-Leistungen anwendbaren Normen beruhen auf der charakteristischen Vielschichtigkeit der Vertragsverhältnisse. Die Probleme der Rechtezuordnung und Haftung spiegeln ebenfalls die mit Forschung und Entwicklung verbundene Ergebnisoffenheit wider, da sie jedenfalls teilweise durch Mängel in der Vertragsgestaltung ausgelöst werden, die wiederum selbst oft Resultat der Unwägbarkeit sind. Allein den Fragen des Kartellrechts fehlt der Bezug zu Forschung und Entwicklung, denn der Schutz des Wettbewerbs ist von vertraglichen Unwägbarkeiten unabhängig[3].

---

[3] Betont sei nur, dass FuE-Projekte in dieser Hinsicht grds. nicht neutral sind, sondern in jedem Einzelfall sorgfältiger Überprüfung bedürfen. Besondere Vorsicht muss walten, wenn die Vertragspartner als konkurrierende Unternehmen am Markt sind. Bei bloßen Auftragsverträgen wird dies regelmäßig nicht der Fall sein, selbst dort kann aber eine Wettbewerbssituation bzw. eine Wettbewerbsbeschränkung entstehen, wenn etwa die Parteien bestimmte Regelungen über die Verwertung der Forschungs- und Entwicklungsergebnisse bzw. die damit verbundenen Schutzrechte treffen. Im Übrigen sei auf die zahlreiche Literatur zum Thema verwiesen.

II. Abgrenzung mittels des juristischen Kontextes

Auch der juristische Kontext der Arbeit hat abgrenzende Wirkung, da er die Ausführungen auf diejenigen Missstände beschränkt, die auf rechtlichen Gründen beruhen.

Dies ist durchaus nicht die Regel und so ist schon die Wahl der passenden Gestaltungsform eine Frage der individuellen Bedürfnisse im Einzelfall. Auch die kostenintensive Zuziehung von Juristen sowie die sonstige administrative Ausgestaltung beruhen jedenfalls teilweise auf individuellen Unternehmerentscheidungen, während rein marktwirtschaftliche Gesichtspunkte, etwa Unternehmensgröße und Marktmacht, über die Risikofreudigkeit entscheiden und so die Wertung „teuer" relativieren oder bestätigen. Schließlich ist die aufwendige Ausgestaltung der Forschungsförderung politischen Ursprungs.

Dennoch lässt sich die Schwierigkeit der Ermittlung der anwendbaren Gesetzesvorschriften auf rechtliche Gründe zurückführen, da die Komplexität und Vielfältigkeit der Vertragsbeziehungen die gesetzlichen Gegebenheiten überfordert. Auch die Probleme bei Rechteverteilung und Haftung gehen hieraus hervor.

III. Abgrenzung mittels der Lebenswirklichkeit

Neben dem eben Gesagten setzt die Lebenswirklichkeit der Behandlung von Missständen insoweit eine Grenze, als manche von diesen als Tatsachen nicht veränderbar sind. Dies macht Verbesserungsversuche nicht obsolet, begrenzt sie aber insoweit, als der Natur der FuE-Verträge ein gewisses Maß an Unwägbarkeit und Komplexität immanent ist. Auch deren Kostenintensität lässt sich nur bedingt verringern, da von der Inanspruchnahme rechtlichen Beistands schlechterdings nicht abgeraten werden kann.

IV. Vorrang vor anderen Vertragskomponenten

Schließlich gebührt der Vertragskomponente der FuE-Leistungen und deren typologischer Einordnung auch ggü. den verbleibenden Vertragskomponenten der Rechteverteilung und Störungsbewältigung der Vorrang.

Zwar hat die Rechteverteilung in FuE-Verträgen eine wichtige Stellung, weil sie als Basis der wirtschaftlichen Verwertung etwaiger FuE-Ergebnisse gleichsam das Rückgrat der FuE-Verträge bildet und weil deren akzeptable Regelung nicht nur über die Standfähigkeit der Verträge, sondern oft bereits über deren Zustandekommen an sich entscheidet[4]. Dennoch bleibt sie im Folgenden außer Betracht, da eine passende Rechteverteilung allein den Vertrag nicht zu retten vermag, wenn die FuE-Leistungen selbst nicht eindeutig zu bestimmen sind. Auch die Störungsbewältigung wird neben der Vertragstypologie der FuE-Leistungen nicht gesondert erörtert. In Bezug auf Rechtsmängel[5] ergibt sich dies bereits aus den Erörterungen zur Rechteverteilung und deliktischen Störungen fehlt die typenspezifisch unterschiedliche Handhabung. Störungen der FuE-Leistungen selbst gehen in der Erörterung der Typologie der diese Leistungen betreffenden Verträge auf, wenn und soweit die gesetzliche Risikozuordnung betroffen ist. Die individualvertragliche Risikozuordnung[6] ist schließlich in dem Maße relevant, in dem sie zur typologischen Einordnung nutzbar gemacht werden kann.

V. Ergebnis

Die Unklarheit hinsichtlich der auf FuE-Leistungen anzuwendenden Normen ist das Problem, zu dem sich alle übrigen Probleme kondensieren lassen, da diese in ihrer Existenz oder Lösung oder in beidem von eben dieser Unklarheit abhängen. Ihre Beseitigung ist als größtmöglicher Konsens auf dem Weg zu einer besseren Handhabung von FuE-Verträgen am erfolgversprechendsten.

C. Problemaufriss

Nach diesen abgrenzenden Ausführungen muss auch das Problem selbst konkreter dargestellt werden. Die Fragen lauten, was die Bedeutung der FuE-Leistungen ausmacht und warum die Kenntnis der auf diese anwendbaren Normen so wichtig ist[7].

---

4 *Wissenschaftsrat,* Drucksache 7865-07, S.103; hierzu auch *Ulsenheimer,* S.92-93, der hinsichtlich der Rechteverteilung in FuE-Kooperationen zu einem ähnlichen Ergebnis kommt.

5 Ausführlich zu diesen aber *Gempe,* Haftung für Rechtsmängel.

6 Zum Verhältnis der gesetzlichen und individualvertraglichen Risikozuordnung zueinander vgl. *Henssler,* S.95 f.

7 Hierzu **Anhang 1** f.

I. Warum sind die anzuwendenden Normen unklar?

Die Ermittlung der auf einen Vertrag anwendbaren gesetzlichen Vorschriften ist teils, etwa bei der Qualifizierung des Brötchenerwerbs beim Bäcker als Kaufvertrag i.S.d. §§ 433 ff. BGB, problemlos möglich. Teils, so beim FuE-Vertrag, ist sie aber auch mit erheblichen Schwierigkeiten behaftet.

Diese beruhen zunächst auf der schieren Vielfalt möglicher Forschungsbereiche und Vertragsgegenstände[8], welche den FuE-Verträgen eine Einordnung allein anhand der Verkehrsgeltung versagt, denn eine typische Gestaltungsform gibt es nicht.

Zudem endet die Vielfalt nicht mit den Vertragsgegenständen, sondern setzt sich in deren Ausgestaltung fort, die mit mannigfaltigen Absprachen und Vereinbarungen aufwartet. Zwar fordert diese Fülle möglicher Gestaltungen die Frage nach deren rechtlicher Behandlung geradezu heraus, erschwert aber gleichzeitig die Beantwortung dieser Frage, da sie zu Lasten der Eindeutigkeit geht. Das anwendbare Gesetzesrecht kann nicht wie üblich anhand einer klaren Hauptpflicht und ggf. deren Gegenpflicht ermittelt werden. Vielmehr ist die Auseinandersetzung mit einer Heterogenität verschiedener Pflichten nötig, die in einem Gefüge miteinander verbunden und voneinander abhängig sind.

Auch ist die Unklarheit eine Folge der charakteristischen Unwägbarkeit von Forschung und Entwicklung, denn oft sind etwaige Erfolge weder in ihrer Möglichkeit noch in ihrem konkreten Inhalt vorhersehbar. Entspricht etwa ein „Bemühen" allein nicht den Parteiinteressen, ist ein Ergebnis aber vorab nicht spezifizierbar, so muss der Versuch der typologischen Einordnung weiter ausholen. Die für die Einordnung der FuE-Leistungen maßgeblichen Parameter ergeben sich dann nicht mehr aus diesen allein.

Schließlich liegen die Gründe der Schwierigkeit der Einordnung aber nicht nur in den aufgezählten Besonderheiten, sondern auch in deren Handhabung durch die Parteien. Das Problem ist kein inhaltliches, da die Parteien sich ihrer Interessen in aller Regel bewusst sind. Vielmehr liegt das Problem in der Umsetzung dieser Interessen. Oft scheinen die Parteien nicht zu wissen, welche Umsetzung ihre Interessen am besten wahren würde, haben aus Unkenntnis, Nachlässigkeit oder guter Hoffnung[9] nicht alle Eventualitäten bedacht oder gelangen gar nachträglich zu einem Sinneswandel bzw. wollen sich einen solchen offenhalten. Die Krux liegt damit zumindest teilweise in der Vertragsgestaltung selbst.

---

8 Illustrierend siehe unten: § 2.B.II.2.

9 Auf diese Hoffnung abstellend: *Nicklisch,* in: FuE-Verträge in Wissenschaft und Technik, S.5(11).

Insgesamt ist die Ermittlung der auf FuE-Leistungen anwendbaren gesetzlichen Vorschriften weder leicht noch verallgemeinerungsfähig und wird richtigerweise als „hyperkomplex" bezeichnet[10].

II. Warum ist diese Unklarheit problematisch?

Ob dieser Hindernisse bedarf die Beseitigung der Unklarheit einer Rechtfertigung sowohl hinsichtlich ihrer Relevanz als auch hinsichtlich der mit ihr einhergehenden Vorteile.

1. Relevanz der Klarheit

Die anwendbaren gesetzlichen Vorschriften erlangen nur dort Relevanz, wo ein Rückgriff auf Gesetzesrecht bzw. – und darin liegt die eigentliche Schwierigkeit – auf typenspezifisch unterschiedliches Gesetzesrecht notwendig wird.

Diese Notwendigkeit besteht nicht, wenn der Vertrag ohne Störungen oder Streitigkeiten jedweder Art auskommt, da das Zivilprozessrecht eine Kontrolle privatautonom ausgestalteter Vertragswerke nur vorsieht, wenn und soweit diese vor Gericht als Streitfälle behandelt werden[11].

Selbst im Falle einer Störung kann der Rückgriff auf Gesetzesrecht entfallen, wenn der fragliche Vertrag im konkreten Fall selbst umfassende Regelungen enthält und die Anwendbarkeit zwingenden Gesetzesrechts nicht infrage steht oder wenn das aufgetretene Problem nicht spezifisch des Rückgriffs auf den einen oder anderen Vertragstyp bedarf, weil die betreffenden Regelungen typenübergreifend gleich sind[12]. Die Notwendigkeit des Rückgriffs beschränkt sich, streng genommen, auf zwei Konstellationen. Deren eine ist die eben angerissene Frage nach der Anwendbarkeit einer Norm des zwingenden Gesetzesrechts, danach also, ob beispielsweise die besonderen Regelungen des Arbeitsrechts oder bindende Formvorschriften greifen. Auch das Finden eines Maßstabs für die AGB-Kontrolle gehört hierher. Die andere Konstellation entsteht beim Offenbarwerden von Regelungslücken oder sonstigen Unklarheiten im Vertrag und bei der Frage nach deren Behandlung.

Obwohl damit die Kenntnis des anwendbaren Gesetzesrechts nicht immer zwingend erforderlich ist, ist die Bedeutung ebendieser Kenntnis

---

10 *Martinek*, Bd.I, S.27.

11 Beibringungsgrundsatz.

12 So etwa beim Wegfall der Geschäftsgrundlage oder hinsichtlich der Höhe von Verzugszinsen für Geldschulden.

ungeschmälert. So gehen mit ihr zwei Vorteile einher, die – insb. in nicht auf den ersten Blick eindeutigen Fällen – die Verwendung der betroffenen Verträge nicht nur in rechtlicher, sondern auch in wirtschaftlicher Hinsicht wesentlich attraktiver machen.

2. Auffangfunktion

Der erste und wohl bekannteste Vorteil der Kenntnis der anwendbaren Normen ist die Auffangfunktion[13] für die bereits angeklungenen und durchaus häufig vorkommenden Fälle unklarer oder lückenhafter vertraglicher Regelungen. Auch die Unwirksamkeit einzelner vertraglicher Bestimmungen fällt in diesen Bereich. Ist die vertragliche Kodifikation im Streitfall nicht in der Lage, eine plötzlich aufgetretene oder auch regulär zu erwartende Situation zufriedenstellend zu regeln, so muss das Problem auf andere Weise gelöst werden.

Erster Ansatzpunkt ist in einem solchen Fall das dispositive Gesetzesrecht. Dieses bzw. sein auf den konkreten Aspekt anwendbarer Teil kann die fehlende oder unzulängliche Regelung ersetzen und damit den Vertrag „auffangen“, muss aber bekannt sein, um helfen zu können. Die spezifischen Regelungen eines konkreten Vertragstyps haben regelmäßig sehr unterschiedliche Rechtsfolgen. Vom Zustandekommen des Vertrags über seinen Inhalt und seine Durchführung bis zur finalen Abwicklung sind verschiedenste Regularien denkbar, deren Unterschiede nicht ignoriert werden können, da sie bei reibungslosem Ablauf und problembehafteten Verträgen gleichermaßen virulent werden. Zwar ergeben sich die sog. essentialia negotii aus dem Vertrag selbst – schon eine etwaige Pflicht zur Vergütungszahlung kann aber Fragen nach der Angemessenheit der Vergütungshöhe, nach deren Fälligkeit und ggf. nach Abnahmevorschriften aufwerfen. Störungen jedweder Art müssen identifiziert sein, um handhabbar zu werden, weshalb Risikoverteilung und Gewährleistungsrechte, Garantien, Vertragsstrafen und Verjährungsregelungen relevant werden. Zwar schuf die Schuldrechtsreform mit § 280 BGB eine zentrale Anspruchsgrundlage für alle Arten von Leistungsstörungen, dennoch bewirken typenspezifische Modifikationen teils „dramatische“[14] Unterschiede. Im Falle des Bedürfnisses nach vorzeitiger Vertragsbeendigung sind weiterhin die je nach Vertragstyp stark unterschiedlichen Kündigungsregelungen bedeutsam. Ebenso spezifisch verschieden sind auch die Verjährungsregelungen. Schließlich müssen etwaig als AGB genutzte Klauseln sich an

---

[13] Hierzu **Anhang 2**.

[14] So *Brandi-Dohrn*, CR 1998, S.645 hinsichtlich der Einordnung von „Entwicklungsverträgen“ als Dienst- oder Werkverträge.

den §§ 305–310 BGB messen lassen, wobei gemäß § 307 III 1 BGB das jeweils verdrängte dispositive Gesetzesrecht den Maßstab für die Inhaltskontrolle bildet.

Als weitere Lösungsansätze kommen bei Unklarheit des Vertrags die erläuternde und bei Lückenhaftigkeit des Vertrags die ergänzende Vertragsauslegung in Betracht. Hierbei kann, dies sei nicht verschwiegen, die ergänzende Auslegung dem dispositiven Gesetzesrecht durchaus vorgehen, wenn und soweit Letzteres dem mutmaßlichen Parteiwillen widerspricht oder aber keine passende Regelung enthält[15]. Dennoch macht diese Möglichkeit die Kenntnis der anwendbaren Normen nicht entbehrlich, da selbst zur Erlangung der Erkenntnis, dass die dispositiven Regelungen nicht weiterhelfen, diese bekannt sein müssen.

Die Auffangfunktion spielt eine wichtige Rolle, weil, wie eine Fülle vertragsrechtlicher Streitigkeiten in sämtlichen Lebensbereichen bestätigt, dergestalt bedürftige Vertragskonstellationen häufig vorkommen. Zudem werden die Vertragspartner selten sämtliche Eventualitäten bedacht und noch seltener diese auch so geregelt haben, dass eine andere Sichtweise, etwa durch Gerichte, ausgeschlossen ist. Konkret im Hinblick auf die thematisierten FuE-Leistungen sei nochmals betont, dass deren charakteristische Besonderheiten das Risiko von Lücken und Unklarheiten in erheblichem Maße verstärken. Zudem birgt der Innovationsprozess ein erhöhtes Konfliktpotenzial, da er naturgemäß spekulativ ist und sich nur schwer antizipieren lässt. Die Auffangfunktion wird demgemäß umso relevanter, je schwieriger und komplexer das Vertragsgefüge ist.

3. Vereinfachungsfunktion

Ein weiterer Vorteil der Kenntnis der anwendbaren Normen liegt in der Vereinfachung der Vertragshandhabung selbst[16] und manifestiert sich insb. darin, dass die Vereinfachung im Gegensatz zur Auffangfunktion nicht erst im Nachhinein, sondern bereits vorab ansetzt und sich damit schon bei der Vertragsanbahnung positiv auswirkt.

a. Orientierung und Verhandlungsbasis

Ein erster Aspekt dieser Vereinfachung liegt darin, dass die Parteien die auf ihr FuE-Projekt konkret anwendbaren gesetzlichen Regelungen kennen und hierdurch von Beginn an ein angemessenes und in sich stimmiges Gefüge

---

15 *Brandi-Dohrn*, CR 1998, S.645(650); im Ergebnis ebenso *Henssler*, S.103 ff.

16 Hierzu **Anhang 3**.

von Rechtsfolgen vor Augen haben. Zwar ist dies für die Vertragsgestaltung nicht bindend, schafft für die Verhandlung aber einen durchaus hilfreichen Orientierungsrahmen.

b. Rechtssicherheit und Vertragstransparenz

Zudem und daran anknüpfend bringt die Kenntnis der anwendbaren Normen den Parteien ein gewisses Maß an Rechtssicherheit, da sie den Vertrag transparenter und damit auch auftretende Streitigkeiten von vornherein besser kalkulierbar macht.

c. Störungshandhabung und Motivation

Diese Transparenz erleichtert die Handhabung von Störungen im Vertrag, da sie diese Störungen samt den entsprechenden Konsequenzen schneller und klarer identifizieren kann. Zermürbende Streitigkeiten über Kompetenzen und Haftungsrahmen vermeidet sie von vornherein. Letztlich kann die sichere Kenntnis der Störungsfolgen sich auch in einer zusätzlichen Motivation zur regelgerechten Vertragsausführung niederschlagen.

d. Umfassende Vertragsgestaltung

Schließlich muss mit der Praxis der umfassenden Vertragsgestaltung ein Phänomen Beachtung finden, welches im angelsächsischen Rechtssystem gängig, aber auch in Deutschland beliebt ist. Ein guter Vertrag muss mögliche Störungen prognostizieren und entsprechende Vorsorge treffen[17], droht aber schnell in wahren Regelungsfluten zu versinken. Diese sind nicht a priori nachteilig, halten aber bei wirtschaftlicher Betrachtung einem zweiten Blick nicht unbedingt stand.

aa. Nachteile der umfassenden Regulierung

Schon die Vertragsanbahnung selbst dauert vergleichsweise lang, da sich die Parteien zwischen Kontaktaufnahme und Vertragsschluss über ungleich mehr Einzelheiten einigen müssen. Bei verlässlicher Vertragseinordnung könnte auf die eine oder andere Klausel verzichtet werden, da die ggf. eingreifenden gesetzlichen Normierungen bekannt wären und in die Erwägungen einbezogen werden könnten. Während die diesbezügliche Kenntnis also eine spürbare Verringerung der für Verhandlungen aufzu-

---

17 *Langenfeld*, Rn.192.

wendenden Zeit oder aber jedenfalls des Verhandlungsvolumens erreichen könnte, macht die Regelungsflut flexible und kurzfristige Planungen unmöglich.

Auch der personelle und administrative Aufwand steigt, was regelmäßig höhere Kosten verursacht. Beispielsweise kann die ausführlichere Vertragsgestaltung nicht nur die Kosten für eine Rechtsberatung steigern, sondern eine solche unter Umständen auch überhaupt erst erforderlich machen. Leicht geschieht es dann, dass das Verhältnis des Vertragsgegenstands zum Umfang von dessen Regelung aus den Fugen gerät. Das Kosten-Nutzen-Kalkül geht dann nicht mehr auf.

Schließlich ist denkbar, dass eine mit einem unverhältnismäßig umfänglichen Vertragsentwurf konfrontierte Partei diesen als Misstrauensbeweis wertet, was den gegenseitigen Beziehungen und der Vertragsdurchführung nicht förderlich ist.

Diese Szenarien sind mitnichten aus der Luft gegriffen. Vielmehr sah sich noch im September 2007 der zu diesem Zeitpunkt amtierende Bundesminister für Wirtschaft und Technologie, *Michael Glos*, zu der Reflexion gezwungen, dass der juristische und administrative Abstimmungsbedarf oft außer Verhältnis zum Nutzen der Zusammenarbeit zwischen Wissenschaft und Wirtschaft stehe[18]. Auch der Wissenschaftsrat[19] klagt über die Schwierigkeit der Verhandlung von FuE-Verträgen und eine Betrachtung der Relation zwischen Unternehmensgröße und finanziellem Investitionsvolumen in Forschung und Entwicklung bestätigt die Kritik. Eine Untersuchung des Stifterverbands der deutschen Wirtschaft kommt zu dem Ergebnis, dass deutsche Unternehmen und Institutionen für Gemeinschaftsforschung[20] im Jahr 2007 rund 53,4 Milliarden Euro für Forschungsprojekte aufwendeten, dass aber lediglich 7,4 Milliarden Euro, also 13,92 % dieser Summe, auf kleinere und mittlere Unternehmen mit bis zu 500 Beschäftigten entfielen[21]. Auch andere sehen die Kooperationsneigung mit der Unternehmensgröße wachsen, dies gar umso stärker, je risikoreicher der Kooperationsgegenstand ist[22].

---

18 *BMWi*, Mustervereinbarungen für FuE-Kooperationen, S.3.

19 *Wissenschaftsrat*, Drucksache 7865-07, S.106.

20 Zu diesen vgl. bei der Arbeitsgemeinschaft industrieller Forschungsvereinigungen: http://www.aif.de/default2_prog.php?lang=0&rubrick=113949349189&fnum=113949374785 (Stand: 02.11.2009).

21 *Stifterverband*, FuE-facts, Tabelle 2.

22 *Ullrich*, in: FS Steindorff, S.281(282).

bb. *Praxis der umfassenden Regulierung*

Trotz der genannten Nachteile spricht die Praxis eine andere Sprache. Umfassende Regelungen werden genutzt, um den charakteristischen Schwierigkeiten der FuE-Verträge zu begegnen. Zudem scheitert eine Umsetzung der Vereinfachung oft an den tatsächlichen praktischen Bedürfnissen. Dies schon deshalb, weil die individuellen Gegebenheiten eines Vertrags durchaus spezielle Regelungen erforderlich machen können. Dies aber auch, weil die Nutzung der vereinfachenden Wirkung eine korrekte Typisierung des Vertrags sowie eine genaue Kenntnis der typenspezifischen gesetzlichen Regelungen erfordert, viele Verträge aber ohne Inanspruchnahme juristischen Beistands geschlossen werden. Selbst wenn ein solcher vorhanden ist, werden die regelmäßig sehr beachtlichen finanziellen Aufwendungen, das Sicherheitsbedürfnis der Vertragspartner und nicht zuletzt auch das Bestreben des vertragsgestaltenden Juristen, keine Eventualitäten offenzulassen und damit eigene Haftungsrisiken bestehenzulassen, dazu führen, dass so ausführlich und umfassend wie nötig formuliert wird. Die Nachteile einer zu umfassenden Vertragsgestaltung sind deutlich geworden, lassen sich in Anbetracht der Bedürfnisse der Praxis aber nur in beschränktem Maße ändern.

4. Fazit

Dennoch kann als Fazit festgehalten werden, dass die Kenntnis der anwendbaren gesetzlichen Vorschriften nicht nur nützlich ist, sondern dass die FuE-Verträge ihrer bedürfen, sollen sie eine ihrer Bedeutung entsprechende Verbreitung erfahren.

III. Wo sind die Grenzen der Unklarheit?

Schließlich muss die Unklarheit auch hinsichtlich ihrer Grenzen definiert werden, da sie in der beschriebenen Ausprägung nicht in jeder Vertragskonstellation besteht.

Die Unklarheit als Problempunkt dieser Arbeit beruht auf den Besonderheiten von Forschung und Entwicklung sowie deren Handhabung durch die Parteien. Sie begnügt sich damit und lässt deshalb Konstellationen, in denen sie teils oder völlig auf anderen, zusätzlichen Gründen beruht, außer Betracht. Diese Beschränkung spiegelt die thematische Eingrenzung der Arbeit wieder und rechtfertigt sich schon im Interesse deren vernünftigen Umfangs, hat aber auch inhaltliche Gründe. Sie legt den Kern des Problems unverfälscht offen, ermöglicht dadurch eine grundlegende Lösung und schafft letztlich mit der Beseitigung des Grundübels eine Basis auch für die Handhabung speziellerer Problemkonstellationen.

Ohne die Abgrenzung der Vertragsarten voneinander und die späteren Einordnungsbemühungen vorwegzunehmen, müssen damit die FuE-Leistungen in den sog. FuE-Kooperationen ausgeschlossen werden. Die Unklarheit besteht bei diesen nicht, da sie grds. und vorherrschend im Gesellschaftsrecht der §§ 705 ff. BGB verortet werden[23] und die maßgebliche Frage damit keine solche des Leistungsaustauschs, sondern eine solche der gesellschaftsvertraglichen Ausgestaltung ist. Zwar wird die Frage nach den anwendbaren Normen auch bei FuE-Kooperationen diskutiert, die Schwierigkeit liegt dort aber nicht darin, dass die Normen unbekannt wären, sondern darin, dass die bekannten Normen den besonderen Gegebenheiten im FuE-Bereich nicht vollumfänglich gerecht werden. Dies ist Stoff für eine separate Arbeit[24].

Auch die Beteiligung einer juristischen Person des öffentlichen Rechts als Vertragspartei bleibt außer Betracht, weil zwar in der Regel besondere Vertragsbedingungen gelten[25], diese aber wiederum kein Problem der Vielfalt und der charakteristischen Besonderheiten von Forschung und Entwicklung sind.

D. Das Meinungsbild zum aufgeworfenen Problem

Die FuE-Verträge im Allgemeinen und das aufgeworfene Problem im Besonderen werden unterschiedlich wahrgenommen und gehandhabt.

I. Literatur

In der juristischen Literatur etwa gehen schon die Meinungen über den Umfang des Literaturangebots zu FuE-Verträgen weit auseinander. Obwohl die Verträge noch 1998 als der juristischen Forschung und Lehre „ganz überwiegend fremd" bezeichnet wurden[26], hat *Ulsenheimer* bereits im Jahre 2001 „zahlreiche wissenschaftliche Abhandlungen" ausgemacht[27], während *Beaumart*[28] den FuE-Verträgen gleichzeitig ein Schattendasein be-

---

23 Kraßer, Patentrecht, S.358; *Ulsenheimer*, S.79; *Winzer*, FuE-Verträge, Teil 1 Rn.58-59; *Wündisch*, Kooperationsvertrag, Anm.2; zustimmend *Beilhack*, GRUR Int 2006, S.960.

24 So vorgelegt von *Ulsenheimer*, Die zwischenbetriebliche FuE-Kooperation.

25 Zur Erteilung von FuE-Aufträgen seitens öffentlicher Auftraggeber: *Möffert*, Der FuE-Vertrag, S.2; *Möffert*, in: Münchner Vertragshandbuch 2, Forschungsvertrag, Anm.1.

26 *Ullrich*, in: FS Fikentscher, S.298(307).

27 *Ulsenheimer*, S.V.

28 *Beaumart*, in: FuE-Verträge in Wissenschaft und Technik, S.39(40).

scheinigt. Auch Jahre später hat sich die Situation laut *Rosenberger*[29] und *Winzer*[30] nicht zum Besseren gewendet, während *Möffert* selbst 2008 und nochmals 2009[31] die Dürftigkeit des Literaturangebots rügt.

Eigene Recherchen bestätigen diese Aussagen nur bedingt. Zwar kann *Ulsenheimer* insoweit zugestimmt werden, als es tatsächlich schon früh eine Vielzahl kartellrechtsbezogener Abhandlungen zu FuE-Verträgen gab, die Vertragsbeziehung an sich blieb aber, was er selbst einräumt, lange weitgehend unbeleuchtet. Aber auch die Kritik der übrigen Beschwerdeführer hat sich relativiert, denn zwischenzeitlich bilden deren Werke gemeinsam mit einer wachsenden Anzahl weiterer Materialien bereits eine kleine Bibliothek.

Nach wie vor niedrig ist lediglich der Anteil derjenigen Fachpublikationen, die sich mit der vertragstypologischen Einordnung von FuE-Verträgen befassen[32]. Oft wird selbst in umfangreichen einschlägigen Werken nicht auf diese Frage eingegangen[33] und beschränken sich auch Kommentare auf nur wenige Zeilen[34]. Wird das Thema angesprochen, so ist seine Behandlung häufig durch Kürze und fehlende Schwerpunktsetzung gekennzeichnet.

II. Rechtsprechung

Auch in der Rspr. ist die typologische Einordnung von FuE-Verträgen nur selten Entscheidungsgegenstand. Die wenigen einschlägigen Entscheidungen gipfeln in einem Urteil des *BGH*[35] aus dem Jahre 2002. Zwar wird dieses gern als Wendepunkt für den FuE-Vertrag bzw. dessen Etablierung als ernst zu nehmendes Problemfeld bezeichnet[36] zumindest im Bereich gerichtlicher Auseinandersetzung ist die Thematik seither jedoch, von einer

---

29 Rosenberger, S.V.

30 *Winzer*, FuE-Verträge, S.V und Einleitung, Rn.4.

31 *Möffert*, Der FuE-Vertrag, S.3; *Möffert*, in: Münchner Vertragshandbuch 2, Forschungsvertrag, Anm.3.

32 Ausdrücklich etwa: *Gempe*, Haftung für Rechtsmängel; *Koch*, Haftungsfreizeichnung; *Plander/Schiek*, RdA 1990, S.219-230; *Schmeißer/Zirkel*, MDR 2003, S.849-853; *Ullrich*, in: FS Fikentscher, S.298-328; *Ulsenheimer*, Die zwischenbetriebliche FuE-Kooperation.

33 *Winzer*, FuE-Verträge.

34 Vgl. *MüKo/Busche*, § 631 Rn.260; *Staudinger/Peters/Jacoby*, Neubearb. 2008, Vorbem zu §§ 631 ff, Rn.31; *Palandt/Sprau*, Einf. vor § 631 Rn.23.

35 *BGH*, Urt. v. 16.07.2002 - X ZR 27/01, BGHZ 151, S.330.

36 *Zirkel*, in: FS Polter, S.51(65).

unveröffentlichten Entscheidung des *LG Berlin* abgesehen, wieder in ihren Dornröschenschlaf versunken.

Grund hierfür kann ein Mangel an Gelegenheit sein, denn es ist insb. bei modernen Vertragstypen durchaus nicht ungewöhnlich, Streitigkeiten privatschiedsgerichtlich zu erledigen und damit der öffentlichen Gerichtsbarkeit bewusst zu entziehen[37]. Speziell für FuE-Verträge bietet sich ein derartiges Verfahren, sei es durch Mediation, Schiedsverfahren oder gerichtlichen bzw. außergerichtlichen Vergleich, zudem aus mehreren Gründen an. Nicht nur ist die Streitbeilegung tendenziell schneller, sondern sie wird regelmäßig auch durch Personen moderiert, die in Bezug auf FuE-spezifische Sachfragen kompetenter sind und damit sachnäher entscheiden können. Dies umso mehr, als gewünschte Mediatoren, Schlichter und sonstige Entscheidungsträger bereits im Vertrag selbst namentlich benannt werden können. Schließlich gewährleistet eine außergerichtliche Streitbeilegung ein höheres Maß an Geheimhaltung, als dies etwa bei einer öffentlichen Verhandlung vor den staatlichen Gerichten der Fall wäre. Dies kann für den Schutz von Know-how, Betriebs- und Geschäftsgeheimnissen essenziell sein.

Nachteile liegen in den Kosten eines Schiedsverfahrens, die im Vergleich zu denen einer ordentlichen Gerichtsbarkeit oft höher ausfallen, und in der Gefahr der Parteilichkeit des Schiedsrichters[38]. Dennoch werden sie die Vorteile nur schwerlich überwiegen, da die üblicherweise langen Verfahren vor den ordentlichen Gerichten ebenfalls hohe Kosten in Form von während des Streits brachliegenden Ressourcen verursachen. Der Vorwurf der Parteilichkeit mag wohl auf großer Sachnähe des Schiedsrichters beruhen, einer Eigenschaft, die dem ordentlichen Richter u. U. zum Nachteil der Parteien fehlt.

Schließlich sieht *Zirkel*[39] einen interessanten Begründungsansatz darin, dass sich aus dem mit Forschung und Entwicklung verbundenen Risiko eine quasi selbstverständliche Risikoübernahme durch den Auftraggeber ergebe. Beispielhaft zieht er hierfür die expliziten Ausschlüsse jeglicher Gewähr für das tatsächliche Erreichen des FuE-Ziels in den „Allgemeinen Bedingungen für die Entwicklung von Datenverarbeitungsprogrammen in der Fraunhofer-Gesellschaft" von 1984 und den „Allgemeinen Bedingungen für Forschungs- und Entwicklungsleistungen" von 1987 heran[40]. Dies ist plausibel, denn erst der verstärkte globale Wettbewerb ab den 90er Jah-

---

37 *Martinek*, Bd.I, S.31; auch *Nicklisch*, Der komplexe Langzeitvertrag, S.23.

38 *Rosenberger*, Verträge über FuE, Kap.7 Rn.206; *Wündisch*, Kooperationsvertrag, Anm.15.

39 *Zirkel*, in: FS Polter, S.51(60).

40 *Zirkel*, in: FS Polter, S.51(61).

ren des 20. Jahrhunderts samt den damit einhergehenden geringeren finanziellen Spielräumen hat hier zu einem Meinungswandel geführt[41].

III. Politik

In der Politik ist das Bewusstsein der Bedeutung von Forschung und Entwicklung angekommen. Der Staat agiert in seinen Rollen als Gesetzgeber für die Rahmenbedingungen für Innovation[42], als Zuwendungsgeber bzw. Förderer von Forschung und Entwicklung und schließlich auch als deren Nachfrager[43]. Zudem hat das Bundesministerium für Wirtschaft und Technologie[44] im Jahre 2007 eine Sammlung von Mustervereinbarungen für FuE-Kooperationen als „Leitfaden für die Zusammenarbeit zwischen Wissenschaft und Wirtschaft" herausgegeben, um auf diese Weise den mit FuE-Verträgen einhergehenden juristischen und administrativen Abstimmungsbedarf zu senken[45]. Aussagekräftige Informationen zum Thema finden sich allerdings nicht.

IV. Kautelarpraxis

Die Betrachtung der Kautelarpraxis beschränkt sich auf die Auswertung verschiedener Musterverträge, da auf eine umfassende empirische Studie aus Kapazitätsgründen verzichtet wurde. Die Kautelarpraxis ist teils mit der juristischen Literatur identisch und muss sich weitgehend dasselbe milde Desinteresse vorwerfen lassen.

---

41 So wiederum auch *Zirkel* selbst in: FS Polter, S.51(61).

42 Das Patentrecht bezweckt die und rechtfertigt sich aus der Stimulation von Innovation: *Götting*, in: FS Kolle /Stauder, S.63; Auch soll beispielsweise die zum 01.01.2008 in Kraft getretene Unternehmenssteuerreform günstigere Voraussetzungen für private Investitionen im FuE-Bereich schaffen, das Gesetz zur Modernisierung der Rahmenbedingungen für Kapitalbeteiligungen (MoRaKG) vom 12.08.2008 Investoren ermutigen, mehr Eigenkapital an forschungsintensive Unternehmen zu geben und die Novelle des GmbH-Rechts durch das Gesetz zur Modernisierung des GmbH-Rechts und zur Bekämpfung von Missbräuchen (MoMiG) vom 23.10.2008 die Gründungsbedingungen für FuE-orientierte Unternehmen erleichtern: http://www.hightech-strategie.de/de/701.php (Stand: 02.11.2009).

43 *Wissenschaftsrat*, Drucksache 7865-07, S.17; so bereits *Störi*, Forschungs- und Entwicklungsverträge, S.2.

44 *BMWi*, Mustervereinbarungen für FuE-Kooperationen.

45 *BMWi*, Mustervereinbarungen für FuE-Kooperationen, S.3.

E. Das Lösungsverfahren für das aufgeworfene Problem

I. Lösungsansatz

Für die Lösung des aufgeworfenen Problems bieten sich, im Ausgang von den beiden Begründungen für die Unklarheit hinsichtlich der anwendbaren gesetzlichen Vorschriften – den Besonderheiten von Forschung und Entwicklung einerseits und der Handhabung dieser Besonderheiten andererseits – zwei Ansatzpunkte an.

Jedoch muss beachtet werden, dass diese Besonderheiten das Wesen von Forschung und Entwicklung ausmachen und damit als feststehende Tatsachen unveränderbar sind. Wäre die Existenz der Besonderheiten der einzige Grund der Unklarheit, so müssten die Erwägungen an dieser Stelle abrupt enden, da dann auch die Unklarheit logisch zwingend unveränderlich feststünde. Eine Betrachtung der Handhabung der Besonderheiten ist demgegenüber ungleich erfolgversprechender, weil an dieser Stelle zwar, wie noch zu sehen sein wird, viele Fehler gemacht werden, diese aber vermieden werden können.

Das binäre Spannungsverhältnis zwischen Unwägbarkeit und Komplexität scheint eine vollständige Problemlösung von vornherein auszuschließen, da Unwägbarkeit und Komplexität der Situation nicht beseitigt werden können. Jedoch muss der so Argumentierende sich fragen lassen, ob alle schwierigen oder ergebnisoffenen Verträge in puncto typologischer Einordnung unklar bleiben. Dies ist nicht der Fall, weshalb der praktischen Handhabung, dem zweiten Begründungs- und Lösungsansatz, eine ungleich größere, wenn nicht gar alleinentscheidende Bedeutung zukommt. Folgerichtig setzt diese Arbeit für die Problemlösung allein an der Handhabung der Besonderheiten an.

II. Schwerpunkte

Die Schwerpunkte der Arbeit werden diesem Ansatz gemäß gewählt, die jeweiligen Argumentationswege aber aus unterschiedlichen Richtungen beschritten.

Die Bearbeitung des ersten Schwerpunkts nähert sich der Unklarheit aus Richtung der Beschwerdeführer, der Rspr., der juristischen Literatur und nicht zuletzt auch der Vertragsparteien selbst. Sie geht wie diese auf den FuE-Vertrag zu, betrachtet, erörtert und stellt die Unklarheit fest, die sie sodann zu beseitigen versucht. Die Situation lebt von einem verwirklichten Problem, betrachtet dieses im Nachhinein und versucht sich in dessen Lösung. Die Bearbeitung des zweiten Schwerpunkts verlässt die Beschwerdeführer samt deren nachträglichen Klagen und eilt der Unklarheit voraus. Sie geht auch auf den FuE-Vertrag zu, betrachtet und erörtert, tritt dann aber einen Schritt zurück und fragt, was der Unklarheit von Beginn an entgegengesetzt werden kann. Diese Bearbeitung sieht das drohende, aber noch unverwirklichte Problem, betrachtet es vorab und versucht sich in dessen Vermeidung.

Die thematisch unter dem ersten Schwerpunkt stehenden Ausführungen illustrieren die titelgebende vertragstypologische Einordnung, prüfen deren Tauglichkeit und legen ihre konkrete Schrittfolge fest, ehe sie – zeitlich nach Vertragsschluss – die Einordnung der FuE-Leistungen versuchen. Vertragsauslegung und Fairness, generalisierende Ansätze und spezielle Einzelkomponenten finden ebenso Erwähnung wie die Abgrenzung der Dienst- und Werkverträge voneinander, ferner die Unterscheidung und Handhabung typischer und atypischer Verträge und eine genaue Darstellung des Meinungsstands.

Die thematisch unter den zweiten Schwerpunkt fallenden Erörterungen setzen zeitlich früher an, folgen jedoch den bisherigen Darstellungen nach, weil sie an deren Ergebnisse anknüpfen, diese sortieren und instrumentalisieren. Der Vorteil liegt darin, dass die gerichtlichen und literarischen Wertungen bereits im Lichte der Problemverwirklichung erfahren und im Hinblick auf deren Klarheit und Tauglichkeit erprobt worden sind. So werden Widersprüche vorab aufgedeckt und Fehlprognosen nach Kräften vermieden. Erst auf dieser Basis werden neue Wege untersucht, die möglichen Interessen der Vertragsparteien im FuE-Bereich hinterfragt und sodann eine bewusste Vertragsgestaltung zur Vermeidung der Unklarheit entworfen.

III. Methode

Der methodologische Ansatz der Arbeit erklärt sich großteils aus sich selbst heraus, bedarf hinsichtlich einiger wichtiger Aspekte aber dennoch einer kurzen Betrachtung vorab.

1. Grundlegende Betrachtung

Zunächst sei die Notwendigkeit einer grundlegenden Betrachtung betont, die sich so noch nicht findet, angesichts der großen und steigenden Bedeutung dieser Verträge aber dringend erforderlich ist. Die Ausführungen gehen über das für die Lösung des aufgeworfenen Problems Erforderliche nicht hinaus, beschränken sich aber nicht auf losgelöste Einzelfallbetrachtungen, sondern stellen die systematischen und methodischen Zusammenhänge her. Hierfür wird nicht nur das Gesamtkonzept der FuE-Verträge samt Unterteilungen und Begrifflichkeiten erörtert, sondern auch deren Umfeld im Mikrokosmos der Beziehungen zwischen Wissenschaft und Wirtschaft berücksichtigt, ehe schließlich die zumeist wirtschaftlich definierten Parteiinteressen die ihrer Bedeutung gebührende Behandlung erfahren.

2. Selektive Betrachtung

Zugleich ist die Betrachtung aber auch selektiv, da sie über das aufgeworfene Problem nicht hinausgeht. FuE-Verträge existieren in einer Reihe verschiedener Arten und Ausprägungen, werden aber ausdrücklich auf die Konstellationen beschränkt, in denen oder durch die es zu Unklarheiten bezüglich der anwendbaren Normen kommt. Konkret bedeutet dies, dass die Frage nach der Vertragstypologie einzig, aber umfänglich anhand derjenigen Umstände behandelt wird, die im Hinblick auf die typologische Einordnung relevant sind. Welche dies sind, wird immer wieder hinterfragt.

3. Praktische Betrachtung

Die Arbeit will schließlich nicht nur dem wissenschaftlichen Anspruch gerecht werden, sondern der Praxis auch eine Handreichung geben, um die Verwendung von FuE-Verträgen deutlich zu vereinfachen.

Formal kommen hier die einleitend erwähnten grafischen Darstellungen zum Zuge. Sie sind nicht flächendeckend, beschleunigen aber das Auffinden der jeweils interessierenden Passagen auch jenseits der Gliederung. Sie offenbaren Relationen, stellen Zusammenhänge her und erleichtern insgesamt das Problemverständnis. Inhaltlich orientiert die Arbeit sich, wie bereits erwähnt, strikt an den Kriterien der wirtschaftlichen Zweckmäßigkeit, wägt ab und macht schließlich konkrete Formulierungsvorschläge.

F. Fazit

Problem und Thema der Arbeit liegen darin, dass im Rahmen von FuE-Verträgen oft unklar bleibt, welche gesetzlichen Vorschriften auf die Vertragskomponente der FuE-Leistungen anwendbar sind. Diese Frage ist wichtig, weil ihre Beantwortung den Vertrag im Falle von Unklarheiten und Regelungslücken „auffangen" kann und weil sie darüber hinaus die Vertragshandhabung erheblich erleichtert. Die Grenze der Unklarheit liegt in den FuE-Kooperationen, die das porträtierte Problem nicht bzw. nicht so enthalten und deshalb außerhalb des Themenkreises der Arbeit bleiben. Auch die Beteiligung juristischer Personen des öffentlichen Rechts bleibt außer Betracht. Letztlich hat der Themenkreis in der Rspr. und Literatur bisher nicht die ihm gebührende Aufmerksamkeit erfahren, was überrascht, aber wohl auf einer Verkennung seiner tatsächlichen Schwierigkeit beruht. Eine Lösung ist dringend erforderlich.

§2. DIE BEGRIFFLICHKEITEN DER FUE-VERTRÄGE

Die Problematik der FuE-Verträge offenbart sich bereits darin, dass diese immer wieder mit Unklarheiten schon begrifflicher Natur zu kämpfen haben. Allgemein anerkannte oder auch nur richtungsweisende Definitionen für die Verträge selbst oder für vertragsrelevante Begriffe gibt es bislang nicht. Zwar ist dieses Defizit teilweise damit erklärbar, dass die verwendeten Begriffe in verschiedenen Kontexten verschiedene Funktionen erfüllen[46], jedoch kann eine vertragsrechtliche Betrachtung nicht umhin, jedenfalls für sich selbst möglichst präzise, inhaltlich und konzeptionell aussagekräftige Begriffe und Definitionen zu finden. Die Arbeit betrachtet die Einheitlichkeit der verwendeten Terminologie als das Fundament jeglichen Vertragswesens und widmet ihr einen dieser Bedeutung gerecht werdenden Anteil der Ausführungen.

A. Forschung und Entwicklung

Forschung und Entwicklung sind die namensgebenden Komponenten der FuE-Verträge. Dennoch werden sie, teils mangels Erforderlichkeit, teils mangels Möglichkeit, oft nicht voneinander abgegrenzt, geschweige denn definiert.

I. Erforderlichkeit der Abgrenzung

Winzer verneint die Erforderlichkeit dieser Unterscheidung. Der Einheitsbegriff „FuE" sei ausreichend, da er keinen Hinweis auf den tatsächlichen Gegenstand des Vertrags enthalte und aus ihm insb. nicht geschlossen

---

46 So auch *Zirkel*, in: FS Polter, S.51(57).

werden könne, dass gleichzeitig Forschungs- und Entwicklungsthemen behandelt würden[47].

Die Untauglichkeit allein der Vertragsbezeichnung für dessen Inhaltsbestimmung ist nicht von der Hand zu weisen, die Erforderlichkeit einer Abgrenzung von Forschung und Entwicklung kann sie aber dennoch nicht verneinen. Anders als suggeriert, schließt die Abgrenzung die Maßgeblichkeit des Einzelfalls nicht aus und ist neben dieser erst recht nicht bedeutungslos. Vielmehr können, wie noch zu sehen sein wird, schon allein die Oberbegriffe Forschung und Entwicklung Informationen über parteiliche Absichten, versprochene Leistungen und die Risikoträchtigkeit des Projekts enthalten. Auch die Feinunterteilung in Grundlagen- und angewandte Forschung ist hinsichtlich der rechtlichen und kommerziellen Beurteilung[48] der FuE-Verträge aussagekräftig[49]. Zudem steht der Erforderlichkeit der Abgrenzung nicht die Praxis individualvertraglicher Festlegungen entgegen, da diese nicht eine funktionierende Abgrenzung entbehrlich macht, sondern aus einer nicht funktionierenden Abgrenzung folgt. Schließlich befasst sich *Winzer* nicht mit der vertragstypologischen Einordnung von FuE-Verträgen die aus diesem Thema resultierende Erforderlichkeit der Abgrenzung stellt sich ihm also gar nicht als solche dar.

In diesem Sinne kann die vorliegende Arbeit auf die Unterscheidung nicht verzichten, da diese für die Bearbeitung der gewählten Schwerpunktthemen dringend erforderlich ist. So würde ohne eine konkrete Unterscheidung der Oberbegriffe Forschung und Entwicklung selbst die Präzisierung des Problems misslingen, da die FuE-Leistungen nicht definiert werden können, ohne dass auch Forschung und Entwicklung selbst in Inhalt und Umfang klar sind. Die Problemlösung ist darauf angewiesen, diese Begriffe anhand ihrer wesentlichen Merkmale voneinander abgrenzen zu können.

---

47 *Winzer*, FuE-Verträge, Einleitung Rn.1; im Ergebnis ebenso *Rosenberger*, Verträge über FuE, Kap.1 Rn.3; *Störi*, Forschungs- und Entwicklungsverträge, S.11.

48 Zu dieser ausführlich *Rosenberger*, Verträge über FuE, Kap.1 Rn.4 und 14.

49 Einen solchen Fall nennt *Winzer* selbst in kartellrechtlichem Zusammenhang, wo die Grundlagenforschung von der EU-Kommission als nicht spürbare Wettbewerbsbeschränkung vom Verbot des Art.81 I EGV ausgenommen ist: *Winzer*, FuE-Verträge, Teil 1 Rn.373; unter Bezug auf Leitlinien zur Anwendbarkeit von Artikel 81 EG-Vertrag auf Vereinbarungen über horizontale Zusammenarbeit, ABl EG Nr.C 3/2 v. 06.01.2001 und auf Art.3 (3) der Verordnung Nr. 2659/2000 der Kommission vom 29.November über die Anwendung von Art.81 Abs.3 des Vertrages auf Gruppen von Vereinbarungen über Forschung und Entwicklung, ABlEG Nr.L 304/7 v. 05.12.2000 (FuEVO).

Die Feinunterteilung der Forschungsarten kann darüber hinaus für die Ermittlung der Parteiinteressen hilfreich sein, während die Entwicklungsarten ihre Bedeutung bei der Bestimmung des inhaltlichen Spielraums der betroffenen Verträge entfalten.

II. Möglichkeit der Abgrenzung

Teils wird, über die Erforderlichkeit der Abgrenzung hinaus, auch deren Möglichkeit angezweifelt, da eine trennscharfe Unterscheidung weder zwischen den Einzelbegriffen Forschung und Entwicklung noch zwischen den jeweiligen Begriffen innerhalb der Feinunterteilung möglich sei[50].

1. Die Oberbegriffe Forschung und Entwicklung

Rosenberger führt hierfür den Sprachgebrauch an, der in der Forschung eine „Tätigkeit zur Gewinnung von Erkenntnissen über ein Phänomen[...]" und in der Entwicklung eine „Tätigkeit zur Schaffung von etwas Neuem[...]" sehe. Zudem werde Forschungsförderung als Sammelbegriff für Forschung und Entwicklung und damit sehr uneinheitlich verwendet[51].

a. Fehlschlüsse aus dem Sprachgebrauch

Das Abstellen auf den allgemeinen Sprachgebrauch ist positiv, da Recht hierdurch anwenderfreundlicher und verständlicher wird, produziert an dieser Stelle aber eine Reihe von Fehlschlüssen.

Fehlschluss Nr. 1: „Der Sprachgebrauch ist das einzige Kriterium." – Dies stimmt nicht, da allgemeinwissenschaftliche und juristische Definitionen der Forschung und Entwicklung ebenfalls existieren[52].

Fehlschluss Nr. 2: „Der Sprachgebrauch repräsentiert eine optimale Situation." – Auch dies ist, wie die praktischen Handhabungsschwierigkeiten beweisen, nicht der Fall. Sprachgebräuche entwickeln sich oft schlicht in Ermangelung von Besserem bzw. nehmen den Weg des geringsten Widerstands.

Fehlschluss Nr. 3: „Der Sprachgebrauch ist das wichtigste Kriterium." – Dieser Punkt kann gemeinsam mit dem zweiten Fehlschluss ausgeräumt werden, da eine autoritätsbegründende optimale Situation gerade nicht

---

50 *Rosenberger*, Verträge über FuE, Kap.1 Rn.5 m.w.N; ohne Begründung *Beaumart*, in: FuE-Verträge in Wissenschaft und Technik, S.39(40).

51 *Rosenberger*, Verträge über FuE, Kap.1 Rn.5-8.

52 Näheres sogleich.

vorliegt. Zudem ist es für Definitionen im juristischen Kontext nicht unüblich, den Sprachgebrauch außer Betracht zu lassen. Die juristischen Definitionen von Eigentum und Besitz belegen dies eindrucksvoll.

b. Abgrenzungsschärfen

Darüber hinaus ist die Unterscheidung gar nicht so unscharf wie behauptet. Schon in *Rosenbergers* Sprachgebrauch zielt Forschung auf „Erkenntnis" und Entwicklung auf „Schaffen", sodass die Begriffe zwei verschiedene Ziele verfolgen.

Die juristische Perspektive konkretisiert dies, indem sie all jene Tätigkeiten, die in methodischer, systematischer und nachprüfbarer Weise auf neue Erkenntnisse zielen, als Forschung bezeichnet, während Entwicklung jede Tätigkeit zur Anpassung der durch angewandte Forschung erworbenen Kenntnisse an die Erfordernisse von Produktion und Absatz ist[53].

Hieraus erschließt sich mit der zeitlichen Hierarchie ein weiteres Abgrenzungskriterium. Forschung zielt auf Erkenntnis, Entwicklung auf deren Nutzung, weshalb Forschung immer zeitlich vor der Entwicklung angesiedelt werden muss, denn logisch zwingend kann eine Erkenntnis erst genutzt werden, nachdem sie erlangt wurde. Bezugspunkt ist, ebenfalls logisch zwingend, immer ein und dasselbe Forschungs- bzw. Entwicklungsobjekt.

c. Das Reinformkriterium

Schließlich kann auch der Argumentation, nach der eine Abgrenzung von Forschung und Entwicklung deshalb nicht möglich sei, da keiner der Begriffe in Reinform vorkomme[54], nicht gefolgt werden.

Zwar sind die Grenzen von Forschung und Entwicklung oft fließend, insb. weil Entwicklung jederzeit wieder in Forschung eintreten kann. Dennoch schließt dies die Definierbarkeit dieser Begriffe nicht aus, weil dem Wesen der Definition eine gewisse Verallgemeinerung und Generalisierung durchaus immanent ist. Die beschriebenen Lebenssachverhalte lassen sich nicht, schon gar nicht zu 100 %, in vorgefertigte Formen pressen.

---

53 *BVerfGE* 35, S.79(113); *Fuchs*, S.36; *Koch*, Haftungsfreizeichnung, S.24-25.

54 *Rosenberger*, Verträge über FuE, Kap.1 Rn.8.

2. Die Feinunterteilung von Forschung und Entwicklung

Die vom Versuch der Unterscheidung zwischen Grundlagen- und angewandter Forschung sowie zwischen der experimentellen, der konstruktiven und der Routineentwicklung verursachten Kontroversen sind ähnlich. Sie bedürfen deshalb keiner gesonderten Darstellung[55].

III. Arbeitsdefinitionen

Nachdem Erforderlichkeit und Möglichkeit der Abgrenzung von Forschung und Entwicklung bejaht werden konnten, sind nunmehr die Begriffe für diese Arbeit zu definieren.

1. Ein Wort zur Techniklastigkeit

Teils[56] werden Forschung und Entwicklung wie selbstverständlich mit einem naturwissenschaftlich-technischen Bezug ausgestattet; die Berechtigung eines solchen ausschließlichen Bezugs ist aber durchaus fraglich. Wiederum darf der einseitige Sprachgebrauch nicht überschätzt werden und dürfen wir zudem nicht übersehen, dass Forschung als Unterbegriff der Wissenschaft nicht nur in all deren Facetten und Bereichen präsent ist, sondern diesen durch ihre Existenz überhaupt erst den Charakter der Wissenschaftlichkeit verleiht. Eine generelle Technisierung der FuE-Verträge wäre nur gerechtfertigt, wenn und soweit diese zwingend technikbezogen wären. Dies ist, auch in Anlehnung an die allgemeinen Erörterungen, nicht ersichtlich, zumal der *Wissenschaftsrat* ausdrücklich betont, dass Wissens- und Technologietransfer sowie Wirtschaftskooperationen keinesfalls nur für Ingenieur- und Naturwissenschaften relevant sind, sondern dass auch Geistes-, Kultur- und Sozialwissenschaften ein nicht zu unterschätzendes Potenzial besitzen[57]. Eine zwingende Technisierung von FuE-Verträgen ist nicht gerechtfertigt.

2. Die Definitionen von Forschung und Entwicklung

Forschung im Sinne dieser Arbeit ist der relativ zur Entwicklung zeitlich früher beschrittene Weg zur Gewinnung einer neuen wissenschaftlichen Erkenntnis. Entwicklung ist demgegenüber der relativ zur Forschung zeit-

---

55 Bedenken finden sich etwa bei *Fuchs*, S.35 f.

56 *Rosenberger*, Verträge über FuE, Kap.1 Rn.3; *Scholz*, S.4.

57 *Wissenschaftsrat*, Drucksache 7865-07, S.21.

lich später beschrittene Weg von der Erkenntnis zu deren Nutzung. Beide Begriffe beziehen sich auf ein und dasselbe FuE-Objekt.

Grundlagenforschung ist, in Anlehnung an *Fuchs*[58], die Forschung ohne Rücksicht auf deren praktische Anwendbarkeit allein um ihrer selbst willen. Angewandte Forschung folgt demggü. einer vorgegebenen praktischen Zielsetzung. Experimentelle Entwicklung beschreitet, wie es auch ihr Oberbegriff besagt, den Weg von der Erkenntnis zu deren Nutzung, wobei sie ursprünglich oder in ihrer Kombination neue Erkenntnisse zur Erlangung neuer oder wesentlich verbesserter Materialien, Geräte, Produkte, Verfahren, Systeme oder Dienstleistungen verwendet[59]. Ihr Unterschied gegenüber der konstruktiven Entwicklung und Routineentwicklung liegt darin, dass diese Entwicklungsarten lediglich kognitiv bekannte Wissenselemente kombinieren und sich nicht an Neuheiten versuchen. Sie bleiben, da sie den thematischen Radius der Arbeit überschreiten, im Folgenden unberücksichtigt[60].

B. FuE-Verträge

Die begrifflichen Schwierigkeiten in Bezug auf Forschung und Entwicklung setzen sich in den FuE-Verträgen fort. Auch diese haben, was Definitionen und Arten von Forschung und Entwicklung anbelangt, in Theorie und Praxis noch keinen gemeinsamen Nenner gefunden. Dieses Defizit erschwert ganz allgemein das rechtliche Verständnis und die praktische Umsetzung von FuE-Projekten. Darüber hinaus verhindert es – solange es andauert – die Lösung des aufgeworfenen Problems, denn die passgenaue Behandlung der thematisierten FuE-Leistungen als Teil eines größeren Vertragskonzepts kann nicht gelingen, wenn dieses Konzept selbst nicht verstanden worden ist. Um den Verständnisprozess zu unterstützen, werden deshalb zunächst die Verträge, ihre Parteien und Inhalte definiert. Im Anschluss werden die Arten der FuE-Verträge voneinander abgegrenzt und es werden auf Basis ihrer unterschiedlichen Relevanz diejenigen Arten isoliert, an denen sich die nachfolgenden Kapitel mit einer Lösung versuchen[61].

---

58 Stellvertretend für viele *Fuchs, S.35.*

59 Ähnlich *Scholz*, S.16.

60 Ausführlich aber *Scholz*, S.15 und 17, 20-22.

61 Hierzu **Anhang 4**.

I. Die Generaldefinition des FuE-Vertrags

Eine einheitliche Definition des FuE-Vertrags als Oberbegriff existiert bislang nicht.

Dies bewirkt, dass ein Schluss aus den in der rechtswissenschaftlichen Literatur formulierten Themen, Überschriften und Buchtiteln im FuE-Bereich auf den tatsächlichen Inhalt der Ausführungen allenfalls zufällig zum richtigen Ergebnis führt[62]. Beispielsweise gibt *Groß*[63] seinem Buch den umfassenden Titel „Forschungs- und Entwicklungsvertrag", obwohl es nur die Art des FuE-Auftrags[64] behandelt und die unstreitig existierenden anderen Arten unerwähnt lässt. Das Gleiche geschieht bei überraschend vielen Vertretern der Literatur[65]. Dies schürt Bedenken, denn zwar ist jeder FuE-Auftrag auch ein FuE-Vertrag, nicht jeder FuE-Vertrag aber auch ein Auftrag.

Eine tiefere Ebene des Problems offenbart sich bei *Winzer*. Dieser ist sich der Formulierungsschwierigkeiten bewusst[66] und grenzt die Vertragsarten dezidiert voneinander ab, verwendet aber im Vorwort seines Werks die Begriffe „FuE-Verträge" und „FuE-Kooperationen" kommentarlos nebeneinander und suggeriert damit, dass beide Termini identisch seien. Zwar klärt sich das Missverständnis für den aufmerksamen Leser sofort in der anschließenden Definition der Vertragsarten[67], dennoch ist das Versäumnis folgenschwer. Schon die Buchbesprechung verkennt die gewissenhafte Abgrenzung der horizontalen FuE-Kooperationen und vertikalen FuE-Verträge voneinander und verwendet „Vertrag" und „Kooperation" unbekümmert, aber fälschlich synonym[68].

1. Argumentationsansätze

Gegen den Versuch einer Generaldefinition kann nicht vorgebracht werden, dass eine solche aufgrund der Diversität der Parteien, Bedürfnisse und

---

62 Vgl. nur die Redaktionsanmerkung zu *Brandi-Dohrn*, CR 1998, S.645, in der darauf hingewiesen wird, dass der in der Überschrift genannte Entwicklungsvertrag mitunter auch als Forschungsvertrag oder schlicht als Auftrag bezeichnet wird.

63 Vgl. *Groß*, FuE-Vertrag.

64 Im untechnischen Sinne. Ausführlich siehe sogleich.

65 *Möffert*, Der FuE-Vertrag, S.1 und 2; *ders.* in: Münchner Vertragshandbuch 2, Forschungsvertrag, § 1 u nd Anm.1; *Plander/Schiek*, RdA 1990, S.219-220; *Schmeißer/Zirkel*, MDR 2003, S.849 ff; *Wündisch*, FuE-Vertrag, Anm.1.

66 *Winzer*, FuE-Verträge, S.VI.

67 *Winzer*, FuE-Verträge, Einleitung Rn.4 und 6.

68 *Beilhack*, GRUR Int 2006, S.960.

Ziele nicht möglich sei, denn das Wesen der Generaldefinition liegt nicht in der dezidierten Festlegung, sondern allein im Abstecken eines allgemeinen Rahmens. Auch darf die Definition nicht fehlen; die geschilderten Auswirkungen eines solchen Falls sprechen insoweit eine deutliche Sprache. Schließlich kann auch ein praktisches Bedürfnis nicht verneint werden. Vielmehr zieht sich durch viele themenrelevante Veröffentlichungen[69] wie ein roter Faden die Klage über fehlende oder qualitativ ungenügende Ausführungen sowie ungenaue Definitionen, von der Darstellung rechtlicher Grundlagen ganz zu schweigen. Insgesamt ist die Definition unentbehrlich, um das Fundament jeglichen Vertragswesens, die Einheitlichkeit der verwendeten Terminologie, zu gewährleisten.

2. Generaldefinition FuE-Vertrag

Dieser Wunsch nach Klarstellung führt zu einigen Definitionsversuchen, deren Erörterung sich beispielhaft auf zwei Ansätze beschränkt.

Zum Ersten definiert *Rosenberger*[70] die FuE-Verträge als all jene Verträge, die „künftige Forschung und Entwicklung auf einem bestimmten naturwissenschaftlichen oder technischen Gebiet" betreffen. Er grenzt diese von FuE-Kooperationen ab, meint damit aber keine spezielle Unterart, sondern schlicht jedwede Zusammenarbeit im Rahmen dieser Verträge[71]. Dies erscheint vor dem Hintergrund, dass eine gleichnamige Vertragsunterart existiert und genutzt wird, als eher ungeschickt und wird deshalb zur Vermeidung der potenziellen Verwechslungsgefahr und begrifflichen Unklarheit nicht übernommen. Das Gleiche gilt, unter Verweis auf obige Argumentation, für die Techniklastigkeit der Definition.

Zum Zweiten definiert *Gempe*[72] all jene Vertragsmodelle als FuE-Verträge, die den verschiedenen Formen unternehmensübergreifender Zusammenarbeit in Forschung und Entwicklung zugrunde liegen. Er kennt das Problem der synonymen Nutzung, bleibt die versprochene Präzisierung aber schuldig. So bezeichnet er die Auftragsforschung nicht als solche, sondern als „FuE-Vertrag" und fügt dadurch dem Oberbegriff eine Unterart gleichen Namens an[73]. Zudem verwirrt der verwendete Begriff der Zusammenarbeit, da dieser oft, i.Ü. auch von *Gempe* selbst, als Synonym für

---

69 Statt vieler *Beilhack*, GRUR Int 2007, S.872(873); *Winzer*, FuE-Verträge, S.V und VI, Einleitung Rn.4.

70 *Rosenberger*, Verträge über FuE, Kap.1 Rn.15.

71 *Rosenberger*, Verträge über FuE, Kap.1 Rn.17.

72 *Gempe*, S.23.

73 *Gempe*, S.26.

Kooperation genutzt wird[74] und da *Gempe* in einer späteren Feinunterteilung den Kooperationsvertrag zutreffend als bloße Unterart des FuE-Vertrags darstellt[75]. Schließlich begrenzt *Gempe* mit seiner „unternehmensübergreifenden" Zusammenarbeit grundlos die möglichen Vertragsparteien. Auch seinem Ansatz wird deshalb nicht gefolgt.

Der eigene Einordnungsversuch orientiert sich an der Essenz, dem „Vertrag über FuE-Leistungen". Dieser Vertrag begnügt sich mit seiner Bedeutung als Gestaltungsinstrument des Privatrechts für Rechtsverhältnisse im FuE-Bereich und bedarf, eingedenk der obigen Kritik, keiner vorrangigen Art der Umsetzung, insb. keiner Kooperation oder Zusammenarbeit. Er ist parteineutral.

Die namensgebenden FuE-Leistungen machen keine Vorgaben zu ihrem Inhalt und ihrer Ausgestaltung, umfassen aber, dem Wesen von Forschung und Entwicklung bzw. deren charakteristischen Besonderheiten entsprechend, nur diejenigen Tätigkeiten, die unmittelbar auf Forschung und Entwicklung selbst bezogen sind. Sie können als eine unter mehreren Komponenten etwa neben Regelungen zur Rechteverteilung oder zu Dokumentationspflichten stehen[76], umfassen diese aber nicht, sondern grenzen sich von ihnen ab. Eine Beschränkung auf den technischen Bereich ist nicht nötig.

Insgesamt sind FuE-Leistungen solche, die nicht nur bei Gelegenheit von Forschung und Entwicklung geschuldet, sondern originär und unmittelbar auf die Erbringung von FuE-Tätigkeiten ausgerichtet sind. Der FuE-Vertrag i.S. dieser Arbeit ist derjenige, der die Erbringung eben dieser FuE-Leistungen auf einem beliebigen Gebiet betrifft.

3. Abgrenzung von Konstruktionsverträgen

Die Definition i.S. dieser Arbeit hält sich an den eingangs abgesteckten thematischen Rahmen und endet deshalb dort, wo es nicht mehr um Entwicklung und schon gar nicht um Forschung, sondern allein um Konstruktion geht. Konstruktionsverträge zielen nicht auf die Erlangung neuen Wissens[77], sondern allein und ausschließlich darauf, auf Basis des Bekannten ein Bauteil, System oder Verfahren an vorgegebene, besondere Bedürfnisse anzupassen. Die geforderte Leistung ist eher fachmännischer als wissen-

---

74 Vgl. *Gempe*, S.23.

75 *Ders.*, S.24.

76 Zu diesen siehe sogleich.

77 *Winzer*, FuE-Verträge, Teil 3 Rn.15.

schaftlicher Natur und hat ggf. ein „Komplexitätsproblem, aber kein Neuartigkeitsrisiko“[78].

Die exakte Grenzziehung ist, wie das Auftreten sog. „unerkannter Entwicklungsverträge“ bestätigt[79], auch hier nicht leicht und maßgeblich einzelfallabhängig. Als Beispiel sei die Automobilzulieferindustrie genannt, in der die Anpassung von Innenausstattung und Aufbauten sowie von technischer Hardware an neue Modelle, Sonderversionen oder Kundenwünsche grds. eine Konstruktionsaufgabe ist[80].

II. Die Parteien und Inhalte

1. Vertragsparteien

Als potenzielle Vertragsparteien von FuE-Verträgen sind die großen Gruppen der Wirtschaftsunternehmen, der Forschungseinrichtungen und des Staates als Förderer möglich.

FuE-Verträge zwischen Wirtschaftsunternehmen sind in der Praxis sehr häufig anzutreffen[81].

Auch Forschungseinrichtungen werden als Vertragspartner gewonnen. Sie sind diejenigen Organisationen, die FuE-Arbeiten nicht in der Absicht betreiben, deren Ergebnisse selbst zu fertigen und zu vertreiben, sondern diejenigen Organisationen, deren Verwertungstätigkeit sich auf den Verkauf oder die Lizenzierung ihrer Ergebnisse beschränkt[82]. Sie unterteilen sich in Hochschulen einerseits sowie Einrichtungen der außeruniversitären Forschung andererseits, wobei Hochschule als Bildungseinrichtung im tertiären Bildungsbereich[83] kein Synonym für Universität, sondern deren Oberbegriff ist. Der Bereich der außeruniversitären, korrekt gesprochen außerhochschulischen, Forschung und Entwicklung umfasst öffentlichrechtlich[84] und privatrechtlich[85] verfasste Einrichtungen.

---

78 *Ullrich,* in: FS Fikentscher, S.298(304).

79 Als häufig bezeichnet von *Beaumart,* in: FuE-Verträge in Wissenschaft und Technik, S.39(46).

80 *Winzer,* FuE-Verträge, Teil 3 Rn.15.

81 *Wündisch,* FuE-Vertrag, Anm.2.

82 *Winzer,* FuE-Verträge, Teil 1 Rn.11.

83 *Brockhaus,* Bd.II, S.1966.

84 Beispiele sind die Fraunhofer-Gesellschaft zur Förderung der angewandten Forschung e.V.(FhG), die Max-Planck-Gesellschaft(MPG) und die Wissenschaftsgesellschaft Gottfried-Leibnitz e.V.

Schließlich können auch juristische Personen des öffentlichen Rechts, etwa Bund und Länder als Geber öffentlicher Mittel, Vertragspartei sein.

2. Vertragsinhalte

Verträge im FuE-Bereich sind ausnahmslos und in Abgrenzung von sog. Gefälligkeitsverhältnissen Schuldverhältnisse. Sie enthalten ein komplexes Gefüge verschiedener Leistungsverpflichtungen, welches nur in seiner Gesamtheit ein sinnvolles Ganzes ergibt. Ihr typischer Inhalt lässt sich, unabhängig von den noch zu bestimmenden Vertragsarten, ganz allgemein mit einigen wesentlichen Aspekten zusammenfassen[86].

a. Präambel

Die Präambel, etymologisch vom mittellateinischen praeambulum »Einleitung« und spätlateinischen praeambulus »vorangehend« abgeleitet[87], fasst mit der konkreten Situation, den Motiven und Zwecken der Beteiligten die Basis der anschließenden Vereinbarungen zusammen. Sie ist als Einführung in vielen Verträgen präsent und mitnichten auf FuE-Verträge beschränkt, kann sich aber, wie noch zu sehen sein wird, insb. hier als nützlich erweisen.

b. Leistungsrahmen

Jeder FuE-Vertrag enthält als Kernstück Regelungen zu den namensgebenden FuE-Leistungen selbst. Dieser Leistungsrahmen umfasst die FuE-Arbeiten samt etwaig festgelegten Zwischenschritten und Zeitplänen und kann, mangels Techniklastigkeit oder sonstiger Beschränkungen, unterschiedliche und mannigfaltige Inhalte haben. Die FuE-Arbeiten selbst können u.a. Messreihen, Analysen und Berechnungen enthalten, Studien durchführen und auswerten, griffige Kunststoffe und atmungsaktive Membranen entwickeln, medizinisches Gerät optimieren, Gutachten schreiben, Werkstoffe mit Memory-Effekt herstellen, bedarfsspezifische Software entwerfen oder Hochgeschwindigkeitskameras perfektionieren. Geschuldet kann neben diesen selbst bzw. ihrer ordnungsgemäßen Ausführung auch die Einhaltung wissenschaftlicher Sorgfaltsstandards oder gar das Errei-

---

85 Beispiele sind die Deutsche Forschungsgemeinschaft(DFG) sowie Stiftungen und Einrichtungen der Industrieforschung.

86 Für eine ausführlichere Darstellung vgl: *Gempe*, S.27-36.

87 *Duden*, Bd.7, S.622.

chen konkreter Ziele sein. Häufig anzutreffen sind Pflichten zur Dokumentation der Arbeiten bzw. zur Anfertigung von Forschungsberichten[88], zum Aufbau von Versuchsreihen oder zur Lieferung von Prototypen. Die Vereinbarungen können den Austausch oder die gemeinsame Nutzung von personellen, materiellen und immateriellen Ressourcen wie Arbeitskräften, Laborgeräten, Know-how oder Marktinformationen betreffen. Auch die Mitwirkung des Auftraggebers kann hier geregelt sein.

Dieser Vertragsteil ist oft sehr umfassend und wird deshalb gern als Anhang beigefügt, auf dessen Geltung der Vertragstext verweist.

c. Rechteverteilungen

Zudem, und dies ist nicht minder wichtig, werden regelmäßig Vereinbarungen zur Veräußerung oder Lizenzierung von geheimem Know-how sowie von gewerblichen Schutz- und Urheberrechten getroffen, die sich sowohl auf bereits bestehende als auch auf ggf. im Rahmen des FuE-Projekts neu entstandene Rechte beziehen können. Hinsichtlich des Spezialfalls der FuE-Kooperationen[89] sollte an dieser Stelle zweckmäßigerweise zwischen der FuE-Phase einerseits und der Verwertungsphase andererseits unterschieden werden, wobei die FuE-Phase sich auf die aus ihr hervorgegangenen Ergebnisse und die Eigentums- und Nutzungsrechte an diesen bezieht, während die Verwertungsphase deren weitere Verwendung regelt[90].

d. Vergütung und Haftung

Vergütungsregelungen haben in FuE-Verträgen sowohl hinsichtlich der Vergütungshöhe als auch hinsichtlich der konkreten Zahlungsmodalitäten weite Spielräume. Regelmäßig aber werden die Modi aufgrund der Eo-ipso-Ausrichtung der FuE-Verträge auf lange Laufzeiten[91] eine zumindest teilweise abschnittsbezogene Vergütung enthalten. Auch Aspekte der Besteuerung können an dieser Stelle geregelt werden[92]. Die Haftung hat aufgrund der charakteristischen Unwägbarkeit von Forschung und Entwicklung eine ganz besondere Relevanz, die sich oft in speziellen vertraglichen Vereinbarungen widerspiegelt.

---

88 *Schmeißer/Zirkel*, MDR 2003, S.849(850).

89 Zu diesem sogleich.

90 Ausführlich *Winzer*, FuE-Verträge, Teil 1 Rn.38.

91 *Koch*, Haftungsfreizeichnung, S.36.

92 Ausführlich *Rosenberger*, Verträge über FuE, Kap.7 Rn.148-165.

e. Geheimhaltungsvereinbarungen

Geheimhaltungsvereinbarungen[93] haben in FuE-Verträgen dann eine besondere Bedeutung, wenn die Projektdurchführung zwingend an den gegenseitigen Austausch bzw. die Weitergabe von Betriebs- und/oder Geschäftsgeheimnissen oder sonstiger, ggf. schutzfähiger aber ungeschützter Informationen anknüpft. Auch im Hinblick auf die Ergebnisse kann eine Geheimhaltung angebracht sein, um einen Innovationsvorsprung zu erlangen[94] oder um neuheitsschädliche Veröffentlichungen zu vermeiden[95].

f. Konfliktlösungsklauseln

Schließlich enthalten viele Verträge Regelungen, welche der Lösung von Unstimmigkeiten im Vertrag oder zwischen den Parteien dienen und deshalb im Folgenden als Konfliktlösungsklauseln bezeichnet werden.

Häufig finden sich Klauseln, die im weitesten Sinne der Kommunikation der Parteien untereinander dienen. Sie betreffen Projektmanagement, Berichtswesen oder Systeme der Qualitätssicherung[96]. Auch die den Parteien gegebene Möglichkeit der Wahl zwischen der ordentlichen und der Schiedsgerichtsbarkeit[97] kann im FuE-Bereich durchaus nützlich sein. Ohne nochmals in die Argumentation einzusteigen, sei nur an das größere Maß der Geheimhaltung erinnert. Eine salvatorische Klausel vermeidet schließlich, dass die Unwirksamkeit einer einzelnen Vereinbarung zur Unwirksamkeit des gesamten Vertrags führt. Darüber hinaus sollte sie zudem eine Regelung für den Fall ihres Eintretens enthalten, also festlegen, wie die entstehende „Lücke" im Vertrag behandelt werden soll[98]. Die Klausel kann die Nichtigkeitsvermutung des § 139 BGB nicht ausschließen, wird bei der Beurteilung der Teilbarkeit in dessen Sinne aber berücksichtigt[99].

---

93 Ausführlich bei *Möffert,* in: Münchner Vertragshandbuch 2, Forschungsvertrag, Anm.31-35 und *Rosenberger,* Verträge über FuE, Kap.7 Rn.91-109.

94 *Gempe,* S.35.

95 Vgl. § 1 I und § 3 PatG.

96 Hierzu insgesamt *Beaumart,* in: FuE-Verträge in Wissenschaft und Technik, S.39(44); speziell zum Qualitätsmanagement *Möffert,* in: Münchner Vertragshandbuch 2, Forschungsvertrag, Anm.22; ders. Entwicklungsvertrag, Anm.7.

97 Zu dieser vgl. die §§ 1025-1066 ZPO.

98 *Rosenberger,* Verträge über FuE, Kap.7 Rn.223.

99 *BGH,* Urt. v. 24.09.2002 – KZR 10/01, NJW 2003, S.347.

III. Die Arten von FuE-Verträgen

In Theorie und Praxis haben sich, entsprechend den durch sie geregelten vielfältigen Projektkonstellationen, verschiedene Arten von FuE-Verträgen in mehr oder weniger detaillierten Ausformungen etabliert. Diese Vielfalt ist schwer systematisierbar, zumal es keine einheitlichen Definitionen, oft gar noch nicht einmal einheitliche Bezeichnungen dieser Arten gibt. Ein allgemein anerkannter oder zumindest akzeptierter Kanon verschiedener Vertragsarten existiert nicht. Dennoch kann auf die Durchdringung der Vertragsarten nicht verzichtet werden, da sie nicht nur dem Verständnis des Gesamtkonzepts, sondern, wie angerissen[100], auch der Eingrenzung des Themas dienen, indem sie die in diesem Rahmen unproblematischen FuE-Kooperationen von anderen Vertragsarten abgrenzen.

1. Die Situation in Literatur und Kautelarpraxis

Aussagen zu den Arten von FuE-Verträgen finden sich in der ohnehin dürftigen Rspr. gar nicht und sind in Literatur und Kautelarpraxis von der angedeuteten, fast schon chaotischen Vielfalt geprägt.

Winzer[101] etwa unterscheidet präzise zwischen horizontalen FuE-Kooperationen, vertikalen FuE-Verträgen und FuE-Aufträgen. *Rosenberger*[102] differenziert zwischen FuE-Aufträgen und Verträgen über künftige Einzel-FuE, Verträgen über die Gründung eines Gemeinschaftsunternehmens zur Durchführung von Forschung und Entwicklung sowie sog. FuE-Beraterverträgen. *Möffert*[103] hingegen begnügt sich mit einer Grenzziehung zwischen Forschungsverträgen, Entwicklungsverträgen und Zusammenarbeitsverträgen, während schließlich eine vom Bundesministerium für Wirtschaft und Technologie (BMWi) zur Ausgestaltung der Vertragsbeziehungen zwischen Wissenschaft und Wirtschaft eingesetzte Expertenkommission Kooperationsforschung, beauftragte FuE-Tätigkeiten und Werk- bzw. Dienstverträge benennt[104].

---

100 Siehe bei den Grenzen der Unklarheit: § 1.C.III.

101 *Winzer*, FuE-Verträge, Einleitung, Rn.4-7.

102 *Rosenberger*, Verträge über FuE, Kap.1 Rn.15.

103 *Möffert*, Der FuE-Vertrag, S.2 und 3; ders. in: Münchner Vertragshandbuch 2, Forschungsvertrag, Anm.2.

104 *BMWi*, Mustervereinbarungen für FuE-Kooperationen, S.6.

2. Die Unterscheidungskriterien

Trotz oder besser gerade aufgrund dieser Vielfalt verschiedener FuE-Verträge sei die Aufmerksamkeit auf deren Unterscheidungskriterien gelenkt.

Während der konkrete technische, naturwissenschaftliche oder sonstige Forschungsbereich für diese Unterscheidung irrelevant ist, findet sich ein wichtiger Aspekt in der Hierarchie der Vertragsparteien untereinander. Diese ermöglicht vertikale Über- und Unterordnungsverhältnisse, horizontale Gleichrangigkeit und Neutralität. Sie ermittelt die Rangebenen aus marktwirtschaftlicher Perspektive einerseits und vertragsgestalterischer Perspektive andererseits.

a. Marktwirtschaftliche Perspektive

Die marktwirtschaftliche Perspektive beleuchtet die Produktions- bzw. Handelsstufen der einzelnen Vertragspartner. Je näher am Endverbraucher die Tätigkeit einer Partei angesiedelt ist, desto höher ist ihr Rang.

Ein gleichrangiges, horizontales Verhältnis liegt vor, wenn konkurrierende Unternehmen gleicher Marktstufe, Wettbewerber also, tätig werden. Demgegenüber bestehen vertikale Hierarchien zwischen Unternehmen verschiedener Marktstufen, etwa zwischen Lieferant und Abnehmer, die auf jeweils anderen Produktions- oder Handelsebenen agieren. Neutral ist eine Beziehung, wenn die Parteien nicht miteinander vergleichbaren Gruppen angehören. Beispielsweise kann eine Partei Marktteilnehmer sein, während die andere, etwa eine Hochschule, nicht unternehmerisch organisiert ist. Einordnungen in die horizontale oder vertikale Rangebene finden sich regelmäßig[105], insb. auch im EG-Kartellrecht[106]. Seltener und nie ausdrücklich kommt die neutrale Parteibeziehung zum Zuge[107].

b. Vertragsgestalterische Perspektive

Die vertragsgestalterische Perspektive fragt demgegenüber nicht nach der Stellung der Parteien an sich, sondern nach deren Stellung innerhalb des Vertragsgefüges. Sie ermittelt dessen hierarchische Ausgestaltung und damit die jeweilige Ebene, die der Vertrag den Parteien zuordnet. Horizontale und vertikale Verhältnisse sind denkbar, Neutralität gibt es hier nicht. Diese Perspektive lässt unberührt, dass der Vertrag, um seinen Namen zu ver-

---

105 *Grüter,* WRP 1970, S.334; *Winzer,* FuE-Verträge, Einleitung Rn.4-7, Teil 1 Rn.13.

106 Vgl. *Winzer,* FuE-Verträge, Teil 1 Rn.368.

107 Vgl. *Winzer,* FuE-Verträge, Einleitung Rn.7, Teil 2 Rn.13.

dienen, ein Mindestmaß an gleicher Stärke der Parteien aufweisen muss. Vielmehr differenziert sie auf der Ebene der individuellen Vereinbarung und fragt, ob die Parteien die geschuldeten Leistungen gemeinsam erbringen oder ob eine Situation des Forderns und Erfüllens vorherrscht. Ihre Bedeutung liegt darin, dass sie mit der marktwirtschaftlichen Stellung der Parteien zueinander nicht übereinstimmen muss und deshalb ein weiteres Differenzierungskriterium eröffnet.

c. Beteiligung einer juristischen Person des öffentlichen Rechts

Kein Unterscheidungskriterium ist die Beteiligung einer juristischen Person des öffentlichen Rechts, denn die dann geltenden besonderen Vertragsbedingungen verändern nicht das Vertragskonzept selbst, sondern nur dessen konkrete inhaltliche Ausgestaltung.

3. Die Unterteilung in Kooperationen und Aufträge

Die Arten von FuE-Verträgen werden in die beiden Gruppen der FuE-Kooperationen einerseits und der FuE-Aufträge andererseits unterteilt. Sie bilden damit das maßgebende Grundmuster jeder weiteren Differenzierung.

a. FuE-Kooperationen

Der Begriff der FuE-Kooperation wird genauso oft wie undifferenziert verwendet. *Wündisch*[108] etwa definiert ihn als jede Vereinbarung, in der sich die Parteien verpflichten, bestimmte FuE-Arbeiten gemeinsam durchzuführen und sich wechselseitig Lizenzen an dem entstehenden geistigen Eigentum einzuräumen bzw. Miteigentum zu begründen. Vertragsgegenstand sei die Verwirklichung jeweils eigener, aber gleich liegender Parteiinteressen oder eines gemeinsamen Zwecks. Demggü. definiert die *BMWi-Kommission* unter Rückgriff auf die Berliner Vertragsbausteine die „Kooperationsforschung"[109] als all jene Verträge, in denen beide Partner spezifische Beiträge für den Projekterfolg leisten, wobei weder Ziel und Ergebnis noch auch nur die Herangehensweise oder geplante Anwendung konkret be-

---

108 *Wündisch*, Kooperationsvertrag, Anm.1.

109 Trotz der einseitigen Formulierung meint die Kommission auch die Entwicklung, da ihre Publikation mit „Mustervereinbarungen für FuE-Kooperationen" überschrieben ist und sie zudem wiederholt die Verbesserung der Zusammenarbeit im Bereich der Forschung und der Entwicklung als Ziel nennt.

zeichnet sein müssten. Ein Erfolg sei nicht geschuldet[110]. Auch *Rosenberger* erwähnt diesen Begriff, nutzt ihn aber, wie gesehen, nicht zur Identifizierung einer Vertragsart, sondern für jede Zusammenarbeit im Rahmen von FuE-Projekten schlechthin[111].

aa. Stellungnahme

Rosenbergers Ansatz wurde schon im Allgemeinen abgelehnt und auch im Besonderen kann nichts anderes gelten. Der Kooperationsbegriff ist im FuE-Bereich derart etabliert, dass seine Verwendung immer zuerst eine Assoziation zu denjenigen Verträgen weckt, in denen die Partner die FuE-Leistungen gemeinschaftlich erbringen. Schon aus Gründen der Klarheit und der Vermeidung von Missverständnissen muss er deshalb auf die genannten Verträge beschränkt bleiben.

Wündisch stellt zur Qualifizierung der Kooperation zutreffend auf die gemeinsame Durchführung der FuE-Arbeiten ab, erläutert diese aber nicht näher. Die zusätzlich aufgenommene Verpflichtung zur Einräumung wechselseitiger Lizenzen bzw. zur Begründung von Miteigentum ist unschädlich, da sie die Modalitäten des Verbleibs der Rechte unberührt lässt und, in Abgrenzung etwa vom FuE-Auftrag, lediglich betont, dass etwaig entstehende Rechte sich jedenfalls nicht vollständig in der Hand nur einer Vertragspartei vereinen. Auch die BMWi-Kommission stellt, wiederum ohne genauere Umschreibungen, auf das gemeinsame Erreichen des Projekterfolgs ab, verwendet darüber hinaus aber eine Reihe recht starrer Vorgaben. Die Aspekte der Zieloffenheit und nur groben Festlegung der Umsetzung und des Untersuchungszwecks geben zwar vielleicht einen Regelfall wieder, sind aber für die Abgrenzung zu speziell, denn Kooperationen sind auch mit klarem Ziel und festen Umsetzungsvorgaben möglich.

Beide Definitionsvorschläge sehen im Kooperationsbegriff eine besonders weitreichende Zusammenarbeit der Vertragsparteien verkörpert, versäumen es aber, das „Mehr" dieser Zusammenarbeit im Vergleich zu anderen Vertragsarten zu erläutern. Entscheidend hierfür ist die Parteienhierarchie aus vertragsgestalterischer Sicht, da sie die Nähe der Parteien zueinander und deren Kräfteverhältnis offenbart. Bei Kooperationen stehen die Parteien auf einer Ebene, das „Mehr" ihrer Zusammenarbeit liegt in der Gleichberechtigung. Einen entgeltlichen Leistungsaustausch gibt es nicht[112].

---

110 *BMWi*, Mustervereinbarungen für FuE-Kooperationen, S.6 und 12 sowie – zum Verweis auf die Berliner Vertragsbausteine - S.11.

111 Nochmals *Rosenberger*, Verträge über FuE, Kap.1 Rn.17.

112 So auch bereits *Koch*, Haftungsfreizeichnung, S.26.

bb. Definition

Folglich sind FuE-Kooperationen i.S. dieser Arbeit all jene FuE-Verträge, in denen die vertraglich vereinbarten FuE-Leistungen von gleichberechtigten Parteien gemeinschaftlich oder arbeitsteilig erbracht werden.

b. FuE-Aufträge

Auch der von einem Austauschverhältnis geprägte Begriff des FuE-Auftrags wird oft benutzt.

Winzer[113] definiert ihn als jede Vereinbarung, in der ein Vertragspartner sich dem anderen ggü. verpflichtet, für eine finanzielle Abgeltung eine Entwicklungsleistung zu erbringen und dem Auftraggeber die Ergebnisse zur i.d.R. ausschließlichen wirtschaftlichen Verwertung zu überlassen. Ausdrücklich erklärt er dabei die marktwirtschaftliche Hierarchieebene der Parteien als irrelevant[114]. Demgegenüber definiert die *BMWi-Kommission* – wiederum unter Rückgriff auf die Berliner Vertragsbausteine und mit Bezug auf Forschung und Entwicklung gleichermaßen – jedes Verhältnis als Forschungsauftrag, in dem die Industrie unter Übernahme sämtlicher Kosten ihren Forschungsbedarf von Hochschulen oder außeruniversitären Forschungseinrichtungen decken lässt[115]. Der Auftrag sei ergebnisoffen, dafür aber zielorientiert und in puncto Umsetzung und Untersuchungszweck klar definiert.

aa. Stellungnahme

Vorangestellt sei die wohl allenthalben stillschweigend vorausgesetzte Erkenntnis, dass der „Auftrag“ kein solcher im Sinne des § 662 BGB ist. Vielmehr liegt ihm eine kaufmännische Konstellation zugrunde, in der ein Partner eine Leistung verspricht, die mittels eines finanziellen Ausgleichs durch den anderen Partner abgegolten wird. Dieses Verständnis ist auch dasjenige der vorliegenden Arbeit.

Beide Definitionsansätze sprechen die marktwirtschaftliche Parteienhierarchie an: während *Winzer* dieser aber keine entscheidende Bedeutung beimisst, beschränkt die *BMWi-Kommission* ihren Auftragsbegriff ausdrücklich auf das neutrale Verhältnis zwischen Industrie und Hochschulen oder außeruniversitären Forschungseinrichtungen. Dies darf bezweifelt werden. Zwar werden FuE-Aufträge in der wirtschaftlichen Praxis wohl tatsächlich

---

113 Vgl. *Winzer*, FuE-Verträge, Einleitung Rn.7, Teil 2 Rn.9.

114 Vgl. *Winzer*, FuE-Verträge, Einleitung Rn.7, Teil 2 Rn.10.

115 *BMWi*, Mustervereinbarungen für FuE-Kooperationen, S.6 und 11.

oft zwischen neutralen Parteien erteilt, weil der Auftragnehmer dann nicht an einer eigenen Fertigung und Vermarktung der Ergebnisse interessiert bzw. auch nur zu dieser in der Lage ist[116]. Dennoch sind FuE-Aufträge auch auf horizontaler[117] oder vertikaler Ebene möglich. Der unbestrittene Vorteil, von vornherein keine spätere Konkurrenzsituation befürchten zu müssen, wird nicht immer davon abhalten, kompetente Auftragnehmer auch unter anderen Marktteilnehmern zu suchen, zumal Konkurrenzverhalten in gewissem Umfang durch vertragliche Vereinbarungen steuerbar ist. Somit hat die neutrale Parteibeziehung zwar eine gewisse Wirkung als Indiz, ist aber nicht die einzig mögliche Hierarchieebene. Wiederum nutzt die BMWi-Kommission eine Reihe starr einzelfallbezogener Kriterien, die zwar ggf. einen Regelfall verkörpern, i.Ü. aber zu sehr einschränken[118].

bb. Definition

Im Ergebnis sind FuE-Aufträge i.S. dieser Arbeit all jene Verträge, in denen sich einerseits der Auftragnehmer verpflichtet, bestimmte Forschungs- und Entwicklungsarbeiten für den Auftraggeber durchzuführen und in denen andererseits der Auftraggeber ein Entgelt an den Auftragnehmer zu leisten hat.

4. Die weiteren Vertragsarten

Nachdem mit der Definition der Kooperationen und Aufträge ein Mindestmaß an Struktur erreicht wurde, müssen zur Ermittlung deren Relevanz dieser Kooperationen und Aufträge auch die übrigen Vorschläge eingeordnet werden.

a. Horizontale FuE-Kooperation und vertikaler FuE-Vertrag

Teils werden mit leicht abweichenden Begrifflichkeiten horizontale Kooperationen bzw. Zusammenarbeitsverträge von vertikalen Kooperationen oder FuE-Verträgen abgegrenzt[119]. Die höchste Präzision erreicht *Winzer*[120], dessen Darstellung deshalb stellvertretend für alle erörtert wird.

---

116 *Winzer*, FuE-Verträge, Teil 2 Rn.9.

117 Bejahend *Winzer*, FuE-Verträge, Einleitung Rn.5.

118 Zur Argumentation siehe bereits oben: § 2.B.III.3.a.aa.

119 *Grüter*, WRP 1970, S.334; *Möffert*, Der FuE-Vertrag, S.2; ders. in: Münchner Vertragshandbuch 2, Forschungsvertrag, Anm.2.

120 *Winzer*, FuE-Verträge, Einleitung Rn.4-7, Teil 1 Rn.13.

Winzer verbindet seinen Kooperationsbegriff untrennbar mit dem Adjektiv horizontal, nach welchem die Partner hierarchisch gesehen zur gleichen Wirtschaftsstufe gehören müssen. Wesentlicher Vertragsinhalt sei die gemeinsame Forschung und Entwicklung, samt einem jedenfalls in der FuE-Phase in aller Regel bestehenden gemeinsamen Zweck, der sich auf eine gemeinsame Verwertungsphase erstrecken oder aber auch mit Abschluss der FuE-Phase entfallen könne[121]. Der Verbleib der Ergebnisse habe demzufolge verschiedene Varianten. *Winzers* vertikale FuE-Verträge sind all jene Vereinbarungen zwischen Vertragspartnern auf verschiedenen Markt- oder Wirtschaftsstufen über die Erbringung von FuE-Leistungen, die in irgend-einer Form der Tauschbeziehung zwischen den Vertragsparteien untereinander oder zu deren Partnern auf einer weiteren Stufe dienen[122]. Die Ergebnisse blieben beim Zulieferer als dem Ausführenden, während der Abnehmer die fragliche Produktkomponente allein verwerte. Der absolute Regelfall dieser Konstellation sei die sog. Komponentenentwicklung als Neuentwicklung eines Bauteils durch einen Zulieferer für einen Abnehmer, der diese Komponente benötige, um seinerseits ein neues Endprodukt herstellen und vermarkten zu können[123].

aa. Separate Vertragsarten

Beide Ausprägungen wären jeweils separate Vertragsarten, wenn und soweit sie nicht vollständig in einer bereits genannten Art aufgingen.

Die horizontale Kooperation reiht sich mit dem Erfordernis gemeinsamer Forschung und Entwicklung nahtlos in den Definitionsansatz der Kooperation ein, ist mit ihrer Beschränkung auf die marktwirtschaftlich horizontale Parteienhierarchie aber kein Synonym für diese, sondern eine spezielle Unterart.

Größere Schwierigkeiten bereitet der vertikale FuE-Vertrag in Abgrenzung sowohl vom FuE-Auftrag als auch von der FuE-Kooperation.

(1) Vertikaler FuE-Vertrag und FuE-Auftrag

Der vertikale FuE-Vertrag fordert, wie der FuE-Auftrag auch, komplementäre Vertragsleistungen und lässt dadurch eine gewisse Nähe zu diesem vermuten, zumal in beiden für eine Gegenleistung FuE-Arbeiten erbracht werden. Ein Unterschied liegt aber darin, dass für vertikale Verträge eine

---

121 *Winzer,* FuE-Verträge, Einleitung Rn.4 und 5, Teil 1 Rn.10.

122 Vgl. *Winzer,* FuE-Verträge, Einleitung Rn.6, Teil 2 Rn.1 und 9; so auch *Grüter,* WRP 1970, S.334.

123 *Winzer,* FuE-Verträge, Einleitung Rn.6.

Tauschbeziehung gefordert wird[124], die charakteristisch keine Gegenleistung in Geld erlaubt[125], während FuE-Aufträge an eine finanzielle Gegenleistung gebunden sind. Auch der regelmäßige Verbleib der Rechte lässt diese beim Auftrag zur i.d.R. ausschließlichen wirtschaftlichen Verwertung auf den Auftraggeber übergehen, während sie beim vertikalen FuE-Vertrag beim Ausführenden bzw. beim Zulieferer verbleiben. Der vertikale FuE-Vertrag ist somit vom FuE-Auftrag verschieden.

(2) Vertikaler FuE-Vertrag und FuE-Kooperation

Die Abgrenzung von der FuE-Kooperation stößt auf ein ähnliches Problem, da beide Arten eine in Umfang und Intensität verschiedene Zusammenarbeit zwischen den Parteien voraussetzen. Während die FuE-Kooperation eine gemeinsame Leistungserbringung bezweckt, fordert der vertikale FuE-Vertrag einen Informationsfluss zwischen den Parteien bezüglich der zu entwickelnden Komponenten und der Beschaffenheiten des Endprodukts. Erschwerend wirkt auch, dass beide Verträge gegenseitig sind[126], die Kooperation aber als Gesellschaftsvertrag nach den §§ 705 ff. BGB auf die Vereinigung der Beiträge gerichtet ist[127], während der vertikale Vertrag ein über die Gegenseitigkeit hinausgehendes Austauschverhältnis[128] fordert[129]. Abgrenzend wirken auch unterschiedliche Zielsetzungen[130]. Während die Kooperation gemeinsame FuE-Leistungen und einen gemeinsamen oder getrennten Ergebnisvertrieb bezweckt, zielt der vertikale Vertrag auf eine einseitige Komponentenentwicklung zur möglichst exklusiven Lieferung an den Abnehmer ab. Schließlich sind die Beweggründe für eine Kooperation zur Kosten-, Risiko- und Chancenoptimierung andere als diejenigen für einen vertikalen FuE-Vertrag, bei dem sich der Abnehmer einer Entwicklungs- und Fertigungsstufe entledigen will. Auch von der FuE-Kooperation ist der vertikale FuE-Vertrag verschieden.

---

124 Vgl. *Winzer*, FuE-Verträge, Einleitung Rn.6, Teil 2 Rn.1.

125 *Brox/Walker*, Besonderes Schuldrecht, § 3 Rn.2; *Palandt/Putzo*, § 480 Rn.1.

126 Vgl. zu gegenseitigen Verträgen: *Brox/Walker*, Allgemeines Schuldrecht, § 3 Rn.2; *Medicus*, Rn.213.

127 *Palandt/Sprau*, § 705 Rn.13.

128 Erklärbar wird dies mit *Medicus´* Unterteilung der Wirkungsweisen der Gegenseitigkeit in ein genetisches Synallagma und ein funktionelles Synallagma: *Medicus*, Rn.218-219.

129 *Grüter*, WRP 1970, S.334(336).

130 *Winzer*, FuE-Verträge, Teil 1 Rn.6.

(3) Vertikaler FuE-Vertrag zwischen Auftrag und Kooperation

Der vertikale FuE-Vertrag passt weder zur klassischen Kooperation noch zum klassischen Auftrag. Allein, indem *Winzer* ihn gelegentlich als Kooperation bezeichnet und ihn als vertikales Pendant neben die horizontale Alternative stellt[131], rückt er ihn relativ näher an die Kooperation als an den Auftrag.

Dies ist zu begrüßen. Tauschbeziehung und Rechteverbleib sprechen insoweit eine eindeutige Sprache. Zudem birgt die langfristigere Zulieferer-Abnehmer-Beziehung ein gemeinsames Ziel, an dem es reinen FuE-Aufträgen mangelt. Selbst das Austauschverhältnis des vertikalen Vertrags steht der Nähe zur Kooperation nicht entgegen, da eine ggü. dem Normalfall wesentlich engere Konzentration auf die Zusammenarbeit, das Charakteristikum der Kooperation, vorliegt. Im Ergebnis ist auch der vertikale FuE-Vertrag eine Unterart der Kooperationen.

bb. Abgrenzung von horizontaler und vertikaler Kooperation

Die entstandene Nähe stellt die Frage nach einer tauglichen Abgrenzung von horizontaler und vertikaler Kooperation.

Winzer versucht eine solche mittels der marktwirtschaftlichen Hierarchieperspektive, hinterfragt aber überraschenderweise nicht, ob die suggerierten zwingenden Gesetzmäßigkeiten tatsächlich bestehen. Dies ist nicht der Fall, da weder aus einer gemeinsamen Leistungserbringung auf eine horizontale Hierarchie noch von dieser Hierarchie auf die gemeinsame Leistungserbringung geschlossen werden kann. Die Argumentation gilt entsprechend für vertikale Kooperationen. Zwar kann *Winzer* zugestanden werden, dass die von ihm benannten Konstellationen wohl den Regelfall abbilden, eine darüber hinausgehende, zwingende Kausalität ist aber zu weit gegriffen.

Trotz des untauglichen Mittels ist der Abgrenzungsversuch an sich vernünftig, da die Verträge höchst verschiedene Anforderungen an ihre praktische Handhabung stellen. Die Parteienhierarchie aus vertragsgestalterischer Perspektive kann hier helfen. In vertikalen Kooperationen offenbart sie den komplementären Leistungsaustausch als herrschende Zweckrichtung, eine vertikale Beziehung also, während horizontale Kooperationen gerade nicht das Prinzip des Forderns und Ausführens, sondern eine gleichberechtigte, horizontale Parteienbeziehung pflegen.

Die gefundene Differenzierung passt, ist aber höchst abstrakt und unhandlich. Als klare und ebenso unterscheidungskräftige Lösung sei eine

---

131 *Winzer*, FuE-Verträge, Teil 1 Rn.5.

schlichte Inhaltsangabe vorgeschlagen. Diese bezeichnet die horizontale Form mit „FuE-Kooperation als Gemeinschaftsprojekt", die vertikale Form mit „FuE-Kooperation als Komponentenentwicklung".

cc. *Fazit*

FuE-Kooperationen sind in den Unterarten der „FuE-Kooperation als Gemeinschaftsprojekt" und der „FuE-Kooperation als Komponentenentwicklung" möglich. Die Erstere bezeichnet jede Zusammenarbeit zur gemeinschaftlichen oder arbeitsteiligen Erbringung von FuE-Leistungen, die regelmäßig, jedenfalls in der FuE-Phase, der Verwirklichung eines gemeinsamen Zwecks dient. Die Letztere ist demgegenüber jede Zusammenarbeit zur Erbringung von FuE-Leistungen, der eine Tauschbeziehung zwischen den Vertragsparteien zugrunde liegt und die keinen gemeinsamen Zweck verfolgt.

b. Unternehmensgründungsvertrag

Teils wird als Ausprägung der FuE-Verträge der Unternehmensgründungsvertrag benannt, der zwischen industriellen Unternehmen über die Gründung eines Gemeinschaftsunternehmens zur Durchführung von Forschung und Entwicklung und ggf. zur Verwertung der dabei erzielten Ergebnisse geschlossen werde[132].

Dieser wäre eine separate Vertragsart, wenn und soweit er nicht vollständig in einer bereits genannten Art aufginge. Jedoch richtet sich sein Fokus auf eine gemeinsame Ausführung, die vollständig den bereits bekannten Kooperationen zugeordnet werden kann. Auch geht die Unternehmensgründung nicht über das Konzept der Kooperation hinaus, sondern umgrenzt nur eine spezielle Art von deren Durchführung. Der Oberbegriff sieht insoweit keine Einschränkungen vor. Richtigerweise ist der Unternehmensgründungsvertrag deshalb eine Unterart des FuE-Kooperationsvertrags. Der auf die Durchführung der FuE-Arbeiten gerichtete Fokus legt eine horizontale Kooperation nahe, schränkt diese aber nicht ein, sondern ist wiederum nur eine spezielle Ausführungsform derselben.

c. Vertrag über künftige Einzel-FuE

Weiterhin benennt *Rosenberger* einen sog. Vertrag über künftige Einzel-FuE samt dem Austausch der dabei erarbeiteten Ergebnisse, an dem Wirt-

---

132 *Pagenberg/Beier*, Muster 8 Rn.4; *Rosenberger*, Verträge über FuE, Kap.1 Rn.15.

schaftsunternehmen und Forschungseinrichtungen beteiligt sein könnten und bei dem eine Koordinierung der Arbeiten möglich, ausdrücklich aber nicht zwingend erforderlich sei[133]. Diese Umschreibung lässt Fragen offen, meint aber, im Gegensatz zum eben gesehenen Gemeinschaftsansatz, dass Forschung und Entwicklung von jeder Partei einzeln vorgenommen werden. Auch verschafft der Zusatz Klarheit, dass derartige Verträge oft zwischen Herstellern komplementärer Güter oder in Zuliefer-/Abnehmerverhältnissen geschlossen würden[134]. Demzufolge liegt wiederum keine neue Vertragsart vor. Dieser Ansatz geht in der FuE-Kooperation als Komponentenentwicklung auf.

d. Vertrag separat über Forschung oder Entwicklung

In der Literatur finden sich gelegentlich Verträge, die sich allein entweder auf Forschung oder auf Entwicklung beziehen. Sie sind, wie noch zu sehen sein wird[135], regelmäßig FuE-Aufträge, enthalten aber originär keine irgend klassifizierende Unterscheidung, sondern beschränken sich auf die Separierung der Forschungskomponenten einerseits und der Entwicklungskomponenten andererseits. Eine Vertragsart oder Unterart stellen sie nicht dar.

e. Werk-/Dienstvertrag

Die *BMWi-Kommission* benennt neben den Forschungsaufträgen und Kooperationen als dritte Formen der Zusammenarbeit zwischen Wissenschaft und Wirtschaft den Werk- und den Dienstvertrag[136]. Jedoch ist dieser Ansatz verfehlt, da Dienst- und Werkrecht als Teil der gesetzlichen Vertragstypologie den Rahmen bilden, in dem sich die privatrechtliche Vertragsgestaltung, auch im FuE-Bereich, regelmäßig abspielt. Sie stehen damit nicht als weitere Variante neben den Aufträgen und Kooperationen, sondern als deren mögliche Gestaltungsformen über ihnen.

---

133 *Rosenberger*, Verträge über FuE, Kap.1 Rn.15.

134 *Rosenberger*, Verträge über FuE, Kap.1 Rn.15.

135 Siehe unten: § 4.D.I.3.c.

136 *BMWi*, Mustervereinbarungen für FuE-Kooperationen, S.6 und 12; zustimmend auch *Rupprecht*, ISIPLAV News 02, S.11.

f. Berliner, Hamburger und Düsseldorfer Vertrag

Die Kautelarpraxis kennt mit den „Berliner Vertragsbausteinen“[137], dem „Düsseldorfer Leitfaden zu FuE-Verträgen zwischen Hochschulen und Industrie“[138] und dem „Hamburger Vertrag“[139] eine Reihe weiterer Verträge. Deren Besonderheit liegt übereinstimmend in ihrer Beschränkung auf Verträge zwischen Hochschulen und industriellen Auftraggebern sowie in dem Versuch, mit je verschiedenen Ansätzen der Änderung des Gesetzes über Arbeitnehmererfindungen (ArbnErfG)[140] vom 18.01.2002 Herr zu werden. Diese Änderung hat die Handhabung von Hochschulerfindungen durch die Abschaffung des sog. Hochschullehrerprivilegs[141] gravierend verändert und erschwert damit nicht nur die FuE-Verträge zwischen Hochschulen und Industrie im Allgemeinen, sondern auch deren Rechtezuordnung im Besonderen ganz erheblich.

Die Hochschulbeteiligung ist, wie gesehen, kein Unterscheidungskriterium, zumal die Muster jeweils als Auftrag einerseits und Kooperation andererseits ausgestaltet sind. Sie beinhalten spezielle Gestaltungsvorschläge, aber keine neue Vertragsart.

g. Forschungsförderungsvertrag

Ein Forschungsförderungsvertrag ist ein Vertrag zwischen einem Förderer und einem Förderungsempfänger über die Gewährung einer irgend gearteten Unterstützung, mit der wissenschaftliche Arbeiten ermöglicht werden sollen, die anderenfalls nicht oder nicht zum fraglichen Zeitpunkt durchgeführt werden könnten[142]. Er kann je nach Identität des Fördernden privatrechtlich oder, etwa bei Förderung durch juristische Personen des öffentlichen Rechts, auch öffentlich-rechtlich ausgestaltet sein; auf letztere Gestaltungsform wird angesichts der Schwerpunktsetzung der Arbeit aber nicht weiter eingegangen[143]. Ein Hauptanwendungsbereich ist die sog.

---

137 Abrufbar unter www.ipal.de (Stand: 02.11.2009); Auszüge auch bei *Winzer*, FuE-Verträge, Teil 4.

138 *Busche*, Leitfaden zu FuE-Verträgen.

139 Vgl. *Klawitter/Zintler*, Mitt. 2006, S.116-118 mit Auszügen aus dem Vertragsmuster.

140 BGBl. I, S.414; ausführlich zur Änderung und deren Auswirkungen auf die Zusammenarbeit zwischen Hochschulen und Industrie *Bartenbach/Volz*, in: FS 50 Jahre VPP, S.225 ff.

141 Statt aller *Götting*, Gewerblicher Rechtsschutz, § 16 Rn.21.

142 *Plander/Schiek*, RdA 1990, S.219.

143 Vgl. zur Förderung eines FuE-Projekts mit öffentlichen Geldern im Rahmen eines sog. Verbundvertrags *Koch*, Haftungsfreizeichnung, S.27.

Drittmittelforschung an Hochschulen oder sonstigen Forschungseinrichtungen[144].

Der Forschungsförderungsvertrag ist mangels gemeinsamen Tätigwerdens kein Fall der FuE-Kooperation. Jedoch könnte er eine Unterart des FuE-Auftrags sein, wenn seine Leistungen in einem Austauschverhältnis zueinander stünden. *Plander/Schiek* verneinen dies, weil der Zweck der Förderung deren Charakter als Gegenleistung ausschließe[145]. Dem kann schon deshalb nicht zugestimmt werden, weil die hier allein interessierenden privatrechtlichen Förderungen oft nicht ohne Zwecksetzung und schon gar nicht einzig um des Vorankommens der Wissenschaft willen gewährt werden. Zwar mögen sich unmittelbare, kurzfristige Vorteile für den Förderer in Grenzen halten. Dennoch machen die Zwänge des Marktes ein wirtschaftlich zweckmäßiges Handeln zur Pflicht und die Förderung des Nachwuchses, prestigeträchtiger Projekte oder zukunftsfähiger Ideen in aller Regel zum Teil einer ausgeklügelten und langfristig planenden Unternehmensstrategie. Dies kann für alle Beteiligten eine sog. Win-win-Situation generieren, wird für den Förderungsempfänger aber grds. mit Pflichten zum ordnungsgemäßen oder auch nur regelmäßigen Arbeiten, zum Bericht oder zur Dokumentation, zur Veröffentlichung oder Bewerbung der Förderung bzw. des Förderers einhergehen. Diese Pflichten mögen im Vergleich zu ungeförderten gegenseitigen FuE-Verträgen als gering erscheinen und ein selbstbestimmtes, unabhängiges Arbeiten ermöglichen. Dennoch ist ihnen nachzukommen zwingende Fördervoraussetzung, sodass die Fördergewährung durchaus in einem Austauschverhältnis steht. Forschungsförderungsverträge sind mithin eine Unterart der FuE-Aufträge.

h. Gutachter- und Beratungsvertrag

Ein Gutachter- und Beratungsvertrag[146] ist ein Vertrag, in dem die Bearbeitung konkreter Aufgabenstellungen aus dem FuE-Bereich gegen Vergütung vereinbart wird, wobei solche Aufgaben in der Anfertigung eines Gutachtens liegen, genauso gut aber auch empirische Studien, technische Erfindungen oder neue Verfahren umfassen können[147]. Die Aufgaben beschränken sich nicht auf rein geistige Leistungen, erfordern aber jedenfalls deren ordnungsgemäße Dokumentation und Aufbereitung. Auch diese Verträge können forschungsfördernde Wirkung entfalten oder gar bewusst vorse-

---

144 *Plander/Schiek*, RdA 1990, S.219.

145 Ausführlich und mit weiteren Nachweisen *Plander/Schiek*, RdA 1990, S.219(222).

146 Als solche auch benannt von *Rosenberger*, Verträge über FuE, Kap.1 Rn.15 und *Ullrich*, in: FS Fikentscher, S.298(301).

147 *Plander/Schiek*, RdA 1990, S.219.

hen; die Grenzen sind dann fließend. Gutachter- und Beratungsverträge sind aufgrund ihrer Austauschbeziehung eine Unterart des FuE-Auftrags.

i. Projektmitwirkungsvertrag

Als Projektmitwirkungsvertrag wird schließlich derjenige Vertrag bezeichnet, bei dem sich eine Partei gegen Entgelt verpflichtet, durch Übernahme einer Teilaufgabe am FuE-Projekt einer oder mehrerer anderer Parteien mitzuwirken[148]. Vom Gutachtervertrag unterscheidet er sich dadurch, dass gerade kein vollständiges Projekt, sondern nur ein Teil des Projekts eines anderen bearbeitet wird. Der Unterschied zu FuE-Kooperationen liegt darin, dass der Projektmitwirkungsvertrag nicht auf die Zusammenarbeit an einem gemeinsamen Projekt ausgerichtet ist, sondern sich auf die Erteilung eines (Unter-)Auftrags an ein fremdes Projekt beschränkt. Folglich ist auch der Projektmitwirkungsvertrag eine Unterart des FuE-Auftrags.

IV. Zusammenfassung

Der FuE-Vertrag i.S. dieser Arbeit betrifft als Oberbegriff die Erbringung von FuE-Leistungen auf einem beliebigen Gebiet.

Er wird in die beiden großen Gruppen der FuE-Kooperationen einerseits und der FuE-Aufträge andererseits unterteilt, wobei Erstere die Beziehung zwischen gemeinsam arbeitenden Parteien und Letztere die Beziehung zwischen Abnehmer und Lieferant betreffen.

Die FuE-Kooperationen werden weiter in die Unterarten der Kooperation als Gemeinschaftsprojekt und der Kooperation als Komponentenentwicklung unterteilt, bleiben aus den eingangs genannten Gründen aber im Folgenden außer Betracht. FuE-Aufträge haben die Untergruppen der Forschungsförderungsverträge, der Gutachter- und Beratungsverträge sowie der Projektmitwirkungsverträge. Diese überzeugen durch die treffsichere Versammlung einer Vielzahl individueller Bedürfnisse und Nuancen in drei jeweils zweckgebundenen Gruppen, treten aufgrund ihrer fließenden Grenzen aber nur dort zutage, wo sie eine spezielle Relevanz entfalten.

---

148 *Plander/Schiek*, RdA 1990, S.219.

§3. DIE BEDEUTUNG DER FUE-VERTRÄGE

Die Bedeutung einer Sache steht für deren Relevanz und Wichtigkeit und bedarf deshalb zu Recht eine zeitigen Erwähnung. Dennoch folgt ihre Darstellung hier den Begrifflichkeiten, Meinungsbildern und Arten nach, da die Bedeutung anhand dieser nicht nur illustriert, sondern auch differenziert werden kann und muss. Die Darstellung der Bedeutung trägt auf den ersten Blick nicht unmittelbar zur Lösung der aufgeworfenen juristischen Probleme bei, erinnert aber daran, dass juristische Resultate ohne Berücksichtigung ihrer praktischen Gegebenheiten nutzlos sind. Dies gilt insb. im Bereich der Vertragsgestaltung, wo die Realität nicht immer der Dogmatik folgt, also auch nicht an diese angepasst werden muss.

A. Forschung und Entwicklung

Forschung und Entwicklung sind als „fundamentale Antriebskräfte"[149] für Wissenschaft, Wirtschaft und Gesellschaft gleichermaßen bedeutsam.

Die Wissenschaft zieht aus ihnen nichts Geringeres als ihre Existenzberechtigung, denn Forschung und Entwicklung beschreiten den Weg zu neuen Erkenntnissen samt deren praktischer Nutzung und verkörpern damit den maßgeblichen Vorteil der Wissenschaft. Sie beeinflussen – und hier findet sich die wirtschaftliche Komponente – nicht nur die Wirtschaft im Lande, sondern auch die Konkurrenzfähigkeit von Produkten auf dem globalen Markt und damit insgesamt die marktwirtschaftliche Zukunftsfähigkeit Deutschlands. Ein hoher Spezialisierungsbedarf und die Abhängigkeit vieler Unternehmen von laufender Technologiefortentwicklung sprechen für sich. Zudem bestätigen die Vergabe von Grundfinanzierungen und Pro-

---

149 *Ulsenheimer*, S.3.

jektförderungen durch das Bundesministerium für Bildung und Forschung sowie sonstige Förderungs-geber[150] diese Bedeutung.

Schließlich geht, losgelöst von diesen eher finanziellen Erwägungen, mit Forschung und Entwicklung auch eine kaum überschaubare Vielzahl praktischer Vorteile auf gesellschaftlicher Ebene einher. Diese Vorteile beginnen mit der erfolgreichen Bekämpfung von Krankheiten, lehrten die Fotografie das Laufen, machten die energieuneffiziente Glühfadenlampe entbehrlich und hören mit der Schaffung zukunftssicherer Arbeitsplätze noch lange nicht auf. Insgesamt sind Innovationen insb. im technischen Bereich als medienpolitisch wirksame Themen sehr beliebt.

B. FuE-Verträge

FuE-Verträge potenzieren diese Vorteile. Sie sind, wie der dargestellte Meinungsstand offenbart, in ihrer juristischen Wahrnehmung jung und erhielten ihren juristischen „Ritterschlag" durch die Aufnahme ins Stichwortverzeichnis des *Palandt* erst 2004. Dennoch sind sie nicht neu und finden einen ersten, wenngleich kaum als Vertrag im eigentlichen Sinne zu bezeichnenden Vorläufer bereits im Auftrag Augusts des Starken an Johann Friedrich Böttger, die sog. „Alltinktur" und mit dieser Gold herzustellen[151]. Als zufälliges Forschungsergebnis erfand Böttger im Jahre 1708 das Meissner Hartporzellan. FuE-Verträge im heutigen Sinne finden sich schon in Entscheidungen des Reichsgerichts und des Bundesarbeitsgerichts, messen aber, wie noch zu sehen sein wird, den immateriellen Rechten zunächst bei Weitem nicht die heutige Bedeutung bei[152]. Erst ein Wahrnehmungswandel auf dieser Ebene beendete deren Dornröschenschlaf.

I. Bedeutung für die Wissenschaft

Die Fraunhofer-Gesellschaft bearbeitete allein im Jahre 2008 ein Forschungsvolumen von 1,4 Milliarden Euro, von denen 432 Millionen Euro als institutionelle Förderung (Grundfinanzierung) und 72 Millionen Euro als Ausbauinvestitionen des Bundes und der Länder zur Verfügung stan-

---

150 Zum BMBF: http://www.bmbf.de/de/1398.php; zu den Förderbereichen des BMWi: http://www.bmwi.de/BMWi/Navigation/Technologie-und-Innovation/Technologiepolitik/foerderbereiche.html; zur Forschungsförderung allgemein: http://www.hightech-strategie.de/de/975.php und http://www.foerderinfo.bund.de/index.php (Stand: 02.11.2009).

151 *Gleeson*, Das weiße Gold von Meißen, S.35; *Kalkschmidt*, Der Goldmacher Böttger und die Erfindung des europäischen Porzellans, S.6.

152 Siehe die Entscheidungen des *RG* und *BAG*: 1.

den. Weitere 452 Millionen Euro wurden aus Industrieaufträgen, 248 Millionen Euro aus Aufträgen der öffentlichen Hand erlöst[153].

Diese Zahlen gelten einer einzigen Forschungseinrichtung, verdeutlichen aber ganz allgemein ein verbreitetes Phänomen. FuE-Verträge sind, gleichviel ob Kooperation oder Auftrag, für die Wissenschaft eine finanzielle Einnahmequelle, die sich steigender Beliebtheit erfreut. Sie sind nicht nur das finanzielle Rückgrat vieler privater Forschungseinrichtungen, sondern werden, angesichts stetig sinkender staatlicher Zuschüsse bei steigenden Anforderungen an die Qualität der Forschung und Lehre, in Gestalt sogenannter Drittmittelprojekte auch für Hochschulen mehr und mehr interessant. So zeichnet Auftragsforschung an klassischen Universitäten für 8–10 %, an technischen Universitäten gar für 25–30 % der Forschungsfinanzierung verantwortlich[154]. Das Konfliktpotenzial in diesem Bereich soll nicht verschwiegen werden, bleibt aber späteren Ausführungen vorbehalten[155].

II. Bedeutung für die Wirtschaft

Auch in der Wirtschaft werden FuE-Verträge vor dem Hintergrund zunehmender und präziser ausgerichteter Spezialisierung sowie eines erheblich gewachsenen Kostendrucks aller von laufender Technologiefortentwicklung abhängigen Unternehmen[156] immer interessanter. Verschiedene öffentliche und private Förderungsgeber haben dies erkannt und unterstützen FuE-Projekte mit Finanz- oder Sachmitteln. Die klingenden Begriffe Wissens- und Technologietransfer sind in aller Munde[157]. Die „Hightech-Strategie" der Bundesregierung[158] versucht, Deutschland im weltweiten Innovationswettbewerb durch einen „Brückenschlag zwischen Wissenschaft und Wirtschaft" nach vorn zu bringen, da im „Land der Ideen" diese auch zünden und rasch zu Produkten werden müssen. Investitionen in Milliardenhöhe[159] bestätigen die Bedeutung. Auch der Wissenschaftsrat[160] ver-

---

153 http://www.fraunhofer.de/ueber-fraunhofer/geschaeftsmodell/finanzen/ (Stand: 02.11.2009).

154 *Sandberger*, in: FuE-Verträge in Wissenschaft und Technik, S.18.

155 Siehe unten: § 5.C.IV.2.a.bb.

156 *Schmeißer/Zirkel*, MDR 2003, S.849.

157 Ausführlich zu diesem *Wissenschaftsrat*, Drucksache 7865-07.

158 http://www.hightech-strategie.de/ (Stand: 02.11.2009).

159 Hierzu vgl. auch http://www.bmwi.de/BMWi/Navigation/Technologie-und-Innovation/hightech-strategie.html (Stand: 02.11.2009).

160 Der Wissenschaftsrat ist als Berater in Fragen der inhaltlichen und strukturellen Hochschulentwicklung, der Wissenschaft und der Forschung sowohl für die

öffentlichte im Mai 2007 eine Stellungnahme, in der er Empfehlungen zur Interaktion von Wissenschaft und Wirtschaft aufstellte und deren Zusammenarbeit als essenziell für die Entstehung grundlegender Innovationen bezeichnete[161]. Selbst die bereits angerissene Änderung des ArbnErfG ist ein Barometer für die Wichtigkeit der FuE-Verträge. Sie wurde durch die sog. Patentoffensive der Bundesregierung angestoßen, in deren Rahmen nicht nur allgemein das Patentwesen an den Hochschulen belebt[162], sondern speziell auch die Umsetzung des Technologietransfers weiter optimiert bzw. ausgebaut werden sollte[163]. Schließlich und ohne das Prädikat der Vollständigkeit zu beanspruchen, sei die Bedeutung der FuE-Verträge auch anhand des Kartellrechts verdeutlicht. Dieses sieht eine jede Beschränkung der FuE-Tätigkeit durch vertragliche Vereinbarungen unweigerlich als Beschränkung des Wettbewerbs an. Forschung und Entwicklung sind anerkannte Wettbewerbsparameter[164].

III. Bedeutung für die Praxis

Die Begründungen der Bedeutung von FuE-Verträgen sind vieles nicht, aber eines gern – sie sind gern etwas pathetisch, gern etwas schöngeistig und gern auch etwas theoretisch. Die Praxis speist sich aus den genannten Vorteilen, sieht aber oft sehr viel weniger euphorisch aus.

So kommen die Kooperationen in Form von Gemeinschaftsprojekten vor allem bei kleinen, aber auch mittleren und großen Unternehmen in Deutschland nur selten vor[165]. Sie bieten die Vorteile der Bündelung von Ressourcen, der Rationalisierung der Abläufe und der Verteilung des finanziellen und FuE-Risikos auf mehrere Schultern[166], der Verringerung des Zeitbedarfs[167] und ggf. der Überflügelung Dritter im Wettbewerb. Sie bewirken bei gleichzeitigem Absinken des Kostenrisikos einen Anstieg der Erfolgswahrscheinlichkeit. Dennoch und gleichzeitig nötigen sie zu Kompromissen, langwierigen Absprachen und sonstigen organisatorischen

---

Bundesregierung als auch für die Landesregierungen tätig: http://www.wissenschaftsrat.de/ (Stand: 02.11.09).

161 *Wissenschaftsrat,* Drucksache 7865-07, S.7.

162 *Klawitter/Zintler,* Mitt. 2006, S.116; *v. Falck/Schmaltz,* GRUR 2004, S.469.

163 Vgl. die amtliche Begründung in BT-Drucks. 14/5975, S.2 und 5.

164 *Pagenberg/Beier,* Muster 8 Rn.4; *Winzer,* FuE-Verträge, Teil 1 Rn.372.

165 *Winzer,* FuE-Verträge, Teil 1 Rn.33; so auch *Ulsenheimer,* S.4.

166 Insgesamt und hinsichtlich horizontaler FuE-Kooperationen *Winzer,* FuE-Verträge, Teil 1 Rn.32.

167 *Rosenberger,* Verträge über FuE, Kap.2 Rn.24-40.

Kraftakten, erfordern die Preisgabe eigener Entscheidungsautonomie und bringen nicht zuletzt das nicht unerhebliche Risiko des ungewollten Abflusses von Know-how mit sich.

Die Bedeutung der Komponentenentwicklungsverträge wird demggü. vergleichsweise hoch eingeschätzt und als Beispiel die Autoindustrie angeführt, in der die Fertigungstiefe stetig sinke, da die Hersteller immer mehr Komponenten von hoch spezialisierten Zulieferern erhielten[168]. Auch hier bestehen die genannten Vor- und Nachteile, scheint deren praktische Abwägung aber eine positivere Einschätzung zu ergeben.

FuE-Aufträge werden hinsichtlich ihrer wirtschaftlichen Bedeutung noch immer gern als nebensächlich abgetan[169], jedoch kann dieses Schattendasein kaum mehr als berechtigt gelten. Ihre Bedeutung wächst, registriert auch von ihren Gegnern, vor allem im Bereich der Wissenschaftsfinanzierung, und bestätigt damit zugleich das Spezialisierungsbedürfnis des Marktes. Ein wichtiger Vorteil der FuE-Aufträge, insb. für kleine und mittelständische Unternehmen, liegt darin, dass die Auftraggeber kein eigenes Labor, Gerät und Personal vorhalten müssen und dennoch forschen können[170]. Die Auftragserteilung eröffnet als Outsourcing die Möglichkeiten der Nutzung hoch qualifizierten Personals, der Erweiterung eigener FuE-Kapazitäten oder gar der Aufrechterhaltung der Innovationsfähigkeit überhaupt. Grundsätzlich kann auf diese Weise sogar das FuE-Risiko ausgelagert werden. Zwar hängt der Verzicht auf interne Lernprozesse von der Leistungsfähigkeit und Leistungswilligkeit des Auftragnehmers ab, es geht diese aber über das allgemeine Risiko bei der vertraglichen Interaktion mit anderen nicht hinaus. Für den Auftragnehmer kann die FuE-Tätigkeit zum finanziellen Rückgrat werden. Seine Interessen sind dann in entsprechendem Maße an Innovation, Fortschritt sowie technologische und sonstige Weiterentwicklung gebunden, da sich die Konkurrenzfähigkeit seiner Arbeit an deren Qualität und Spezialisierung bemisst.

Insgesamt und um das Pathos jetzt selbst aufzugreifen, sei daran erinnert, dass wir im Forschungsprozess eingedenk Einsteins nicht wissen, was wir tun. Es sei vermutet, dass dies ein nur vorübergehender Zustand ist, der endet, wenn ein Ergebnis gefunden ist. Jedoch – und dies vereint alles Vorangegangene in einer Essenz – wird, wer nicht forscht, nicht nur vorübergehend nicht wissen, was er tut, sondern sich nie aus diesem Zustand befreien. Wer nicht forscht, bleibt stehen.

---

168 *Winzer*, FuE-Verträge, Teil 2 Rn.5.

169 So etwa *Winzer*, FuE-Verträge, Teil 3 Rn.14; a.A. Schmeißer/Zirkel, MDR 2003, S.849.

170 Allein auf FuE-Kooperationen bezogen: *Ulsenheimer*, S.79.

§4. DIE „RETTUNG" BESTEHENDER VERTRÄGE

Das erste große Schwerpunktthema der vorliegenden Arbeit sind die bestehenden FuE-Aufträgen bzw. deren FuE-Leistungen und es wird gefragt, wie die Unklarheit hinsichtlich der anwendbaren gesetzlichen Vorschriften bei diesen behandelt werden kann.

Die mit der Kapitelüberschrift suggerierte Frage, ob diese Verträge einer „Rettung" bedürfen, soll und kann keinen Angriff auf die Kautelarpraxis darstellen. Gleichwohl versucht sie die Lösung einer Problemkonstellation, deren Aufarbeitung sowohl qualitativ als auch quantitativ durchaus noch zu wünschen übrig lässt. Während das Bedürfnis somit schon jetzt bejaht werden kann, wird sich ein etwaiger Erfolg erst am Ende des Kapitels offenbaren.

Die Arbeit setzt für die Problemlösung abstrakt bei dem im vorangehenden Kapitel ausgeformten Begriff des FuE-Auftrags an, ohne sich jedoch auf eine konkrete Fallgestaltung festzulegen. Es geht nicht um die Unterscheidung zwischen einer „guten" oder „schlechten" Vertragsgestaltung, sondern darum, im Nachhinein so viele Informationen wie möglich aus einer beliebigen Vertragsgestaltung zu gewinnen. Hierfür werden die typologische Einordnung und deren größtes Problem zunächst abstrakt dargestellt, ehe die Einordnung der FuE-Leistungen anhand zweier verschiedener Ansätze konkret beginnt[171].

A. Die vertragstypologische Einordnung

Die Ermittlung der auf eine Situation anwendbaren gesetzlichen Vorschriften funktioniert ganz allgemein und in sämtlichen Rechtsbereichen nach einem Schema, welches prüft, ob sich die Geschehnisse der Lebenswirk-

---

[171] Hierzu **Anhang 5** ff.

lichkeit unter die Voraussetzungen eines gesetzlichen Konstrukts subsumieren lassen.

Konkret in Bezug auf Verträge bestehen diese Konstrukte aus einer Vielzahl sog. Vertragstypen, die jeweils mit einem Pool spezifischer Normierungen umgeben sind. Die Verortung von Verträgen in diesen Typen und mit ihr die Ermittlung der anwendbaren gesetzlichen Vorschriften geschieht mittels der sog. vertragstypologischen Einordnung. Sie wird gern als Rechtsnaturbestimmung, Qualifikation des Vertrags oder rechtliche bzw. systematische Einordnung bezeichnet[172], ist als Instrument speziell diesem Zweck zu dienen bestimmt und ist der erste, maßgebende Lösungsansatz.

I. Allgemeine Informationen zur vertragstypologischen Einordnung

Die vertragstypologische Einordnung kann nicht losgelöst vom gesetzlichen System der Vertragstypen verstanden werden und wird deshalb in enger Verzahnung mit diesem betrachtet.

1. Das Wesen der Vertragstypologie

Dieses System der Vertragstypen, auch Vertragstypologie oder Vertragstypenlehre genannt, sortiert die im Wirtschaftsverkehr anzutreffenden Verträge nach deren Inhalt[173]. Es gilt weder abschließend noch vorrangig, bezieht sich aber auf die Handhabung einiger, praktisch häufig relevanter Vertragstypen, die es in deren Voraussetzungen und Rechtsfolgen gesetzlich festschreibt, damit objektiviert und ordnet. Die Vertragstypen sind im achten Abschnitt des zweiten Buchs des BGB als eine Vielzahl „[e]inzelner Schuldverhältnisse" zu finden, sind aber auch im HGB und in sonstigen Spezialgesetzen, etwa dem Versicherungsvertragsgesetz, dem Gesetz über Arbeitnehmerüberlassungen und dem Patentgesetz, normiert. Das Konzept einer Vertragstypenlehre ist allen europäischen Zivilrechtsordnungen gemein[174].

Das System der Vertragstypen erzwingt keinen abschließenden Katalog verbindlicher Vertragsformen i.S. eines Numerus clausus und hat keine Vorrangstellung. Vielmehr ist es ein subsidiäres, verkehrserleichterndes

172 *Martinek*, Moderne Vertragstypen, Bd.I, S.21.

173 AnwKomm-BGB/*Pfeiffer*, Art.1 VerbrauchRL Rn.4.

174 AnwKomm-BGB/*Pfeiffer*, Art.1 VerbrauchRL Rn.4.

Angebot möglicher Gestaltungen[175], welches seine Daseinsberechtigung aus dem Streben nach Rechtssicherheit zieht[176]. Es vermittelt die Gewissheit, dass ein bestimmter Vertragstyp mangels abweichender individueller Absprachen verlässlich in einer bestimmten Art und Weise zu handhaben ist. Die Annahme dieses Angebots ist keine Pflicht, zumal viele der gesetzlichen Regelungen dispositiv sind. Greift man aber auf es zurück, so muss man sich, vergleichbar der Teilnahme an einem Spiel, auch seinen Spielregeln unterwerfen. Aufschlussreich ist in diesem Zusammenhang das Verständnis des Verhältnisses der Vertragstypologie zur Vertragsfreiheit und zur Vertragstypenfreiheit.

a. Verhältnis zur Vertragsfreiheit

Die Vertragsfreiheit ist Ausdruck des verfassungsrechtlich in Art. 2 I GG verankerten Grundsatzes der Privatautonomie. Gesetzliche Erwähnung findet sie in § 311 I BGB, wird dort aber nicht statuiert, sondern als bestehend vorausgesetzt. Sie ermöglicht jeder natürlichen und juristischen Person, nach eigenem Gutdünken zu entscheiden, ob und wie sie ihre Rechtsbeziehungen durch Verträge gestalten will. Damit ist sie neben der personenrechtlichen Vereinigungsfreiheit, der sachenrechtlichen Eigentumsfreiheit und der erbrechtlichen Testierfreiheit die vierte zivilrechtliche Grundfreiheit[177]. Die Vertragsfreiheit wird durch die Vertragstypenlehre nicht eingeschränkt.

b. Verhältnis zur Vertragstypenfreiheit

Die Vertragsfreiheit hat wiederum vier Komponenten, zu denen neben der Partnerwahl-, Abschluss- und Beendigungsfreiheit auch die Vertragstypenfreiheit zählt. Diese Typenfreiheit verbürgt als Absage an den Typenzwang[178] die inhaltliche Gestaltungsfreiheit der Vertragsparteien, indem sie diesen ermöglicht, ihre vertraglichen Rechte und Pflichten gemäß den §§ 241, 311 BGB beliebig zu wählen und festzulegen. Kurz gesagt: Sie ermöglicht Verträge, die sich nicht ohne Weiteres einem gesetzlichen Vertragstyp zuordnen lassen. Auch sie wird durch die Typenlehre nicht einge-

---

175 *Martinek*, Moderne Vertragstypen, Bd.I, S.16.

176 Für einen historischen Rückblick auf die gesetzlichen Schuldvertragstypen und die Typenfreiheit *Martinek*, Moderne Vertragstypen, Bd.I, S.15 ff.

177 *Martinek*, Moderne Vertragstypen, Bd.I, S.17.

178 Vgl. hierzu *Martinek*, Moderne Vertragstypen, Bd.I, S.17-18; *Thode*, NZBau 2002, S.297(299).

schränkt, erfährt aber Begrenzungen durch die §§ 134 und 138 BGB, durch zwingendes Gesetzesrecht und durch das AGB-Recht der §§ 305–310 BGB[179].

2. Die Tauglichkeit der vertragstypologischen Einordnung

Die vertragstypologische Einordnung verspricht als maßgebender Lösungsansatz die mit der Kenntnis der Normen einhergehenden Vorteile und Beseitigung der beklagten Missstände. Jedoch hängt die Einlösung dieses Versprechens und damit ihre praktische Eignung für die Problemlösung davon ab, ob ihre Ergebnisse verlässlich sind, ob dem Schluss von einem ermittelten Vertragstyp auf die anwendbaren gesetzlichen Vorschriften also ein gewisses Maß an Rechtssicherheit innewohnt. Wäre dies nicht der Fall, wäre es also möglich, dass Verträge des gleichen Typs unterschiedliche gesetzliche Rechtsfolgen hätten, so wäre die Einordnung zur Problemlösung nicht geeignet und müsste als untauglich verworfen werden[180].

a. „Ganz-oder-gar-nicht"-Theorie

Die vertragstypologische Einordnung würde diesen Anforderungen gerecht, wenn und soweit die auf einen Vertrag anwendbaren Rechtsnormen zwingend an die Vertragstypenwahl gebunden wären. Dies wäre nicht der Fall, wenn es regelmäßig möglich wäre, trotz Einordnung in einen Vertragstyp das Rechtsfolgenprogramm eines anderen Vertragstyps zu nutzen. Entscheidend ist somit die Beschaffenheit der Grenzen zwischen den verschiedenen Vertragstypen als absolut oder durchlässig, zwingend oder unverbindlich. Da, um den erarbeiteten Anforderungen an die Rechtssicherheit gerecht zu werden, die für einen Vertragstyp vorgesehenen Rechtsfolgen somit nur ganz oder gar nicht passen können, wird dieser Ansatz im Folgenden als „Ganz-oder-gar-nicht"-Theorie bezeichnet.

b. Abgrenzung von der „Gesamtbetrachtungstheorie"

Gelegentlich taucht in der juristischen Literatur ein „Ganz-oder-gar-nicht"-Ansatz auf[181], der mit der eben genannten Theorie aber wenig gemein hat, obwohl er ebenfalls die vertragstypologische Einordnung thematisiert. Die-

---

179 *Martinek*, Moderne Vertragstypen, Bd.I, S.18.

180 Hierzu **Anhang 6**.

181 *Ganten*, in: FS Thode, S.21(24); *Zirkel*, in: FS Polter, S.51(62).

ser Ansatz besagt, dass ein Vertrag nur ganz oder gar nicht einem bestimmten Vertragstyp zuordnet werden könne. Die Einordnung müsse somit einheitlich und anhand des Vertrags als Gesamtheit erfolgen. Diese „Gesamtbetrachtungstheorie" fragt nicht nach der Tauglichkeit der typologischen Einordnung, sondern nach deren Umsetzung, nicht nach dem Wesen von deren Grenzen, sondern nach der Ermittlung des Vorliegens dieser Grenzen. Sie ist deshalb an dieser Stelle wenig hilfreich, wird aber im späteren Verlauf der Arbeit eingehend erörtert[182].

c. Geltung der „Ganz-oder-gar-nicht"-Theorie

Die „Ganz-oder-gar-nicht"-Theorie ist in ihrer Geltung nicht unangefochten, sondern muss sich gegen vier anderslautende Ansätze behaupten.

aa. Abbedingung der typischen Rechtsfolgen

Deren erster liegt in der Möglichkeit der völligen oder teilweisen vertraglichen Abbedingung der geltenden gesetzlichen Vorschriften[183]. Diese beseitigt trotz Zuordnung der Typen deren Rechtsfolgen, verwischt die Grenzen zwischen den Typen aber nicht, sondern steht als privatautonome Gestaltungsfreiheit neben ihnen. Die Bindung zwischen den auf einen Vertrag anwendbaren Rechtsnormen und der Typenwahl bleibt unberührt.

bb. Vertragstypen als bloße Empfehlungen

Als zweite Sicht argumentiert *Leenen*[184] zugunsten einer „lockeren" Handhabung der Grenzen und versteht die Vertragstypen nicht als starres Korsett, sondern lediglich als „elastisches Merkmalsgefüge", welches, Empfehlungen gleich, typische Rechtsfolgen mit typischen Konstellationen verbinde. Die tatsächliche Anwendbarkeit der gesetzlichen Regelungen sei vom konkreten vertraglichen Interessengeflecht abhängig.

Dies mag in dogmatischen Glasperlenspielen unbestritten zu interessengerechten Ergebnissen führen, gibt aber, wie *Ganten*[185] zutreffend formuliert, der Vertragspraxis „wohl eher Steine statt Brot", denn es untergräbt das System der Vertragstypen und mit diesem den einzigen festen Anhaltspunkt für die Ermittlung der auf Verträge anwendbaren gesetzlichen

---

182 Siehe unten: § 4.A.II.3.a.

183 *Palandt/Grüneberg*, Überbl. v. § 311 Rn.15.

184 *Leenen*, Typus und Rechtsfindung, S.34.

185 *Ganten*, in: FS Thode, S.21(24); im Ergebnis ebenso *Zirkel*, in: FS Polter, S.51(61).

Normen. Das System der Vertragstypen vermag Rechtssicherheit nur zu erzeugen, wenn und soweit es die auf einen Vertrag anwendbaren Rechtsnormen zwingend an die Typenwahl bindet. Fehlt diese Bindung, geht mit ihr auch die Rechtssicherheit verloren. Dies brächte der Kautelarpraxis einen schweren Rückschlag, weshalb die Vertragstypen nicht zu bloßen Empfehlungen degradiert werden dürfen.

cc. Nutzung typenfremder Rechtsfolgen

Teils werden zwar nicht die Vertragstypen selbst verwischt, wohl aber ihre Grenzen infrage gestellt, indem trotz Einordnung in einen Typ das Rechtsfolgenprogramm eines anderen Typs genutzt wird. Konkret und immer wieder relevant sind in diesem Zusammenhang Steuerberaterverträge über die Wahrnehmung aller steuerlichen Interessen des Auftraggebers. Diese werden zunächst und regelmäßig vom *BGH* in dessen inzwischen etablierter Rspr. als auf Geschäftsbesorgung gerichtete Dienstverträge qualifiziert[186]. Erst im Anschluss wird die zweite und hier interessantere Frage gestellt, ob auf die Verträge trotz deren Qualifizierung als Dienstverträge die Regelungen des Werkrechts, konkret dessen Nachbesserungsmöglichkeiten, anwendbar sind. Die FuE-Leistungen wurden, soweit ersichtlich, noch nicht auf diese Weise behandelt, ähneln aber durchaus den Steuerberaterverträgen, da ihre Inhalte ebenfalls mit großen und kleinen Erfolgen, einer Vielzahl einzelner Handlungen und mehr oder weniger selbstverständlichen Ergebnissen ausgestattet sind. Die Frage typenfremder Rechtsfolgen kann sich damit auch bei FuE-Leistungen stellen; eine etablierte oder auch nur einheitliche Beantwortung gibt es nicht.

Der *BGH* selbst hat die Frage wiederholt offengelassen[187] und die Anwendung des werkvertraglichen Nachbesserungsrechts explizit nur für den Fall verneint, dass der Fehler erst nach Kündigung des Vertrags mit dem ursprünglichen Steuerberater durch dessen Nachfolger bemerkt wird[188]. Demggü. bejahen einige Oberlandesgerichte und Teile der Literatur die Anwendbarkeit[189].

---

[186] *BGH*, Urt. v. 04.06.1970 - VII ZR 187/68, BGHZ 54, S.106(107); *BGH*, Urt. v. 17.10.1991 – IX ZR 255/90, BGHZ 115, S.382(386); *BGH*, Urt. v.11.05.2006 – IX ZR 63/05, NJW-RR 2006, S.1490.

[187] *BGH*, Urt. v.11.05.2006 – IX ZR 63/05, NJW-RR 2006, S.1490(1491); *BGH*, Urt. v. 07.03.2002 – III ZR 12/01, NJW 2002, 1571(1572).

[188] *BGH*, Urt. v.11.05.2006 – IX ZR 63/05, NJW-RR 2006, S.1490(1491).

[189] *OLG Koblenz*, Urt. v. 18.03.2003 – 3 U 1027/02, VersR 2004, S.389(390); *OLG Düsseldorf*, Urt. v. 09.01.2001 – 26 U 37/00, VersR 2002, S. 721; *Soergel/Teichmann*, vor § 631 Rn.87.

Diese Anwendung typenfremder Rechtsfolgen wurde bereits als rechtsunsicher bewertet. Dennoch darf diese Unsicherheit auch hier als verneinendes Argument herangezogen werden, ohne sich dem Vorwurf zielorientierter Argumentation auszusetzen, denn ein verlässlicher Rechtsrahmen ist für die betriebswirtschaftliche Praxis unverzichtbar[190].

Die *OLG*-Entscheidungen suchen – so viel sei ihnen zugestanden – interessengerechte Lösungen zu erzielen. Dennoch ist ihr Ansatz, ähnlich demjenigen von *Leenen*, zwar dogmatisch spannend, für die Vertragspraxis aber ein erheblicher Unsicherheitsfaktor, denn die Parteien können ihre vertraglichen Interessen kaum wahren, wenn typenfremde Rechtsfolgen quasi „ohne Vorwarnung“ Anwendung finden können. Darüber hinaus ist der Ansatz der *OLG*e bei präziser Umsetzung der vertragstypologischen Einordnung gar nicht notwendig, da die fraglichen Verträge als atypisch eingeordnet werden könnten. Dies bietet, wie später noch auszuführen sein wird, auch dann Lösungen, wenn Komponenten verschiedener Vertragstypen betroffen sind. Der *BGH* macht es in seinem Urteil vom 07. 03. 2002 vor[191], indem er einen Vertrag über Buchhaltungsarbeiten und den Entwurf eines Jahresabschlusses durch ein gewerbliches Unternehmen als einen Werkvertrag oder einen typengemischten Vertrag mit schwerpunktmäßig erfolgsbezogenen Leistungen versteht. Ähnlich gelagert, wenn auch auf ärztliche Beratung und anwaltliche Prozessvertretung bezogen, ist der Ansatz von *Plander/Schiek*, der die gängige Anwendung von Dienstvertragsrecht auf die entsprechenden Verträge damit rechtfertigt, dass die anderenfalls bestehenden werkvertraglichen Nachbesserungsrechte den betroffenen Klienten bzw. Patienten nicht zumutbar seien[192]. Die ständige Rspr. des *BGH* zur vertragstypologischen Einordnung von Steuerberaterverträgen steht einer solchen Beurteilung als atypisch nicht entgegen, da sie das Dienstrecht nicht immer, sondern nur regelmäßig als gegeben ansieht[193]. Auch der erste Leitsatz des *BGH*-Urteils vom 11. 05. 2006, der einen „mit einem Steuerberater geschlossen[en] Vertrag“ „in jedem Fall“ als Dienstvertrag qualifiziert, enthält im Ergebnis keine andere Aussage, da er sich in den Entscheidungsgründen nicht wiederfindet und da der *BGH* auch hier das ausnahmsweise Vorliegen eines Werkvertrags für möglich hält[194]. Schließlich lässt sich der *BGH*-Linie trotz ausstehender Entscheidung eine gewisse Tendenz gegen die Anwendbarkeit des Werkvertragsrechts auf Dienstverträge entnehmen. Dies schon aufgrund des Aufwands, mit dem

190 Vgl. *Martinek*, Moderne Vertragstypen, Bd.I, S.10.

191 *BGH*, Urt. v. 07.03.2002 – III ZR 12/01, NJW 2002, 1571(1572).

192 *Plander/Schiek*, RdA 1990, S.219(228).

193 *BGH*, Urt. v. 04.06.1970 - VII ZR 187/68, BGHZ 54, S.106(107).

194 *BGH*, Urt. v.11.05.2006 – IX ZR 63/05, NJW-RR 2006, S.1490.

Dienst- und Werkvertrag voneinander abgegrenzt werden und der das Dienstrecht selbst dann bejaht, wenn einzelne Leistungen für sich gesehen auf ein bestimmtes Ergebnis gerichtet sind. Deren nachträgliche Behandlung nach Werkrecht würde die Abgrenzungsentscheidung konterkarieren. Zudem hält der *BGH* die Anwendung des Werkrechts auf Dienstleistungen für „zweifelhaft"[195].

Die Nutzung typenfremder Rechtsfolgen muss abgelehnt werden[196]. Zwar kommt sie vor, ist aber weder bisher Teil der höchstrichterlichen Rspr., noch wird dies aller Voraussicht nach zukünftig der Fall sein. Unter diesen Voraussetzungen vermag sie es nicht, die Rechtssicherheit der typologischen Einordnung zu beeinträchtigen.

dd. Behandlung spezialgesetzlicher Verträge

Gegen die „Ganz-oder-gar-nicht"-Theorie könnte schließlich die Tatsache sprechen, dass die außerhalb des BGB spezialgesetzlich geregelten Handelsvertreter- (§§ 84 ff. HGB), Kommissions- (§§ 383 ff. HGB), Speditions- (§§ 407 ff. HGB) und Frachtverträge (§§ 425 ff. HGB) stets dann auf die Regelungen des Dienst- oder Werkvertragsrechts zurückgreifen, wenn eine eigene gesetzliche Sonderregelung fehlt[197]. Jedoch ist die Situation eine andere, da nicht Verträge eines Typs willkürlich und unter Verzicht auf die tatsächlich anwendbaren Regelungen mit den Rechtsfolgen eines anderen Typs behandelt werden. Vielmehr sind die genannten Verträge spezialgesetzliche Sonderfälle des Dienst- oder aber des Werkrechts[198], sodass der beschriebene Rückgriff sich legitimerweise des anerkannten Grundsatzes bedienen darf, dass bei Fehlen spezieller Regelungen allgemeine Regelungen gelten.

d. Fazit

Die vertragstypologische Einordnung ist für die Problemlösung tauglich, denn die Grenzen zwischen den verschiedenen Vertragstypen gelten entsprechend der „Ganz-oder-gar-nicht"-Theorie absolut und zwingend.

---

195 *BGH*, Urt. v. 07.03.2002 – III ZR 12/01, NJW 2002, 1571(1572).

196 Im Ergebnis ebenso *Drescher*, WuB IV A § 611 BGB 1.07; *Naujok/Rode*, EWiR 2007, S.103(104).

197 Vgl. hierzu *Staudinger/Richardi*, Neubearb. 2005, Vorbem. zu §§ 611 ff Rn.24.

198 *Staudinger/Richardi*, Neubearb. 2005, Vorbem. zu §§ 611 ff Rn.52.

II. Funktionsweise der vertragstypologischen Einordnung

Die Funktionsweise der vertragstypologischen Einordnung[199] wird zunächst abstrakt anhand ihrer wesentlichen Schritte und Anknüpfungspunkte erörtert. Dies ist möglich, weil sie als typenübergreifendes Instrument der Vertragscharakterisierung keinen arten- oder bereichsspezifischen Besonderheiten unterworfen ist, und nötig, weil allein auf diese Weise die ganze Komplexität des Einordnungsprozesses offenbar wird.

1. Die Ermittlung der Fakten

Der erste Einordnungsschritt ermittelt die Fakten der einzuordnenden Situation, konkret die tatsächlichen vertraglichen Vereinbarungen. Er vergegenwärtigt sich die Gegebenheiten des speziellen Einzelfalls und legt damit die Basis für die folgenden beiden Schritte.

2. Die Definition der Grenzen

Der zweite Schritt sucht in Anknüpfung an eben diese Fakten nach den für sie relevant werdenden Grenzen. Hierfür ermittelt er zunächst, woran der Grenzverlauf zwischen den verschiedenen Vertragstypen abstrakt festgemacht wird, ehe er anhand dieses Wissens die unterscheidungskräftigen Normen findet und deren konkrete, unterscheidende Eigenschaften definiert.

a. Der abstrakte Anknüpfungspunkt

Der abstrakte Anknüpfungspunkt für den Grenzverlauf an sich muss, so viel sei als gegeben hingenommen, in den Verträgen selbst liegen. Da zudem das BGB den Abschluss von Rechtsgeschäften grundsätzlich keiner Form unterwirft, kann nur deren Inhalt maßgeblich sein. Vergegenwärtigen wir uns aber die schiere Menge und unterschiedliche Gewichtung vertraglicher Vereinbarungen, so ist deren Inhalt in seiner Gesamtheit wenig unterscheidungskräftig. Die thematisierten FuE-Leistungen sind demggü. schon erheblich enger umrissen. Da diese jedoch nur ein Teil eines Gesamtgefüges sind, bleibt der Kreis einordnungsrelevanter Inhalte weiter ungewiss.

---

[199] Hierzu **Anhang 7** f.

aa. Die Vertragspflichten

Zunächst und vor dem Hintergrund, dass das BGB für jeden Vertragstyp verschiedene Pflichten aufzählt, wird eine Konkretisierung anhand der vertraglichen Pflichten, konkret der Haupt- und Nebenpflichten, versucht. Diese können, insb. in Abgrenzung voneinander, sinnvoll nur definiert werden, wenn die unterscheidenden Rechtsfolgen klar sind[200], weshalb Hauptpflichten i.S. dieser Arbeit alle typenspezifischen, Nebenpflichten hingegen alle nicht typenspezifischen Vertragspflichten sind.

(1) Hauptpflichten

Typenspezifisch sind jene Pflichten, welche die Eigenart des konkret einzuordnenden Vertrags prägen. Sie rechtfertigen dessen Existenz, da die in ihnen vereinbarten Leistungen die wahre Motivation für den Vertragsschluss sind. Damit ähneln sie den sog. Hauptleistungspflichten[201], die in § 241 I 1 BGB als Berechtigung des Gläubigers, vom Schuldner eine Leistung zu fordern, beschrieben werden.

Zudem, und dies wird an anderer Stelle noch erhebliche Relevanz erfahren, unterscheiden sich die Vertragstypen nicht allein anhand des tatsächlichen Inhalts einer Leistungspflicht, sondern auch anhand deren rechtlichen Umfangs. Das Leistungsversprechen umfasst zwei Komponenten, deren eine rein inhaltlich und fachbezogen darstellt, was konkret erforscht und entwickelt werden soll, während die andere fragt, mit welcher Art Einstandswille die Pflicht übernommen wurde.

(2) Nebenpflichten

Nebenpflichten i.S. dieser Arbeit beeinflussen die typologische Einordnung nicht, da sie ggü. den Hauptpflichten keinen eigenständigen Regelungsgehalt haben. Ihre Relevanz für die Problemlösung beschränkt sich deshalb auf das Erfordernis ihrer Abgrenzung von den Hauptpflichten.

Die Nebenpflichten umfassen die Nebenleistungspflichten einerseits sowie die Verhaltens- und Schutzpflichten andererseits. Hierbei sind Erstere leistungsbezogen und dienen ergänzend der Vorbereitung, Sicherung und Durchführung der Hauptleistung[202]. Sie können individuell vereinbart werden oder sich aus gesetzlichen Vorschriften, etwa den §§ 368, 402, 444, 618 und 666 BGB, ergeben[203]. Die Verhaltens- bzw. Schutzpflichten basieren

---

200 Ausführlich *Medicus*, Rn.206.

201 Zu dieser Unterteilung vgl. *Palandt/Heinrichs*, § 241 Rn.4 und 5.

202 *Medicus*, Rn.206; *Palandt/Heinrichs*, § 241 Rn.5.

203 *Palandt/Heinrichs*, § 242 Rn.23.

demggü. auf dem in § 242 BGB normierten Grundsatz von Treu und Glauben, rufen zur „Rücksicht auf die Rechte, Rechtsgüter und Interessen des anderen Teils“ auf[204] und beinhalten Rücksichts- und Aufklärungspflichten sowie die Pflicht, Körper und Eigentum des Vertragspartners nicht zu verletzen[205].

bb. Typenspezifische gesetzliche Besonderheiten

Eine Konkretisierung des Vertragsinhalts könnte auch durch das Abstellen auf typenspezifische gesetzliche Besonderheiten gelingen. Diese sind die Gesamtheit aller gesetzlichen Regelungen, die sich unter der Überschrift eines Vertragstyps finden. Sie sind für jeden Typ verschieden und damit durchaus potenziell aussagekräftig. Bedenklich ist aber, dass sie aufgrund ihrer typenspezifischen Fixierung jeweils erst zur Anwendung kommen, nachdem ein Vertrag dem entsprechenden Typ zugeordnet worden ist, und dass sie damit der vertragstypologischen Einordnung nachfolgen. Dies wirft mehrere Fragen auf.

Zunächst stellt sich die Frage, ob die Besonderheiten trotz ihrer Stellung als Einordnungsfolgen auch Einordnungskriterien sein können. Sie muss verneint werden, weil die Besonderheiten die Abgrenzung eben nicht bedingen, sondern ihr schon ausweislich der Begrifflichkeiten nur nachfolgen. Die Logik verbietet es, Folgen gleichzeitig Kriterien sein zu lassen, da ein solcher argumentativer Zirkelschluss die typologische Einordnung entwerten würde.

Eingedenk dieser Prämisse ist nunmehr fraglich, ob die typenspezifischen Rechtsfolgen für die vertragstypologische Einordnung zumindest Indizien sein können. Aus skeptischer Perspektive sei hierfür zunächst mit der Bemerkung vorgegriffen, dass typenspezifische Begrifflichkeiten allein nicht aussagekräftig sind[206]. Zudem können diese Rechtsfolgen in gewissem Umfang individualvertraglich abbedungen werden, ohne den Charakter des Gesamtvertrags hierdurch zu verändern. Auch vermag selbst die Existenz einer typenspezifisch zuordenbaren Folge den Vertrag nicht auf diesen Typ einzuschwören, wenn die vertraglichen Hauptpflichten einem anderen Typ entstammen. Dennoch kann nicht von der Hand gewiesen werden, dass der Gesetzgeber die verschiedenen Vertragstypen mit teils erheblichen Unterschieden ausgestattet hat, deren Existenz im Vertrag durchaus Rückschlüsse auf den Vertragstyp zulässt. Zwar sind diese nicht selbst Abgren-

---

204 Vgl. § 241 II BGB.

205 *Palandt/Heinrichs*, § 241 Rn.7.

206 Siehe unten: § 4.D.II.1.b.

zungskriterium, können bei der Ermittlung des Vorliegens des Abgrenzungskriteriums aber als Indizien herangezogen werden.

cc. Typenspezifische sonstige Besonderheiten

Auch typenspezifische sonstige Besonderheiten könnten den Vertragsinhalt konkretisieren. Sie sind all jene personen- oder tätigkeitsbezogenen Gesichtspunkte und Umstände, die, unabhängig von den jeweiligen gesetzlichen Bestimmungen, regelmäßig im Zusammenhang mit einem Vertragstyp bzw. dessen Durchführung auftreten können, aber nicht müssen. Auch sie sind für jeden Vertragstyp verschieden, Überschneidungen sind aber möglich.

Die typenspezifischen sonstigen Besonderheiten sind keine Einordnungsfolgen, da sie – dies sei ausdrücklich betont – in ihrem Auftreten weder einzeln noch kumulativ zwingend an einen bestimmten Vertragstyp gebunden sind. Ihr Vorliegen oder Fehlen ist zufällig. Dennoch lassen sich diese Besonderheiten mitunter einer Regelmäßigkeit unterwerfen, die vorsichtige Rückschlüsse auf den Vertragstyp zulässt.

Da viele dieser Aspekte erst im Kontext eines bestimmten Wissenschafts-, Wirtschafts- oder Gesellschaftsbereichs anschaulich werden, sei deren ausführliche Darstellung einem späteren Zeitpunkt vorbehalten[207]. Die Besonderheiten sind wichtige Indizien – mehr, insb. eine Konkretisierung des Vertragsinhalts, aber nicht.

dd. Zusammenfassung

Der abstrakte Grenzverlauf zwischen den Vertragstypen bestimmt sich am Vertragsinhalt, konkretisiert durch die vertraglichen Hauptpflichten. Vorsicht ist aber insoweit geboten, als die erarbeitete Unterscheidung zwischen einordnungsrelevanten Haupt- und nicht einordnungsrelevanten Nebenpflichten sich so nicht in der Literatur findet[208]. Dennoch ist die eigene Begriffswahl vorzugswürdig, da sich mit ihr die Hoffnung verbindet, dass die Einordnungsrelevanz der als „Haupt-" bezeichneten Pflichten nicht so oft wie bisher[209] vergessen werden möge.

---

[207] Vergleiche hierzu die verschiedenen Gruppen von Einordnungsindizien: § 4.D.II.2.

[208] *Schmeißer/Zirkel*, MDR 2003, S.849(850) sprechen auch sog. Nebenpflichten Einordnungsrelevanz zu.

[209] Zur entsprechenden Nachlässigkeit in der Literatur: § 4.C.I.

b. Die konkret unterscheidenden Normen

Die vertraglichen Hauptpflichten der verschiedenen Vertragstypen finden sich zu Beginn deren jeweiliger gesetzlicher Festlegungen. Die entsprechenden Paragrafen werden anhand der im ersten Schritt ermittelten Fakten ausfindig gemacht und eingegrenzt. Weiterer abstrakter Ausführungen bedürfen sie nicht.

3. Die Subsumtion des Vertrags

Im dritten Schritt werden schließlich die eingangs ermittelten Fakten unter die im zweiten Schritt definierten Grenzen subsumiert und das Ergebnis benannt. Dies kann unproblematisch sein, wenn die definierten Eigenschaften und Inhalte sich ausdrücklich und unmittelbar aus dem Vertrag ergeben; schon hier müssen aber einige Regeln beachtet werden. Fehlt, wie so oft, diese Klarheit, so muss die Subsumtion auf Hilfsmittel zurückgreifen.

a. Die „Gesamtbetrachtungstheorie"

Die erste und selbst bei klarer Ausgangssituation wichtige Subsumtionsregel liegt in der „Gesamtbetrachtungstheorie"[210]. Diese betrachtet, wie bereits ausgeführt, Verträge zwecks Zuordnung zu einem Vertragstyp als einheitliches Ganzes und fußt auf dem Anspruch, jeden Vertragsaspekt nicht separat, sondern in dessen Einbettung ins Vertragsgefüge zu betrachten. Was FuE-Verträge im Allgemeinen und deren FuE-Leistungen im Besonderen anbelangt, ist sie besonders bedeutsam, da deren Gefüge sehr vielschichtig und komplex ist.

aa. Meinungsbild

In der Literatur[211] findet sich die Gesamtbetrachtungstheorie bei der Abgrenzung von Dienst- und Werkverträgen. Ihre Vertreter meinen vor dem Hintergrund einer korrespondierenden Rspr.[212] die mit den Vertragstypen des BGB intendierte Rechtssicherheit nur durch eine einheitliche Betrachtung des Vertrags als Gesamtheit erreichen zu können. *Zirkel* begründet dies zunächst etwas fragwürdig mit der These, dass die Betrachtung als

---

210 Hierzu **Anhang 8**.

211 *Ganten*, in: FS Thode, S.21(24); *Zirkel*, in: FS Polter, S.51(62); weiterhin auch: *Drescher*, WuB IV A § 611 BGB 1.07; *Staudinger/Peters/Jacoby*, Neubearb. 2008, Vorbem. zu §§ 631 ff Rn.28; *Palandt/Sprau*, Einf. v. § 631 Rn.28 (2006).

212 Grundlegend: *BGH*, Urt. v. 04.06.1970 - VII ZR 187/68.

Vertrag »sui generis« die durch die Vertragstypen gegebene Rechtssicherheit beseitige, meint aber wohl nur, dass sich die »sui generis«-Sichtweise in der Rspr. schlicht nicht hat durchsetzen können[213]. *Ganten* nutzt die Gesamtbetrachtung, da er als Alternative allein die Degradierung der Vertragstypen zu bloßen Empfehlungen findet[214], die er mit Recht ablehnt.

Die Rspr. begründet ihre Gesamtbetrachtung wenig, hält sie aber nur dann für entbehrlich, wenn sich das Vertragswerk als Ganzes auf sog. Einzelaufträge beschränke, die eine einmalige, in sich geschlossene Leistung beträfen[215]. Als Blickwinkel nutzt sie die vom Auftraggeber gewählte Zielrichtung sowie die wohl verstandenen beiderseitigen Interessen der Parteien[216] und fragt, welche Leistungen im Vertragsgefüge derart überwiegen, dass sie den Vertrag prägen und damit allein einordnungserheblich sind[217]. Beispielhaft tauchen auch hier die bereits bekannten Steuerberaterverträge auf, deren Beurteilung als Dienstverträgen keineswegs entgegenstünde, dass tatsächlich auch Erfolge hervorgebracht würden[218]. Auch der Werkvertragscharakter eines Vertrags über die Erstellung von Individualsoftware werde durch die dienstvertragstypischen Aspekte der Kundenberatung und ggf. der Mitarbeiterschulung nicht beseitigt[219]. Wie gesehen, wird die Gesamtbetrachtungstheorie oft im Zusammenhang mit speziellen Vertragstypen oder konkreten Verträgen in abgegrenzten Wirtschaftsbereichen erwähnt; ihrer Allgemeingültigkeit tut dies aber keinen Abbruch[220].

---

213 So entsprechend seiner folgenden Feststellungen *Zirkel*, in: FS Polter, S.51(62).

214 So die dargestellte Ansicht von *Leenen*: § 4.A.I.2.c.bb.

215 *BGH*, Urt. v.11.05.2006 – IX ZR 63/05, NJW-RR 2006, S.1490;BGH, Urt. v. 07.03.2002 – III ZR 12/01, NJW 2002, 1571(1572); *BGH*, Urt. v. 17.10.1991 – IX ZR 255/90, BGHZ 115, S.382(386).

216 *BGH*, Urt. v. 04.06.1970 - VII ZR 187/68, BGHZ 54, S.106(107);BGH, Urt. v. 17.10.1991 – IX ZR 255/90, BGHZ 115, S.382(387); *BGH*, Urt. v. 07.03.2002 – III ZR 12/01, NJW 2002, S.1571(1572); *BGH*, Urt. v.11.05.2006 – IX ZR 63/05, NJW-RR 2006, S.1490(1491).

217 *BGH*, Urt. v. 10.06.1999 - VII ZR 215/98, NJW 1999, 3118.

218 *BGH*, Urt. v. 04.06.1970 - VII ZR 187/68, BGHZ 54, S.106(107);BGH, Urt. v. 17.10.1991 – IX ZR 255/90, BGHZ 115, S.382(386); *BGH*, Urt. v.11.05.2006 – IX ZR 63/05, NJW-RR 2006, S.1490(1491).

219 *OLG Düsseldorf*, Urt. v. 18.07.1997 – 22 U 3/97, NJW-RR 1998, S.345(346).

220 So hinsichtlich von Anwaltsverträgen schon der *BGH* selbst in *BGH*, Urt. v. 04.06.1970 - VII ZR 187/68, BGHZ 54, S.106(107); hinsichtlich Unternehmensberatungsverträgen *OLG Düsseldorf*, Urt. v. 02.11.2005 – I-15 U 117/04, WM 2006, S.2321(2322) mit bestätigender Anm. v. Drescher, WuB IV A § 611 BGB 1.07.

bb. Rechtfertigung

Die Gesamtbetrachtung rechtfertigt sich aus der Tatsache, dass Verträge regelmäßig aus einem komplexen und filigranen Geflecht voneinander abhängiger und aufeinander aufbauender Vereinbarungen bestehen. Dieses von den Vertragsparteien dezidiert und aufwendig ausgearbeitete und ausverhandelte Gleichgewicht kann nur bei einer Gesamtbetrachtung erkannt und verstanden werden, während man anderenfalls leicht zu unsachgemäßen Ergebnissen gelangt. Somit wahrt die Gesamtbetrachtung neben den Interessen der Parteien auch Rechtssicherheit und Vertragsfreiheit. Ein weiterer Rechtfertigungsgrund liegt im Wesen der typologischen Einordnung selbst, welche die Zuordnung zu einem Vertragstyp vom Vorliegen konkreter Voraussetzungen abhängig macht. Diese können in Reinform vorliegen, aber auch Modifikationen lassen die Möglichkeit der Zuordnung zu einem Typ richtigerweise nicht immer entfallen[221]. So bringen, um beim Rechtsprechungsbeispiel der Dienst- und Werkverträge zu bleiben, viele – selbst typische – Dienstleistungen, etwa in Arbeitsverhältnissen, regelmäßig Erfolge hervor und enthalten Werkverträge dienstvertragstypische Leistungen, ohne dass dies die Gesamtheit der Aufgaben notwendig in eine andere Richtung lenkt. Plastisch wird dies in Bezug auf FuE-Aufträge, die sich sowohl durch ihr deutliches Vertragsgefüge als auch durch ihre wenig eindeutige Zuordnung auszeichnen. Nur eine Gesamtbetrachtung schafft hier Klarheit.

cc. Problempunkt: Typik und Atypik von Verträgen

Trotz dieser Rechtfertigung ist die Gesamtbetrachtung alles andere als unproblematisch.

(1) Tendenz zu typischer Einordnung

Nicht zustimmungsfähig ist etwa die insb. im FuE-Bereich zu beobachtende Tendenz, nach der die Gesamtbetrachtung notwendig eine typische Vertragseinordnung nach sich zieht[222]. Die „Betrachtung als Gesamtheit" ist ein wesentlicher Einordnungsschritt, als solcher aber durch keine Gesetzmäßigkeit zwingend mit einer „Einordnung als Gesamtheit" verbunden, zumal ein solches Verfahren die Existenz atypischer Verträge ausschließen würde. Vielmehr haben in aller Regel nicht nur typische, sondern auch aty-

---

221 *Martinek*, Moderne Vertragstypen, Bd.I, S.19.

222 Vgl. nur *BAG*, Urt. v. 08.02.1962 – 2 AZR 252/60, Mitt. 1963, S.93(95) und *Zirkel*, in: FS Polter, S.51(62).

pische Verträge ein klares Vereinbarungsgefüge und bedürfen damit einer Gesamtbetrachtung. Die Gesamtbetrachtung schließt die Einordnung als atypisch nicht aus.

(2) Abgrenzung typischer und atypischer Verträge voneinander

Wie die beschriebene Tendenz offenbart, erschwert die Gesamtbetrachtung die Abgrenzung typischer und atypischer Verträge. Dem muss abgeholfen werden, da sowohl FuE-Aufträge als auch FuE-Leistungen auf beiden Seiten der Trennlinie stehen können. Dies verdeutlicht schon *Zirkel*[223], der in seinen Ausführungen zur Rechtsnatur des FuE-Vertrags einen »sui generis«-Ansatz prüft, sich aufgrund dessen fehlender Durchsetzung in der Rspr. aber doch zugunsten einer typischen Einordnung entscheidet, obwohl er in früherer Argumentation den FuE-Auftrag als Typenverschmelzungsvertrag behandelte[224]. Beides hat seine Berechtigung, muss aber voneinander abgegrenzt werden.

Ohne tief in die Materie einzusteigen[225], seien atypische Verträge als solche definiert, die sich nicht oder nicht vollständig in die Typenordnung des BGB, HGB oder eines sonstigen Spezialgesetzes einordnen lassen[226]. Anhand dieser Definition sind sie grds. gut von den typischen Verträgen abgrenzbar. Problemlos möglich ist dies jedenfalls dann, wenn sämtliche der in einem typischen Vertrag enthaltenen Regelungen sich exakt innerhalb der Grenzen just dieses einen Typs bewegen. Atypik liegt dann vor, wenn die gesetzliche Typenordnung gar nicht passt. Jedoch, dies lehrt die Gesamtbetrachtungstheorie, lässt nicht jede Modifikation sofort die typische Einordnung entfallen und können die Verträge dann sowohl typisch als auch atypisch sein. An diesem Punkt verliert die Abgrenzung ihre Eindeutigkeit. Hier muss deshalb nochmals angesetzt werden. Gesucht wird die Trennlinie zwischen denjenigen Verträgen, welche die Grenzen eines Vertragstyps verwischen und dennoch, gewissermaßen „gerade noch", typisch sind, und denen, die nicht mehr als typische Verträge subsumiert werden können.

Diese Trennlinie liegt, unter Anknüpfung an den Parteiwillen, im Überwiegen einer Vertragskomponente ggü. einer anderen oder aber in beider Gleichwertigkeit. Hierbei spricht das eindeutige Überwiegen einer Komponente für deren Herrschaft und damit für einen typischen Vertrag, während eine gleich große Bedeutung der Komponenten die Unterwerfung

223 *Zirkel*, in: FS Polter, S.51(61).

224 *Schmeißer/Zirkel*, MDR 2003, S.8498.

225 Ausführlich zu den Arten atypischer Verträge siehe unten: § 4.C.III.1.a.

226 Vgl. *Martinek*, Moderne Vertragstypen, Bd.I, S.19.

der einen unter die andere ausschließt und den Vertrag als atypisch qualifiziert. Wenn und soweit die Tiefe der Unterwerfung bzw. das Maß an Gleichheit in ihren maximalen Extrempositionen sind, können Verträge auch bei Modifikationen oder unspezifischen Hauptpflichten mit großer Treffsicherheit als typisch oder atypisch eingeordnet werden. Sind die Positionen allerdings weniger extrem, ist die Abgrenzung schwieriger. In solchen Fällen ist eine exakte Ermittlung des Überwiegens nicht verzichtbar, beinhaltet aber dennoch eine gefährliche Tendenz in Richtung Gleichschaltung[227] und muss deshalb mit großer Vorsicht behandelt werden. Das genaue Prozedere ist der tatsächlichen Einordnung der FuE-Leistungen vorbehalten.

dd. Zusammenfassung

Die Gesamtbetrachtung liefert eine Ansicht des vollständigen Vertragsgefüges und ist als abstraktes Hilfsmittel bei der vertragstypologischen Einordnung unverzichtbar. Dennoch darf sie nicht mit einer Gleichschaltung etwaig verschiedener Interessen verwechselt werden und geht nicht notwendig mit einer insgesamt einheitlichen Wertung des Vertrags einher. Die konkrete Ausgestaltung und Umsetzung muss sich hieran orientieren.

b. Die Vertragsauslegung

Ein unverzichtbares Hilfsmittel bei der Subsumtion des Vertrags ist auch die Vertragsauslegung. Für die komplexen und dadurch fehleranfälligen FuE-Verträge gilt dies besonders.

aa. Arten

Die Auslegung ist bei Unklarheit des Vertrags erläuternd und bei dessen Lückenhaftigkeit ergänzend. Hierbei wird im Falle Ersterer versucht, den tatsächlichen Parteiwillen mittels Wortlaut und Sprachgebrauch, der Begleitumstände, der Interessenlage der Parteien samt Vertragszweck und schließlich unter Beachtung von Treu und Glauben mit Rücksicht auf die Verkehrssitte zu ergründen, während im Falle Letzterer mittels des Kon-

227 Dies bestätigt sich bei einem Blick auf die Behandlung atypischer Verträge, wo die Überwiegensfrage ebenfalls, dann als Absorptionstheorie, anzutreffen ist und aufgrund der geäußerten Bedenken sehr kontrovers diskutiert wird: § 4.C.III.2.a.

strukts des objektiven, verständigen Dritten der hypothetische Parteiwille erforscht wird[228].

bb. Voraussetzungen und Verfahren

Die Auslegung ist mit den § 133 BGB und § 157 BGB in zwei separaten Normen geregelt, die sich aber, losgelöst von ihrem Wortlaut, weder formal noch inhaltlich trennen lassen und deshalb als einheitliche Auslegungsregel behandelt werden[229].

Ihre wichtigste Voraussetzung ist die Auslegungsbedürftigkeit, die immer dann vorliegt, wenn und soweit der fragliche Inhalt nicht bereits in Wortlaut und Zweck eindeutig ist[230]. Zwar ist auch die Ermittlung dieser Eindeutigkeit ein interpretatorischer Vorgang[231], als notwendige Voraussetzung für die Anfechtung nach § 119 BGB[232] und die Anwendung der Lehre von der Geschäftsgrundlage nach § 313 I BGB[233] ist sie aber nicht verzichtbar. Insgesamt ist es eine Frage der Rechtssicherheit, dass inhaltlich zweifelsfreie Erklärungen auch solche bleiben.

Das Verfahren der Auslegung richtet sich nach den von Rspr. und Lehre ermittelten Auslegungsgrundsätzen. Maßgebende Instanz ist der Parteiwille[234], unter dem, je nach Situation, der wahre Wille oder aber die objektive Erklärungsbedeutung verstanden wird[235]. Er rechtfertigt sich mit dem Konzept der Vertragsfreiheit selbst und ist als Korrektiv unverzichtbar. Dennoch darf er sich nur auf den Zeitpunkt des fraglichen Vertragsschlusses beziehen und muss zurückstehen, wenn die Einordnung des Vertrags, etwa beim Bau- oder Arbeitsvertrag, bereits eindeutig ist[236]. Neben ihm werden die Begleitumstände, etwa die Entstehungsgeschichte des Vertrags, die Verkehrssitte sowie die Parteibeziehungen untereinander, zur Auslegung herangezogen. Entsprechend den Grundsätzen zur Auslegung

---

228 *Palandt/Heinrichs*, § 157 Rn.1; ders. § 133 Rn.14 ff.; zu Letzterer sehr ausführlich auch *Henssler*, S.97-111.

229 *Palandt/Heinrichs*, § 157 Rn.1.

230 *BGH*, Urt. v. 10.10.1957 – VII ZR 419/56, BGHZ 25, S.318(319); *Palandt/Heinrichs*, § 133 Rn.6; kritisch, im Ergebnis aber übereinstimmend *BGH*, Beschl. v. 09.04.1981 – IV a ZB 6/80, BGHZ 80, S.246(250).

231 Richtig erkannt von MüKo/*Busche*, § 133, Rn.50.

232 *Medicus*, Rn.123.

233 *Medicus*, Rn.154.

234 Statt vieler *BGH*, Urt. v. 16.07.2002 – X ZR 27/01, BGHZ 151, S.330(332); *OLG Düsseldorf*, Urt. v. 18.07.1997 – 22 U 3/97, NJW-RR 1998, S.345(346).

235 *Palandt/Heinrichs*, § 133 Rn.7.

236 *Staudinger/Peters/Jacoby*, Neubearb. 2008, Vorbem. zu §§ 631 ff Rn.29.

empfangsbedürftiger Willenserklärungen[237] wird gefragt, wie der Erklärungsempfänger, in dem Fall der Vertragspartner, die Erklärung nach Treu und Glauben unter Berücksichtigung der Verkehrssitte verstehen durfte.

cc. *Erkennbarkeit des Parteiwillens*

Die Beantwortung der Frage danach, ob der Parteiwille im Vertrag Ausdruck gefunden haben bzw. jedenfalls bei Vertragsschluss erkennbar gewesen sein muss, hängt davon ab, ob er für alle Parteien übereinstimmt oder nicht. Liegt eine Übereinstimmung vor, so greift der Grundsatz der falsa demonstratio non nocet, nach dem das übereinstimmend Gewollte durch eine irrtümliche oder absichtliche Falschbezeichnung unberührt bleibt[238]. Fehlt hingegen die Willensübereinstimmung, so muss der fragliche Parteiwille in irgendeiner Weise erkennbar geworden sein[239]. Dieses Erfordernis geht aus den Grundsätzen zur Auslegung empfangsbedürftiger Willenserklärungen hervor. Es rechtfertigt sich zum einen aus der Tatsache, dass eine Erklärung an sich überhaupt zugehen muss, um Wirkung entfalten zu können. Zum anderen und darüber hinaus wird eine fehlende Manifestation regelmäßig vermuten lassen, dass die Erklärungsbedeutung gering war.

c. Die Fairnessgesichtspunkte

Fraglich ist schließlich, ob im Rahmen der typologischen Einordnung auch Gesichtspunkte herangezogen werden dürfen, welche – die plakative Formulierung sei verziehen – die Fairness im weitesten Sinne betreffen. Die Frage kommt auf, weil vertragliche Vereinbarungen in vielen Zusammenhängen als gut bzw. gerecht oder schlecht bzw. ungerecht gewertet und hieran verschiedenste Konsequenzen geknüpft werden. Die verwendeten Begrifflichkeiten reichen von Sachgerechtigkeit und Angemessenheit über normative Korrektur und Inhaltskontrolle bis zur Vertragsgerechtigkeit.

Konkret für die vertragstypologische Einordnung von FuE-Leistungen ist diese Frage besonders brisant, da FuE-Leistungen von Natur aus mit vergleichsweise erheblich höheren Risiken belastet sind als andere Leistungen. Fairness und Risiko werden oft schon an sich als gegensätzliches Paar aufgefasst. Im FuE-Bereich aber tritt diese Frage akuter und gravierender ins Bewusstsein als anderswo, denn gerade hier wird sich immer wieder

---

[237] Zu diesen *Palandt/Heinrichs*, § 133 Rn.9; *Plander/Schiek*, RdA 1990, S.219(225).

[238] *Palandt/Heinrichs*, § 133 Rn.8.

[239] *BGH*, Urt. v. 11.11.1992 – VIII ZR 238/91, NJW 1993, 335; vgl. auch *Medicus*, Rn.846.

die eine oder andere Partei von einer Risikoverwirklichung übertölpelt fühlen.

Was die Fairnessfragen für Gesichtspunkte sind, ob und in welchem Umfang und an welcher Stelle der Einordnung sie Relevanz entfalten, wird im Folgenden erörtert.

aa. Der Mythos absoluter Gerechtigkeit

Vorangestellt sei, dass es absolute Gerechtigkeit nicht gibt, nie gab und nie geben wird. Sie wäre ein idealer Zustand des menschlichen Zusammenlebens, in dem es einen angemessenen, unparteilichen und einforderbaren Ausgleich der Interessen sowie der Verteilung von Gütern und Chancen unter allen Menschen gäbe.

Dass dem nicht so ist, bezeugt nicht nur die Kluft zwischen Unwissenheit und Bildung, Förderung und Vernachlässigung, finanzieller Sicherheit und Armut, sondern es wird schon durch das Erfordernis des Ausgleichens selbst deutlich. Dieser Kern der Gerechtigkeit, die Gleichheit[240], müsste objektiv sein, hat sich damit aber schon selbst und unwiederbringlich zum Scheitern verurteilt. Objektivität wird mit zunehmender Komplexität der zu treffenden Entscheidung schwieriger und erschöpft ihre Kapazitäten im Wesentlichen bereits mit dem Abgleich bloßer Zahlenreihen. Alles darüber Hinausgehende ist nicht mehr objektiv. Vor diesem Hintergrund liegt die Gerechtigkeit zwar vielen Gesellschafts- und Rechtssystemen als Basis zugrunde, kommt aber über das kleinste gemeinsame Vielfache, ein gewisses Maß an Gleichbehandlung, nicht hinaus. Ihren Kern, die Gleichheit, erreicht sie nicht.

Die vertragstypologische Einordnung ist nicht bestimmt, dem abzuhelfen. Sie kann es auch gar nicht, denn – und selten hat ein Mensch dies ehrlicher auf den Punkt gebracht, als die große Edith in *Goldmans*[241] Klassiker „The Princess Bride" – „Life isn´t fair, Bill. [...] Life is not fair, and it never has been, and it´s never going to be."

bb. Die Ausprägungen der Fairness

Fairnessgesichtspunkte finden sich im Rahmen der typologischen Einordnung an mehreren Stellen. Sie manifestieren sich in der mit der Gesamtbetrachtung einhergehenden umfassenden Würdigung sämtlicher Informationen und finden sich im Vorrang der ergänzenden Vertragsauslegung vor

---

240 *Schwintowski*, Recht und Gerechtigkeit, S.196.

241 Goldman, The Princess Bride, S.209.

dem dispositiven Gesetzesrecht[242]. Ein anerkannter Auslegungsgrundsatz fragt nach „Treu und Glauben mit Rücksicht auf die Verkehrssitte“[243] und der *BGH* wertet etwa die geringe Finanzstärke eines Wirtschaftsunternehmens als Indiz dafür, dass die von diesem beauftragte Partei ihre Leistungserbringung nicht dienst-, sondern werkvertraglich schulden solle[244]. Selbst die Angemessenheit der mit einem Vertragstyp verbundenen Rechtsfolgen als Gesamtheit wird als Indiz für die Auslegung vorgeschlagen[245].

cc. *Die Problemstellungen der Fairness*

Trotz dieser scheinbaren Etablierung ist bei der Nutzung von Fairness im Rahmen der typologischen Einordnung Vorsicht geboten. Zwar kann deren Verwendung, wie noch zu sehen sein wird, durchaus hilfreich sein und ist akzeptabel, wenn der Parteiwille oberstes Korrektiv bleibt. Jedoch dreht sich das Bild, wenn ihr eine zu große Aussagekraft zugesprochen wird, da die dann entstehenden, scheinbar bindenden Gesetzmäßigkeiten die wesentlichen Grundlagen des Vertragsrechts angreifen.

(1) Primat der Vertragsfreiheit

Der erste Problempunkt liegt in der Vertragsfreiheit, denn während diese den Parteien weitgehend freie Hand gewährt, machen die Fairnessgesichtspunkte eine äußere Wertung geltend, die diese Freiheit einzuschränken geeignet ist. Bestes Beispiel ist die Tatsache, dass die Vertragsfreiheit auch den Abschluss nachteiliger Verträge ermöglicht. Solche müssen zunächst gar nicht nachteilig im eigentlichen Sinne sein, weil sie durchaus individuellen Bedürfnissen gerecht werden können, zumal ein Risiko immer auch mit einer Chance einhergeht. Selbst wenn sie es aber tatsächlich wären, muss dies nicht unbillig sein, da es jeder Partei freisteht, sich vor Vertragsschluss über dessen Vor- und Nachteile für die eigene Situation zu informieren und den Vertrag dann ggf. nicht bzw. nicht so abzuschließen. Der Nachteil darf hier Indiz für die Ermittlung des Parteiwillens sein, diesen aber nicht undifferenziert als risikoscheu werten und schon gar nicht den Vertragsschluss verbieten. Zudem ist das schöne Bild wirtschaftlich und intellektuell gleich starker Verhandlungspartner als Vision stark an die

---

242 Hierzu siehe oben: § 1.C.II.2.

243 Vgl. *Plander/Schiek*, RdA 1990, S.219(225).

244 *BGH*, Urt. v. 11.11.1992 – VIII ZR 238/91, NJW 1993, S.335; Im Ergebnis nutzt der *BGH* das Indiz nur deshalb nicht, weil es keinen Ausdruck im Vertrag gefunden hat. Hierzu später mehr: § 4.D.I.2.c.

245 *Staudinger/Peters/Jacoby*, Neubearb. 2008, Vorbem. zu §§ 631 ff Rn.29.

Hoffnung absoluter Gerechtigkeit angelehnt und damit genauso illusionär wie diese. Sanktionswürdig ist ein einseitig nachteiliger Vertragsschluss erst und nur dann, wenn eine Partei ihre Stärke derart missbraucht, dass sie den Vertrag quasi diktiert und von der Vertragsfreiheit der anderen Seite nichts übrigbleibt[246]. Allein in einem solchen Fall streiten die Fairnessgesichtspunkte nicht gegen, sondern für die Vertragsfreiheit.

(2) Gefahr der Willkür

Ein weiteres Problem der Fairness liegt in deren Heranziehung zur Bestimmung der Interessenlage der Parteien. Diese umfasst für jeden Vertragspartner dessen Beweggründe und Zwecksetzungen und kann mit dem vertragsbezogenen Parteiwillen übereinstimmen, wenn die getroffenen Vereinbarungen den Interessen einer Seite voll und ganz gerecht werden. Ist dies, etwa bei Kompromissen, hingegen nicht der Fall, so besteht die Gefahr, dass die Berücksichtigung von Fairnessgesichtspunkten bei der Ermittlung der Interessenlage die ursprünglichen vertraglichen Absprachen verfälscht. Die Fairness ist dann nicht Mittel der Auslegung, sondern die Auslegung ein Mittel zur Erlangung von Fairness und die Rspr. erlangt einen so weiten Ermessensspielraum, dass praktisch jedes Ergebnis denkbar ist. Dies widerspricht nicht nur wiederum der Vertragsfreiheit, sondern bewirkt in der Konsequenz auch, dass einseitig entstandene Nachteile einer Partei mit derselben Begründung entweder im Interesse des Vertragsfriedens ausgeglichen oder im Interesse des gemeinsam gewünschten Projektfortschritts ignoriert werden können, dass ein Vertrag durch Zugeständnisse beider Seiten gerettet oder wegen Vertrauensverlusts beendet wird. Die Beispiele zeigen, dass jedes Ergebnis herbeiargumentiert werden kann. Die Auslegung gerät zur Willkür, ist für die Parteien nicht vorhersehbar und wird somit mangels Rechtssicherheit auch den Bedürfnissen einer integren Praxis nicht gerecht.

(3) Missbrauch der Auslegung als Reuerecht

Schließlich kann die Verwendung von Fairnessgesichtspunkten leicht dazu führen, dass die Auslegung unter deren Zuhilfenahme zu einem Reuerecht verkommt und damit den Grundsatz des pacta sunt servanda, eine unverzichtbare Ikone des Vertragsrechts[247], aushebelt. Diese Gefahr besteht immer bei Willensmängeln bei Vertragsschluss und nachträglichen Meinungsänderungen, darüber hinaus aber auch schon dann, wenn sich die

---

246 Vgl. *Langenfeld*, Rn.375.

247 *Palandt/Ellenberger*, Einf. v. § 145 Rn.4a.

Vertragswirklichkeit in einer durch die Parteien nicht vorhergesehenen Weise ändert. Die charakteristische Unwägbarkeit des FuE-Bereichs begünstigt derartige Änderungen. Zwar wird dieses Problem teilweise durch das Erfordernis eines Auslegungsbedarfs entschärft, ohne den eine Auslegung nicht stattfinden darf und der klar gefasste Verträge und eindeutige Vereinbarungen von vornherein der Auslegung entzieht. Jedoch darf der Vertrag auch bei Auslegungsbedarf nicht im Nachhinein nach Belieben verdreht werden. Fairnessgesichtspunkte sind derart beliebig, dass ihre Anwendung leicht jedes vertragliche Leistungsversprechen wertlos macht. Im Falle von Willensmängeln bei Vertragsschluss oder der nachträglichen Änderung der Vertragsumstände muss der Auslegung als erster Lösungsmöglichkeit Rechnung getragen werden[248]. Fehlt aber der Auslegungsbedarf oder führt die Auslegung zu keinem Ergebnis, so dürfen allein die Regelungen zur Anfechtung von Willenserklärungen in den §§ 116–144 BGB sowie zur Störung der Geschäftsgrundlage in § 313 BGB, und nur diese, Anwendung finden. Ändert eine Vertragspartei nachträglich ihre Meinung, so gelten die einschlägigen Vorschriften zu Rücktritt und Kündigung.

dd. Insb. die Vertragsgerechtigkeit

Nachdem die Problematik der Fairnessgesichtspunkte in der vertragstypologischen Einordnung erörtert wurde, sei allein abgrenzend eine weitere Ausprägung genannt, in der Fairness eine große Rolle spielt, welche die Einordnung aber unberührt lässt.

Diese Ausprägung lässt sich unter dem Schlagwort der Vertragsgerechtigkeit[249] subsumieren. Sie steckt die normativen Grenzen ab, die der Vertragsfreiheit zu deren eigenem Schutz vom Gesetz auferlegt werden. Sie setzt an der Wertung bereits bekannter Informationen an, indem sie das Ergebnis der typologischen Einordnung mit Bedingungen oder Folgen verknüpft, betrifft damit aber erst einen Zeitpunkt nach der Einordnung und nicht diese selbst. Korrekturforderungen werden insb. dann laut, wenn die Vertragsparität gestört und eine wirtschaftlich oder intellektuell stärkere Partei in die Lage versetzt ist, der schwächeren Partei den Vertrag aufzuzwingen[250]. Es geht um die rechtliche Ausgestaltung der Vertragsfreiheit als Teil der grundgesetzlich gewährten Privatautonomie nach Art. 2 I GG und um die Wertentscheidungen des GG, die Vertragsfreiheit zwar zu achten,

---

248 *Medicus*, Rn.123, 154.

249 Den Begriff verwenden auch: *Palandt/Ellenberger*, Einf. v. § 145 Rn.13; *Langenfeld*, Rn.351 ff. (390).

250 Umfassend BVerfG, Beschluss v. 19.10.1993 – 1 BvR 567/89, 1 BvR 1044/89, BVerfGE 89, S.214-236; *Palandt/Ellenberger*, Einf. v. § 145 Rn.13; *Langenfeld*, Rn.351 ff. (390).

unter Berufung auf diese selbst und die Sozialstaatsklausel aber auch deren Missbrauch entgegenzuwirken[251]. Aufgrund dessen sind Gesetzgebung und Rspr. gehalten, bei gestörter Vertragsparität oder bei gravierenden Änderungen der Vertragsumstände ein ausreichendes Maß an Vertragsgerechtigkeit sicherzustellen[252]. Wo ein Vertragsgleichgewicht besteht, verbietet die Vertragsfreiheit Korrekturen.

Die Vertragsgerechtigkeit manifestiert sich in der Lehre von der Geschäftsgrundlage, welche eine Ermittlung bzw. Konkretisierung von Fairnessgesichtspunkten durch Auslegung fordert und erst durch Auslegung eine angemessene Grenze der Risikoübernahme ermittelt[253]. Auch die richterliche Inhaltskontrolle von Individualverträgen fällt hierunter[254]. Gebräuchlicher ist daneben die bereits erwähnte Kontrolle von formularmäßig genutzten allgemeinen Geschäftsbedingungen nach den §§ 305 ff. BGB. Schließlich findet sich die Vertragsgerechtigkeit immer und unabhängig von der typologischen Einordnung in den zivilrechtlichen Generalklauseln, welche in § 134 BGB Verstöße gegen gesetzliche Verbote sanktionieren, in § 138 BGB die Sittenwidrigkeit und den Wucher kontrollieren und in § 242 BGB die Gebote von Treu und Glauben beachten.

ee. *Fazit*

Fairnessgesichtspunkte sind im Rahmen der vertragstypologischen Einordnung durchaus relevant und eine gewisse Aussagekraft als Indiz kann ihnen nicht abgesprochen werden. Dennoch sollten sie im Interesse der Vertragsfreiheit und zum Schutz vor Willkür und Missbrauch nur sehr restriktiv verwendet werden. Eine größere Bedeutung haben sie allein unter dem Schlagwort der Vertragsgerechtigkeit. Da Letztere die typologische Einordnung unberührt lässt, wurde sie nur abgrenzend dargestellt.

---

251 *Palandt/Ellenberger*, Einf. v. § 145 Rn.7.

252 *Palandt/Ellenberger*, Einf. v. § 145 Rn.13.

253 *Medicus*, Rn.166.

254 Das BVerfG, Beschluss v. 19.10.1993 – 1 BvR 567, 1044/89, BVerfGE 89, S.214(232), sieht eine solche in seinem Beschluss zur ausgeprägten Unterlegenheit eines Bürgen dann als notwendig an, wenn „der Inhalt eines Vertrages für eine Seite ungewöhnlich belastend und als Interessenausgleich offensichtlich unangemessen ist".

B. Die Abgrenzung von Dienst- und Werkverträgen

Neben der vertragstypologischen Einordnung an sich bedarf auch ein weiteres, entscheidendes Problem einer Vorabbetrachtung.

Die Abgrenzung von Dienst- und Werkverträgen ist oft schlicht eine Frage der Konvention[255] und mag deshalb als Thema an derart exponierter Stelle einer Dissertation überraschen. Gleichermaßen überraschend ist es aber auch, dass sich die Schwierigkeiten bei der typologischen Einordnung von FuE-Leistungen, von einigen nicht zu vernachlässigenden Ausnahmen abgesehen, bei der Abgrenzung eben jener Dienst- und Werkverträge voneinander, kumulieren. Zwar sind mit den §§ 611 ff. BGB einerseits und den §§ 631 ff. BGB andererseits die beiden in Betracht kommenden Qualifikationen schnell ausgemacht, jedoch enthalten die FuE-Aufträge schon ausweislich ihres Namens regelmäßig sowohl Forschungs- als auch Entwicklungsaspekte und damit potenziell Komponenten beider Vertragstypen. Unsicherheiten bei der Bestimmung des anzuwendenden Gesetzesrechts sind somit prädestiniert.

Man kann diese Schwierigkeiten nun kleinreden, den Besonderheiten des FuE-Bereichs anlasten oder, in Anknüpfung an das Eingangsstatement, mit dem offensichtlichen Mangel an „Gewöhnung" hinsichtlich der Beurteilung von FuE-Leistungen beschwichtigen. Jedoch kann man auch, und dies birgt eine besondere Brisanz, nicht länger verhehlen, dass die Unschärfen seit nunmehr über einhundert Jahren bestehen[256]. Angesichts dessen ist eine Abgrenzung von Dienst- und Werkvertrag nicht nur dringend, sondern auch endlich geboten. Das Verfahren folgt der aufgezeigten Funktionsweise der typologischen Einordnung, beschränkt sich aufgrund der abstrakten Darstellung aber vorerst auf die Definition der Grenzen[257].

I. Der abstrakte Grenzverlauf

Der abstrakte Grenzverlauf zwischen Dienst- und Werkvertrag richtet sich, wie bei anderen Vertragstypen auch, nach deren Inhalt, konkretisiert durch die vertraglichen Hauptpflichten.

Für das Dienst- und Werkrecht beschreibt das Gesetz die vertraglichen Hauptpflichten dahingehend, dass § 611 I BGB die Leistung versprochener Dienste und § 631 I BGB die Herstellung eines versprochenen Werks, jeweils gegen Gewährung einer Vergütung, vorsehen. Diese Regelungen un-

---

255 *Staudinger/Peters/Jakoby*, Neubearb. 2008, Vorbem. zu §§ 631 ff Rn.28.

256 So bereits Motive, Bd. II S.471 unten; vgl. auch *Ganten*, in: FS Thode, S.21; *Staudinger/Peters/Jacoby*, Neubearb. 2008, Vorbem. zu §§ 631 ff Rn.4; *Roth*, JZ 2003, S.371.

257 Hierzu **Anhang 9**.

terscheiden sich schon rein begrifflich in ihren jeweiligen Ergebnissen, da der Dienstvertrag tätigkeitsorientiert ist, während der Werkvertrag auf einen tatsächlichen Arbeitserfolg, unabhängig von den Mühen zu dessen Erlangung, abstellt. Die abgrenzungsrelevanten Normen sind die §§ 611 I und 631 I BGB.

Neben diesen Hauptpflichten werden im Rahmen der Abgrenzung regelmäßig weitere typenspezifische gesetzliche sowie typenspezifische sonstige Gesichtspunkte genannt und mehr oder weniger intensiv ebenfalls für die Einordnung herangezogen[258]. Ihnen ist gemein, dass sie unbestritten als Indiz dienen können; Hauptpflichten und damit Abgrenzungskriterien sind sie aber, wie bereits festgestellt[259], nicht.

II. Der konkrete Grenzverlauf

Der konkrete Grenzverlauf sucht die maßgebenden, unterscheidenden Eigenschaften der typenspezifischen Hauptpflichten. Die §§ 611 I und 631 I BGB finden ihn durch ihr Abstellen auf eine Tätigkeit oder aber deren Erfolg im Vorliegen oder Fehlen einer sogenannten „Erfolgsbezogenheit". Dies mag bekannt und banal erscheinen, bietet aber, wie sogleich und im weiteren Verlauf der Arbeit offenbar werden wird, ein nicht zu unterschätzendes Potenzial für Irrungen und Wirrungen, welches an der schwierigen Handhabung der Abgrenzung von Dienst- und Werkverträgen im Allgemeinen und der vertragstypologischen Einordnung von FuE-Leistungen im Besonderen alles andere als unschuldig ist. Zwar ist die Erfolgsbezogenheit bei der Abgrenzung in aller Munde, die selten erkannte Krux liegt aber darin, dass diese Erfolgsbezogenheit, aus verschiedenen Perspektiven betrachtet, verschiedene Bedeutungen haben kann.

Eine erste Ausprägung ist der auf ein zu verwirklichendes Ziel ausgerichtete Wille der Vertragsparteien, der jegliches Handeln auf ein gewünschtes Ergebnis, genauer einen Erfolg, zuspitzt. Besteht dieser Wille, wäre Werk-, i.Ü. Dienstvertragsrecht anwendbar. Diese Perspektive betrachtet die Erfolgsbezogenheit als eine Frage der Handlungsmotivation. Sie stellt, um auf eine treffende Formulierung von *Richardi*[260] zurückzugreifen, zur Unterscheidung auf den „Erfolg außerhalb der Arbeit" ab.

Die zweite Perspektive der Erfolgsbezogenheit hat einen eher materialistischen Hintergrund und besinnt sich auf das Risiko, dass jede Zielsetzung in ihrer Umsetzung auch scheitern kann. Dieses Risiko umfasst nicht

---

258 Statt vieler *Staudinger/Peters/Jakoby*, Neubearb. 2008, Vorbem. zu §§ 631 ff Rn.26 ff.

259 Siehe oben: § 4.A.II.2.a.bb und § 4.A.II.2.a.cc.

260 *Staudinger/Richardi*, Neubearb. 2005, Vorbem. zu §§ 611 ff Rn.46.

die reguläre verschuldensabhängige Haftung, die jeden Vertragspartner ereilen kann, sondern die selbst aufgebürdete, verschuldensunabhängige Gewährleistung. Folglich wäre Werkvertragsrecht nur dann anwendbar, wenn der Auftragnehmer verschuldensunabhängig für das Erreichen seines vertraglichen Leistungsversprechens einzustehen bereit wäre, während i.Ü. Dienstvertragsrecht vorläge. Diese Perspektive beurteilt die Erfolgsbezogenheit nicht als Frage der Motivation, sondern als Frage der Bereitschaft zur Folgentragung. Sie stellt, wiederum in Anknüpfung an *Richardis* Formulierung, zur Unterscheidung auf den „Erfolg innerhalb der Arbeit" ab.

In der gängigen Literatur und Spruchpraxis lassen sich drei Handhabungen der Abgrenzung bzw. deren Kriteriums der Erfolgsbezogenheit unterscheiden. Teils wird die Erfolgsbezogenheit als Handlungsmotivation definiert und gefragt, ob der vertragliche Schwerpunkt auf der Arbeitsleistung an sich oder aber auf deren Ergebnis liege[261]. Teils und mit unterschiedlichen Ausprägungen werden Handlungsmotivation und Risikotragung mehr oder weniger ausdrücklich nebeneinander verwendet[262] und schließlich wird – sehr selten – die Perspektive der Risikotragung auch als alleinentscheidendes Kriterium genutzt[263].

1. Erfolgsbezogenheit als Handlungsmotivation

Die Handlungsmotivation als Definition der Erfolgsbezogenheit ist direkt aus dem Gesetzeswortlaut ableitbar, da dieser eine Tätigkeit oder aber deren Erfolg erfordert. Dennoch vermag sie den Unterschied zwischen Dienst- und Werkverträgen nur unvollständig zu erfassen und wiederzugeben.

---

261 *BGH*, Urt. v. 11.10.2001 – VII ZR 475/00, BGHZ 149, S.57(60); *BGH*, Urt. v. 04.06.1970 - VII ZR 187/68, BGHZ 54, S.106(107);Motive, Bd. II S.471; Erman/*Schwenker*, vor §§ 631-651 Rn.8; *Larenz*, § 52 I.

262 *BGH*, Urt. v.11.05.2006 – IX ZR 63/05, NJW-RR 2006, S.1490;BGH, Urt. v. 10.06.1999 – VII ZR 215/98, NJW 1999, S.3118; *OLG Düsseldorf*, Urt. v. 18.07.1997 – 22 U 3/97, NJW-RR 1998, S.345(346) ; kritisch *Plander/Schiek*, RdA 1990, S.219(224); Palandt/Sprau, Einf. v. § 631 Rn.1 und 8.

263 *BGH*, Urt. v. 07.03.2002 – III ZR 12/01, NJW 2002, S.1571(1572); MüKo/*Busche*, § 631 Rn.17; *Ganten*, in: FS Thode, S.21(28); *Staudinger/Richardi*, Neubearb. 2005, Vorbem. zu § 611 ff Rn.39; verdienstvoll hergeleitet von *Rümelin*, Dienstvertrag und Werkvertrag, S.16 ff.

a. Die Weite des Erfolgs

Dies schon deshalb, weil der Erfolg i.S. des Werkrechts im denkbar weitesten Sinne zu verstehen ist[264]. Er wird in § 631 II BGB als maßgeblicher Vertragsgegenstand genannt. Zum einen kann er dabei gemäß § 631 II 1.Alt. BGB in der „Herstellung oder Veränderung einer Sache" liegen und betrifft damit weithin gegenständlich fassbare Arbeitsergebnisse. Diese können Sachen i.S. des § 90 UrhG sein, umfassen aber auch Menschen, etwa bei Haarschnitt und Tätowierung, und Tiere, zum Beispiel bei Hufbeschlag, Zucht oder Mast[265]. Zum anderen kann Erfolg gemäß § 631 II 2. Alt. BGB aber auch ein „anderer durch Arbeit oder Dienstleistung herbeizuführender" sein. Hier können wiederum Sachen i.S. des weiten Verständnisses betroffen sein, wenn diese nicht hergestellt oder verändert, sondern etwa gewaschen oder transportiert werden. Darüber hinaus besteht aber keine Beschränkung auf Gegenständlichkeit[266], sodass auch immaterielle Ergebnisse bzw. Erfolge, anerkanntermaßen etwa die ordnungsgemäße Durchführung der Dienstleistung[267], möglich sind. Angesichts dieser Weite kann der Erfolg den Werkvertrag kaum positiv abgrenzen, sondern muss sich, wie *Peters*[268] zutreffend formuliert, mit der negativen Feststellung begnügen, dass Erfolg im Sinne des Werkvertragsrechts jeder ist, der nicht „durch das Gesetz einem anderen Vertragstyp zugewiesen ist".

b. Die Finalität jeglicher Handlung

Auch steht der Perspektive der Handlungsmotivation entgegen, dass jede menschliche Tätigkeit final ausgerichtet ist[269]. Dies beruht schon darauf, dass allein eine klare Zielsetzung einer Handlung Motivation, Struktur und damit auch Effizienz bescheren kann. Darüber hinaus wird die Finalität im Umfeld des Schuldrechts ganz besonders deutlich, da vertraglich vereinbarte Tätigkeiten hier in aller Regel eine Vergütungspflicht der Gegenseite

---

264 Motive, Bd. II S.506; *Staudinger/Richardi*, Vorbem. zu §§ 611 ff Rn.26.

265 Staudinger/Peters/Jacoby, Neubearb. 2008, § 631 Rn.3.

266 *Ganten*, in: FS Thode, S.21(25).

267 *BGH*, Urt. v. 16.07.2002 - X ZR 27/01, BGHZ 151, S.330(332); *LG Berlin*, Urt. v. 12.05.2005 – 5 O 299/04 (unveröff.), S.5; *Bartenbach/Volz*, in: FS 50 Jahre VPP, S.225(231); *Plander/Schiek*, RdA 1990, S.219(224); *Zirkel*, in: FS Polter, S.51(67).

268 *Staudinger/Peters/*Jacoby, Neubearb. 2008, § 631 Rn.6.

269 So bereits *Rümelin*, Dienstvertrag und Werkvertrag, S.16 ff. und S.21; *Ganten*, in: FS Thode zum 65. Geburtstag, S.21(25); *Leenen*, Typus und Rechtsfindung, S.147; speziell auf FuE bezogen: *Koch*, Haftungsfreizeichnung, S.42; *Möffert*, in: Münchner Vertragshandbuch 2, Forschungsvertrag, Anm.7 und *Zirkel*, in: FS Polter, S.51(61).

auslösen. Selten jedoch wird, hierfür sei eine anerkannte marktwirtschaftliche Gesetzmäßigkeit bemüht, eine Investition getätigt, mit welcher der Investor kein Ziel verfolgt. Umgekehrt formuliert, wird auch bei dienstvertraglich geschuldeten Tätigkeiten durchaus ein Erfolg gewünscht bzw. erwartet. Oder, wie *Möffert* und *Over* es treffend auf den Punkt bringen: Dienstverträge sind final erfolgsbezogen, Werkverträge sind kausal erfolgversprechend[270].

c. Die Beschränkung auf unmittelbare Ziele

An dieser Stelle könnte argumentiert werden, dass die Dogmatik des *BGH* nicht jedem mittelbar bedeutsamen Ziel des Auftraggebers oder dessen wirtschaftlichem Endzweck, sondern allein ausdrücklich vereinbarten unmittelbaren Ergebnissen die abgrenzende Wirkung zuspricht[271]. Jedoch macht diese Unmittelbarkeit den Erfolg als Abgrenzungskriterium nicht tauglicher.

Zum Ersten gibt selbst eine ausdrückliche Vereinbarung nicht immer Aufschluss darüber, ob ein Ziel mittelbar oder unmittelbar verfolgt wird. Dies liegt schon daran, dass die an dieser Stelle entscheidenden Formulierungen an Filigranität kaum zu überbieten sind. Bereits kleinste Abweichungen können die Deutung umkehren, was Dienst- und Werkverträge hinsichtlich ein und derselben Aufgabe weitgehend austauschbar macht[272]. Diese Präzision erhöht die Fehleranfälligkeit der Formulierungen, weshalb diese ein sehr unsicheres Kriterium sind.

Zum Zweiten und ebenfalls an die Formulierungsthematik anknüpfend, führt die oben beschriebene Weite und mangelnde gegenständliche Fassbarkeit des Erfolgsbegriffs dazu, dass die Unterscheidung zwischen mittelbaren und unmittelbaren Zielen ein Höchstmaß an Konfusion erreicht. Wiederum sei darauf verwiesen, dass das geschuldete Ziel i.S. des Werkrechts nach § 631 II 2. Alt. BGB auch in der ordnungsgemäßen Durchführung der Dienstleistung oder der Anfertigung eines Arbeitsberichts liegen kann. In ersterem Falle wird die ordnungsgemäße Leistungsdurchführung als ursprünglich dienstvertraglich geschuldeter Weg zur Erreichung eines nur mittelbaren Ziels des Auftraggebers selbst zum unmittelbaren Ziel erhoben. In letzterem Falle wird die ordnungsgemäße Leistungserbringung demggü. der Belanglosigkeit anheimgegeben, wenn allein die

---

270 *Möffert*, Der FuE-Vertrag, S.42; *Möffert*, in: Münchner Vertragshandbuch 2, Forschungsvertrag, Anm.7; *Over*, S.83.

271 *BGH*, Urt. v. 11.10.2001 – VII ZR 475/00, BGHZ 149, S.57(60); *BGH*, Urt. v. 22.10.1981 – VII ZR 310/79, BGHZ 82, 100(105)(Rn.23); *Palandt/Sprau*, Einf. v. § 631 Rn.1 und 8.

272 Vgl. *Staudinger/Peters/Jacoby*, Neubearb. 2008, Vorbem. zu §§ 631 ff Rn.26.

ordnungsgemäße Dokumentation geschuldet und deren Anforderungen Rechnung getragen wird[273]. Aufgrund dessen kann auch die Beschränkung auf unmittelbare Ziele die abgrenzende Wirkung nicht erhöhen.

d. Die Beziehung zwischen Handlungsmotivation und Risikotragung

Schließlich kann die Beschränkung der Erfolgsbezogenheit auf eine Frage der Handlungsmotivation auch nicht mit dem Gedanken gerechtfertigt werden, dass der Motivation die Bereitschaft zur Risikotragung immanent sei.

Zwar enthält das vertragliche Versprechen einer Leistung richtigerweise die korrelierende Zusage des Einstehens für deren Erbringung. Dies umso mehr, als eine solche selbst durch abweichende individualvertragliche Haftungsvereinbarungen nicht vollständig ausgehebelt werden kann[274]. Dennoch ist das Konstrukt nicht eins zu eins auf die Beziehung zwischen Handlungsmotivation und Bereitschaft zur Risikotragung übertragbar.

Dies schon deshalb, weil die Perspektive der Handlungsmotivation und die Situation eines vertraglichen Leistungsversprechens nicht deckungsgleich sind. Der auf ein zu verwirklichendes Ziel ausgerichtete Wille der Vertragsparteien ist an das in obiger Argumentation umrissene, weite Erfolgsverständnis und die Finalität allen menschlichen Handelns gebunden. Ein vertragliches Leistungsversprechen ist demggü. erheblich enger. Es kann sich auf das vertragliche Endziel, etwa ein marktfähiges FuE-Ergebnis, beziehen. Gleichermaßen kann es sich aber auch auf die ordnungsgemäße Leistungserbringung, die pflichtgemäße Dokumentation der Arbeiten oder die Anfertigung eines Prototyps ohne Marktreife beschränken. Selbst das dienstvertragliche Versprechen eines reinen Tätigwerdens ohne haftungsunabhängige Gewährleistung ist möglich.

Dies darüber hinaus auch, weil die fehlende Deckungsgleichheit zwischen Handlungsmotivation und Leistungsversprechen den populären Schluss von der Existenz eines Erfolgs im Vertragsgefüge zur Risikotragung für diesen durch den Auftragnehmer[275] zum Fehlschluss macht. Die gesuchte Verbindung besteht nicht zwischen dem Erfolg und der Risikotragung, sondern zwischen dem Einstandswillen und der Risikotragung. Hier offenbart sich das ewige Missverständnis bei der Abgrenzung von

---

273 Vgl. *LG Hannover*, Urt. v. 13.07.1998 – 20 O 200/97, NJW-RR 1999, S. 1655(1656).

274 *BGH*, Urt. v. 11.10.2001 – VII ZR 475/00, BGHZ 149, S.57(62).

275 Dieser Schluss findet sich etwa beim Indiz der konkreten vertraglichen Leistungsbeschreibung, wenn und soweit aus deren Vorliegen auf Werkrecht geschlossen wird. Ausführlich: § 4.D.II.2.d.cc.

Dienst- und Werkverträgen, denn eine zwingende Gesetzmäßigkeit dergestalt, dass von der Handlungsmotivation auf den Inhalt des Leistungsversprechens geschlossen werden könnte, gibt es nicht. Die Frage nach der Existenz eines Erfolgs kann auch nur diese Existenz bejahen oder verneinen.

Schließlich scheint vor dem Hintergrund der soeben gefundenen Erkenntnisse allein eine separate Betrachtung der Handlungsmotivation einerseits und der Bereitschaft zur Risikotragung andererseits die missverstandene Beziehung zwischen Handlungsmotivation und Bereitschaft zur Risikotragung entwirren zu können. Die Handlungsmotivation ist keine Basis für Schlüsse auf den Inhalt eines vertraglichen Leistungsversprechens samt der korrelierenden Risikotragung. Ihre Bedeutung gelangt über den namensgebenden Aspekt der Motivation nicht hinaus. Der gewünschte Erfolg kann für die weitere Abgrenzung ein Vehikel, ein Einstieg und eine hilfreiche Blickrichtung[276] sein, mehr aber nicht.

e. Zwischenergebnis

Folglich ist die Perspektive der Handlungsmotivation als Abgrenzungskriterium ungeeignet.

2. Erfolgsbezogenheit als Bereitschaft zur Risikotragung

Auch die Perspektive der Erfolgsbezogenheit als Bereitschaft zur Risikotragung lässt sich dem Gesetzeswortlaut entnehmen, wenn statt auf die „versprochenen Dienste" oder das „versprochene Werk" auf das Versprechen selbst abgestellt wird. Dienst und Werk dienen dabei der Ermittlung des Umfangs des Einstandswillens. Diese Perspektive teilt die begrifflichen und inhaltlichen Probleme der Handlungsmotivation nicht. Die Weite des werkvertraglichen Erfolgsbegriffs kann ohne Nachteil hingenommen werden, da das Vorliegen oder Fehlen des Erfolgs nicht entscheidend ist. Zudem und gerade deshalb kann auch die Finalität einer jeden Handlung getrost bejaht bzw. schlicht als Tatsache akzeptiert werden.

Die Bereitschaft zur Risikotragung ist vergleichsweise nicht nur in der Ermittlung ihres Vorliegens einfacher, sondern auch erheblich besser nachvollziehbar. Dies schon deshalb, weil der parteiliche Einstandswille als Fakt ungleich besser handhabbar ist. Er lässt sich konkret und fast schon selbsterklärend als Bereitschaft zur Übernahme einer verschuldensunabhängigen Gewährleistung für die Erbringung der vertraglich versprochenen Leistung

---

276 Vgl. auch *Ganten*, in: FS Thode, S.21(25).

definieren, während die Handlungsmotivation im Gegensatz dazu gezwungen ist, mit den ihrerseits erklärungsbedürftigen Begriffen des Erfolgs, der Finalität und der Unmittelbarkeit zu jonglieren. Die Bereitschaft zur Risikotragung hat diese Definitionsprobleme nicht. Sie ist in erster Linie schlicht eine Beweisfrage.

Das Abstellen auf die Handlungsmotivation zäumt das Pferd hingegen von hinten auf, da die Erfolgsfrage keine Rückschlüsse auf die Risikotragung zulässt, von der Beantwortung der Risikofrage aber überflüssig gemacht wird. Wird eine Risikotragung bejaht, ergibt sich deren Bezugsobjekt denknotwendig aus der Bejahung selbst; wird sie verneint, kommt es auf einen etwaig erwähnten Erfolg nicht mehr an.

Folglich und insgesamt ist die Perspektive der Bereitschaft zur Risikotragung für die Erfolgsbezogenheit dank größerer Unterscheidungskraft das geeignete Abgrenzungskriterium.

3. Gründe für abweichende Handhabung in Literatur und Spruchpraxis

Trotz der Tatsache, dass dieses Ergebnis in den einzelnen Aspekten seiner Argumentation durchaus Unterstützung findet[277], wird die Perspektive der Bereitschaft zur Risikotragung höchst selten zur Abgrenzung herangezogen. Vielmehr findet ganz überwiegend die Handlungsmotivation Anwendung. Warum dies so ist, warum also ein argumentativ fragwürdiger Ansatz sich dennoch in der juristischen Literatur und Spruchpraxis durchgesetzt hat, wird im Folgenden erörtert.

a. Risikotragung als zu beantwortende Frage

Ein erster Anhaltspunkt für die abweichende Handhabung in Literatur und Spruchpraxis wird durch einen Blick auf deren Abgrenzung von Dienst- und Werkverträgen offenbar. Dort findet sich ein Gedanke, der, stellvertretend für viele, in einer Aussage von *Peters/Jacoby* deutlich wird: „Wichtig ist die Zuweisung des Entgeltrisikos, doch ist dies oft nur die gerade zu beantwortende Frage“[278].

Die Risikotragung ist die zu beantwortende Frage – dies ist wohl wahr. Immer wieder taucht sie in dem einen oder anderen Halbsatz der Abgrenzungsbemühungen auf. Sie bzw. ihre Lokalisierung und Zuordnung zu einer Vertragspartei ist der wohl häufigste Anlass für die Unter-

---

277 Siehe hierzu die Quellenverweise im Rahmen der entsprechenden Ausführungen.

278 *Staudinger/Peters/Jacoby*, Neubearb. 2008, Vorbem zu §§ 631 ff. Rn.27.

scheidung zwischen Dienst- und Werkverträgen überhaupt. Der Grund für diese Allgegenwart wird bei einem Blick auf die Handhabung von Störungen im Vertragsverhältnis offenbar, da sich spätestens hier regelmäßig die obligatorische Frage stellt, was tatsächlich geschuldet im Sinne von „einzustehen versprochen" ist. Dennoch ist diese Erkenntnis zugleich das große Paradoxon der porträtierten Abgrenzungsschwierigkeiten. Warum fristet ein derart wichtiger Aspekt das beschriebene Schattendasein? An diesem Punkt muss der Knoten gelöst werden.

b. Risikotragung als maßgebliche Frage?

An diesen Knoten anknüpfend findet sich, nochmals auf *Peters* Aussage verweisend[279], ein zweiter Anhaltspunkt für die abweichende Handhabung. Die Aussage identifiziert die Risikotragung als zu beantwortende Frage, lässt aber viele klärungsbedürftige Gesichtspunkte offen: Warum kann die zu beantwortende Frage nicht zugleich die maßgebliche Frage sein? Warum findet die Abgrenzung der Dienst- und Werkverträge voneinander ganz überwiegend vor dem Hintergrund der unterschiedlichen Risikotragung statt, nutzen aber die Wenigsten diesen Unterschied zur Unterscheidung? Warum tun sich Spruchpraxis und Literatur so schwer?

Die Antwortsuche orientiert sich zunächst und primär an den vorgehend festgelegten Abgrenzungskonditionen, da diese allgemein anerkannt und somit wohl am besten geeignet sind, die Zurückhaltung der Literatur und Spruchpraxis zu erklären. Folglich wäre die Bereitschaft zur Risikotragung dann zur Abgrenzung nicht geeignet, wenn sie nicht Abgrenzungskriterium, sondern lediglich Abgrenzungsfolge wäre.

Abgrenzungskriterium ist der Vertragsinhalt, konkretisiert durch die vertraglich vereinbarten Hauptpflichten, und damit auch das vertragliche Leistungsversprechen[280]. Dieses Versprechen wird in Ausrichtung und Ergebnis geprägt vom Vorliegen oder Fehlen der Bereitschaft zur Risikotragung, sodass diese Bereitschaft zwar nicht das „Was?", wohl aber, in Gestalt des Umfangs, das „Wie?" des Leistungsversprechens regelt. Beide, das Versprechen und die Risikotragung, können nicht ohne Kenntnis des jeweils anderen abschließend definiert werden, da Pflichten durchaus inhaltlich gleich, in ihrem Umfang aber verschieden sein können. Somit ist die Hauptpflicht nur aus Leistung und Risikotragung zusammen bestimmbar. Dies reflektiert zudem die wesentlichen Grundgedanken des Werk- und Dienstvertragsrechts i.S. des § 307 II Nr. 1 BGB, welche gerade darin liegen, dass neben der geschuldeten Leistung eine verschuldensunabhängige Ge-

---

279 *Staudinger/Peters/Jacoby*, a.a.O.

280 Siehe oben: § 4.A.II.2.a.aa(1).

währleistung eingreift oder eben nicht[281]. Verdeutlichend sei schließlich *Möffert*[282] herangezogen, der hinsichtlich des Werkrechts die Gewährleistungsregelungen der §§ 633 II, 634 und 635 BGB als Spiegelbild des versprochenen Erfolgs bezeichnet.

Die Bereitschaft zur Risikotragung ist für die Definition der Hauptpflicht unentbehrlich, somit selbst Hauptpflicht und damit Abgrenzungskriterium. Sie ist die maßgebliche Frage.

c. Risikotragung als Verständnisproblem

Warum dennoch viele die Risikotragung lediglich als mittels der typologischen Einordnung zu ermittelnde Abgrenzungsfolge betrachten, muss nunmehr weiter erörtert werden. Wichtigster Anknüpfungspunkt dafür – hier beginnt sich der Knoten zu lösen – ist wiederum die Allgegenwart der Frage nach der Risikotragung. Oft ist diese Frage strittig und nicht ohne Weiteres dem Vertrag entnehmbar.

aa. Verkennung des Hauptpflichtcharakters

Aufgrund dieser Situation kann es geschehen, dass die Risikotragung fälschlicherweise nicht als Hauptpflicht erkannt, sondern mit den in den dienst- und werkrechtlichen Vorschriften enthaltenen Rechtsfolgen verwechselt bzw. diesen gleichgesetzt wird. Jedoch verteilen diese Normen nicht selbst das Risiko, sondern statuieren nur, wie ein bereits verteiltes Risiko sich auswirkt und zu handhaben ist. Die Risikotragung selbst ist Hauptpflicht.

bb. Verkennung der typologischen Einordnung

Ein zweiter Erklärungsansatz findet sich bei genauerer Betrachtung des Wesens der typologischen Einordnung. Diese dient dem Zweck, einen Vertrag mittels dessen bekannter Hauptpflicht typologisch einzuordnen. Dennoch wird sie oft genutzt, um die Risikotragung und damit die unklare bzw. unbekannte Hauptpflicht eines Vertrags mittels dessen typologischer Einordnung zu ermitteln. Auf diese Weise wird, ob unbewusst oder aus Bequemlichkeit, das Konzept der vertragstypologischen Einordnung verkannt, denn diese ist ein Instrument nicht zur Ermittlung einer unbekannten Hauptpflicht, sondern zur Ermittlung der Rechtsfolgen einer bekannten

---

281 *Staudinger/Peters/Jacoby*, Neubearb. 2008, Vorbem. zu §§ 631 ff Rn.29.

282 *Möffert*, in: Münchner Vertragshandbuch 2, Forschungsvertrag, Anm.7.

Hauptpflicht. Entscheidend darf also nicht die Frage nach Existenz und Verortung der Risikotragung, sondern nur die nach den Rechtsfolgen einer bereits bekannten Risikotragung sein. Ist die Bereitschaft zur Risikotragung, wie so oft, strittig, so muss zu deren Ermittlung auf den Vertrag selbst zurückgegriffen werden, dies notfalls im Wege der Auslegung. Statt des vorliegenden Vertragstyps, der hier keine Bedeutung entfaltet, ist für solche Fragen die konkrete individuelle Vertragsgestaltung maßgebend. Fälschlicherweise werden Fragen der Vertragsauslegung als Fragen der vertragstypologischen Einordnung behandelt.

d. Risikotragung als Umsetzungsproblem

Schließlich kann die abweichende Handhabung in Literatur und Spruchpraxis auch Resultat eines schlichten Umsetzungsproblems sein.

aa. Verwendung mit falscher Benennung

So ziehen verschiedene Ausführungen zur Abgrenzung von Dienst- und Werkverträgen „die Rechtsfolgen [der] Verträge" teils neben dem Tatbestand als Abgrenzungskriterium heran[283].

Dies erscheint auf den ersten Blick verfehlt, da Folgen nicht gleichzeitig Abgrenzungskriterien sein können.

Jedoch kann ein zweiter Blick anderes offenbaren, wenn man sich daran erinnert, dass sich das maßgebende Kriterium der vertraglichen Hauptpflichten nicht nur aus dem tatsächlichen, sondern auch dem rechtlichen Inhalt ebenjener Verpflichtungen zusammensetzt[284]. Der Fehlschluss von diesen rechtlichen Konsequenzen auf die Rechtsfolgen eines Vertragstyps liegt nahe, zumal die Folgen all das umfassen, was aus der Zuordnung zu einem bestimmten Vertragstyp resultiert. So wird denn auch der tatsächliche Inhalt der nur scheinbar abweichenden Literaturmeinung deutlich. Diese begründet ihre Ansicht damit, dass der Tatbestand des jeweiligen Vertragstyps nur präzisiert werden könne, wenn auch „die Rechtsfolgen [der] Verträge" in die Beurteilung einbezogen würden[285]. Auffällig, und hier liegt die Krux, ist das gewählte Begriffspaar von Tatbestand und Rechtsfolge. Während der Tatbestand rein deskriptiv aufgefasst wird[286],

---

283 So *Staudinger/Richardi*, Neubearb. 2005, Vorbem. zu §§ 611 ff Rn.35; *Rümelin*, Dienstvertrag und Werkvertrag, S.2.

284 Siehe bereits oben: § 4.A.II.2.a.aa(1).

285 *Staudinger/Richardi*, Neubearb. 2005, Vorbem. zu §§ 611 ff Rn.35; *Rümelin*, Dienstvertrag und Werkvertrag, S.17 f.

286 Vgl. *Staudinger/Richardi*, Neubearb. 2005, Vorbem. zu §§ 611 ff Rn.39.

wird die normative Rechtsfolge in der Risikozuweisung gesehen[287]. Die Risikozuweisung wird somit irreführend als Rechtsfolge bezeichnet, bezieht sich aber, entgegen der anderslautenden Formulierung, nicht auf den Vertrag selbst, sondern allein auf das vertragliche Leistungsversprechen. Folglich ist die fälschliche Rechtsfolge in Wahrheit Teil der vertraglichen Hauptpflicht.

bb. Verwendung mit unklarer Benennung

Auch die vielen Fälle, in denen mit unterschiedlichen Ausprägungen und mehr oder weniger ausdrücklich Handlungsmotivation und Risikotragung nebeneinander verwendet werden, legen diesen Schluss nahe. Selbst wenn die Bereitschaft zur Risikotragung als Abgrenzungskriterium erkannt wird, manifestiert sich dies selten in einer klaren Umsetzung. Oft bleibt die Erkenntnis in den engen Grenzen nicht ganz passender Begrifflichkeiten gefangen[288]. Eine Abkehr vom Vertragserfolg fehlt ebenso wie eine strukturierte Subsumtion des einzuordnenden Vertrags unter das Kriterium der Risikotragung. Zur Verdeutlichung einige Beispiele:

So schrieb der *BGH*[289] 1999 hinsichtlich der typologischen Einordnung eines Projektsteuerungsvertrags folgenden Satz: „Das Recht des Werkvertrages ist anwendbar, wenn der Projektsteuerer durch seine vertragliche Leistung einen Erfolg im Sinne des § 631 Abs. 2 BGB schuldet." Ob Erfolg oder Einstandswille als maßgeblich erachtet werden, bleibt zunächst offen. Erst später folgt der Satz: „Der auf die Bauüberwachung gerichtete Vertrag ist wegen dieser Erfolgspflichten Werkvertrag." Eine Tendenz in Richtung der „Pflichten" ist erahnbar, eine ausdrückliche Stellungnahme bleibt das Gericht aber schuldig.

In einem Urteil aus dem Jahre 2006 qualifizierte der *BGH* einen Steuerberatervertrag mit folgendem Satz als Dienstvertrag: „Die Gesamtheit der [der Beklagten] übertragenen Aufgaben war jedoch nicht auf die Erzielung eines bestimmten Erfolges gerichtet, für die sie im Sinne des § 631 II BGB hätte einstehen können."[290] Das Kriterium des Einstandswillens wird deutlicher, kurioserweise wird aber nicht auf den Willen zum, sondern auf die Möglichkeit des Einstehens abgestellt, die fehle, wenn der vereinbarte Erfolg vom Auftragnehmer nicht zu beeinflussen sei.

Erheblich gründlicher formuliert der *BGH* 2002 die Einordnung eines Vertrags mit einem gewerblichen Unternehmer über Buchhaltungsarbeiten

---

287 Wiederum *Staudinger/Richardi*, Neubearb. 2005, Vorbem. zu §§ 611 ff Rn.46.

288 Dies bemängelt auch *Ganten*, in: FS Thode, S.21(25).

289 *BGH*, Urt. v. 10.06.1999 – VII ZR 215/98, NJW 1999, S.3118.

290 *BGH*, Urt. v.11.05.2006 – IX ZR 63/05, NJW-RR 2006, S.1490.

und den Entwurf von Jahresabschlüssen als Werkvertrag: „Bei der erforderlichen Gesamtbetrachtung unter dem Blickwinkel der vom Auftraggeber gewählten Zielrichtung steht nach der Risikoverteilung hier somit eine Werkleistung zumindest hinsichtlich der im Rechtsstreit umstrittenen Buchhaltungsarbeiten deutlich im Vordergrund."[291] Hier wird, wenn auch erst am Schluss der Entscheidung, die Risikoverteilung als entscheidendes Abgrenzungskriterium ausdrücklich angesprochen und genutzt.

e. Zwischenergebnis

Das letztgenannte Beispiel mag als Hoffnungsschimmer dienen, insgesamt betrachtet ist das Abgrenzungsproblem aber noch allgegenwärtig. Zwar ist eine bloß falsche Bezeichnung weniger schlimm als eine falsche Umsetzung, jedoch kann ein Problem nicht zuverlässig gelöst werden, wenn schon seine Formulierung nicht gelingt.

III. Resümee

Die entscheidende und zugleich problematische Frage bei der Abgrenzung von Dienst- und Werkverträgen ist diejenige nach dem maßgebenden Abgrenzungskriterium. Dieses liegt ganz allgemein in der Erfolgsbezogenheit, die als wesentlicher Bestandteil der vertraglichen Hauptpflicht den entscheidenden, typenspezifischen Unterschied markiert. Konkret hat aber die Perspektive der Bereitschaft zur Risikotragung Vorrang vor einer bloßen Handlungsmotivation, weil Erstere als Kriterium ungleich besser handhabbar und insgesamt klarer ist. So ist Dienstrecht einschlägig, wenn der Auftragnehmer für die zu erbringende Leistung nur verschuldensabhängig haften will, während Werkrecht zur Anwendung kommt, wenn der Auftragnehmer eine verschuldensunabhängige Gewährleistung übernommen hat. Im FuE-Bereich wird die Bedeutung dieses Unterschieds besonders deutlich, da das Risiko hier so präsent ist wie nirgendwo sonst.

Diese entscheidende Stellung der Risikotragung ist in Rspr. und Literatur noch nicht vollends angekommen, sondern verliert sich oft in der Verkennung des Umfangs der Hauptpflichten, der Verkennung des Konzepts der vertragstypologischen Einordnung oder schlicht in begrifflichen Umsetzungsproblemen.

---

[291] *BGH*, Urt. v. 07.03.2002 – III ZR 12/01, NJW 2002, S.1571(1573).

C. Die Einordnung von FuE-Leistungen durch Einordnung des FuE-Auftrags als Gesamtheit

Die gängigste Art der typologischen Einordnung eines Vertragsteils ist, wenngleich unausgesprochen, die Einordnung des betroffenen Vertrags als Gesamtheit. Sie beruht darauf, dass typische Verträge insgesamt nur einer einzigen Einordnung zugänglich sind[292], und bewirkt für die FuE-Leistungen, dass deren Einordnung aus der Einordnung des FuE-Auftrags als Gesamtheit folgt, wenn und soweit dieser typisch ist[293].

I. Eine Nachlässigkeit in Rspr. und Literatur

Bevor allerdings diese Einordnung versucht wird, muss des Verständnisses wegen eine Nachlässigkeit thematisiert werden, die sich wie ein roter Faden durch Rspr. und Literatur zieht.

So bezieht sich die vertragstypologische Einordnung von FuE-Aufträgen zwar in verlässlicher Regelmäßigkeit verbal auf diese Verträge als Gesamtheit, jedoch werden diesem selbst gesteckten Anspruch nur wenige[294] gerecht. Vielmehr wird ganz überwiegend[295] tatsächlich allein auf die Vertragskomponente der FuE-Leistungen abgestellt. Die Konsequenzen sind gravierend, denn es wird von nur einer Hauptpflicht auf die typologische Einordnung des gesamten Vertrags geschlossen, obwohl dieser, wie einleitend erwähnt, durch ein komplexes Gefüge verschiedener Leistungspflichten geprägt ist. Die übrigen Komponenten bleiben unberücksichtigt, weshalb dieser Ansatz für die Meinungsbildung hinsichtlich des Vertrags als Gesamtheit untauglich ist. Selbst falls allein die FuE-Leistungen beurteilt werden sollten, etwa weil nur diese im konkreten Fall streitig sind, oder falls, ähnlich dem Verfahren des RG[296], der Vertrag trotz Regelungen zur Rechteverteilung allein als Dienst- oder Werkvertrag eingeordnet werden sollte, ist diese Nachlässigkeit nicht zu entschuldigen, da die übrigen Komponenten zumindest hätten benannt werden müssen. Dies geschieht nicht.

---

292 Vergleiche auch oben bei der „Ganz-oder-gar-nicht"-Theorie: § 4.A.I.2.a.

293 Hierzu **Anhang 10** f.

294 Zu diesen siehe sogleich.

295 *BGH*, Urt. v. 16.07.2002 - X ZR 27/01, BGHZ 151, S.330 ff.; *LG Berlin*, Urt. v.12.05.2005 – 5 O 299/04 (unveröff.); *OLG München*, Urt. v. 24.11.1998 – 25 U 2169/98, unveröff., S.6; *LG München*, Urt. v. 21.12.1998 – 28 O 13967/99 (unveröff.); *Beaumart*, in: FuE-Verträge in Wissenschaft und Technik, S.39(40); *Plander/Schiek*, RdA 1990, S.219(223); *Rosenberger*, Verträge über FuE, Kap.6 Rn. 15; *Ullrich*, in: FS Fikentscher, S.298(300); *Wündisch*, FuE-Vertrag, Anm.3.

296 Zu diesem siehe sogleich.

Folglich können als Meinungsbild hinsichtlich der Einordnung der FuE-Aufträge als Gesamtheit nur diejenigen Ansätze dargestellt werden, die sich tatsächlich auf diese Gesamtheit beziehen. Geht es später allein um die FuE-Leistungen selbst, ist eine entsprechende Beschränkung nicht erforderlich, da die gesamtheitlichen Ansätze auch diese unverfälscht darstellen.

II. FuE-Auftrag als typischer Vertrag

1. Rspr. und Literatur

Angesichts der dargestellten Nachlässigkeit ist die vertragstypologische Einordnung von FuE-Aufträgen in deren Gesamtheit in Rspr. und Literatur dünn gesät.

Liegt sie vor, so wird die Typik des FuE-Auftrags regelmäßig von Rspr. und Literatur gleichermaßen verneint[297], da er Komponenten verschiedener Vertragstypen enthalte. Als möglicherweise betroffene Typen werden der Kauf-, Dienst- und Werkvertrag des BGB sowie der selbst einordnungsbedürftige Lizenzvertrag gehandelt.

Selten wird ein FuE-Auftrag als typisch eingeordnet. So entschied das *RG* 1917, dass der Vertrag über die Herstellung des Modells einer Kontroll-Registrier-Wechselkasse unter Verwendung bestimmter Patente und mit dem möglichen Erfordernis weiterer Erfindungen ein Werkvertrag sei[298]. Den streitigen unmittelbaren Anfall der Erfindungen an die Bestellerin bejahte es zu deren Gunsten, da er sich aus dem von vornherein geplanten, gewerbsmäßigen Vertrieb ergebe. Die Option eines atypischen Vertrags wird nicht angesprochen. Drei Jahre später ordnete das *RG* unter Verweis auf diese Entscheidung einen Vertrag über die „zeichnerische Durchkonstruktion und die Ausführung“ des noch unvollendeten Entwurfs eines mobilen Baggers für die Schützengräben des Ersten Weltkriegs als Werkvertrag ein, da alle Tätigkeiten von vornherein durch die vereinbarte Vergütung abgegolten sein sollten[299]. Das *BAG* tat es dem *RG* in einer Entscheidung von 1962 gleich. Dieser lag ein Vertrag zugrunde, in dem ein Partner sich verpflichtet hatte, „unter Verwertung von ihm bereits gemachter oder noch zu machender Erfindungen eine Maschine zu entwickeln und

---

297 *LG Hannover*, Urt. v. 13.07.1998 – 20 O 200/97, NJW-RR 1999, S.1655 ff.; *Brandi-Dohrn*, CR 1998, S.645(648); *Gempe*, S.46; *Schmeißer/Zirkel*, MDR 2003, S.849 ff; auf FuE-Kooperationen bezogen *Ulsenheimer*, S.80.

298 *RG*, Urt. v. 28.03.1917 – I 183/16, MuW 1917/1918, S.55(56).

299 *RG*, Urt. v. 10.07.1920 –I 100/20, RGZ 100, S.35(38).

später beim Bau solcher Maschinen mitzuarbeiten"[300]. Streitgegenständlich waren „Ob?" und „Wie?" einer Kündigung sowie deren Erstreckung auf den Gesamtvertrag oder nur auf Teile desselben, wobei die Frage aufkam, ob der Vertrag einheitlich oder teilbar, Dienst- und Lizenz- oder aber nur Dienst- und zudem Arbeitsvertrag sei. Das *BAG* ordnete den gesamten Vertrag als Dienstvertrag ein.

2. Eigener Einordnungsversuch

Als Marschrichtung für einen eigenen Einordnungsversuch erinnern wir uns zunächst der entscheidenden Maßgaben und definieren diejenigen Verträge als typisch, die als Gesamtheit einem einzigen gesetzlichen Vertragstyp zuordenbar sind. Alle anderen Verträge sind atypisch. Die erarbeiteten Einordnungsschritte geben die Prüfungsreihenfolge vor.

a. Der abstrakte Grenzverlauf

Wiederum wird der abstrakte Grenzverlauf zwischen den Vertragstypen durch den Vertragsinhalt bestimmt, konkretisiert durch die vertraglichen Hauptpflichten.

aa. FuE-Leistungen

Unter Verweis auf die Ausführungen zum Inhalt von FuE-Verträgen seien als Hauptpflichten i.S. dieser Arbeit zunächst die FuE-Leistungen genannt. Diese sind schon dem Namen nach leistungsbezogen und umfassen all jene Tätigkeiten, welche die FuE-Arbeiten selbst betreffen[301]. Ihretwegen werden FuE-Verträge überhaupt abgeschlossen; ihr Fehlen würde den Verträgen einen anderen Namen geben.

bb. Regelungen zur Rechteverteilung

Auch die Regelungen zur Rechteverteilung sind Hauptpflichten[302] i.S. dieser Arbeit. Dies schon und zuallererst deshalb, weil das ultimative Vertragsziel der Nutzung von FuE-Ergebnissen ohne das entsprechende Know-how und die relevanten Rechte nicht erreicht werden kann, wobei es gleichgültig ist, ob die Ergebnisse bereits vorab existierten oder im Rahmen

---

300 *BAG*, Urt. v. 08.02.1962 – 2 AZR 252/60, Mitt. 1963, S.93.

301 Zur Definition bereits: § 1.A.

302 So auch *LG Hannover*, Urt. v. 13.07.1998 – 20 O 200/97, NJW-RR 1999, S.1655(1656).

der Vertragsdurchführung erarbeitet wurden. Die weltweite Etablierung des Systems der Immaterialgüterrechte und dessen Qualifizierung als wesentliches Mittel der Technologiesteuerung[303] bestätigen diesen Befund. Dies aber auch, weil die Regelungen zur Rechteverteilung ggü. den FuE-Leistungen einen eigenständigen Bedeutungs- und Regelungsgehalt haben. Ihre Bedeutung beruht auf ihrem, schon einleitend erwähnten, essenziellen Einfluss auf das Gelingen des gesamten FuE-Auftrags und auf den mit ihnen verbundenen persönlichkeits- und vermögensrechtlichen Interessen. Ihr Regelungsbedarf knüpft an diese Bedeutung an und wurde vom *BGH* dergestalt festgelegt, dass sie keinesfalls automatisch als im Vertrag enthalten angesehen werden können, sondern einer ausdrücklichen oder jedenfalls klar erkennbaren stillschweigenden Vereinbarung bedürfen[304]. Schließlich steht auch das in FuE-Aufträgen meist fehlende Bedürfnis nach einem beiderseitigen Austausch[305] dem Hauptpflichtcharakter nicht entgegen, denn der Auftraggeber bedarf gewisser Rechte auch dann, wenn er selbst keine preisgibt, und entlohnt diese entsprechend.

cc. Berichts- und Dokumentationspflichten

Berichts- und Dokumentationspflichten sind demggü. keine Hauptpflichten. Zwar sind sie leistungsbezogen und für die Auswertung der gefundenen Ergebnisse unentbehrlich, da allein sie die FuE-Arbeiten nachvollziehbar machen, das Know-how vermitteln und etwaige Rechte beschreiben. Dennoch liegen Grund und Rechtfertigung des Vertragsschlusses nicht in ihnen, sondern in den von ihnen perpetuierten FuE-Arbeiten und -Ergebnissen. Ihre Bedeutung erwächst einerseits aus der Unkörperlichkeit des Vertragsgegenstands samt dem resultierenden Bedürfnis nach einer körperlichen Festlegung und andererseits aus der Notwendigkeit einer Beschreibung der Arbeitsschritte und der Verwendung der Ergebnisse, endet aber mit diesen Aufgaben.

b. Der konkrete Grenzverlauf

Zur Ermittlung des konkreten Grenzverlaufs anhand der einordnungsrelevanten Normen kann nicht auf spezielle gesetzliche Bestimmungen, ganz zu schweigen von einem entsprechenden Vertragstyp, zurückgegriffen werden, da solche, von wettbewerbsrechtlichen Regelungen auf EU-Ebene

303 *Götting*, in: *Vieweg* (Hrsg.), Techniksteuerung und Recht, S.121(124).

304 *BGH*, Urt. v. 20.02.1979 – X ZR 63/77, BGHZ 73, S.337(348).

305 Laut *Winzer*, FuE-Verträge, Teil 3 Rn.1 stellt der Auftraggeber in aller Regel keine technischen Informationen zur Verfügung.

abgesehen[306], für FuE-Verträge nicht bestehen. Es bleiben die Vertragstypen des BGB.

Für die FuE-Leistungen kommen die Regelungen des Dienst- und Werkvertragsrechts in Betracht, auch das Kaufrecht ist aber über die Verweisung in § 651 S. 1 BGB denkbar. Die Vereinbarungen zur Rechteverteilung entstammen dem Immaterialgüterrecht und betreffen als sog. „Geschäfte des gewerblichen Rechtsschutzes“[307] die unbeschränkte oder beschränkte Übertragung von Rechten. Das zugrundeliegende Verpflichtungsgeschäft heißt in ersterem Fall Veräußerungsvertrag, in letzterem Fall Lizenzvertrag[308].

c. Die Subsumtion des Vertrags

Die Subsumtion des Vertrags betrachtet, im Rahmen der Möglichkeiten dieser abstrakten Darstellung, dessen einzelne Komponenten und deren Gesamtheit.

aa. Die einzelnen Vertragskomponenten

Der FuE-Auftrag wäre typisch, wenn seine Komponenten sich einem einzigen Vertragstyp zuordnen ließen. Jedoch sind schon allein die FuE-Leistungen mit dem Dienst-, Werk- und Kaufrecht in drei verschiedenen Vertragstypen denkbar. Zudem ist die Übertragung von Rechten keinem der Vertragstypen des BGB zuordenbar, sondern wird regelmäßig als Vertrag eigener Art angesehen, der je nach Einzelfall einem Kauf, einer Schenkung, einer Pacht oder einem Gesellschaftsvertrag ähnelt[309]. Beispielsweise fordern entgeltliche Verträge hinsichtlich der Verschaffung des Rechts die Regeln des Rechtskaufs und hinsichtlich der Eigenschaften des Immaterialguts die Regeln des Sachkaufs[310].

Die Rechteverteilung ist im Problemkreis der Arbeit nur marginal relevant, weshalb für ihre genauere Betrachtung auf weiterführende Literatur

---

306 Vgl. *Möffert,* in: Münchner Vertragshandbuch 2, Forschungsvertrag, Anm.7.

307 *Götting,* Gewerblicher Rechtsschutz, § 6 Rn.18.

308 *Götting,* Gewerblicher Rechtsschutz, § 6 Rn.18.

309 *Götting,* Gewerblicher Rechtsschutz, § 26 Rn.2; *Gaul/Bartenbach,Gennen,* Teil K Rn.12-13; *Stumpf/Groß,* Kapitel A Rn.19-24, die im Ergebnis aber alle drei Typen im Grundsatz ablehnen.

310 *Götting,* Gewerblicher Rechtsschutz, § 26 Rn.2.

verwiesen sei[311]. Dennoch verdeutlicht sie – und dies bleibt insgesamt festzuhalten –, dass die regelmäßigen Hauptpflichten eines FuE-Auftrags die Charakterzüge verschiedener Vertragstypen aufweisen. Der Vertrag ist auf den ersten Blick atypisch.

bb. Der Versuch einer Gesamtbetrachtung

Ob dieses Ergebnis auch einem zweiten Blick standhält, muss anhand einer Gesamtbetrachtung beantwortet werden. Für diese ist entsprechend den Ausführungen zur Unterscheidung typischer und atypischer Verträge eine Ermittlung des Überwiegens erforderlich[312]. Das Überwiegen verkörpert hierbei die vom Auftraggeber gewählte maßgebende Zielrichtung und Schwerpunktsetzung des Vertrags.

Aussagekräftig können etwa die wirtschaftliche Sinnhaftigkeit und die unternehmerische Nutzbarkeit einer Komponente sein, die mit dem Vorliegen einer anderen Komponente steht und fällt. Hiernach sind die FuE-Leistungen zwar Namensgeber des Vertrags, überwiegen die Rechteverteilung aber nicht und werden auch nicht von dieser dominiert, weil die FuE-Leistungen nur mit den erforderlichen Rechten unternehmerisch nutzbar sind. Als Beispiel sei ein Auftraggeber genannt, der die Entwicklung einer neuen Substanz zur Veredelung von Werkstoffen in Auftrag gibt. Allein diese Substanz nützt ihm wenig, wenn ihm nicht zugleich Nutzungsrechte an etwaigen Schutzrechten oder gar diese Rechte selbst eingeräumt werden.

Auch die notfalls im Wege der Auslegung zu beantwortende Frage, ob die Vereinbarung losgelöst existieren kann, ob sie ausdrücklich oder konkludent mit anderen Absprachen verbunden ist, Bedingungen oder Befristungen enthält, ist hilfreich. Sie ermittelt, ob eine Vereinbarung ohne ihr Pendant im Lichte des Vertragszwecks noch einen Sinn ergibt. Wird dies verneint, stehen die Vereinbarungen gleichwertig nebeneinander. FuE-Leistung und Rechteverteilung können nicht losgelöst voneinander existieren, da beide Pflichten, wie gesehen, nur in ihrer Gesamtheit ein sinnvolles Ganzes ergeben. Auch dies spricht für ihre Gleichwertigkeit. Allerdings kann nicht umgekehrt von einer Bejahung der Sinnhaftigkeit auf ein irgend geartetes Überwiegen geschlossen werden, weshalb die Aussagekraft auf die erstgenannte Alternative beschränkt bleiben muss.

---

311 Zur vertragstypologischen Einordnung der Übertragung von Rechten m.w.N. *Götting*, Gewerblicher Rechtsschutz, § 26; *Stumpf/Groß*, Kapitel A Rn.19-24; *Ulsenheimer*, S.88.

312 Siehe oben: § 4.A.II.3.a.cc(2).

Weiterhin können die mit der versprochenen Leistung einhergehenden Komponenten daraufhin untersucht werden, ob sie, quasi regelmäßig, in deren Natur liegen und in ihr aufgehen, oder ob ihre Seltenheit oder spezielle mit ihnen einhergehende Rechtspositionen ihnen eine besondere Bedeutung einräumen. Der Wert eines Vorteils für die Parteien wird umso deutlicher, je konkreter dieser Vorteil im Vertrag wiedergegeben ist. Regelungen zur Rechteverteilung sind hiernach zwar keine Seltenheit, bedürfen aber aufgrund der verknüpften besonderen Interessen der erwähnten ausdrücklichen oder klar erkennbaren stillschweigenden Vereinbarung[313]. Auch dies spricht gegen ihre Unterordnung.

Vorsicht ist insoweit geboten, als zeitliche und ablaufplanerische Hierarchien nicht mit einer Gesetzmäßigkeit einhergehen, nach der die höchste oder aber die niedrigste und grundlegende Ebene zwingend die für die Parteien bedeutendste sei. Die Forschung kann durch ihre Stellung vor der Verwertung weder gewinnen noch verlieren.

Zudem ist eine rechtsfolgenbezogene Betrachtung sinnvoll. Würden nämlich, wie bei einer Gleichschaltung der Fall, die FuE-Leistungen nach Lizenzrecht oder aber die Rechteverteilung nach Dienst- bzw. Werkrecht behandelt, so wäre dies angesichts der Unterschiede dieser Regelungsbereiche nicht vernünftig vermittelbar.

Auch muss die praktische Umsetzbarkeit der Abgrenzung überprüft werden. Zwar kann sie für die Ermittlung des Überwiegens nicht allein maßgebend sein; wird sie aber bejaht, so ist damit einem hartnäckigen Gegenargument der Boden entzogen. Hier ist kein praktisches Bedürfnis für eine Gleichschaltung erkennbar, da sich FuE-Leistung und Rechteverteilung anhand der zeitlichen Grenze zwischen FuE-Phase und Verwertungsphase deutlich voneinander abgrenzen lassen.

Schließlich müssen sich alle Erwägungen dem Korrektiv des Parteiwillens stellen. Für die Relation zwischen Leistung und Recht sei hierbei auf die Maßgeblichkeit der wirtschaftlichen Zweckmäßigkeit vorgegriffen[314], welche die Gleichwertigkeit fest im Parteiwillen verankert. Dieser stünde somit ebenfalls nicht entgegen.

Alles in allem und unter dem Vorbehalt möglicher Abweichungen im Einzelfall stehen FuE-Leistung und Rechteverteilung grds. gleichwertig nebeneinander. Der Vertrag ist deshalb auch auf den zweiten Blick atypisch.

---

313 Siehe oben und *BGH*, Urt. v. 20.02.1979 – X ZR 63/77, BGHZ 73, S.337(348).

314 Zu dieser siehe unten: § 5.C.IV.2.b.

d. Der Einfluss der Unterarten des FuE-Auftrags

Schließlich ist fraglich, ob die bisherigen Ausführungen für alle Unterarten des FuE-Auftrags gleichermaßen gelten oder ob es einordnungsrelevante Abweichungen gibt. Während die Gutachter- und Beratungs- sowie Projektmitwirkungsverträge insoweit keine Besonderheiten aufweisen, müssen die Forschungsförderungsverträge in der dargestellten Definition keine Rechteverteilung enthalten und können deshalb die FuE-Leistungen deren einzige Hauptpflicht sein. Dennoch sind auch diese Leistungen durchaus nicht zwingend typisch, weshalb, um die folgenden Ausführungen nicht vorwegzunehmen[315], vorerst keine Abweichung angenommen wird.

3. Ergebnis

FuE-Aufträge sind grds. keine typischen Verträge, da die FuE-Leistungen und die Regelungen zur Rechteverteilung als Hauptpflichten verschiedenen Vertragstypen angehören. Bei Forschungsförderungsverträgen kann dies anders sein, die diesbezüglichen Erörterungen bleiben aber dem Folgekapitel vorbehalten.

Die Hauptpflichten sind gleichwertig, woran auch eine richtig verstandene Gesamtbetrachtung nichts zu ändern vermag. Die abweichende Rspr. kann auf deren durchweg ältere Daten zurückgeführt werden, bei denen den immateriellen Rechten bei Weitem nicht die heutige Bedeutung zukam. Anhand der praktizierten Überwiegensermittlung würde die Rechtsprechung heute zu anderen Ergebnissen gelangen. Im Falle des *RG* von 1917 ergäbe sich dann die Gleichwertigkeit des Werkrechts und der Rechteübertragung aus der Verwertungsabsicht[316], während sich die „Lizenzgebühr" in der *BAG*-Entscheidung nicht unterordnen ließe, weil sie auch an die Erben der Auftragnehmer gezahlt werden sollte[317].

III. FuE-Auftrag als atypischer Vertrag

Die sich nunmehr stellende Frage, wie die Einordnung der FuE-Leistungen bei Atypik des FuE-Auftrags vorgenommen werden soll, ist die Frage nach der Behandlung atypischer Verträge. Ihre Beantwortung erfolgt in zwei Schritten, deren erster offenbart, um welche Art atypischer Verträge es sich

---

315 Ausführlich bei der atypischen Einordnung: § 4.D.III.

316 Vgl. *RG*, Urt. v. 28.03.1917 – I 183/16, MuW 1917/1918, S.55(56).

317 Vgl. hierzu *BAG*, Urt. v. 08.02.1962 – 2 AZR 252/60, Mitt. 1963, S.93(94).

bei FuE-Aufträgen handelt, während der zweite Schritt hieran anknüpfend eine taugliche Behandlungsweise ermittelt[318].

1. Arten atypischer Verträge

a. Die Arten allgemein

Atypische Verträge unterteilen sich in die Arten der atypischen Verträge i.w.S. und der atypischen Verträge i.e.S., wobei sich Erstere weiter untergliedern. Zudem können atypische Verträge auch sog. verkehrstypische Verträge sein, müssen aber von zusammengesetzten Verträgen unterschieden werden.

aa. Atypische Verträge i.w.S.

Atypische Verträge i.w.S. umfassen all jene Verträge, in denen Leistungspflichten verschiedener gesetzlicher Vertragstypen erkennbar bleiben, ohne dass die Zuordnung zu einem von ihnen möglich wäre, da die Pflichten nur in ihrer Gesamtheit ein sinnvolles Ganzes ergeben. *Martinek* definiert sie allgemeiner mit der fehlenden Möglichkeit der Einordnung in die gesetzliche Typenordnung[319], was allerdings wenig gelungen ist, da dieses Merkmal jeden atypischen Vertrag kennzeichnet, gleichgültig, ob er atypisch i.e.S. oder i.w.S. ist. Diese allgemeine Definition muss deshalb dem Oberbegriff des atypischen Vertrags selbst vorbehalten bleiben.

Die atypischen Verträge i.w.S. werden auch als gemischte Verträge bezeichnet. Dies passt insoweit, als sie die gesetzlich vorgesehenen Typen tatsächlich „mischen". Dennoch wird dieser Begriff hier nicht verwendet, da er in der juristischen Literatur mit unterschiedlichen Bedeutungen belegt ist[320] und damit jedenfalls verwirrt.

Die Verträge werden entsprechend der mehr oder weniger engen Beziehung der in ihnen enthaltenen Vertragsvereinbarungen in weitere Untergruppen unterteilt, ohne dass hierfür ein einheitlicher Maßstab oder einheitliche Begrifflichkeiten gefunden worden wären. *Grüneberg* etwa unterscheidet zwischen zusammengesetzten und wiederum den gemischten Verträgen, wobei die enthaltenen verschiedenen Vertragstypen in Ersteren gedanklich trennbar, in Letzteren hingegen „derart [miteinander]

---

318 Hierzu **Anhang 11**.

319 *Martinek*, Moderne Vertragstypen, Bd.I, S.19.

320 Statt vieler: Bedeutung wie hier *Oetker/Maultzsch*, S.681; Bedeutung wie Typenverschmelzungsverträge *Palandt/Grüneberg*, Überbl. v. § 311 Rn.19.

verbunden [seien], dass sie nur in ihrer Gesamtheit ein sinnvolles Ganzes ergäben"[321]. Die gemischten Verträge unterteilt er weiter in Kombinations- und Typenverschmelzungsverträge, gekoppelte Verträge sowie typische Verträge mit andersartiger Nebenleistung. Er unterscheidet danach, ob die „Mischung" verschiedener Vertragstypen sich in einer oder mehreren Hauptleistungen, in im Gegenseitigkeitsverhältnis stehenden Leistungen oder in einer Nebenleistung manifestiert[322]. *Martinek* unterscheidet demggü. lediglich zwischen Typenkombinationsverträgen, Verträgen mit anderstypischer Gegenleistung und Typenverschmelzungsverträgen, fragt aber ebenfalls, in welchen Leistungspflichten sich die „Mischung" manifestiert[323]. Als dritte Variante unterscheiden *Oetker/Maultzsch* schließlich allein zwischen Typenkombinations- und Typenverschmelzungsverträgen. Sie differenzieren danach, ob die Leistungen „quasi gegenständlich so in einzelne Elemente aufgespaltet werden können, dass Letztere jeweils nur einem Vertragstyp zuzuordnen sind"[324], oder ob diese gedankliche Spaltung nicht möglich ist. Die Typenkombinationsverträge unterteilen sie weiter in Typenkombinationsverträge i.e.S. und Verträge mit andersartiger Gegenleistung.

Welche dieser Unterteilungsvarianten vorzugswürdig ist, muss sich vernünftigerweise nach deren Praxistauglichkeit richten. So kann unter Berufung auf die Maßgeblichkeit des Parteiwillens positiv festgehalten werden, dass die Differenzierung anhand der konkreten vertraglichen Pflichten, Gegen- und Nebenleistungen nicht nur graduelle Abstufungen offenbart, sondern auch und insb. für das allgemeine Verständnis hilfreich ist. Bedenklich ist lediglich, dass sie, gleichsam einen Schritt zu schnell, nicht deutlich macht, dass auch sie selbst auf dem entscheidenden Aspekt des Vorliegens oder Fehlens einer gedanklichen Spaltbarkeit beruht. Die vertraglichen Pflichten müssen spaltbar sein, um anhand von ihnen verschiedene Vertragsarten voneinander abspalten zu können. Folglich werden die atypischen Verträge i.w.S. hier gemäß der dritten Variante zunächst in die Gruppe der Typenkombinations- und die Gruppe der Typenverschmelzungsverträge unterteilt. Die Frage nach der konkreten vertraglichen Pflichtenvereinbarung folgt im Anschluss.

---

321 *Palandt/Grüneberg*, Überbl. v. § 311 Rn.19.

322 *Palandt/Grüneberg*, Überbl. v. § 311 Rn.20 ff.

323 *Martinek*, Moderne Vertragstypen, Bd.I, S.20.

324 Oetker/Maultzsch, S.682.

(1) Typenkombinationsverträge

Bei Typenkombinationsverträgen enthalten die vertraglichen Leistungspflichten wie gesehen die Charakteristika verschiedener gesetzlicher Vertragstypen, sind die einzelnen Elemente aber so lose gefügt, dass sie, „quasi gegenständlich", aufgespaltet und jeweils einem einzigen Vertragstyp zugeordnet werden können[325]. Sie werden entweder als Vertragsverbindungen oder als zusammengesetzte Verträge bezeichnet[326]; auch hier tragen diese zusätzlichen Begrifflichkeiten aber nicht zur Klarheit bei. Typenkombinationsverträge werden in Typenkombinationsverträge i.e.S., in Verträge mit anderstypischer Gegen- und Verträge mit anderstypischer Nebenleistung unterteilt.

(a) Typenkombinationsverträge i.e.S.

Typenkombinationsverträge i.e.S. sehen für eine Partei Leistungen aus verschiedenen gesetzlichen Vertragstypen vor, die aber mit einer einheitlichen Gegenleistung vergolten werden[327]. Als Beispiel sei etwa der Bewirtungsvertrag genannt, in dem einerseits die Überlassung von Sitzplatz, Geschirr und Besteck (Mietvertrag) und andererseits die Zubereitung einer Speise (Werkvertrag) geschuldet werden. Gesetzlich festgelegt sind zudem der Werklieferungsvertrag nach § 651 BGB und der Reisevertrag nach den §§ 651a–651m BGB.

(b) Verträge mit anderstypischer Gegenleistung

Verträge mit anderstypischer Gegenleistung enthalten ebenfalls unterschiedliche Einzelleistungen, beziehen sich aber nicht auf eine Partei, sondern verpflichten beide Parteien, jeweils zumindest teilweise unterschiedlichen Typen angehörende Leistungen auszutauschen[328]. Ihre Besonderheit liegt darin, dass gerade Leistung und Gegenleistung den verschiedenen Typen angehören. Bestes Beispiel sind Hausmeisterverträge, die dem Hausmeister als Gegenleistung für seine Dienste eine Wohnung überlassen.

---

325 Oetker/Maultzsch, S.682.

326 Vgl. *Palandt/Grüneberg,* Überbl. v. § 311 Rn.16 und 19; *Fikentscher/Heinemann,* Schuldrecht, Rn.794; nur feststellend *Martinek,* Moderne Vertragstypen, Bd.I, S.20.

327 *Oetker/Maultzsch,* S.682; mit abweichenden Bezeichnungen: *Palandt/Grüneberg,* Überbl. v. § 311 Rn.21; *Fikentscher/Heinemann,* Schuldrechte, Rn.797; *Martinek,* Moderne Vertragstypen, Bd.I, S.20.

328 *Oetker/Maultzsch,* S.683; wiederum mit abweichender Bezeichnung *Palandt/Grüneberg,* Überbl. v. § 311 Rn.22.

Hier stehen dienst- und mietvertragliche Elemente im Gegenseitigkeitsverhältnis.

(c) Verträge mit anderstypischer Nebenleistung

In Verträgen mit anderstypischer Nebenleistung soll per definitionem eine Nebenleistung einem anderen Vertragstyp angehören und wird als Beispiel die Miete eines Zimmers mit Bedienung genannt[329], bei der der Mietvertrag mit einem dienstvertraglichen Element angereichert wird. Diesem Ansatz kann nicht gefolgt werden, da, wir erinnern uns, Nebenleistungen für die typologische Einordnung irrelevant sind. Da die Bedienung darüber hinaus nicht nur der Vorbereitung, Sicherung oder Durchführung der Hauptleistung dient, ist sie selbst Hauptleistung i.S. dieser Arbeit. Folglich ist auch dies ein Fall der Typenkombination i.e.S.

(2) Typenverschmelzungsverträge

Typenverschmelzungsverträge, auch gemischte Verträge i.e.S.[330], enthalten die „Mischung" verschiedener Vertragstypen innerhalb einer einzigen Leistungspflicht. Ihre Besonderheit ggü. Kombinationsverträgen liegt darin, dass die Elemente der verschiedenen Vertragstypen derart miteinander verwoben sind, dass sie sich nicht gegenständlich aufspalten lassen[331]. Genauer lässt sich die fehlende Spaltbarkeit damit beschreiben, dass die einzelnen Vertragskomponenten in natura nicht teilbar sind, eine Leistung also nicht in Leistungsteile zerlegt werden kann. Klarstellend sei nochmals betont, dass die Spaltbarkeit an sich kein Maß für das Vorliegen des oft erwähnten vertraglichen Gesamtgefüges ist. Vielmehr ist das Gefüge sowohl bei Kombinations- als auch bei Verschmelzungsverträgen vorhanden. Während Erstere diese Gesamtheit aber allein mittels Vertragsgestaltung erreichen, ergibt sie sich bei Verschmelzungsverträgen aus der Natur der Sache[332]. Beispiel eines Typenverschmelzungsvertrags ist der Schenkungskauf, bei dem der geforderte Kaufpreis deutlich hinter dem Wert der Sache zurückbleibt und die Differenz geschenkt werden soll. Die Leistung ist nicht aufspaltbar, wenn und soweit auch die Sache selbst nicht gegenständlich geteilt werden kann.

---

329 *Palandt/Grüneberg*, Überbl. v. § 311 Rn.20.

330 *Martinek*, Moderne Vertragstypen, Bd.I, S.20.

331 *Oetker/Maultzsch*, S.684.

332 Oetker/Maultzsch, S.684.

bb. Atypische Verträge i.e.S.

Atypische Verträge i.e.S. werden auch als Verträge »sui generis« bezeichnet. Sie enthalten Vereinbarungen, die weder im Gesetz selbst noch als Mischform gesetzlich geregelter Verträge vorkommen, sondern vielmehr völlig neu erfunden werden[333]. In die Typenordnung des BGB, HGB oder eines sonstigen Spezialgesetzes lassen sie sich nicht einordnen. Garantie- und Inkassoverträge, Leasing-, Factoring- und Franchiseverträge sind Beispiele hierfür.

cc. Insb. verkehrstypische Verträge

Die sog. verkehrstypischen Verträge stehen nicht als weitere Art neben den atypischen Verträgen i.e.S. und i.w.S., sondern bilden eine besondere Gruppe, die Verträge aus beiden vorgenannten Arten umfassen kann. Verkehrstypisch sind all jene Verträge, die sich infolge eines unabweisbaren Bedürfnisses des Wirtschafts- und Rechtsverkehrs gebildet haben. Trotz des Attributs „typisch" als Namensbestandteil umfassen sie nur solche Verträge, die sich außerhalb der Typologie des BGB gebildet haben, die also atypisch sind[334]. Beispiele sind etwa der Garantievertrag, der Access-Provider-, der Theaterbesuchs- und der Fernwärmelieferungsvertrag, wiederum aber auch der Leasing-, Factoring- und Franchisevertrag[335].

dd. Insb. zusammengesetzte Verträge

Kein atypischer, wohl aber ein abgrenzungsbedürftiger Vertrag ist der zusammengesetzte Vertrag. Dieser besteht wie der atypische Vertrag i.w.S. aus mehreren Vereinbarungen, welche die Charakteristika verschiedener Vertragstypen widerspiegeln, ist aber entgegen seiner Benennung kein einheitlicher Vertrag, sondern eine „Zusammensetzung" zweier oder mehrerer Verträge. Jeder dieser Verträge folgt grundsätzlich den jeweils auf ihn anwendbaren gesetzlichen Vorschriften und eine Verbindung besteht nur insoweit, als die Verträge nach dem Parteiwillen derart eng zusammengehö-

---

333 *Martinek,* Moderne Vertragstypen, Bd.I, S.20; a.A. *Palandt/Grüneberg,* Überbl. v. § 311 Rn.14, der auch die sog. verkehrstypischen Verträge nicht als atypische Verträge i.e.S. ansieht, hiermit aber seinen Ausführungen in Rn.12 widerspricht.

334 *Palandt/Grüneberg,* Überbl. v. § 311 Rn.12.

335 *Palandt/Grüneberg,* Überbl. v. § 311 Rn.12 ff.

ren, dass ihre rechtliche Beurteilung einheitlich ist und sie miteinander stehen und fallen[336].

Die Abgrenzung des zusammengesetzten vom atypischen Vertrag richtet sich vorrangig nach dem Parteiwillen, lässt aber auch einige generelle Aussagen zu. So liegt dann kein atypischer Vertrag vor, wenn die einzelnen typenspezifischen Vereinbarungen mit verschiedenen Personen getroffen wurden, da hier die Einheitlichkeit des Vertrags fehlt[337]. Sind die Vertragsparteien nicht verschieden, so spricht – und hier wird die Bedeutung der konkreten vertraglichen Pflichtenverteilung deutlich – bei gegenseitigen Verträgen eine einheitliche Gegenleistung für das Vorliegen eines einzigen, atypischen Vertrags. Bei einseitig verpflichtenden Verträgen entscheidet der Grad der Trennbarkeit der verschiedenen Leistungskomponenten[338].

ee. *Zusammenfassung*

Das Verständnis der Arten atypischer Verträge wird durch deren Vielfalt, die komplizierte Hierarchie von Haupt- und Unterarten sowie die teilweise bestehende Mehrfachbezeichnung nicht erleichtert. Dennoch sollten die Unterteilung in Verträge mit oder ohne Bezug zu bestehenden gesetzlichen Vertragstypen und die Frage der losen Kombination oder engen Verschmelzung dieser Typen nachvollzogen werden, da diese Aspekte, wie noch zu sehen sein wird, bei der Behandlung der thematisierten FuE-Aufträge eine wichtige Rolle spielen.

b. Die Einordnung des FuE-Auftrags

aa. *Einordnung in Rspr. und Literatur*

Der Meinungsstand in puncto Zuordnung des FuE-Auftrags zu einer der genannten Arten atypischer Verträge spiegelt die erörterte Vielfalt von Begriffen, Definitionen und Hierarchien wider. Zugleich sind die Darstellungen oft ungenau und kurz, was den Mängeln im allgemeinen Bereich geschuldet sein mag, aber dennoch zusätzlich in die eingangs erwähnten Klagen über die Vernachlässigung der FuE-Verträge in der Rechtswissenschaft einzureihen ist.

---

336 *Palandt/Grüneberg*, Überbl. v. § 311 Rn.16; *Fikentscher/Heinemann*, Schuldrecht, Rn.794; *Oetker/Maultzsch*, S.682.

337 *Oetker/Maultzsch*, S.683.

338 *Oetker/Maultzsch*, S.683.

Teils[339] wird der FuE-Auftrag als Typenverschmelzungsvertrag charakterisiert, bejaht die Begründung, dass Elemente verschiedener Vertragstypen enthalten sind bzw. dass die Vertragskomponenten nur in ihrer Gesamtheit ein sinnvolles Ganzes ergeben, aber allein das Vorliegen eines atypischen Vertrags i.w.S. Genauer ist *Gempe*, der den FuE-Auftrag als Typenkombinationsvertrag behandelt, da die Charakteristika der verschiedenen Vertragstypen jeweils in unterschiedlichen Leistungspflichten enthalten seien. Eine Typenverschmelzung scheide aus eben diesem Grund aus[340]. Schließlich wird vereinzelt vorgeschlagen, den FuE-Auftrag als Vertrag »sui generis« zu betrachten[341].

Insgesamt und trotz des letztgenannten Vorstoßes tendiert der Meinungsstand zu einer Einordnung von FuE-Aufträgen als atypisch i.w.S. Ob die einzelnen Vertragstypen jedoch kombiniert oder verschmolzen sind, muss noch geklärt werden.

bb. Eigene Einordnung

(1) Kein zusammengesetzter Vertrag

Der eigenen Einordnung sei vorangestellt, dass der FuE-Auftrag kein zusammengesetzter Vertrag ist. Zwar könnte diese Option hinsichtlich der FuE-Leistung einerseits und der Rechteverteilung andererseits spontan erwogen werden. Jedoch sollen die FuE-Leistungen und die Rechteverteilung nicht nur nach dem richtig verstandenen Parteiwillen miteinander stehen und fallen, sondern bietet die Praxis auch rein tatsächlich weder Raum noch Bedürfnis für die Regelung in verschiedenen Verträgen. Für einen einheitlichen Vertrag spricht bereits die Existenz nur eines einzigen Auftraggebers, für den vernünftigerweise kein Grund besteht, ein einheitliches FuE-Projekt in unterschiedlichen Verträgen zu regeln. Zudem erfolgt die Vergütung in aller Regel anhand einer finanziellen Gegenleistung, die zwar gestaffelt sein kann, aber dennoch eine Einheit bildet.

---

339 *Beaumart*, in: FuE-Verträge in Wissenschaft und Technik, S.39(40); *Schmeißer/Zirkel*, MDR 2003, S.849; ohne Begründung und auf Entwicklungsverträge bezogen *Brandi-Dohrn*, CR 1998, S.645(648).

340 *Gempe*, S.47.

341 So *Meusel*, S.492; vgl. allgemein auch *Zirkel*, in: FS Polter, S.51(61).

(2) Kein verkehrstypischer Vertrag

Auch ist der FuE-Auftrag mangels entsprechender Durchsetzung kein verkehrstypischer Vertrag, was die mit seiner Einordnung noch immer verbundenen erheblichen Probleme bestätigen.

(3) Atypischer Vertrag i.w.S.

Der FuE-Auftrag wäre ein atypischer Vertrag i.w.S., wenn er die Elemente verschiedener typischer Verträge enthielte und diese nur in ihrer Gesamtheit ein sinnvolles Ganzes ergäben. Atypisch i.e.S. wäre er demggü., wenn er keine Elemente gesetzlicher Vertragstypen enthielte.

Elemente typischer Verträge liegen jedenfalls vor, wenn und soweit die Verträge dienst- und/oder werkrechtliche Komponenten enthalten. Fraglich ist jedoch, wie mit der Komponente der Rechteübertragung umzugehen ist, da diese selbst keinem typischen Vertrag zugeordnet wird. Diese Konstellation wird in der Rechtswissenschaft nicht erwähnt und hat sich auch nicht in einer speziellen Art atypischer Verträge niedergeschlagen, weshalb sie allein auf Basis der allgemeinen Vorgaben gelöst werden kann. Folglich muss die Rechteübertragung zunächst als atypisch i.e.S. oder atypisch i.w.S. qualifiziert werden, ehe in einem zweiten Schritt die Auswirkung auf den Gesamtvertrag ermittelt wird. Diese genaue Qualifizierung wurde bereits oben offengelassen und soll auch hier nicht weiter erörtert werden, da der sie begleitende wissenschaftliche Diskurs sehr umfänglich ist und, gemessen an seiner unmittelbaren Bedeutung für die hier zu beantwortende Frage, die Stringenz der Arbeit zu sehr beeinträchtigen würde. Konkret für die gegenwärtige Problemlösung sind beide Alternativen denkbar. Wäre die Rechteübertragung als atypisch i.w.S. einzuordnen, so bestünde sie selbst und folglich der gesamte FuE-Auftrag aus Elementen typischer Verträge. Der FuE-Auftrag wäre dann atypisch i.w.S. Wäre die Rechteübertragung hingegen atypisch i.e.S., so müsste die Frage nach den Auswirkungen auf die Einordnung des FuE-Auftrags als Gesamtheit separat beantwortet werden. Möglich erscheinen hier eine Betrachtung des gesamten Vertrags als atypisch i.e.S. oder aber als atypisch i.w.S. sowie eine Mischung aus beidem. Dahinstehen kann die Entscheidung nicht, da diese Qualifizierung, wie noch zu sehen sein wird[342], erhebliche Auswirkungen auf die Behandlung atypischer Verträge hat und atypische Verträge i.w.S. tendenziell leichter handhabbar sind, da hier das Anknüpfen an Bekanntes möglich ist. Vor diesem Hintergrund wäre eine völlige Qualifizierung als »eng« eher ungeschickt, da sie Teile des Vertrags in ihrer Behandlung unnötig verkomplizieren würde. Sie wäre auch unnötig, da, wie ebenfalls

---

342 Siehe hierzu die Behandlung nicht isolierbarer Leistungsteile: § 4.C.III.2.b.bb(4).

noch zu sehen sein wird, die Handhabung atypischer Verträge i.w.S. genügend Spielräume auch für einen »engen« Teil enthält. Folglich und klarstellend sind FuE-Aufträge atypische Verträge i.w.S.

(4) Typenkombinationsvertrag mit »verschmelzenden« Elementen

Auch die weitere Unterscheidung innerhalb der atypischen Verträge i.w.S. ist fraglich, da in FuE-Aufträgen Kombination und Verschmelzung gleichermaßen denkbar sind. Zwar sind mit den FuE-Leistungen einerseits und der Rechteverteilung andererseits separate Leistungspflichten gegeben, was für eine Kombination spricht. Virulent wird das Problem aber bei den FuE-Leistungen, die zwar vollständig unter das Dienst- oder Werkrecht fallen, genauso gut aber auch Komponenten beider Vertragstypen in sich vereinen und damit selbst atypisch sein können[343]. Sind sie vollständig zuordenbar, so gelten keine Besonderheiten. Vereinen sie jedoch die Komponenten des Dienst- und des Werkrechts, so kommt durchaus eine Typenverschmelzung in Betracht. Dieses ggf. gemeinsame Vorkommen von Typenkombination und Typenverschmelzung in einem einzigen Vertrag ist wiederum eine Konstellation, die im juristischen Diskurs nicht auftaucht, darf aber aufgrund der Behandlungsfrage ebenfalls nicht vernachlässigt werden. Zwar gibt es unter den gängigen Behandlungsmethoden keine, die speziell auf Kombinations- oder aber speziell auf Verschmelzungsverträge ausgerichtet wäre. Dennoch ist das Kriterium der gegenständlichen Spaltbarkeit der Vertragsleistung ein nicht zu unterschätzender Aspekt, bei dessen Vorliegen sich vergleichsweise besser handhabbare Behandlungsoptionen eröffnen. Da eine Handhabung des gesamten Vertrags als Typenverschmelzung somit wiederum eine nicht erforderliche Einschränkung hinsichtlich der lediglich kombinierten Elemente bewirken würde, wird der FuE-Auftrag auch hier einheitlich nach der günstigeren Alternative, also als Typenkombinationsvertrag qualifiziert.

Klarstellend bezeichnet diese Arbeit den FuE-Auftrag als Typenkombinationsvertrag mit »verschmelzenden« Elementen.

(5) Typenkombinationsvertrag i.e.S.

Die weitere Unterscheidung innerhalb der Gruppe der Typenkombinationsverträge knüpft daran an, dass die verschieden zuordenbaren Komponenten des FuE-Auftrags Hauptpflichten sind, die zudem nur einer Partei aufgebürdet werden. Ein Vertrag mit anderstypischer Gegenleistung liegt

---

[343] Hierzu später mehr: § 4.D.III.

also nicht vor. Vielmehr sind FuE-Aufträge Typenkombinationsverträge i.e.S., da sie für eine Partei Leistungen aus verschiedenen Vertragstypen vorsehen und diese mit einer einheitlichen Gegenleistung vergelten.

2. Behandlung „atypischer" Verträge

a. Die Behandlung allgemein

Die Frage nach der Behandlung atypischer Verträge ist – verkürzt gesagt – eine solche nach deren Rechtsfolgen. Sie beleuchtet das Zustandekommen, den Inhalt, die Durchführung und die Abwicklung dieser Verträge[344]. Ihre Beantwortung ist kompliziert und wird gar als „hyperkomplex" bezeichnet[345]. Ein gesetzlicher Maßstab fehlt.

Anerkannt ist einzig, dass die allgemeinen Regelungen des BGB auch auf atypische Verträge Anwendung finden[346], denn auch diese sind Rechtsgeschäfte i.S. des ersten Buchs des BGB. Somit gelten die §§ 145 ff. BGB über das Zustandekommen von Verträgen ebenso wie die Auslegungsregelungen der §§ 133, 157 BGB und die allgemeinen Vorschriften zu Willenserklärungen in den §§ 116 ff. BGB.

Im Übrigen pflegt die juristische Literatur noch immer einen mehr oder weniger fruchtbaren Theorienstreit und kann selbst die Rspr. keine Lösung aufbieten. Dies schon deshalb, weil sie kaum die Möglichkeit hat, sich mit den Besonderheiten atypischer Verträge auseinanderzusetzen[347]. Dies aber auch, weil die Fälle tatsächlicher Gerichtsprozesse oft nur einzelne AGB-Klauseln betreffen, deren Würdigung keine Stellungnahme zur typologischen Einordnung erzwingt. Für die Behandlung verkehrstypischer Verträge gilt insoweit nichts anderes[348], auch wenn sie aufgrund von Gewohnheit wohl reibungsloser verläuft.

aa. Atypische Verträge i.e.S.

Für die rechtliche Behandlung atypischer Verträge i.e.S. gelten generell die Grundsätze des allgemeinen Schuldrechts, während im Speziellen aber auch versucht wird, das Recht ähnlicher, gesetzlich geregelter Vertragsty-

---

344 Vgl. *Martinek*, Moderne Vertragstypen, Bd.I, S.21.

345 *Martinek*, Moderne Vertragstypen, Bd.I, S.27.

346 Vgl. zu Lizenzverträgen *Gempe*, S.38.

347 Zu den Gründen siehe oben: § 1.D.II.

348 *Palandt/Grüneberg*, Überbl. v. § 311 Rn.15.

pen heranzuziehen[349]. Als weiterer Lösungsansatz wird teilweise vorgeschlagen, die unterschiedlichen schuldrechtlichen Vorschriften jeweils entsprechend den konkreten Bedürfnissen nach dem Baukastenprinzip anzuwenden[350]. Jedoch degradiert dies, ähnlich dem bereits bekannten und verworfenen Ansatz[351], die Vertragstypen zu bloßen Empfehlungen und muss mit denselben Argumenten mangels Praxistauglichkeit verworfen werden.

bb. Atypische Verträge i.w.S.

Die Behandlungsvorschläge für atypische Verträge i.w.S. sind demggü. konkreter und ausgefeilter, da sie besser an bereits Bekanntes anknüpfen.

(1) Absorptionstheorie

Eine erste, wenngleich oft kritisch betrachtete, Theorie ist die Absorptionstheorie[352]. Sie ist bestrebt, das Vertragsgeflecht einem einzigen Typ unterzuordnen und wendet bei atypischen Verträgen i.w.S. allein das Recht des dominanten Typenelements an, welches sämtliche übrigen Regelungen absorbiert. Dominant sei dasjenige Element, welches den Charakter des Rechtsverhältnisses bestimme.

Diese Lösung ist sehr statisch und damit wenig glücklich. Dies zum Ersten schon deshalb, weil, wie gesehen, bereits die Ermittlung des dominierenden Vertragselements problematisch sein kann. Speziell bei Verträgen mit anderstypischer Gegenleistung müsste ein Dominieren der Leistung oder aber der Gegenleistung gefunden werden, was bei synallagmatischen Beziehungen kaum denkbar ist[353]. Zum Zweiten ist das Dominanzerfordernis problematisch, weil ein atypischer Vertrag i.w.S. das Scheitern der Zuordnung zu einem gesetzlichen Vertragstyp voraussetzt, eben diese Zuordnung aber gar nicht scheitern würde, wenn ein dominierendes Element die übrigen Absprachen als für die Typenwahl nicht relevant degradierte[354]. Dass diese Konstellation nicht zu weit hergeholt ist, belegt ein Rückblick auf die Ausführungen zur Abgrenzung typischer und atypischer

---

349 *Palandt/Grüneberg*, Überbl. v. § 311 Rn.15.

350 So *Meusel*, S.492; mit etwas anderem Ansatz *Leenen*, Typus und Rechtsfindung, S.34.

351 Zur Degradierung der Vertragstypen zu Empfehlungen bereits oben: § 4.A.I.2.c.bb.

352 *Larenz/Canaris*, § 63 I 3; *Oetker/Maultzsch*, S.685; nur darstellend: *Martinek*, Moderne Vertragstypen, Bd.I, S.22.

353 So auch *Oetker/Maultzsch*, S.685.

354 So auch *Martinek*, Moderne Vertragstypen, Bd.I, S.23.

Verträge voneinander[355]. Entscheidend ist deshalb das Maß der Dominanz, welches prompt ein weiteres – drittes – Problem aufwirft. Zu große Dominanz führt, wie gesehen, zu typischer Einordnung, während zu geringe Dominanz bzw. annähernde Gleichwertigkeit die Ermittlung eines Überwiegens unmöglich macht. Ein Mittelweg zwischen diesen Extremen ist mit objektiven Kriterien nur schwer zu finden. Schließlich offenbart die mögliche annähernde Gleichwertigkeit von Vertragselementen einen vierten Kritikpunkt, da die Unterwerfung eines Vertragselements unter ein anderes bei derart ähnlichen Gewichtungen wohl nur sehr selten eine sachgerechte und befriedigende Lösung sein kann.

(2) Kombinationstheorie

Die Kombinationstheorie setzt demggü. auf eine individuelle Betrachtung der einzelnen Vertragsbestandteile samt jeweils separater Typenzuordnung und entsprechender Behandlung[356]. Die gesetzlichen Vertragstypen sollen hierzu in ihre einzelnen Typenmerkmale gespalten werden, ehe im Anschluss jede Leistung nach den Vorschriften des ihr jeweils entsprechenden Vertragstyps behandelt wird.

Auch die Kombinationstheorie ist problembehaftet. Ihr erstes Problem ist rein tatsächlicher Natur und besteht speziell bei Typenverschmelzungsverträgen. Die von der Kombinationstheorie betriebene gegenständliche Aufspaltung ist hier nicht möglich und kann durch fiktive Leistungsteile nur mehr schlecht als recht kompensiert werden. Weiterhin ist problematisch, dass sowohl die gesetzlichen Vertragstypen selbst als auch die nicht geregelten typengemischten Verträge Sinneinheiten verkörpern, die als Ganzes mehr sind als die Summe ihrer Teile. Zweck und Ausgewogenheit des spezifischen Verbunds können bei separater Betrachtung leicht verloren gehen. Virulent wird dies insb. dann, wenn Wirksamkeit oder Fortbestand des Vertrags bedroht sind. Ein einheitliches Vertragsschicksal müsste dann über § 139 BGB in direkter oder analoger Anwendung konstruiert werden, was ebenfalls nicht glücklich ist, da auf diese Weise die Abgrenzung von zusammengesetzten Verträgen konturlos würde[357].

---

355 Siehe oben: § 4.A.II.3.a.cc(2).

356 *Larenz/Canaris*, § 63 I 3; *Martinek*, Moderne Vertragstypen, Bd.I, S.23; *Oetker/Maultzsch*, S.686.

357 Oetker/Maultzsch, S.686.

(3) Theorie der analogen Rechtsanwendung

Genau dieses Problems versucht die Theorie der analogen Rechtsanwendung Herr zu werden, indem sie die Verträge als Ganzes als vom Gesetz nicht geregelt ansieht. Gemäß ihrem Namen will sie sodann die jeweils einschlägigen Rechtsfolgen per Analogie ermitteln.

Diese Theorie wird dem vertraglichen Gesamtgefüge besser gerecht. Vergegenwärtigt man sich jedoch die Voraussetzungen der Analogie, welche eine planwidrige Regelungslücke bei vergleichbarer Interessenlage fordert, so kann dieser Ansatz einer Rechtsfolgenbestimmung ohne Rechtsnaturbestimmung nicht funktionieren. Die Bejahung einer vergleichbaren In-Interessenlage erfordert, dass die nicht gesetzlich geregelte Konstellation mit einer geregelten verglichen wird, damit sich ein konsensfähiges Ähnlichkeitsbild ergibt[358]. Somit müsste der atypische Vertrag mit der normativen Typenordnung verglichen und schlussendlich doch in diese eingeordnet werden. Da die Ermittlung der Kriterien dieser Einordnung erst durch die Klärung der Behandlung atypischer Verträge möglich ist, dreht sich die Theorie im Kreis und ist der Kautelarpraxis keine Hilfe.

(4) Kreationstheorie

Einen weiteren Lösungsansatz bietet die vor allem in der Schweiz verbreitete[359] Kreationstheorie. Sie lässt erforderlichenfalls den Richter das zur Vertragsbeurteilung benötigte Recht selbst kreieren, soweit es an Gewohnheitsrecht mangelt. Geregelt ist dies ausdrücklich in Art. 1 II und III des schweizerischen ZGB: „Kann dem Gesetze keine Vorschrift entnommen werden, so soll der Richter nach Gewohnheitsrecht und, wo auch ein solches fehlt, nach der Regel entscheiden, die er als Gesetzgeber aufstellen würde. Er folgt dabei bewährter Lehre und Überlieferung".

Dieser Ansatz könnte, wenn überhaupt, nur für die Behandlung atypischer Verträge i.e.S. herangezogen werden, da dem Gesetz hinsichtlich atypischer Verträge i.w.S. durchaus „Vorschriften entnommen werden" können. Zudem muss er sich den Vorwurf gefallen lassen, nicht erklären zu können, wie genau der Richter vorzugehen hat. Er räumt eine Kompetenz ein, ohne deren Ausübung zu erklären, und wird deshalb von *Martinek* zu Recht als „Theorie der Theorielosigkeit"[360] gescholten. In der praktischen Umsetzung führt die Kreationstheorie wenn nicht zu Willkür, so doch jedenfalls zu großer Rechtsunsicherheit.

---

[358] *Martinek*, Moderne Vertragstypen, Bd.I, S.24.

[359] *Martinek*, Moderne Vertragstypen, Bd.I, S.24.

[360] *Martinek*, Moderne Vertragstypen, Bd.I, S.25.

(5) Diskurstheorie

Martinek[361] selbst sieht die typologische Einordnung als langwierigen sogenannten „pluralistisch diskursiven Kommunikationsprozess", an dem alle Beteiligten von der Kautelarjurisprudenz über die Rechts- und Wirtschaftswissenschaften bis zur Rspr. teilhaben müssten. Er geht unbedingt und zwingend davon aus, dass eine Einordnung nur dann erfolgreich sein könne, wenn sie einerseits aus den realen, in der Rechtspraxis tatsächlich getroffenen Regelungen hervorgehe, wenn sie sich andererseits aber auch durch Verallgemeinerung und Konzentration auf das rechtlich Wesentliche von der unmittelbaren Realität abhebe. Könne ein solches Konzentrat der Lebenswirklichkeit gefunden werden, so werde der Diskurs schließlich die Anerkennung und normative Festlegung des einzuordnenden Vertrags als Rechtsstrukturtypus bewirken.

Eine derart dialoggeprägte Einigung und Einordnung als Behandlungsvorschlag schmeichelt dem Dogmatiker, ist aber für die praktische und unmittelbare Problemlösung untauglich. Ein Manko findet sich bereits darin, dass der Diskurs per definitionem langwierig ist, die Probleme aber unmittelbare Lösungen verlangen. Dies umso mehr, als neue Vertragskonzepte den Diskurs auch erst mit ihrem Erscheinen in Gang setzen können. Die Abgrenzung von Dienst- und Werkverträgen ist oft eine Frage der Konvention[362], eine solche existiert hinsichtlich der FuE-Leistungen aber (noch) nicht.

cc. Zusammenfassung

Die Behandlung atypischer Verträge muss immer dem Ziel dienen, ein ausgewogenes Zusammenspiel der verschiedenen Vertragskomponenten und ihrer Rechtsfolgen zu erreichen.

Hierzu sind – die Rekapitulation des Streits verdeutlicht dies – die gängigen Behandlungsvorschläge bei separater Betrachtung nicht in der Lage. Vielmehr ist ein individueller Ansatz erforderlich, der sich zwar auch der Kombinations- und Absorptionstheorie bedienen darf, insgesamt aber elastischer und interessengerechter agieren muss. Der konkrete Vertragszweck, betrachtet im Lichte des Parteiwillens, muss das Maß aller Dinge sein.

---

361 *Martinek*, Moderne Vertragstypen, Bd.I, S.29-31.

362 So *Staudinger/Peters/Jakoby*, Neubearb. 2008, Vorbem. zu §§ 631 ff Rn.28.

b. Die Behandlung des FuE-Auftrags

aa. Behandlung in Rspr. und Literatur

Zur Behandlung von atypischen Verträgen i.w.S. wird schon im Allgemeinen oft die Kombinationstheorie herangezogen[363]. Hinsichtlich der Behandlung von FuE-Aufträgen ist dieses Bild ähnlich[364]. Gelegentlich wird aber auch versucht, mit und ohne speziellen FuE-Bezug, eine elastischere Lösung zu finden, die sich stärker an Sinn und Zweck des einzelnen Vertrags orientiert. *Grüneberg* etwa versucht sich ganz allgemein an einer Kombination mehrerer Theorien, deren Ausgangspunkt sich im Parteiwillen findet, ehe die Kombinationstheorie und, bei Kollision der anzuwendenden Vorschriften, auch die Absorptionstheorie zum Zuge kommt[365]. Auch *Oetker/Maultzsch* versuchen eine individuelle Lösung anhand des Vertragszwecks und der infrage kommenden Rechtsnormen, für die sie je nach Konstellation die Kombinations- oder Absorptionsmethode und erforderlichenfalls auch eine „Zwischenlösung" nutzen[366]. Speziell zum FuE-Vertrag wird vorgeschlagen, ihn als Vertrag »sui generis« nach dem Baukastenprinzip zu behandeln[367].

Wie gesehen, bietet keine der namentlich benannten Theorien für sich allein betrachtet eine überzeugende Lösung für die Behandlung atypischer Verträge. Oft fehlt ihnen gar eine zustimmungsfähige und den Bedürfnissen der Praxis gerecht werdende Basis. Die häufig verwendete Kombinationstheorie verfolgt zwar einen Ansatz, der aufgrund der mit der Separierung einhergehenden Vereinfachung grds. als tauglich und praktisch umsetzbar erscheint, auch sie ist aber von den oben geäußerten Kritikpunkten betroffen. Erfolgversprechend sind demgegenüber die auf individueller Abwägung beruhenden Ansätze von *Grüneberg* und *Oetker/Maultzsch*, denn deren Kombination mehrerer Ansätze besticht durch die Möglichkeit, die Vorteile zu vereinen und die Nachteile durch eine gezielte Wahl der Einordnungsschritte zu umgehen. Der speziell auf FuE-Verträge bezogene »sui generis«-Ansatz vermag hingegen nicht zu überzeugen. Zu überzeugen vermag er schon deshalb nicht, weil der FuE-Vertrag eben gerade nicht

---

363 Vgl. *BGH,* Urt. v. 13.09.2007 - I ZR 207/04, NJW 2008, S.1072(1073).

364 *Beaumart,* in: FuE-Verträge in Wissenschaft und Technik, S.39(40); *Gempe,* S.47; *Schmeißer/Zirkel,* MDR 2003, S.849; allein auf FuE-Leistungen bezogen: *Wündisch,* FuE-Vertrag, Anm.3.

365 *Palandt/Grüneberg,* Überbl. v. § 311 Rn.25 ff.

366 Oetker/Maultzsch, S.687 ff.

367 So *LG Hannover,* Urt. v. 13.07.1998 – 20 O 200/97, NJW-RR 1999, S.1655(1656); *Meusel,* S.492; *Zirkel,* in: FS Polter, S.51(61).

vollständig als Vertrag »sui generis« qualifiziert und die schwierigere Handhabung derartiger Verträge deshalb nicht notwendig ist –aber auch deshalb nicht, weil das Verständnis der gesetzlichen Typenordnung als „Baukasten" mangels Rechtssicherheit nicht praxistauglich ist und, da es auch typische Verträge beträfe, der für diese Arbeit aufgestellten „Ganz-oder-gar-nicht"-Theorie widerspricht[368].

bb. Eigene Behandlung

Die vorliegende Arbeit wählt einen individuellen Ansatz. Sie greift auf die Vorschläge von *Grüneberg* und *Oetker/Maultzsch* zurück und sucht aus diesen Ideen einen gangbaren Weg für den speziellen Fall der FuE-Aufträge zu ermitteln. Dieser Fall basiert, es sei nochmals betont, auf der viel erwähnten Tatsache, dass FuE-Verträge ein komplexes Gefüge voneinander verschiedener Leistungsverpflichtungen sind, die nur in ihrer Gesamtheit ein sinnvolles Ganzes ergeben. Keine der genannten Hauptpflichten überwiegt die anderen.

(1) Ermittlung der Art des atypischen Vertrags

Die rechtliche Behandlung von atypischen Verträgen im Allgemeinen und FuE-Aufträgen im Besonderen lässt sich allein schematisch nicht befriedigend ermitteln und knüpft deshalb zuallererst an den konkreten Vertrag selbst an. *Oetker/Maultzsch* machen diesen individuellen Ansatz am Vertragszweck und den infrage kommenden Rechtsnormen fest und fragen zunächst danach, um welche konkrete Art atypischer Verträge es sich handelt[369]. *Grüneberg* geht hinsichtlich der Behandlung atypischer Verträge nicht auf deren Arten ein[370], muss sich so aber fragen lassen, wozu er diese überhaupt bestimmt. Zudem verschließt er sich damit einer wichtigen Informationsquelle.

Das Abstellen auf die Arten atypischer Verträge ist hilfreich, weil diese sehr dezidiert über die Enge des Vertragsgefüges und die vertragliche Pflichtenverteilung Auskunft geben und weil diese Informationen helfen, den Vertragszweck zu ermitteln. Zudem können die Arten atypischer Verträge anhand objektiver Kriterien ermittelt werden, erfordern i.d.R. keine Vertragsauslegung und werden damit den Bedürfnissen der Praxis besser gerecht. Im FuE-Bereich bietet dies eine gute Möglichkeit, die zumeist sehr

---

368 Siehe bei den Ausführungen zu dieser: § 4.A.I.2.c.

369 Oetker/Maultzsch, S.687.

370 *Palandt/Grüneberg*, Überbl. v. § 311 Rn.25 ff.

komplexen Vertragsgefüge in objektiv nachvollziehbarer Weise erstmals zu ordnen.

Dieser erste Schritt gelangt bei FuE-Aufträgen zu dem Ergebnis, dass diese atypisch i.w.S., speziell Typenkombinationsverträge i.e.S., ggf. mit »verschmelzenden« Elementen, sind.

(2) Ermittlung des Vorliegens oder Fehlens eines stark untergeordneten Elements

Für das weitere Verfahren fragen *Oetker/Maultzsch* zunächst nach dem Vorliegen oder Fehlen eines stark untergeordneten Elements, ehe sie die übrigen Vertragskomponenten im Wege der Kombinationsmethode voneinander abgrenzen[371]. *Grüneberg* geht entgegengesetzt vor, indem er zunächst alle Komponenten voneinander abgrenzt, ehe er in einem zweiten Schritt Kollisionen und sonstige Gegensätzlichkeiten mit der Absorptionstheorie zu beseitigen sucht[372].

Die erste Alternative ist vorzuziehen, da es müßig wäre, ohnehin untergeordnete Elemente bestimmten Rechtsvorschriften zuzuordnen, nur um dieses Ergebnis sogleich für belanglos zu erklären. Zudem stünde eine Bejahung der Unterordnung den obigen Ausführungen zur Unterscheidung von typischen und atypischen Verträgen[373] nicht entgegen. Zwar wird dort die Gleichwertigkeit der Vertragskomponenten als Voraussetzung für einen atypischen Vertrag gehandelt, jedoch betrifft dies allein den Sonderfall der Modifikationen, während atypische Verträge i.e.S. keiner Gleichwertigkeit bedürfen. Darüber hinaus muss die Gleichwertigkeit nicht absolut bzw. vollumfänglich vorliegen und schließt sie zudem nicht aus, dass neben gleichwertigen Komponenten auch untergeordnete Komponenten bestehen. Folglich handhabt die vorliegende Arbeit die rechtliche Behandlung von atypischen Verträgen zunächst als eine Frage der Typenverknüpfung, ehe sie im Anschluss daran die nicht verknüpfbaren Typen voneinander abgrenzt. Dem größten Manko der Absorptionstheorie, der Möglichkeit der Verdrängung von Vertragselementen trotz annähernder Gleichwertigkeit, trägt die Arbeit Rechnung, indem sie die Absorption nur bei eindeutiger Dominanz eines Elements nutzt.

Für FuE-Aufträge wiederholt dieser Schritt das obige Ergebnis, nach dem keine der genannten Leistungspflichten besonders dominant oder untergeordnet ist.

---

371 Oetker/Maultzsch, S.687.

372 *Palandt/Grüneberg*, Überbl. v. § 311 Rn.25 ff.

373 Siehe dort: § 4.A.II.3.a.cc(2).

(3) Typenabgrenzung mittels Kombinationstheorie

Anknüpfend an diese Darstellungen besteht der dritte Schritt zur Ermittlung der Behandlung atypischer Verträge in einer Typenabgrenzung mittels der Kombinationstheorie, wobei für jede Leistungskomponente auf die Vorschriften des ihr entsprechenden Vertragstyps abgestellt wird. Die so ermittelte Grundrichtung des Vertrags ist weitgehend anhand objektiver Kriterien definierbar, nachvollziehbar und vorhersehbar. Die Rechtsunsicherheit etwa der Kreationstheorie teilt sie nicht.

Der FuE-Auftrag beherbergt mit den FuE-Leistungen dienst- oder aber werkrechtliche Komponenten. Die Regelungen zur Rechteübertragung ähneln demggü. je nach Einzelfall einem Kauf, einer Schenkung, einer Pacht oder einem Gesellschaftsvertrag[374].

(4) Behandlung nicht isolierbarer Leistungsteile

An dieser Stelle könnte die Prüfung beendet werden, wenn der FuE-Auftrag insgesamt eine Typenkombination i.e.S. wäre. Da die FuE-Leistungen jedoch als »verschmelzendes« Element ggf. auch aus nicht isolierbaren Leistungsteilen bestehen können, ist für diese Konstellation die konkrete Typenzuordnung und rechtliche Behandlung weiter offen.

Der Meinungsstand in der Juristerei bietet hierfür zunächst kategorisierend eine einheitliche und eine trennende Herangehensweise[375]. Erstere versucht, die Vorschriften der enthaltenen Vertragstypen parallel anzuwenden und bei Kollision diejenige Norm zu wählen, die dem Vertragszweck am besten entspricht. Demggü. zerlegt die trennende Herangehensweise den betroffenen Vertrag oder Vertragsteil anhand des Abgrenzungskriteriums und notfalls fiktiv in Teile, für die jeweils nur ein Vertragstyp passt und bei denen sodann auch nur dessen Rechtsfolgen anzuwenden sind. Beide Lösungen sind unbefriedigend. Die erste schon deshalb, weil die für FuE-Leistungen besonders relevanten Typen des Dienst- und Werkvertrags vom Gesetzgeber sehr unterschiedlich ausgestaltet wurden, sodass immer inhaltliche Kollisionen zu befürchten sind. Auch die zweite Lösung überzeugt nicht, da die Leistungen bei Typenverschmelzung gerade nicht gegenständlich teilbar sind, sondern, hier mehr noch als in anderen Fällen, durch ihr Gesamtgefüge definiert werden. Eine fiktive Zerstückelung käme über Stückwerk nicht hinaus.

---

374 Vgl. oben: § 4.C.II.2.c.aa.

375 *Oetker/Maultzsch,* S.684 und ausführlich in Bezug auf die gemischte Schenkung auch auf den S.251 ff.

Teils[376] wird schließlich ein differenzierender Ansatz gewählt, der auf den primären Vertragszweck, gesehen im Lichte des Parteiwillens, abgestellt und entsprechend als Zweckwürdigungstheorie bezeichnet wird[377]. Er fragt danach, welche Bedeutung die offenbarten Charakteristika der verschiedenen Vertragstypen jeweils für den Gesamtvertrag besitzen und ob sie gleichwertig und unabhängig nebeneinander stehen oder doch eines den Gesamtvertrag prägt[378]. Wiederum wäre dabei eine Bejahung des Überwiegens kein Widerspruch, weil auch miteinander verschmolzene Vertragselemente dennoch verschiedene Gewichtungen erfahren können. Bei Gleichwertigkeit wird versucht, die Vorschriften eines jeden Vertragstyps nur auf die insoweit charakteristischen Vertragselemente anzuwenden, während das Überwiegen eines Typs dessen Regelungen im Rahmen ihres Normzwecks für den gesamten Vertrag oder Vertragsteil öffnet[379]. Dieser Ansatz muss sich, was seine Folgen angeht, ebenfalls fiktiver Vertragsteile bedienen, vermeidet aber das Manko des rein schematischen, wirklichkeitsfremden Vorgehens, indem er die verschmolzenen Komponenten nicht allein nach dem Abgrenzungskriterium, sondern gemäß ihrer parteigewollten Bedeutung definiert und handhabt. Auch erlaubt er die Anwendung der Rechtsfolgen verschiedener Vertragstypen anhand deren Normzwecks, verstößt damit aber nicht gegen die „Ganz-oder-gar-nicht"-Theorie dieser Arbeit, da diese sich notwendigerweise auf typische Verträge beschränkt.

Alles in allem ist der Zweckwürdigungstheorie deshalb der Vorzug zu geben. Ihre konkreten Parameter können aufgrund der Einzelfallmaßgeblichkeit nicht abschließend erörtert werden, beruhen aber auf der gesamtvertraglichen Bedeutung. Für diese sei, wenngleich in feineren Nuancen, auf die Ausführungen zur Ermittlung des Überwiegens bei FuE-Leistungen verwiesen[380]. Bei Gleichwertigkeit findet das Dienstrecht nur auf die FuE-Tätigkeit selbst Anwendung, während die Leistung, für deren Erbringung das Einstehen versprochen wurde, Gegenstand des Werkrechts ist. Überwiegt hingegen ein Charakteristikum, so finden die entsprechenden Normen grds. auf den gesamten Komplex der FuE-Leistungen Anwendung, wobei der Normzweck insoweit beachtet werden muss, als die jeweiligen Folgen ggf. nur einzelne Leistungselemente oder einen begrenzten Umfang betreffen.

---

376 *Palandt/Grüneberg*, Überbl. v. § 311 Rn.26; *Oetker/Maultzsch*, S.689.

377 So jedenfalls *Oetker/Maultzsch*, S.252.

378 *Oetker/Maultzsch*, S.252.

379 *Oetker/Maultzsch*, S.252.

380 Siehe unten: § 4.D.II.3.

(5) Betrachtung des Vertrags als Gesamtheit

Schließlich können die einzelnen Vertragsbestandteile nun zwar mehr oder weniger einzeln betrachtet werden, es darf dabei aber ihr Zusammenspiel als Gesamtheit nicht aus den Augen verloren werden. Auch die großen Gruppen der Hauptleistungspflichten stehen in feingliedrigen Beziehungen zueinander und bilden damit, ähnlich den möglicherweise verschmolzenen FuE-Leistungen, nicht isolierbare Teile eines großen Ganzen. In aller Regel werden kleine Probleme in einem der Teile das Gesamtgefüge nicht erschüttern. Nehmen die Probleme aber ein Ausmaß an, welches über die jeweils einzelnen Vertragsbestandteile hinausreicht, so muss auch hier die porträtierte Behandlung nicht isolierbarer Leistungsteile greifen.

3. Ergebnis

FuE-Aufträge sind atypische Verträge i.w.S. Speziell handelt es sich bei ihnen um Typenkombinationsverträge i.e.S. – ggf. mit »verschmelzenden« Elementen.

Ihre Behandlung betrachtet die FuE-Leistungen und Regelungen zur Rechteverteilung als annähernd gleichwertig und richtet sich nach denjenigen gesetzlichen Vorschriften, die im Wege einer jeweils eigenen typologischen Einordnung ermittelt werden. Während dies hinsichtlich der Rechteverteilung keine relevanten Probleme aufwirft, haben die FuE-Leistungen mit der Sonderkonstellation zu kämpfen, dass sie nicht isolierbare Leistungsteile enthalten können. Deren Handhabung ist schwieriger. Sie wurde abstrakt beschrieben; wie sie aber konkret vonstattengeht und ob ggf. gewisse Verallgemeinerungen getroffen werden können, wird im nachfolgenden Kapitel erörtert[381].

IV. Resümee

Die vertragstypologische Einordnung der FuE-Leistungen folgt regelmäßig nicht aus der Einordnung des FuE-Auftrags als Gesamtheit, da dieser grds. unter keinen gesetzlich vorgesehenen Vertragstyp unterfällt, sondern atypisch ist. Sie muss deshalb zunächst die Handhabung atypischer Verträge klären, ehe sie auf dieser Basis die FuE-Leistungen auf ihre Rechtsnatur hin untersuchen kann.

---

381 Siehe unten: § 4.D.III.

D. Die Einordnung von FuE-Leistungen durch Einordnung dieser selbst

Nachdem die Einordnung des Vertrags als Gesamtheit sich als nicht zielführend erwiesen hat, sind Einordnungsgegenstand nunmehr die FuE-Leistungen selbst[382].

Die erarbeitete Funktionsweise der Einordnung greift auch hier, da sie genauso auf Verträge als Gesamtheit wie auch auf einzelne Vertragskomponenten anwendbar ist. Dennoch liegt der Schwerpunkt nunmehr nicht über Gebühr auf den bereits bekannten Aspekten der Ermittlung der Fakten und der Definition der Grenzen. Vielmehr wird hinterfragt, wie und mit welchem Ergebnis die FuE-Leistungen als typisch oder atypisch unter einen oder mehrere Vertragstypen subsumiert werden können. Der Meinungsstand wird vorab beschreibend dargestellt, wogegen die ausführliche Auseinandersetzung mit und Stellungnahme zu den möglichen Vereinbarungen den einordnenden Kapiteln selbst vorbehalten bleibt.

I. Der Meinungsstand

Die Darstellung des Meinungsstandes sei mit der nochmaligen Erinnerung daran begonnen, dass die Einordnungsversuche der Rspr. und Literatur sich in verlässlicher Regelmäßigkeit zwar verbal auf den gesamten FuE-Auftrag beziehen, oft aber tatsächlich allein die Vertragskomponente der FuE-Leistungen betreffen. Die Auswirkungen dieses Versäumnisses auf die Einordnung des Vertrags als Gesamtheit wurden oben bereits erörtert[383]. Für die Einordnung allein der FuE-Leistungen ergeben sich keine darüber hinausgehenden Besonderheiten.

Das Gros der vertragstypologischen Einordnungsversuche von FuE-Leistungen in der Literatur und alle Einordnungsversuche in der Rspr. versuchen sich an den Kategorien des Dienst- und Werkvertragsrechts. Die dabei auftretenden Schwierigkeiten beruhen auf den oben dargestellten allgemeinen Problemen, gepaart mit den Besonderheiten des FuE-Bereichs und führen zu einer fast unüberschaubaren Vielzahl verschlungener, teils netzartig verknüpfter Lösungswege und gefundener Ergebnisse.

Gelegentlich[384] wird in der Literatur zudem eine Anwendbarkeit des Kaufrechts über die Verweisung in § 651 S.1 BGB erörtert.

---

382 Hierzu **Anhang 12** ff.

383 Siehe oben: § 4.C.I.

384 *Beaumart*, in: FuE-Verträge in Wissenschaft und Technik, S.39(50); *Schmeißer/Zirkel*, MDR 2003, S.849; *Palandt/Sprau*, § 651 Rn.4; *Wündisch*, FuE-Vertrag, Anm.3.

1. Die Struktur der Einordnung in Rspr. und Literatur

Um den Überblick über die Vielzahl der Einordnungsversuche insb. in das Dienst- und Werkvertragsrecht zu wahren, sei in aller Kürze der Versuch unternommen, die zugrundeliegenden Denkstrukturen in ihren Gemeinsamkeiten und Unterschieden vorab zu beleuchten.

Gemeinsam ist aller Rspr. und Literatur, dass die typologische Einordnung maßgeblich anhand des jeweils vereinbarten Vertragsinhalts, konkretisiert durch die Hauptpflichten und verifiziert durch den tatsächlichen Parteiwillen, versucht wird. Konkret für die Abgrenzung von Dienst- und Werkverträgen wird die Erfolgsbezogenheit als entscheidendes Kriterium genutzt[385]. Das Damoklesschwert des FuE-Risikos ist in aller Munde und Feder.

Die Wege trennen sich danach, an dem Punkt nämlich, an dem die allgemeinen Erkenntnisse praktisch umgesetzt werden müssen. Die dargestellten Probleme der Unterscheidung zwischen Dienst- und Werkverträgen potenzieren sich im FuE-Bereich. Deutlich wird dies an den verschiedenen Perspektiven der Erfolgsbezogenheit. Sie sind schwer zu trennen, weil der Erfolg gewollt, aber dessen Versprechen entscheidend ist. Im FuE-Bereich vertieft sich diese Schwierigkeit, da scheinbare „Erfolgsversprechen“ in Form von vertraglichen Leistungsbeschreibungen in der Kautelarpraxis Usus, allein betrachtet aber keine Risikotragungsversprechen sind[386]. Gleichzeitig sensibilisiert die charakteristische Ungewissheit des Erfolgseintritts die Parteien hinsichtlich der Risiken, ist aber die mängelfreie Erbringung der FuE-Leistung im Gegensatz etwa zur handwerklichen Leistung des traditionellen Werkvertrags inhaltlich kaum greifbar[387].

Im Folgenden wird der Meinungsstand in Rspr. und Literatur anhand der drei schon im Rahmen der allgemeinen Abgrenzungserwägungen erörterten[388] Schritte dargestellt und hinterfragt.

2. Die Einordnung in der Rechtsprechung

Die wenigen Entscheidungen der Rspr. zur vertragstypologischen Einordnung von FuE-Verträgen bzw. von FuE-Leistungen differenzieren nicht zwischen den verschiedenen Arten von FuE-Verträgen. Nach den für diese Arbeit aufgestellten Begrifflichkeiten handelt es sich bei den streitgegen-

385 Sehr gut erkannt auch von *Wündisch*, FuE-Vertrag, Anm.3.

386 Hierzu später mehr: § 4.D.II.2.d.cc.

387 *Ganten*, in: FS Thode, S.21(23).

388 Vgl. bereits oben: § 4.A.II.

ständlichen Verträgen und Leistungen aber stets um FuE-Aufträge. Dies wird bei der Würdigung der Entscheidungen berücksichtigt.

a. Entscheidungen des RG

Rechtsprechung zur vertragstypologischen Einordnung von FuE-Verträgen ist überwiegend neueren Datums, findet sich gelegentlich aber bereits in den Entscheidungen des *RG*. Dessen erwähnte Entscheidungen von 1917 und 1920 machen die „unverkennbar[e]"[389] Einordnung des Vertrags in das Werkrecht daran fest, dass ein Werk herzustellen gewesen sei[390], und nutzen damit jeweils das problematische Kriterium der Handlungsmotivation.

In einer weiteren Entscheidung ließ das *RG* die Einordnung eines Vertrags über die Entwicklung eines gewebelosen Kunstdarms offen, merkte aber an, dass sowohl das Dienst- als auch das Werkvertragsrecht Anwendung finden könne, wobei für einen Werkvertrag spreche, dass die geschuldete Leistung eine erfinderische Tätigkeit erfordere[391]. Eine Begründung fehlt, das Gericht stellt aber wohl auf den mit einer erfinderischen Tätigkeit einhergehenden Erfolg und damit wiederum auf die Handlungsmotivation ab.

Die genannten Entscheidungen gehen auf die vertragstypologische Einordnung nur marginal und zudem anhand eines wenig tauglichen Abgrenzungskriteriums ein. Neue Erkenntnisse enthalten sie deshalb nicht.

b. BAG, Urteil vom 08. 02. 1962

Das nächste größere Urteil zur vertragstypologischen Einordnung von FuE-Verträgen wurde im Jahre 1962 durch das *BAG* gefällt[392]. Diese bereits gestreifte Entscheidung[393] hat neben der typischen oder atypischen Einordnung des Vertrags einen weiteren Schwerpunkt in der Qualifizierung eines Dienstverhältnisses als Arbeitsverhältnis und gewährt der Abgrenzung von Dienst- und Werkvertrag nur wenig Platz. So wird die Bejahung des Dienstvertrags einzig damit begründet, dass der Vertrag nicht allein auf die Herstellung der fraglichen Maschinen, sondern auf sämtliche hierfür erforderlichen Tätigkeiten gerichtet gewesen sei[394]. Diese Argumentation arbei-

---

389 *RG*, Urt. v. 28.03.1917 – I 183/16, MuW 1917/1918, S.55.

390 So auch *RG*, Urt. v. 10.07.1920 –I 100/20, RGZ 100, S.35(38).

391 *RG*, Urt. v. 30.11.1932 – I 220/32, RGZ 139, S.52(56).

392 *BAG*, Urt. v. 08.02.1962 – 2 AZR 252/60, Mitt. 1963, S.93-100.

393 Siehe unter: § 4.C.II.1.

394 *BAG*, Urt. v. 08.02.1962 – 2 AZR 252/60, Mitt. 1963, S.93(95).

tet zutreffend mit dem Aspekt des Überwiegens, nutzt zur Abgrenzung aber das für problematisch befundene Kriterium der Handlungsmotivation, ohne sich weiter mit diesem auseinanderzusetzen, und bleibt damit in Bezug auf die hier interessierende Unterscheidung rudimentär.

c. BGH, Urteil vom 11. 11. 1992

Das nächste Urteil zur vertragstypologischen Einordnung von Verträgen im FuE-Bereich erging erst 30 Jahre später zu einem Vertrag, in dem eine Partei eine Beratungspflicht in Bezug auf „alle betrieblichen Belange technischer und technisch-wissenschaftlicher Art, die mit der Entwicklung und Produktion chemischer Baustoffe verbunden sind", übernommen hatte[395]. Streitgegenständlich war die Frage, ob der beratungspflichtige Vertragspartner seine Haftung durch die AGB auf grobe Fahrlässigkeit beschränken konnte, für den Problemkreis dieser Arbeit interessanter ist aber wiederum die in diesem Zusammenhang vorgenommene Abgrenzung von Dienst- und Werkverträgen – in dieser Frage entschied der *BGH* zugunsten des Dienstrechts.

Der *BGH* greift die rechtsfehlerfreien Abgrenzungsbemühungen des Berufungsgerichts auf und benennt konkret zugunsten des Werkvertragsrechts die Übernahme erfolgsbezogener Leistungspflichten als Abgrenzungskriterium[396]. Allgemein gesprochen handelt es sich hierbei um die Bereitschaft zur Risikotragung, deren Tauglichkeit bereits oben bejaht wurde. Ihr Vorliegen versucht der *BGH* zutreffend zunächst anhand des Vertragswortlauts, i.Ü. aber auch anhand von Indizien zu ermitteln, die er in den vertraglichen Begleitumständen und der Lebenserfahrung sucht[397].

Unter dem Stichwort der Begleitumstände fragt der *BGH* nach der Interessenlage der Parteien und wertet die Tatsache, dass die Auftraggeberin es sich „als kleines Familienunternehmen nicht leisten konnte, einen derart qualifizierten Mitarbeiter lediglich mit Forschungsaufgaben zu betrauen"[398], als Indiz zugunsten des Werkvertragsrechts. Eine solche Argumentation ist schon allgemein als Mittel der Vertragsauslegung anerkannt[399]. Darüber hinaus kommt den konkret angesprochenen finanziellen Umständen der Auftraggeberin im FuE-Bereich eine über den Normalfall weit hinausgehende, besondere Bedeutung zu, weil der Abschluss eines Dienstvertrags

---

395 *BGH*, Urt. v. 11.11.1992 – VIII ZR 238/91, NJW 1993, 335.

396 *BGH*, Urt. v. 11.11.1992 – VIII ZR 238/91, NJW 1993, 335.

397 *A.a.O.*

398 *BGH*, Urt. v. 11.11.1992 – VIII ZR 238/91, NJW 1993, 335.

399 Vgl. nochmals *Palandt/Heinrichs*, § 133 Rn.8.

gerade hier derart viele Unwägbarkeiten birgt, dass er für die Auftraggeberin jedenfalls kurzfristig betrachtet keine ernsthaft kalkulierbare Größe, sondern schlicht Luxus darstellt. Dessen Kosten amortisieren sich, wenn überhaupt, nur mittel- bis langfristig. Trotz dieser Nachteile hat der *BGH* die Begleitumstände nicht zur Einordnung herangezogen, da diese nicht wenigstens andeutungsweise im Vertrag Ausdruck gefunden hätten und die bloße Kenntnis der Situation durch den Vertragspartner nicht genüge. Auch dieses Erfordernis der Ausdruckfindung ist als solches anerkannt[400]. Seine Rechtfertigung wird im FuE-Bereich ganz besonders deutlich, da die Risikotragung bei Forschung und Entwicklung solch erhebliche Auswirkungen haben kann, dass ihre Übernahme schlechterdings nicht stillschweigend vorausgesetzt werden darf. Das Ausdruckserfordernis schützt die Vertragsparteien nicht vor Missverständnissen – für diese ist das Verstehenmüssen einer Willenserklärung nach Treu und Glauben maßgebend – wohl aber davor, hinsichtlich der Risikotragung einem von Fairnessgesichtspunkten gesteuerten Automatismus anheim und zum Opfer zu fallen. Es wahrt die Freiheit des Abschlusses auch nachteiliger Verträge und wird der Praxis gerecht, in der sich eine bewusste Risikoverteilung besser und ausgleichender in das Vertrags- und Interessengeflecht einbeziehen lässt und die Risikoübernahme oft finanziell separat vergütet wird. Zwar könnte der *BGH*-Entscheidung entgegengehalten werden, dass das Interesse der Auftraggeberin am Erfolg des bereits in Produktion und Vermarktung aufgenommenen Stoffs offensichtlich gewesen sei und dass der Auftragnehmer mit seinen haftungsausschließenden AGB bewiesen habe, dass er sich seines Risikos bewusst war[401]. Jedoch muss sich im Gegenzug auch die Auftraggeberin selbst ebenjene Argumente entgegenhalten lassen, da sie die Risikotragung trotz deren Wichtigkeit nicht in den Vertrag aufnahm.

Unter dem Stichwort Lebenserfahrung fragt der *BGH* schließlich, ob die Risikoübernahme seitens des Auftragnehmers einer solchen Erfahrung entspreche, verneint aber auch dies. Die Begriffswahl ist nicht unproblematisch, denn die „Lebenserfahrung" lehrt selbst die an Jahren junge Autorin, dass in jeder Situation alles, nichts und noch viel mehr möglich ist. Der vom Gericht gemeinte Begriff ist die Verkehrssitte bzw. Verkehrsübung, die objektiv empirisch ermittelbar und damit als dem Beweis zugängliches Kriterium auch praxistauglicher ist.

Insgesamt ist die Entscheidung stringent und nutzt für die Ermittlung der Risikotragung aussagekräftige Indizien. Mit der finanziellen Situation

---

400 Ausführlich bereits oben: § 4.A.II.3.b.cc.

401 Vgl. *Ullrich,* in: FS Fikentscher, S.298(303).

des Auftraggebers spricht sie einen auch in der FuE-Praxis bedeutungsschweren Aspekt an.

d. LG Hannover, Urteil vom 13. 07. 1998

Das *LG Hannover* urteilte 1998[402] über einen Vertrag, in dem sich eine Partei zur Entwicklung eines wirtschaftlich relevanten Verfahrens zur Gewinnung von löslichem Interferon gamma sowie zur Anfertigung eines Schlussberichts und zur Übertragung bestimmter Nutzungsrechte verpflichtet hatte. Streitgegenständlich war eine Restvergütung, deren Zahlung wegen Unstimmigkeiten über die Qualität der Leistung noch ausstand. Das Gericht nahm zur Ermittlung der auf den Vertrag anwendbaren gesetzlichen Regelungen eine vertragstypologische Einordnung vor.

Ganz allgemein stellt es für diese Einordnung zunächst auf die Vertragspflichten ab und gelangt wie selbstverständlich zu dem Ergebnis, dass deren Vielfalt einer Einordnung als typischem Vertrag entgegenstehe[403]. Diese Erkenntnis ist zutreffend und trotz ihrer nur knappen Erwähnung sehr verdienstvoll, denn sie zeugt von einer Durchdringung des Konzepts des FuE-Vertrags, die den übrigen Entscheidungen fehlt. Erinnert sei nur daran, dass regelmäßig verbal der gesamte FuE-Auftrag, tatsächlich aber nur die FuE-Leistungen eingeordnet werden.

Im Anschluss betrachtet das Gericht die Vertragspflichten folgerichtig jeweils einzeln und nutzt als maßgebliches Kriterium die Frage, ob ein Erfolg geschuldet sei oder nicht. Die Antwort sucht es in der „Natur" der Pflichten, wobei es die Verfahrensentwicklung als nicht erfolgsausgerichtet nach Dienst- und den Schlussbericht mit Erfolgspflicht nach Werkrecht beurteilt[404]. Während dieses Ergebnis als solches keinen Grund zur Beanstandung bietet, ist der eingeschlagene Weg leider etwas holprig. Zum Ersten nutzt das Gericht für die Abgrenzung das in sich erklärungsbedürftige Kriterium der Erfolgsbezogenheit, ohne klarzustellen, ob es den Erfolg selbst oder aber das Erfolgsversprechen meint. Die weitere Argumentation gibt hierüber keinen Aufschluss, da – und dies ist der zweite Kritikpunkt – auch die sog. „Natur" der Vertragspflichten nicht erläutert wird. Dieses Versäumnis wiegt schwer, denn aus ihm erwächst unversehens die Vermutung, das Gericht halte die Verpflichtung zur Erbringung eines Erfolgs bei der ihrem Wesen nach ergebnisoffenen Forschung für unmöglich oder aber

---

402 *LG Hannover*, Urt. v. 13.07.1998 – 20 O 200/97, NJW-RR 1999, S.1655 ff.

403 *LG Hannover*, Urt. v. 13.07.1998 – 20 O 200/97, NJW-RR 1999, S.1655(1656).

404 *LG Hannover*, Urt. v. 13.07.1998 – 20 O 200/97, NJW-RR 1999, S.1655(1656).

unzumutbar und schließe hieraus auf das Vorliegen eines Dienstvertrags[405]. Eine solche Herleitung wäre erheblichen Zweifeln ausgesetzt, da weder Logik noch Recht die bewusste Übernahme eines Risikos ausschließen[406].

Darüber hinaus erklärt die Leitsatzthese, dass jeder FuE-Vertrag, für den der Auftraggeber eine Zuwendung des Bundesministeriums für Bildung, Wissenschaft, Forschung und Technologie erhält, hinsichtlich der FuE-Leistung als Dienstvertrag qualifiziert werden müsse. Die abgedruckte Urteilsbegründung erläutert dies nicht. Dennoch kann richtigerweise von der Förderungsgewährung an sich auf die Risikobehaftetheit des fraglichen FuE-Projekts und darauf geschlossen werden, dass es dem Auftraggeber versagt ist, das FuE-Projekt im Wege des Werkvertrags zu vergeben[407].

Die Entscheidung leidet an den erörterten Unklarheiten, insb. der fehlenden Klarstellung des maßgeblichen Abgrenzungskriteriums. Dennoch hat das Gericht wohl durchdacht die Atypik der FuE-Aufträge erkannt und in der Gewährung von Forschungsförderung an den Auftraggeber ein objektives, nachvollziehbares und mithin sehr aussagekräftiges Indiz zugunsten des Dienstvertragsrechts gefunden. Das LG hat die typologische Einordnung von FuE-Aufträgen enttäuschend kurz abgehandelt, nichtsdestotrotz aber einen wertvollen Beitrag zu deren Entschlüsselung geleistet.

e. OLG München, Urteil vom 24. 11. 1998 (unveröff.)

Im selben Jahr hatte auch das *OLG München*[408] über einen FuE-Vertrag zu befinden. Dieser befasste sich mit der Forschung an einem Gerät zur Oxyvenierung – dem intravenösen Einbringen von medizinischem Sauerstoff ins Blut –, zu der eine Partei sich der anderen ggü. verpflichtet hatte. Nunmehr stritten die Parteien sowohl um einen Verzugsschaden als auch um einen Restvergütungsanspruch und machte die Beurteilung beider Streitpunkte eine typologische Einordnung erforderlich.

Für die Unterscheidung zwischen Dienst- und Werkverträgen fragt das Gericht nach der Verpflichtung zur Zielerreichung oder aber nur zum Tätigwerden auf ein Ziel hin und stellt trotz dieser uneindeutigen Formulierung maßgebend auf den parteilichen Einstandswillen ab[409].

---

405 So geschehen bei *Palandt/Sprau*, Einf. v. § 631 Rn.13, der bei seiner erstmaligen Erwähnung der FuE-Verträge in der 60. Auflage 2001 (die Aufnahme ins Stichwortverzeichnis erfolgte erst 3 Jahre später) unter Hinweis auf das *LG Hannover* i.d.R. Dienstvertragsrecht für anwendbar hielt. Nunmehr hat er seine Meinung geändert.

406 Ausführlich unten: § 4.D.II.2.d.bb.

407 Ausführlich ebenfalls unten: § 4.D.II.2.d.hh(2).

408 *OLG München*, Urt. v. 24.11.1998 – 25 U 2169/98, unveröff.

409 *OLG München*, Urt. v. 24.11.1998 – 25 U 2169/98, unveröff., S.6.

Dessen Inhalt entnimmt es zunächst dem Vertragswortlaut, der ausdrücklich vorsieht, dass der Auftragnehmer für die Zielerreichung nicht einzustehen und damit das Risiko nicht zu tragen habe. Daran anknüpfend und darüber hinaus nutzt es aber auch eine Reihe von Anhaltspunkten, die es zu einer Indizienkette verbindet[410]. Das erste Indiz findet das *OLG* im Wesen von FuE, dem die Ergebnisoffenheit immanent sei, und folgert hieraus das Fehlen eines Einstandswillens. Wiederum muss aber entgegengehalten werden, dass Logik und Recht die Übernahme auch eines hohen Risikos nicht ausschließen und dass ein solcher Schluss zudem den Parteiwillen in unzulässiger Weise missachten würde. Als weiteres Indiz nutzt das Gericht die vereinbarten Zahlungsmodalitäten, die gegen eine Risikotragung sprächen, weil der Betroffene nicht für einen Erfolg, sondern für sein Tätigwerden innerhalb eines bestimmten Zeitraums bezahlt werde. Auch hier ist Vorsicht geboten, da die abschnittsweise Vergütung kein alleiniges Merkmal des Dienstrechts ist[411].

Im Ergebnis rechtfertigt sich die Entscheidung bereits aus der ausdrücklichen vertraglichen Vereinbarung, während die gefundenen Indizien eher problematisch sind. Dennoch muss dem *OLG* eine vortreffliche Herausarbeitung des Parteiwillens zuge-standen werden, da es jede Vertragsklausel hinsichtlich deren parteigegebener Bedeutung hinterfragt.

f. LG München, Urteil vom 21. 12. 1999 (unveröff.)

Mit der typologischen Einordnung im FuE-Bereich beschäftigte sich 1999 auch das *LG München*[412]. Die Parteien hatten einen Vertrag über die Erstellung eines Computerprogramms zur Prüfung und Verarbeitung von Unterschriften gegen Vergütung geschlossen und stritten nun über die Rückzahlung von Abschlagszahlungen, die die Auftraggeberin an die Auftragnehmerin geleistet hatte.

Das Gericht stellt sofort und löblich auf die vereinbarte Risikotragung als Entscheidungskriterium ab[413], ist aber auch durch eine besondere Konstellation direkt auf diese gestoßen worden. So hielt zunächst die Auftragnehmerin in ihren wirksam einbezogenen AGB ausdrücklich fest, dass sie ein tatsächliches Erreichen des FuE-Ziels nicht schulde. Darüber hinaus veranlasste die Auftraggeberin eine Machbarkeitsstudie, mit deren positivem Ausgang sie die Risikotragung durch die Auftragnehmerin zu begründen sucht. Das Gericht misst dieser Studie durchaus Bedeutung bei,

---

410 *OLG München*, Urt. v. 24.11.1998 – 25 U 2169/98, unveröff., S.6 ff.

411 Siehe unten: § 4.D.II.2.c.ee.

412 *LG München*, Urt. v. 21.12.1998 – 28 O 13967/99 (unveröff.).

413 *LG München*, Urt. v. 21.12.1998 – 28 O 13967/99 (unveröff.), S.6.

stellt sich der Argumentation der Auftraggeberin aber konsequent mit der Begründung entgegen, dass die Studie zum einen erst nach Vertragsschluss erstellt worden sei und dass sie zum anderen ausdrücklich auf weitere, nicht behebbare Entwicklungsrisiken hingewiesen habe[414].

Die Entscheidung ist kurz, verdeutlicht aber eindringlich den Wert klarer individualvertraglicher Absprachen und misst berechtigterweise auch einer Machbarkeitsstudie grds. Aussagekraft hinsichtlich des Risikos und dessen Tragung bei.

g. BGH, Urteil vom 16. 07. 2002

Schließlich befasste sich der *BGH* in seinem Urteil vom 16. 07. 2002[415] erstmals ausdrücklich und in der gefundenen Tiefe und Durchdringung bisher einmalig mit der typologischen Einordnung von FuE-Verträgen[416].

Der *BGH* hatte über einen FuE-Vertrag zwischen einem Wirtschaftsunternehmen und einer Stiftung des bürgerlichen Rechts als Betreiberin eines universitären Instituts zu entscheiden. Vertragsgegenstand waren Arbeiten zur Entwicklung eines Diagnoseverfahrens zum Nachweis von PBC-Antikörpern, die aber innerhalb der Projektlaufzeit nicht vollendet werden konnten. In der Folge lehnte der Auftragnehmer eine kostenneutrale Projektverlängerung ab, woraufhin der Auftraggeber den Vertrag kündigte. Streitfrage war nunmehr diejenige nach einem Anspruch des Auftraggebers auf Vergütungsrückzahlung.

aa. Methode und Argumentation

Der *BGH* erklärt für die Abgrenzung von Dienst- und Werkvertrag den Parteiwillen zum Maß aller Dinge. Auf dieser Grundlage müsse ermittelt werden, ob eine Dienstleistung als solche oder als Arbeitsergebnis ihrem Erfolg geschuldet sei. Während diese Formulierung noch Zweifel lässt, aus welcher Perspektive der *BGH* das Kriterium der Erfolgsbezogenheit betrachtet, so zerstreuen sich diese im Verlaufe der Entscheidungsbegründung, zumal der *BGH* eine Reihe von Indizien ausdrücklich nutzt, um zu ermitteln, „ob der Auftragnehmer für den Eintritt eines Erfolgs einstehen will“[417]. Das Abgrenzungskriterium des *BGH* ist die Bereitschaft zur Risikotragung.

---

414 *LG München*, Urt. v. 21.12.1998 – 28 O 13967/99 (unveröff.), S.6.

415 *BGH*, Urt. v. 16.07.2002 - X ZR 27/01, BGHZ 151, S.330 ff.

416 Hierzu **Anhang 13**.

417 *BGH*, Urt. v. 16.07.2002 - X ZR 27/01, BGHZ 151, S.330(333).

Anders als die übrigen Gerichte bezieht der *BGH* sich in seiner Urteilsbegründung nicht sofort auf den konkreten Fall. Vielmehr nutzt er eine grundsätzliche Betrachtung vorab, um zunächst klarzustellen, dass primär die ausdrücklichen vertraglichen Regelungen gelten, dass bei deren Fehlen auch für FuE-Verträge die allgemeinen Auslegungsgrundsätze Anwendung finden und dass schließlich die gesamten Umstände des Einzelfalls berücksichtigt werden müssen. Zudem stellt er als erstes Gericht ausdrücklich fest, dass FuE-Leistungen jeweils sowohl ins Dienst- als auch ins Werkvertragsrecht eingeordnet werden können[418]. Erfrischend klar wendet er sich insb. gegen jegliche Art von Generalisierung und Pauschalierung und erteilt sowohl dem Irrglauben, dass eine Risikoübernahme bei ungewissem Erfolgseintritt nie vorkomme, als auch der Fehlvorstellung, dass Forschung grds. unter das Dienstvertrags- und Entwicklung grds. unter das Werkvertragsrecht fiele, eine endgültige Absage[419]. Zwar mache ein hohes Risiko die Vereinbarung eines Dienstvertrags wahrscheinlicher, eine Risikoübernahme sei aber dennoch möglich. Vor diesem Hintergrund nennt der *BGH* schließlich eine Reihe von Indizien für die Ermittlung der Risikotragungsbereitschaft. Ein Indiz sei die Wahrscheinlichkeit des Erfolgseintritts aus Sicht der Parteien, auch die vereinbarte Vergütung könne aber helfen, je nachdem, ob sie als Risikoprämie oder als rein aufwandsabhängige Zahlung gestaltet sei. Zudem könne für das Vorliegen eines Werkvertrags sprechen, dass die Parteien die vertraglich geschuldeten Aufgaben und deren Umfang konkret festlegten, wobei dies allein zur Bejahung eines Werkvertrags aber nicht genüge, da auch Dienstverträge zielbezogen seien[420].

Schließlich setzt sich der *BGH* mit den Einordnungsbemühungen des Berufungsgerichts auseinander und stellt erst an dieser Stelle vollends den Bezug zur Falllösung her. Er bestätigt, dass zur Leistungsbestimmung nicht nur die entsprechende „Grobskizze" der Parteien, sondern auch ergänzend erstellte Unterlagen herangezogen werden dürfen, betont aber nochmals, dass vertragliche Zielbeschreibungen allein nicht genügen. In Frageform zählt er weitere Umstände auf, die hätten berücksichtigt werden müssen[421]. Wie sicher erschien den Parteien ihr Ziel? Welche Richtung gaben die gewählten Formulierungen vor? Wie konkret war die Aufgabenstellung? Da diese Fragen noch offen waren, verwies der *BGH* die Sache an das Berufungsgericht zurück[422].

---

418 *BGH*, Urt. v. 16.07.2002 - X ZR 27/01, BGHZ 151, S.330(332).

419 *BGH*, Urt. v. 16.07.2002 - X ZR 27/01, BGHZ 151, S.330(333).

420 Insg. zu den Indizien *BGH*, Urt. v. 16.07.2002 - X ZR 27/01, BGHZ 151, S.330(332-334).

421 *BGH*, Urt. v. 16.07.2002 - X ZR 27/01, BGHZ 151, S.330(334-335).

422 *BGH*, Urt. v. 16.07.2002 - X ZR 27/01, BGHZ 151, S.330(336).

bb. Stellungnahme

Die Entscheidung ist von tiefer Problemdurchdringung geprägt. Konsequent erhebt sie gleich zu Beginn den Parteiwillen zum Maß aller Dinge und sagt damit zwar nichts grundsätzlich Neues, betont aber nochmals, dass dieser Wille auch im FuE-Bereich entscheidet. Diese Erinnerung war und ist angesichts der Probleme bei der typologischen Einordnung von FuE-Verträgen angebracht. Auch die Aussage, dass die allgemeinen Grundsätze der Vertragsauslegung im FuE-Bereich gelten, gibt nichts Neues kund, war aber als Klarstellung erforderlich.

Zur Abgrenzung von Dienst- und Werkvertrag fragt der *BGH*, ob eine Dienstleistung als solche oder als Arbeitsergebnis deren Erfolg geschuldet sei, ehe er in seinen weiteren Ausführungen doch noch auf die Bereitschaft zur Risikotragung abstellt. Dies ist im Ergebnis nicht zu beanstanden, taktisch aber sehr bedenklich, da die Verwendung der ersteren, althergebrachten Formulierung zu der fälschlichen Annahme verleitet, der *BGH* verwende die Perspektive der Handlungsmotivation. Die Berechtigung dieser Sorge wird sich im Folgenden noch offenbaren.

Der Rundumschlag gegen Generalisierung und Pauschalierung ist, diese Formulierung sei angesichts der Auswüchse in der Literatur erlaubt, grandios und ein wahrer Verdienst dieser Entscheidung. Leider hat aber auch die exponierte Stellung dieses Rundumschlags in der Urteilsbegründung nicht verhindert, dass die einzige aufgestellte Auslegungsregel missverstanden wird. Der *BGH* sieht das Dienstvertragsrecht nicht bei einem Risiko, sondern nur bei einem hohen Risiko als wahrscheinlicher an[423], wofür, insb. im Hinblick auf den Parteiwillen, größere Klarheit wünschenswert gewesen wäre.

Eine weitere wichtige Hilfestellung findet die praktische Vertragseinordnung in der Aussage, dass die vertragliche Aufgaben- und Zielfestlegung zwar als Indiz zugunsten des Werkvertragsrechts sprechen könne, aber nicht alleinentscheidend sein dürfe, da auch Dienstverträge zielbezogen seien. Zwar wird deren Inhalt gemeinhin ungleich besser rezipiert – auch hier wird aber gelegentlich die genannte Einschränkung übersehen[424]. Dies kann an ihrer späten Erwähnung an anderer Stelle des Entscheidungstextes, aber auch daran liegen, dass der *BGH* die Indizwirkung konkreter

---

423 *BGH*, Urt. v. 16.07.2002 - X ZR 27/01, BGHZ 151, S.330(333).

424 So zutreffend erkannt von *Zirkel*, in: FS Polter, S.51(66); übersehen von *Bartenbach/Volz*, in FS 50 Jahre VPP, S.225(231); *MüKo/Busche*, § 631 Rn.260; *Fikentscher/Heinemann*, Schuldrecht, Rn.1131; *Pagenberg/Beier*, Muster 9 Rn.7; *Staudinger/Peters/Jacoby*, Neubearb. 2008, Vorbem. zu §§ 631 ff Rn.31; *Zeppenfeld/Beyerlein*, EWiR 2002, S.1039.

„Aufgabenbezeichnungen" bejaht[425], sie dann aber nicht auf ebendiese Aufgaben, sondern vielmehr auf „konkrete[ ] Entwicklungsziele bzw. Meilensteine" begrenzt[426]. Dass er dennoch ein und dasselbe Kriterium meinte, ergibt sich aus der Formulierung „wie bereits dargelegt", durch die der *BGH* eindeutig auf seine vorangehenden Erwägungen Bezug nimmt. Auch die Struktur der Entscheidungsgründe, die die vorangestellten allgemeinen Erwägungen im nachfolgenden konkreten Fallbezug wieder aufgreifen, spricht dafür. Schließlich will der *BGH* die begrenzte Aussagekraft der Zielformulierung durch eine Einzelfallermittlung der Bedeutung der Aufgabenbeschreibung lösen[427], was ebenfalls für die synonyme Verwendung der Begriffe spricht. Der Einschränkung ist zuzustimmen, da sie, quasi als Bestätigung, die Maßgeblichkeit des Parteiwillens unterstreicht, der mit dem Vertragstext bekanntermaßen nicht zu 100% deckungsgleich sein muss. Hinsichtlich der Aufgabenbeschreibung auch in Dienstverträgen sei zudem auf die Ausführungen zur Abgrenzung der Dienst- und Werkverträge voneinander verwiesen. Sie ist im FuE-Bereich besonders wichtig, da die Reproduzierbarkeit etwaiger Ergebnisse gerade bei Dienstverträgen von der konkreten Festlegung der Arbeits- und Projektschritte abhängen kann[428].

Insgesamt enthält die Entscheidung des *BGH* viele für die typologische Einordnung von FuE-Leistungen wichtige Aspekte. Dennoch hat sie mit ihrer Unklarheit hinsichtlich der Bereitschaft zur Risikotragung und der Maßgeblichkeit der Risikohöhe statt der Risikoexistenz aber gute Chancen verspielt, klare Verhältnisse zu schaffen. Mit *Roth* bleibt zu sagen, dass „die Abgrenzung des Werkvertrags vom Dienstvertrag seit jeher zweifelhaft [ist] und es auch nach dieser Entscheidung bleiben [wird]"[429].

h. LG Berlin, Urteil vom 12. 05. 2005 (unveröff.)

Das *LG Berlin*[430] hatte über einen Vertrag zu entscheiden, der die Erstellung einer Versuchsanordnung zum Backen von Fertigpizzen betraf und in dessen Rahmen ein nunmehr geltend gemachter Schaden entstanden war.

Für die Abgrenzung von Dienst- und Werkvertrag, die es im Ergebnis zugunsten des Dienstvertrags entscheidet, stellt es, ausgehend von obiger *BGH*-Entscheidung, die Frage, ob „eine Dienstleistung als solche oder als

---

425 *BGH,* Urt. v. 16.07.2002 - X ZR 27/01, BGHZ 151, S.330(332).

426 *BGH,* Urt. v. 16.07.2002 - X ZR 27/01, BGHZ 151, S.330(334).

427 Vgl. *BGH,* Urt. v. 16.07.2002 - X ZR 27/01, BGHZ 151, S.330(334).

428 *Roth,* JZ 2003, S.371(372); *Schmeißer/Zirkel,* MDR 2003, S.849(851); *Zirkel,* in: FS Polter, S.51(67).

429 *Roth,* JZ 2003, S.371.

430 *LG Berlin,* Urt. v.12.05.2005 – 5 O 299/04 (unveröff.).

Arbeitsergebnis deren Erfolg geschuldet sei"[431]. Jedoch stellt es nicht, wie der *BGH*, auf den parteilichen Einstandswillen, sondern darauf ab, ob die Vereinbarung ein bestimmtes „Erfolgsergebnis […] im Sinne der Herstellung eines Infrarotbackofens" vorgesehen habe[432]. Es favorisiert die Handlungsmotivation und fällt damit prompt der unklaren Formulierung des *BGH* zum Opfer. Dieses Missverständnis ist geeignet, der im Allgemeinen positiven Tendenz ein Ende zu setzen und umso bedauerlicher, als die Aussichten für eine eindeutige Klarstellung so gut waren.

Im Übrigen zieht das *LG* bei Fehlen einer ausdrücklichen Regelung zutreffend die Umstände des konkreten Einzelfalls heran[433]. Deren ersten sieht es in der Erfolgswahrscheinlichkeit des Projekts aus Sicht der Parteien, aus deren Maß sich proportional das Maß des geschuldeten Erfolgs ableiten lasse. Sie sei im konkreten Fall gering, was sich aus den genutzten Formulierungen sowie aus der vertraglichen Zielrichtung ergebe, die gerade nicht in der Herstellung des Ofens mit festgelegten qualitativen Anforderungen, sondern lediglich in der Ermittlung der Materiallebensdauer und der Erprobung der Backqualität gelegen habe. Die Möglichkeit des Scheiterns sei dem Versuch immanent und das Risiko dem Auftraggeber bekannt gewesen. Da er dieses dennoch nicht dem Beklagten auferlegte, könne er von diesem nun nicht dessen Tragung verlangen[434]. Als weiteres Indiz betont das *LG*, dass Auftragsgegenstand eine gering vergütete Einzelanfertigung war, was gegen einen Werkvertrag spreche, weil die Risikoübernahme i.d.R. besser vergütet werde. Schließlich habe die Auftraggeberin statt einer Mängelrüge versucht, den Schaden selbst zu beheben, woraus geschlossen werden könne, dass sie davon ausging, dieses Risiko selbst tragen zu müssen[435].

Die Ableitung aus der Erfolgswahrscheinlichkeit leuchtet ein, da sie das sowohl in der juristischen als auch gesellschaftlichen Praxis immer wieder anzutreffenden Bestreben eines jeden nach Risikominimierung und Absicherung widerspiegelt. Auch der Rückgriff auf die Verkehrsübung ist objektiv dem Beweis zugänglich und hinsichtlich der steigenden Vergütungshöhe schon aufgrund wirtschaftlicher Überlegungen nicht von der Hand zu weisen.

Im Ergebnis muss sich auch das *LG Berlin* vorhalten lassen, das Unterscheidungskriterium zwischen Dienst- und Werkvertragsrecht nicht klar benannt zu haben; es hat aber zutreffend die Bedeutung sowohl der Er-

---

431 *LG Berlin*, Urt. v.12.05.2005 – 5 O 299/04 (unveröff.), S.4.

432 *LG Berlin*, Urt. v.12.05.2005 – 5 O 299/04 (unveröff.), S.6.

433 *LG Berlin*, Urt. v.12.05.2005 – 5 O 299/04 (unveröff.), S.6.

434 *LG Berlin*, Urt. v.12.05.2005 – 5 O 299/04 (unveröff.), S.7.

435 *LG Berlin*, Urt. v.12.05.2005 – 5 O 299/04 (unveröff.), S.8.

folgswahrscheinlichkeit als auch der finanziell besseren Vergütung der Risikotragung erkannt.

i. Zusammenfassung und Stellungnahme

Die Rspr. zur vertragstypologischen Einordnung von FuE-Leistungen ist noch immer dürftig, zumal die Einordnung, wie gesehen, teils eine nur marginale Rolle spielt.

Anlass des Einordnungsbedürfnisses ist oft ein Streit über den Umfang der vertraglich geschuldeten Leistungen, für dessen Ermittlung auf die anwendbaren gesetzlichen Vorschriften zurückgegriffen wird. Die Gefahr der Verkennung des Wesens der typologischen Einordnung ist immer präsent[436]. Hinsichtlich der Abgrenzung selbst wurde die Chance einer eindeutigen Klarstellung vertan, findet sich aber, jedenfalls in der neueren Rspr., erfreulich oft das Kriterium der Risikotragungsbereitschaft.

Das Instrument der Vertragsauslegung wird oft und zunehmend ausführlich angewendet, wobei die Maßgeblichkeit des Parteiwillens nicht nur ausdrücklich im aktuellsten Urteil des *BGH*, sondern konkludent auch in den übrigen Entscheidungen deutlich wird. Der Rückgriff auf die Umstände des Einzelfalls offenbart viele Indizien, unter denen sich insb. die finanzielle Situation der Parteien, die Gewährung von Forschungsförderung, die Inhalte von Machbarkeitsstudien und die Risikohöhe aus Parteisicht als aussagekräftig erweisen.

Die Optionen der Typik oder Atypik der FuE-Leistungen werden allein vom BAG ausdrücklich angesprochen, während sie i.Ü. selbst vom *LG Hannover*, welches sich hierzu im Hinblick auf den Vertrag als Gesamtheit hervorgetan hat, nicht erörtert werden. Auch die Möglichkeit der Einordnung als Werklieferung bleibt unerwähnt.

Bei der Ergebnisfindung favorisieren die Urteile des RG klar das Werkrecht, tendieren die übrigen Entscheidungen, ohne dass sich eine entsprechende Festlegung findet, aber deutlich zum Dienstrecht. Sie setzen angesichts der charakteristischen Unwägbarkeit von Forschung und Entwicklung die Anforderungen an die Risikoübernahme herauf, indem sie unter Verweis auf die Verkehrsübung ein Regel-Ausnahme-Verhältnis dergestalt etablieren, dass der Einstandswille des Auftragnehmers im Verhältnis zur Existenz oder steigenden Höhe des FuE-Risikos abnehme oder gar nicht vorliege. Das Werkrecht ist die zu vereinbarende oder mit einem geringeren Risiko einhergehende Ausnahme.

---

436 Vgl. hierzu bereits oben: § 4.B.II.3.c.bb.

3. Die Einordnung in der Literatur

Die Versuche der vertragstypologischen Einordnung von FuE-Leistungen in der Literatur sind in Inhalt, Umfang und Ergebnis sehr verschieden.

a. Definition der Grenzen

Allein die Qualifizierung der FuE-Leistungen als einordnungsrelevante Hauptpflicht ist klar und allgemein anerkannt. Die in Betracht kommenden Normen liegen im Dienst-, Werk- und, anders als bei der Rspr., auch im Kaufvertragsrecht.

Während die Voraussetzungen der Verweisung des § 651 S.1 BGB vergleichsweise klar sind, gestaltet sich die Abgrenzung von Dienst- und Werkvertrag auch hier als schwierig. Zwar wird als Bezugsgröße oft die Bereitschaft zur Risikotragung herangezogen[437], es findet sich nach wie vor aber auch die Perspektive der Handlungsmotivation[438]. Es verwundert kaum, das dargestellte Umsetzungsproblem, welches beide Ansätze mehr oder weniger gewinnbringend nebeneinander verwendet, auch hier zu finden[439].

b. Subsumtion des Vertrags

Zur Beantwortung der Frage, ob das gewählte Abgrenzungskriterium tatsächlich gegeben ist, greift die Literatur regelmäßig auf das Instrument der Vertragsauslegung zurück. Hierzu kursieren vielfältige Ansätze, die zwar, wie gesehen, nicht alle nach der Bereitschaft zur Risikotragung fragen, aber dennoch durchaus für deren Ermittlung fruchtbar gemacht werden können.

Als Ausgangspunkt und zugleich Korrektiv der Auslegung wird, insb. seit Ergehen der in diesem Aspekt leitenden Entscheidung des *BGH*[440], nahezu einheitlich der im jeweiligen Einzelfall konkret zum Ausdruck kom-

---

437 *Beaumart*, in: FuE-Verträge in Wissenschaft und Technik, S.39(43); *Möffert*, Der FuE-Vertrag, S.42; *Nicklisch*, in: FuE-Verträge in Wissenschaft und Technik, S.5(11); *Wündisch*, FuE-Vertrag, Anm.3.

438 jurisPK-BGB/*Lapp*, § 651 Rn.19; jurisPK-BGB/*Rösch*, § 631 Rn.9; *Pagenberg/Beier*, Muster 9 Rn.7; *Plander/Schiek*, RdA 1990, S.219(223); *Rosenberger*, Verträge über FuE, Kap.6 Rn.16; *Schmeißer/Zirkel*, MDR 2003, S.849(850); *Palandt/Sprau*, Einf. vor § 631 Rn.23 .

439 *Koch*, Haftungsfreizeichnung, S.42-43; *Möffert*, in: Münchner Vertragshandbuch 2, Forschungsvertrag, Anm.7; *Schmeißer/Zirkel*, MDR 2003, S.849(850); *Ulsenheimer*, S.174.

440 *BGH*, Urt. v. 16.07.2002 - X ZR 27/01, BGHZ 151, S.330 ff.

mende tatsächliche Parteiwille gehandelt[441]. Hier ist insoweit Vorsicht geboten, als dieser an sich mit keiner inhaltlichen Wertung besetzt ist und deshalb einen Informationswert erst durch seine Zielrichtung erlangt. Wer als maßgebend nur den Parteiwillen, nicht aber dessen Richtung benennt, fischt ohne Haken im Trüben und gelangt bestenfalls zu schlecht nachvollziehbaren Ergebnissen. Neben dem Parteiwillen werden die Natur der Vertragspflichten[442] und die Art von deren Durchführung[443] sowie alle sonstigen Umstände, die den Parteien bekannt und erkennbar waren[444], herangezogen.

Fairnesserwägungen finden sich hier und da[445]. Teils werden sie ausdrücklich in den Abgrenzungsprozess eingeordnet und hinsichtlich ihrer Bedeutung kanalisiert, indem, wie erwähnt, die vertraglichen Abreden daran gemessen werden, ob eine Partei „nach Treu und Glauben mit Rücksicht auf die Verkehrssitte (§ 157 BGB) hat annehmen dürfen", dass die jeweils andere Partei sie so verstanden habe, wie sie verstanden werden wollte[446]. Auch wird, da sich jede Auslegung an den Grundsätzen von Treu und Glauben sowie der Verkehrssitte messen lassen muss, überprüft, ob die Risikoverteilung selbst angemessen ist[447].

Letztlich ist allen Ansätzen gemein, dass sie auf teils umfängliche, im Folgenden noch genau zu erörternde Indiziensträuße zurückgreifen und diese auswerten.

c. Einordnungsergebnisse

Das Spektrum schon allein der zum Dienst- und Werkvertragsrecht gefundenen Ergebnisse ist groß. Teils werden Grundsatzentscheidungen zugunsten des Dienst-[448] oder aber des Werkrechts[449] getroffen, teils wird in Einzel-

---

441 *Beaumart*, in: FuE-Verträge in Wissenschaft und Technik, S.39(43)*Gempe*, S.47; *Nicklisch*, in: FuE-Verträge in Wissenschaft und Technik, S.5(12); *Plander/Schiek*, RdA 1990, S.219(221); *Schmeißer/Zirkel*, MDR 2003, S.849(850); *Wündisch*, FuE-Vertrag, Anm.3.

442 *Schmeißer/Zirkel*, MDR 2003, S.849(850).

443 *Plander/Schiek*, RdA 1990, S.219(221).

444 *Plander/Schiek*, RdA 1990, S.219(225).

445 So etwa bei *Möffert*, in: Münchner Vertragshandbuch 2, Forschungsvertrag, Anm.7, der meint, dass der faire Auftraggeber eines Forschungsvertrags kein Erfolgsversprechen verlangen dürfe.

446 *Plander/Schiek*, RdA 1990, S.219(225).

447 *Plander/Schiek*, RdA 1990, S.219(225); *Ulsenheimer*, S.175.

448 *Groß*, FuE-Vertrag, S.16; *Roth*, JZ 2003, S.371(372).

fallprüfungen das eine oder das andere für möglich gehalten[450], teils wird der Forschungsbereich immer dem Dienst- bzw. der Entwicklungsbereich immer dem Werkrecht angegliedert[451] und teils werden dienst- und werkrechtliche Vorschriften schließlich auch gleichzeitig hinsichtlich der dann atypischen Leistungen für anwendbar erklärt[452].

Eine Besonderheit findet sich bei einem Teil der Literatur[453], der die FuE-Komponenten tatsächlich oder gedanklich auf separate Verträge aufteilt und sodann die Forschungsverträge grundsätzlich dem Dienst-, die Entwicklungsverträge hingegen regelmäßig dem Werkrecht zuordnet. Diese Trennung ist schon angesichts der oftmals fließenden Übergänge fragwürdig; Vorteile hat sie nicht[454]. Zudem hat sie auf die Ergebnisse der typologischen Einordnung keine Auswirkungen.

Wird die Atypik der FuE-Leistungen bejaht, so werden diese jedenfalls als atypisch i.w.S. qualifiziert, während es darüber hinaus aber verschiedene Ansichten gibt. *Wündisch* etwa definiert in seinem Vertragsmuster die Zusammenfassung von Komponenten des Werk- und Dienstvertrags als typengemischten Vertrag[455], nach der Terminologie dieser Arbeit ganz allgemein als atypischen Vertrag i.w.S. Teils[456] werden die FuE-Leistungen konkreter als Typenverschmelzung charakterisiert. Jedoch wird mit der Begründung dieser Charakterisierung, nach der die Vertragskomponenten nur in ihrer Gesamtheit ein sinnvolles Ganzes ergeben, wiederum allein das Vorliegen eines atypischen Vertrags i.w.S. bejaht. *Beaumart* sieht die FuE-Leistungen allem Anschein nach ebenfalls als Typenverschmelzung an, äußert sich aber nicht ausdrücklich[457].

---

449 *Staudinger/Peters/Jakoby*, Neubearb. 2008, Vorbem. zu §§ 631 ff Rn.31; *Ulsenheimer*, S.175; *Winzer*, FuE-Verträge, Teil 3 Rn.28.

450 *Beaumart*, in: FuE-Verträge in Wissenschaft und Technik, S.39(43); *Gempe*, S.44; *Lapp*, Juris PK-BGB, § 651 Rn.19; *Palandt/Sprau*, Einf. v. § 631 Rn.23.

451 So für Forschungsleistungen: *MüKo/Busche*, § 631 Rn. 260; *Möffert* in: Münchner Vertragshandbuch 2, Forschungsvertrag, Anm.7; *Over*, S.83; *Plander/Schiek*, RdA 1990, S.219(223); für Entwicklungsleistungen: *Möffert* in: Münchner Vertragshandbuch 2, Entwicklungsvertrag, Anm.1; *Plander/Schiek*, RdA 1990, S.219(223).

452 So zu verstehen *Nicklisch*, in: FuE-Verträge in Wissenschaft und Technik, S.5(12); auch *Beaumart*, in: FuE-Verträge in Wissenschaft und Technik, S.39(40).

453 *Möffert*, Der FuE-Vertrag, S.1 und 42; *ders.*, in: Münchner Vertragshandbuch 2, Forschungsvertrag, Anm.7, Entwicklungsvertrag, Anm.1; Sandberger in: FuE-Verträge in Wissenschaft und Technik, S.17 und 19; im Ergebnis ebenso *Beaumart*, in: FuE-Verträge in Wissenschaft und Technik, S.39(55).

454 So auch *Winzer*, FuE-Verträge, Teil 3 Rn.5.

455 *Wündisch*, FuE-Vertrag, Anm.3.

456 So *Schmeißer/Zirkel*, MDR 2003, S.849.

457 *Beaumart*, in: FuE-Verträge in Wissenschaft und Technik, S.39(40).

Im Hinblick auf die Anwendbarkeit des Kaufrechts besteht insoweit Einigkeit, als die Voraussetzungen des § 651 S.1 BGB nur in Ausnahmefällen als gegeben angesehen werden: dann nämlich, wenn deren Gegenstand nicht die geistige Leistung, sondern die Lieferung beweglicher Sachen ist[458].

d. Zusammenfassung

Eine Gesamtbetrachtung aller Einordnungsversuche von FuE-Leistungen in der Literatur lässt das Kaufrecht als Ausnahmefall weit abgeschlagen zurück, während sich die schon in der Rspr. beobachtete Tendenz zugunsten des Dienstrechts und gegen das Werkrecht bestätigt[459]. Im Vergleich zur Rspr. sind die aufgezeigten Einordnungen vielfältiger, was nicht zuletzt die Möglichkeit einer Atypik von FuE-Leistungen bestätigt. Teils werden aber auch ohne eigene Vorschläge schlicht die Kriterien des *BGH* übernommen.

4. Die Einordnung in der Kautelarpraxis

Die untersuchten Vertragsmuster enthalten oft Aussagen zu ihrer typologischen Einordnung, legen sich zumeist aber nicht endgültig fest, sondern lassen verschiedene Varianten offen, die für den konkreten Fall angepasst werden können und sollen[460]. Während *Wündisch* eine Mischform mit dienst- und werkvertraglichen Elementen vorschlägt[461], tendiert die Praxis mit ihrer Ergebnisorientierung ohne Ergebnisverpflichtung i.Ü. eher zur Anwendung des Dienstrechts[462]. Da die Musterverträge zumeist von den Anbietern von FuE-Leistungen erstellt werden[463], mag dieser Befund deren Interessen widerspiegeln, beidseitig repräsentativ ist er aber nicht.

Die Berliner, Hamburger und Düsseldorfer Verträge enthalten zur typologischen Einordnung der FuE-Leistungen keine Aussagen.

---

458 *Beaumart*, in: FuE-Verträge in Wissenschaft und Technik, S.39(50); *Schmeißer/Zirkel*, MDR 2003, S.849; *Palandt/Sprau*, § 651 Rn.4; *Wündisch*, FuE-Vertrag, Anm.3.

459 So auch *Roth*, JZ 2003, S.371(372).

460 *Groß*, FuE-Vertrag, S.2; *Wündisch*, FuE-Vertrag, Anm.3; ähnlich auch *Möffert*, in: Münchner Vertragshandbuch 2, Forschungsvertrag, Anm.7.

461 *Wündisch*, FuE-Vertrag, Anm.3.

462 So hinsichtlich von Forschungsverträgen *Möffert*, in: Münchner Vertragshandbuch 2, Forschungsvertrag, Anm.7; hinsichtlich von Beratungsaufträgen *Rosenberger*, Verträge über FuE, Kap.6 Rn.16; zu diesem Ergebnis kommt auch *Ullrich*, in: FS Fikentscher, S.298(306, 307).

463 *Ullrich*, in: FS Fikentscher, S.298(307).

II. Die typische Einordnung

Nachdem die Möglichkeit einer typischen Einordnung von FuE-Leistungen in Rspr. und Literatur bejaht und im vorigen Kapitel hinsichtlich der Forschungsförderungsverträge als Option angedeutet wurde, wird sie nunmehr ausführlich überprüft.

Konkret liegt sie vor, wenn die FuE-Leistungen sich ganz dem Dienst- oder aber dem Werkrecht zuordnen lassen. Die Charakteristika weiterer typischer Verträge kommen nicht infrage. Die Einordnung knüpft an den Vertrag selbst und dessen ausdrückliche Feststellungen an. Erst wenn der Vertragstext aufgrund von Unklarheiten oder Lücken keine eindeutige Aussage enthält, kommt mit einem Strauß von Indizien die Auslegung zum Zuge. In einem letzten Schritt werden die bisherigen Ergebnisse durch eine Betrachtung des Vertrags als Gesamtheit verifiziert[464].

1. Ausdrückliche Feststellungen im Vertrag

Die Ermittlung der vertraglichen Risikoverteilung muss immer zunächst die ausdrücklichen oder eindeutigen konkludenten Feststellungen im Vertrag selbst in Augenschein nehmen. Da aber nicht jede ausdrückliche Feststellung auch eindeutig oder überhaupt aussagekräftig ist, ist Vorsicht geboten.

a. Benennung der Hauptpflicht

Schon die Benennung der vertraglichen Hauptpflicht in deren tatsächlichem Inhalt und rechtlichem Umfang ist problematisch.

Die inhaltliche Komponente dieser Benennung bezieht sich auf den betroffenen Wissenschaftsbereich, die rein tatsächlich zu leistenden Arbeitsschritte und die zu erlangenden technischen oder sonstigen Spezifikationen. Sie ist als fachliche Aufgabenbeschreibung unverzichtbar und kann mit einer geschuldeten „Mitarbeit am Projekt A“ oder aber dem „zu erreichenden Ziel B“ auf das Dienst- oder Werkrecht hindeuten. Dennoch ist sie, allein betrachtet, für eine typologische Einordnung genauso unzuverlässig wie die Betrachtung der Erfolgsbezogenheit als reine Handlungsmotivation und gelangt deshalb nur schwerlich zu eindeutigen Ergebnissen. Der Umfang der Leistungspflicht ist demggü. ungleich klarer, da er als rechtliche Komponente offenbart, in welchem Maße der Versprechende für deren Erbringung einzustehen bereit ist. Diese Risikotragung kann sich konkludent aus der inhaltlichen Beschreibung ergeben, sollte aber, ihrer Bedeutung

---

[464] Hierzu **Anhang 14** f.

entsprechend und wo immer möglich, ausdrücklich und eindeutig bestätigt werden[465]. Die Subsumtion fiele dann leicht, da sich der zustimmende Parteiwille aus der eindeutigen Vereinbarung ergäbe.

Die Benennung der vertraglichen Hauptpflicht soll mit unverminderter Sorgfalt betrieben werden, bedarf als einordnungsrelevante vertragliche Feststellung aber immer auch einer entsprechenden Regelung ihres rechtlichen Umfangs.

b. Typenspezifische Begriffswahl

Erheblich zweifelhafter ist demggü. der Versuch, den Vertragsinhalt aus der verwendeten vertraglichen Begriffswahl abzuleiten. Ein solcher Ansatz liegt nahe, da viele Verträge eine ausdrückliche Bezeichnung etwa als „Dienstvertrag" oder „Werkvertrag" enthalten oder aber sonstige typologisch vorbelastete Begriffe wie „Kaufpreis" oder „Werklohn" oder das Zurverfügungstellen von „Diensten"[466] nutzen.

aa. Meinungsbild

Jedoch wird die typenspezifische Begriffswahl als durchaus nicht unproblematisch diskutiert. Der *BGH* äußerte sich bereits 1983 zu dieser Problematik und erklärte die Begriffswahl, im konkreten Fall die mehrfache Bezeichnung der Vergütung als „Kaufpreis", als für die Rechtsnatur des Vertrags belanglos[467]. Auch das *OLG Düsseldorf*[468] beurteilte die bloße Typenbenennung als ggü. dem tatsächlichen Parteiwillen absolut nachrangig. Es hält in Bezug auf die Erstellung eines EDV-Warenwirtschaftssystems das Werkrecht für anwendbar, obwohl die AGB des Auftragnehmers von Dienstleistung und -vertrag sprechen, ein sofortiges Kündigungsrecht besteht und die Vergütung auf Stundenlohnbasis gezahlt wird. Als Grund nennt es den erfolgsbezogenen Parteiwillen, hinter dem die übrigen, dienstvertragstypischen Leistungen zurückträten[469]. Auch die juristische Literatur beurteilt

---

465 Hierfür plädieren auch: *Möffert,* in: Münchner Vertragshandbuch 2, Forschungsvertrag, Anm.20; *Schmeißer/Zirkel*, MDR 2003, S.849(853).

466 So *Möffert*, Der FuE-Vertrag, S.44, der ein entscheidendes Kriterium zugunsten der Einordnung seines Muster-Forschungsvertrags als Dienstvertrag in der Formulierung sieht, dass der Auftragnehmer „seine Dienste" zur Verfügung stellt.

467 m.w.N. *BGH*, Urt. v. 10.03.1983 – VII ZR 302/82, BGHZ 87, S.112(117).

468 *OLG Düsseldorf*, Urt. v. 18.07.1997 – 22 U 3/97, NJW-RR 1998, S.345(346).

469 *OLG Düsseldorf*, Urt. v. 18.07.1997 – 22 U 3/97, NJW-RR 1998, S.345.

die Aussagekraft der typenspezifischen Begriffswahl mit Hinweis auf den vorrangigen Parteiwillen kritisch[470].

bb. Stellungnahme

Zurückhaltung ggü. der Aussagekraft bloßer Begrifflichkeiten ist angebracht. Der Grund hierfür liegt in der wiederholt erörterten Maßgeblichkeit des tatsächlichen Parteiwillens, hinter dem abweichende Begrifflichkeiten zurückbleiben müssen, zumal eine Differenz zwischen Formulierung und Parteiwillen aus verschiedenen Gründen alles andere als unwahrscheinlich ist.

So können Abweichungen schon unbewusst entstehen, weil eine juristische Beteiligung am Vertragsschluss nicht zwingend erforderlich ist und deshalb aus finanziellen Gründen gelegentlich unterbleiben wird. Ein Festhalten der Vertragspartner trotz einvernehmlicher Absprachen an fälschlich gewählten Bezeichnungen wäre schlechterdings nicht tragbar. Dass dieses Problem nicht neu ist, verdeutlicht der Lehrsatz der falsa demonstratio non nocet, nach dem die inneren, inhaltlich übereinstimmenden Erklärungstatbestände auch dann Wirkung entfalten, wenn sie sich von den äußeren Erklärungstatbeständen unterscheiden. Eine bloß falsche Bezeichnung schadet somit nicht.

Bedenklich sind zudem die mit einer einseitigen, bewussten Falschbezeichnung einhergehenden Möglichkeiten. Zu einfach wäre es, etwaige an einen Vertragstyp gebundene zwingende oder halb zwingende Regelungen, etwa des Arbeitsrechts[471], zu umgehen. Auch ein Kräfteungleichgewicht zwischen den Vertragsparteien könnte sich leichter zu einer tatsächlichen Benachteiligung auswachsen, wenn der stärkere Partner auf der Bezeichnung seiner Wahl bestehen und dadurch ggf. ungerechtfertigte Vorteile erhalten könnte. Einigen sich beispielsweise die Parteien über eine vergleichsweise niedrige Vergütung samt den geringeren Risiken des Dienstvertragsrechts, betitelt der Auftraggeber den Vertrag dann aber im Alleingang als Werkvertrag, so könnte er im schlimmsten Falle eine Erfolgspflicht des Auftragnehmers erstreiten oder zumindest seine eigene Beweissituation verbessern, da mit dem Vertrag typischerweise eine Richtigkeitsgewähr verbunden ist[472]. Diese zu entkräften ist besonders dann schwierig, wenn sich der tatsächliche Geschäftswille etwa nur aus mündlichen Absprachen erschließt. Auch die Tatsache, dass nach § 116 S.1 BGB

---

470 *Brandi-Dohrn*, CR 1998, S.645(649); *Meusel*, S.492; *Plander/Schiek*, RdA 1990, S.219(221) m.w.N.; *Schmeißer/Zirkel*, MDR 2003, S.849(850).

471 *Plander/Schiek*, RdA 1990, S.219(221) m.w.N.

472 *Palandt/Heinrichs*, Einf. v. § 145 Rn.13.

der geheime Vorbehalt, das Erklärte nicht zu wollen, unbeachtlich bleibt, nützt dem Auftragnehmer letztlich wenig, da er diesen Vorbehalt beweisen muss. Zwar greifen auch hier ggf. die Grundsätze der Vertragsgerechtigkeit, deren enge Voraussetzungen lassen aber viel Spiel für Missbrauch. Schließlich wäre eine zu große Gewichtung der Begriffswahl das beste Beispiel für die verpönte Buchstabeninterpretation, deren Anwendung den ausgeklügelten Auslegungsgrundsätzen des BGB hohnlachen würde.

Insgesamt darf aufgrund der großen Wahrscheinlichkeit beabsichtigter oder unbeabsichtigter Abweichungen zwischen Begriffswahl und Parteiwille der Begriffswahl keine alleinentscheidende Aussagekraft zukommen. Sie ist nicht geeignet, den tatsächlichen Vertragsinhalt in objektiver und befriedigender Weise wiederzugeben. Zwar ist die Begriffswahl als Indiz für die Ermittlung des Parteiwillens nicht völlig unbedeutend, eine darüber hinausgehende Aussagekraft hat sie aber nicht.

c. Gesetzesverweise

Ebenfalls nicht unproblematisch sind vertragliche Verweise auf anwendbare gesetzliche Regelungen. Sie werden wenig diskutiert; fraglich ist aber, ob sie bei der Ermittlung des Vertragsinhalts anders als typenspezifische Begriffe gehandhabt werden sollten.

Teils wird dies verneint, wenn der Verweis sich generell auf sämtliche gesetzlichen Regelungen des betroffenen Vertragstyps erstreckt[473], da er insoweit einer namentlichen Benennung dieses Typs gleichstehe, die allein wiederum den Parteiwillen nicht hinreichend berücksichtige[474]. Zwar ist die Benennung von Paragrafen durchaus konkreter als die Verwendung sonstiger Begrifflichkeiten, deren Verständnis im Sprachgebrauch nicht mit ihrer juristischen Wertebesetzung übereinstimmt und die deshalb oft missverstanden werden. Dennoch ist eine solch pauschale Bezugnahme noch immer zu allgemein, als dass sich aus ihr vernünftigerweise ein übereinstimmender Parteiwille hinsichtlich aller enthaltenen Regelungen ableiten ließe. Auf die sich ergebenden Missbrauchsmöglichkeiten sei, wiederum unter Bezugnahme auf die Grundsätze der Vertragsgerechtigkeit, nur ergänzend hingewiesen. Folglich ist die pauschale Verweisung auf einen Vertragstyp, sei diese namentlich oder unter Zusammenfassung aller relevanten Paragrafen, allein nicht aussagekräftig hinsichtlich der vertragstypologischen Einordnung.

---

473 So aber der Vorschlag von *Schmeißer/Zirkel*, MDR 2003, S.849(853) und *Ullrich*, in: FS Fikentscher, S.298(306).

474 *Staudinger/Peters/Jacoby*, Neubearb. 2008, Vorbem. zu §§ 631 ff Rn.29.

Anders kann die Aussagekraft eines Gesetzesverweises aber dann beurteilt werden, wenn der Verweis nur einige wenige oder gar eine einzelne konkrete Regelung betrifft[475]. Je genauer die Benennung ist, desto höher ist in aller Regel auch der Bewusstseinsgrad, mit dem die Parteien gerade diese Bestimmung in ihren Vertrag einbeziehen wollten. Zudem ist die Regelung dann erheblich klarer und gewährt den beteiligten Parteien ein größeres Maß an Rechtssicherheit.

Insgesamt haben pauschale Gesetzesverweise nur eine geringe Aussagekraft, können Verweise auf einzelne anwendbare gesetzliche Regelungen aber durchaus Klarheit darüber verschaffen, welchem Typ der fragliche Vertrag oder dessen Komponente angehören soll.

2. Indizien

Die Indizien, die für eine vertragstypologische Einordnung der FuE-Leistungen herangezogen werden können, müssen hinsichtlich der vertraglichen Risikoverteilung aussagekräftig sein. Sie lassen sich unter Einbeziehung der typenspezifischen gesetzlichen und sonstigen Besonderheiten in parteibezogene, tätigkeitsbezogene organisatorische und tätigkeitsbezogene inhaltliche Gesichtspunkte unterteilen[476].

a. Fairnessgesichtspunkte

Den genannten Indizien vorangestellt tauchen immer wieder Gesichtspunkte der Fairness auf. Sie können aus der Vertragsauslegung nicht weggedacht werden, sind aber, wie angedeutet, im FuE-Bereich besonders brisant, da die scheinbare Gegensätzlichkeit von Fairness und Risiko angesichts des vergleichsweise hohen FuE-Risikos umso deutlicher zutage tritt. Die Ermittlung der Risikoverteilung wird in erheblichem und sehr bedenklichem Ausmaß unter Berufung auf Fairness versucht.

Oft wird etwa – dies haben die vergangenen Ausführungen angedeutet und werden die folgenden bestätigen – das Risiko schon an sich, also in seiner bloßen Existenz, mit einem Nachteil gleichgesetzt, von dessen fehlender Rechtfertigung schlicht ausgegangen wird. Bei Pflege dieser scheinbaren Gegensätzlichkeit ergibt sich die kuriose Konsequenz, dass eine Risikotragung nur dann bejaht wird, wenn ein Risiko gar nicht vorliegt.

Problematisch ist hieran zunächst, dass die behauptete Gegensätzlichkeit durchaus kein Dogma ist. Vielmehr ist sie trügerisch, denn Fairness

---

475 *Staudinger/Peters/Jacoby*, Neubearb. 2008, Vorbem. zu §§ 631 ff Rn.29.

476 Hierzu **Anhang 15**.

wird nicht durch das Fehlen von einseitigen Risiken, sondern durch deren angemessenen Ausgleich definiert. Dieser Ausgleich kann im Vertrag selbst enthalten sein, sich genauso gut aber auch außerhalb von diesem, etwa im Interesse an Kundenbindung oder Bewahrung einer marktführenden Stellung, verwirklichen. Das Vorliegen eines einseitigen vertraglichen Risikos besitzt keine Aussagekraft hinsichtlich der Fairness des betroffenen Vertrags. Es muss kein Nachteil sein.

Selbst dann aber, wenn der Schein der Gegensätzlichkeit nicht trügt, ist Vorsicht geboten, da eine Verdammung bzw. faktische Vermeidung des Abschlusses einseitig nachteiliger Verträge die Vertragsfreiheit unangemessen beschränken würde.

Zudem würde eine solche Vermeidungsstrategie dazu führen, dass FuE-Aufträge unter Fairnessgesichtspunkten in aller Regel zugunsten der Auftragnehmer als Dienstverträge eingeordnet werden müssten, weil sie von Natur aus besonders risikobehaftet sind. Der Auftraggeber eines Dienstvertrags trüge bei dieser Sichtweise mit den gedeckelten Kosten der vereinbarten Vergütung immer ein vergleichsweise geringeres Risiko als der Auftragnehmer eines Werkvertrags, der bei einem nicht erfüllten Erfolgsversprechen nicht nur die Vergütungsgefahr trüge, sondern darüber hinaus ggf. Nachbesserungskosten sowie Verzugs- und sonstige Schäden zahlen müsste. Eine derartige Schwarz-Weiß-Malerei kann nicht gewollt sein.

Eine weitere Stilblüte findet sich bei *Ulsenheimer*, der seine Einordnung der Verträge in das Werkrecht damit begründet, dass die diesbezügliche Dienstvertragstendenz in Musterverträgen von dem offensichtlichen Bestreben geleitet sei, „dem werkvertraglichen Leistungsstörungsrecht auszuweichen". Hierfür bestünde kein Bedarf, wenn die Verträge nicht tatsächlich Werkverträge seien[477]. Mit dieser Argumentation suggeriert *Ulsenheimer* nicht nur fälschlich die Existenz eines in seiner rechtlichen Qualifikation abschließend festgelegten und immer gleichen Grundtyps des FuE-Auftrags, sondern besetzt auch das Bestreben der Auftragnehmer nach Interessenwahrung negativ[478], ohne die eigene Parteiergreifung zugunsten der Auftraggeber zu rechtfertigen. Diese Gefahr des, auch unbewussten, Lobbyismus zugunsten einer Seite ist beim Rückgriff auf Fairness sehr groß.

Schließlich ist selbst in Fällen einer tatsächlich stark unangemessenen Risikoverteilung Vorsicht geboten. Steht die Verteilung nämlich eindeutig fest, ist für Fairness im Rahmen der Auslegung schon mangels Auslegungsbedürfnis kein Raum. Die Fairness darf nur dann infrage gestellt

---

477 *Ulsenheimer*, S.175.

478 Vgl. auch *Ulsenheimer*, S.81.

werden, wenn die Vertragsparität gravierend beeinträchtigt ist, Sittenwidrigkeit oder Wucher i.S. des § 138 BGB vorliegen oder der Vertrag der AGB-rechtlichen Inhaltskontrolle nicht standzuhalten vermag.

b. Parteibezogene Gesichtspunkte

Parteibezogene Gesichtspunkte vereinen all diejenigen Indizien, die sich aus der Situation der einzelnen Parteien selbst ableiten lassen.

aa. Besonderes Fachwissen des Auftragnehmers

Ein klassisch parteibezogenes Merkmal besteht im besonderen Fachwissen des Auftragnehmers. Dieses wird zugunsten der Anwendbarkeit des Werkvertragsrechts herangezogen[479], da es, einer „gesellschaftlichen Rollenerwartung“[480] gemäß, den Auftragnehmer befähige, die werkvertraglichen Risiken zu tragen. Dieser Ansicht wird oft entgegengehalten, dass auch die Vereinbarung von Dienstverträgen in aller Regel Fachwissen voraussetzt. Bestes Beispiel ist der Dienstvertragscharakter der ärztlichen Beratung und der Prozessvertretung durch einen Anwalt[481].

Für eine eigene Stellungnahme sei zunächst nochmals an die zustimmungswürdige Ansicht von *Peters/Jacoby* erinnert, nach der die Abgrenzung von Dienst- und Werkverträgen oft schlicht eine Frage der Konvention ist[482]. Die Erwartungshaltung ggü. besonderem Fachwissen beruht auf einem vergleichbar gewachsenen Einverständnis. Zudem kann dieser Erwartungshaltung zugestanden werden, dass die aus einem Wissensvorsprung resultierende Überlegenheit durchaus gewisse Pflichten ggü. dem Vertragspartner mit sich bringen kann. Jedoch darf nicht vergessen werden, dass der entscheidende Unterschied zwischen Dienst- und Werkverträgen die Bereitschaft zur Risikotragung ist. Diese Bereitschaft lässt sich durch die Existenz oder das Fehlen eines besonderen Fachwissens nicht ermitteln. Ebenso mag es zwar zumutbar sein, bei entsprechendem Fachwissen auch das ordnungsgemäße Arbeiten als werkvertraglichen Erfolg zu versprechen; die Zumutbarkeit ersetzt aber das Erfolgsversprechen nicht.

---

479 *Nicklisch,* in: FuE-Verträge in Wissenschaft und Technik, S.5(13); *Staudinger/Peters/Jacoby,* Neubearb. 2008, Vorbem. zu §§ 631 ff Rn.29.

480 *Plander/Schiek,* RdA 1990, S.219(228).

481 *Staudinger/Peters/Jacoby,* Neubearb. 2008, Vorbem. zu §§ 631 ff Rn.29; *Plander/Schiek,* RdA 1990, S.219(228); *Staudinger/Richardi,* Neubearb. 2005, Vorbem. zu §§ 611 ff Rn.28.

482 *Staudinger/Peters/Jacoby,* Neubearb. 2008, Vorbem. zu §§ 631 ff Rn.28.

Somit kann ein besonderes Fachwissen zwar Sorgfalts- und Aufklärungspflichten des Überlegenen ggü. seinem auch potenziellen Vertragspartner generieren, eine Risikotragung konstruiert es aber nicht.

bb. Finanzielle Situation der Parteien

Die in der Rspr. als Indiz vorgeschlagene finanzielle Situation der Parteien kann demggü. sehr wohl einen Bezug zur Risikotragungsbereitschaft haben, da jedes Risiko eine finanzielle Komponente hat. So schließt eine finanzielle Situation, die es dem Auftraggeber nicht erlaubt, Investitionen zu tätigen, die sich, wenn überhaupt, nur mittel- bis langfristig amortisieren, dessen Risikoübernahme zwar nicht aus, macht sie aber ungleich unwahrscheinlicher[483]. Das Werkrecht wäre hier die bessere Wahl. Umgekehrt können schmale Finanzen des Auftragnehmers, erkennbar u.U. an der Notwendigkeit einer Vergütungszahlung in regelmäßigen Raten[484], für das Dienstrecht plädieren. Demgegenüber ist der Umkehrschluss von soliden Finanzen einer Partei auf deren Risikoübernahme als Indiz wesentlich schwächer, weil hier die wirtschaftlichen Zwänge fehlen, die oben gegen die Übernahme streiten.

cc. Wirtschaftliche Ziele der Parteien

Ein ähnlich geartetes Indiz findet sich bei *Martinek*, der vorschlägt, auch die wirtschaftlichen Ziele der Parteien zu berücksichtigen[485]. Konkret empfiehlt er die Beachtung wirtschaftswissenschaftlicher Überlegungen, da regelmäßig erst diese die wahren Motivationen, Intentionen und Interessen der Vertragsparteien in deren vollem Ausmaß sichtbar machten, warnt aber vor einem Diktat dieser Disziplinen[486].

Dieser Ansatz ist im FuE-Bereich ähnlich brisant, wie es die finanziellen Erwägungen sind, die er, wenngleich auf einer höheren Ebene, wieder aufgreift. Er kann im Hinblick auf den parteilichen Risikoeinstandswillen sehr aussagekräftig sein. Hier mehr noch als oben muss aber berücksichtigt werden, dass diese nachträglichen Überlegungen mit dem tatsächlichen Parteiwillen zum Zeitpunkt des Vertragsschlusses nicht übereinstimmen müssen[487]. Die Gefahr missbräuchlicher oder auch nur willkürlicher Ent-

---

483 Vgl. *BGH*, Urt. v. 11.11.1992 – VIII ZR 238/91, NJW 1993, 335.

484 So *BGH*, Urt. v. 16.07.2002 – X ZR 27/01, BGHZ 151, S.330(333).

485 *Martinek*, Moderne Vertragstypen, Bd.I, S.21.

486 *Martinek*, Moderne Vertragstypen, Bd.I, S.29-30.

487 Vgl. bereits oben: § 4.A.II.3.c.cc(2).

scheidungen ist groß, zumal wirtschaftliche Ziele der Parteien in aller Regel nicht Vertragsgegenstand werden. Da sich jedoch die parteiliche Interessenlage, wie noch zu sehen sein wird, in Bezug auf künftige Verträge von einer Problemfrage zum entscheidenden Ansatzpunkt wandelt, werden die wirtschaftlichen Ziele nicht verdammt, sondern auf später verschoben[488].

dd. Rechtlicher Status der Parteien

Schließlich wird zur Ermittlung der Risikotragung auch der rechtliche Status der Vertragsparteien herangezogen. So könne etwa eine (überwiegend) öffentlich-rechtlich gebundene Forschungseinrichtung ein unkalkulierbares Erfolgsrisiko vernünftigerweise nicht übernehmen, da Zuwendungsbedingungen oder Haushaltsrecht, insb. der haushaltsrechtliche Grundsatz der Wirtschaftlichkeit und Sparsamkeit gemäß § 7 I 1 BHO, dem entgegenstünden[489]. Vielmehr müsse eine solche Einrichtung entweder ihre Haftung weitgehend beschränken oder aber sich den geldwerten Vorteil, der sich aus ihrer Risikoübernahme für die Gegenseite ergibt, angemessen vergüten lassen[490].

Für diesen Ansatz spricht, dass der rechtliche Status einer Partei nicht zuletzt ob seiner objektiven Feststellbarkeit und Nachprüfbarkeit gut geeignet ist, Aufschluss über deren Befugnisse bzw. deren rechtliches „Dürfen" zu geben. Dennoch darf, so unwahrscheinlich dies im Einzelfall auch sein mag, nicht vergessen werden, dass das rechtliche „Können" über das „Dürfen" hinausgeht[491]. Mit dieser Einschränkung ist der rechtliche Status der Parteien ein hinsichtlich des Risikotragungswillens ebendieser Parteien aussagekräftiges Indiz.

c. Tätigkeitsbezogene organisatorische Gesichtspunkte

Tätigkeitsbezogene organisatorische Gesichtspunkte beschreiben die Gruppe von Indizien, die nicht die FuE-Leistungen selbst in deren Inhalt und Umfang, sondern all diejenigen Aspekte betreffen, welche die Vertragsdurchführung in Ausgestaltung und Ablauf erläutern, Vergütungsaspekte regeln und den zeitlichen Umfang festlegen. Auch sie enthalten Anhaltspunkte für die Bereitschaft zur Risikotragung.

---

488 Sehr ausführlich unten: § 5.C.IV.2.b.

489 *BGH*, Urt. v. 16.07.2002 - X ZR 27/01, BGHZ 151, S.330(333); Schmeißer/Zirkel, MDR 2003, S.849(852).

490 So Schmeißer/Zirkel, MDR 2003, S.849(853).

491 So *Gempe*, S.45, der mit dieser Begründung den rechtlichen Status einer Partei nur als schwaches Indiz anerkennt.

aa. Eigenverantwortlichkeit und Weisungsfreiheit

Eine erste, klassisch organisatorische Besonderheit ist der Grad der Eigenverantwortlichkeit und Weisungsfreiheit des Auftragnehmers ggü. dem Auftraggeber. Die Frage hiernach ist eine solche nach der sozialen Stellung bzw. der persönlichen und wirtschaftlichen Abhängigkeit[492] und findet ihre Antwort im Grad der Weisungsbindung bzw. der Einbindung in die Arbeitsabläufe des Auftraggebers. Gemeinhin wird diese Antwort so gedeutet, dass der Grad der Eigenverantwortlichkeit bei Werkverträgen hoch sei, während sich Dienstverträge durch eine mehr oder weniger strikte Weisungsbindung auszeichneten[493]. Dies stimmt insoweit, als die Konzeption des Werkrechts mit deren dem Werkunternehmer auferlegten Einstandspflichten kaum tragbar erschiene, wenn dieser für die Ergebnisse eines fremdbestimmten Tätigwerdens haften müsste; der Bezug zur Risikotragung ist also gegeben.

Dennoch ist Vorsicht geboten, da Werkverträge, wie sich aus § 645 I BGB ergibt, keine völlige Weisungsfreiheit erfordern, während Dienstverträge auch bei weitgehend selbständigem Handeln vorliegen können, was die dienstvertraglichen ärztlichen und anwaltlichen Tätigkeiten bestätigen.

(1) Vorliegen einer Weisung

Schon das Vorliegen einer Weisung an sich kann, ob des regelmäßigen Umfangs der vertraglichen Vereinbarungen, schwierig zu ermitteln sein. Keine Antwort bietet ein großer Detailreichtum, weil dieser zwar Weisungsbindung bedeuten, genauso gut aber auch schlicht Zeugnis einer aufwendigen Projekt- und Vertragsgestaltung sein kann. Interessanter ist, wer, ggf. mit welchen Hilfsmitteln oder Partnern, den Arbeitsplan oder dessen einzelne Stufen entworfen und beschlossen hat. Ein nicht über entsprechendes Fachwissen verfügender Auftraggeber wird den Arbeitsplan im Zweifel nicht entwerfen, sondern ihn nur anweisen und ihm später zustimmen. Aufschlussreich ist zudem, wer in welchen Hierarchien zu bindenden Entscheidungen befugt ist und ob etwaige Zwischenberichtspflichten der

---

492 Vgl. *Palandt/Weidenkaff*, Einf. v. § 611 Rn.10.

493 Hierzu bereits *BAG*, Urt. v. 08.02.1962 – 2 AZR 252/60, welches einen Entwicklungsvertrag als Dienstvertrag ansah, weil der beauftragte Ingenieur weisungsgebunden tätig wurde; *Staudinger/Peters/Jacoby*, Neubearb. 2008, Vorbem. zu §§ 631 ff Rn.29; *Ullrich*, in: FS Fikentscher, S.298(305).

Überwachung des Auftragnehmers oder lediglich der Information des Auftraggebers dienen[494].

Je größer die Freiheiten sind, desto geringer ist auch die Weisungsbindung; je umfassender und statisch-zwanghafter die umgebenden Strukturen sind, desto mehr sinkt das Maß an Eigenverantwortlichkeit.

(2) Aussagekraft des Vorliegens einer Weisung

Auch die Aussagekraft einer bejahten Weisung ist alles andere als klar. *Plander/Schiek* etwa differenzieren nach deren Intensität und fordern für eine Bejahung des Werkrechts, dass die nach § 645 I BGB möglichen Anweisungen des Bestellers sich allgemein auf die Ausführung des Projekts beschränken[495]. Die Übernahme des werkrechtlichen Erfolgsrisikos sei nach Treu und Glauben nur dann zumutbar, wenn es tatsächlich noch der Auftragnehmer selbst sei, der auf den versprochenen Erfolg hinwirke. Einen ebenfalls auf § 654 I BGB gegründeten Ansatz verfolgt *Beaumart,* der die Weisungsproblematik aber nicht als Frage der typologischen Einordnung, sondern als solche der Mängelhaftung betrachtet. Die verschuldensunabhängige Gewährleistung des Werkunternehmers greife nicht, wenn die Ursache des Mangels in den Verantwortungsbereich des Bestellers falle. Dies wiederum sei praktisch allein dann der Fall, wenn an dessen nach Vertragsschluss ergangenen Anweisungen zum Verfahren trotz Beanstandung durch den Werkunternehmer festgehalten werde[496].

(3) Stellungnahme

Beide Ansätze enthalten ein Körnchen Wahrheit. Die Intensität erteilter Weisungen ist in Werkverträgen tatsächlich relativ geringer ausgeprägt, da aufgrund der ohnehin greifenden verschuldensunabhängigen Gewährleistung das Bedürfnis für sie kleiner ist. Zugleich schließt richtigerweise eine Verantwortung des Bestellers die Haftung des Werkunternehmers aus. Jedoch spiegelt weder die Abmessung der Weisungsintensität noch die Beschränkung der Frage auf ein Rechtsfolgenproblem die tatsächliche Kautelarpraxis wider, in der trotz Werkvertragscharakter ausführliche Weisungen das Gewollte spezifizieren und Dienstverträge auch weisungsfrei denkbar sind.

---

494 Ausführlich zu Optionen der zwischenparteilichen Kommunikation *Möffert,* in: Münchner Vertragshandbuch 2, Forschungsvertrag, Anm.10, Entwicklungsvertrag, Anm.4.

495 *Plander/Schiek,* RdA 1990, S.219(226).

496 Ausführlich *Beaumart,* in: FuE-Verträge in Wissenschaft und Technik, S.39(46-47).

Übrig bleibt eine Tendenz, die Werkverträge mit geringerer und Dienstverträge mit höherer Weisungsintensität verbindet, wobei diese Schlussfolgerung aber nur vor dem erläuterten Hintergrund und deshalb sehr vorsichtig angestellt werden sollte. Einzige Ausnahme ist der dienstvertragliche Spezialfall des Arbeitsverhältnisses, welches völlig ohne Weisungen nicht denkbar ist, da erst diese die vertraglich versprochene Arbeitskraft in die gewünschten Bahnen lenken.

bb. *Aufgabendelegation an Dritte*

Ein weiterer organisatorischer Unterschied liegt in der etwaigen Befugnis des Auftragnehmers zur Aufgabendelegation, sprich zur Erteilung von Unteraufträgen, an Dritte[497]. Während das Dienstvertragsrecht in § 613 S.1 BGB festlegt, dass der Verpflichtete die Dienste im Zweifel in Person zu leisten hat, kennt das Werkrecht eine solche Beschränkung nicht.

Fraglich ist jedoch, ob dieser Aspekt hinsichtlich der parteilichen Bereitschaft zur Risikotragung als Indiz aussagekräftig ist.

Eine rechtliche Beziehung zwischen dem vertraglichen Einstandswillen und der Aufgabendelegation besteht nicht, da die Aufgabendelegation die Haftung des Versprechenden unberührt lässt. Eine tatsächliche Beziehung könnte konstruiert werden, wenn die Risikoübernahme etwa des Auftragnehmers regelmäßig oder auch nur häufig mit der Erlaubnis oder auch Verweigerung der Aufgabendelegation zusammenfallen würde. Hierfür könnte sprechen, dass Dienstverträge die Aufgabendelegation in aller Regel nicht gestatten werden, weil der Auftraggeber den Auftragnehmer aufgrund von dessen Qualifikation für eben diese Tätigkeit ausgewählt hat. Jedoch kann einerseits dieses Erfordernis persönlicher Leistungserbringung abbedungen werden[498] und bietet andererseits das Werkrecht auch nicht den entsprechenden Gegensatz, da es die Delegation zwar nicht gesetzlich, aus den eben genannten und weiteren Gründen aber oft vertraglich verbietet. So kann auch im Werkvertrag die Qualifikation des Vertragspartners so wichtig sein, dass die andere Seite auf sie nicht verzichten kann oder will. Die speziellen Bedürfnisse im FuE-Bereich unterstützen diese Argumentation mit der Furcht vor dem Abfluss von Information. Oft wird der Auftraggeber mit der Erteilung eines FuE-Auftrags gewisse Informationen zur Spezifizierung der gewollten Leistung an den Auftragnehmer preisgeben müssen, die Know-how, Wissen zu schutzfähigen und noch nicht geschützten Rechten oder sonstige Betriebsgeheimnisse enthalten können. Der

---

497 *Staudinger/Peters/Jacoby*, Neubearb. 2008, Vorbem. zu §§ 631 ff Rn.29.

498 *Möffert*, in: Münchner Vertragshandbuch 2, Forschungsvertrag, Anm.13; *Palandt/Weidenkaff*, § 613 Rn.1.

Schutz dieses Wissens ist essenziell und wird regelmäßig durch umfassende Geheimhaltungsvereinbarungen forciert, welche auch die Aufgabendelegation an Dritte verbieten. Die Kautelarpraxis spiegelt dies wider, indem sie die Vergabe von Unteraufträgen regelmäßig und unabhängig vom Vorliegen eines Dienst- oder Werkvertrags an die vorherige schriftliche Zustimmung des Auftraggebers bindet[499].

Insgesamt ist die Beschränkung der Aufgabendelegation sowohl bei Dienst- als auch bei Werkverträgen nützlich und deshalb weder in tatsächlicher noch in rechtlicher Hinsicht aussagekräftig hinsichtlich der Risikoverteilung.

cc. *Namentliche Benennung von Mitarbeitern*

Die Maßgeblichkeit des Personenbezugs wird von einem weiteren Indiz aufgegriffen, für das ein Blick auf eine etwaige namentliche Benennung des einzusetzenden Personals vorgeschlagen wird. Aus der Benennung von Mitarbeitern mit speziellen Qualifikationen könne darauf geschlossen werden, dass wohl die Tätigkeit im Vordergrund stehe und Dienstrecht greife, während deren Fehlen auf eine stärkere Gewichtung des Ergebnisses hinweise, da dann gleichgültig sei, wer die Leistung erbringe[500].

Jedoch bestehen gegen dieses Herangehen schon deshalb schwerwiegende Bedenken, weil es Dienst- und Werkrecht anhand der Handlungsmotivation unterscheidet, während die tatsächlich maßgebliche Risikotragung außer Betracht bleibt. Darüber hinaus steht diese vermeintliche Gesetzmäßigkeit aber auch deshalb auf tönernen Füßen, da die Gründe für Nennung oder Nichtnennung bestimmter Personalwünsche sehr vielfältig sein können. So kann schlicht das Wissen über Existenz oder Bedeutung dieser Möglichkeit oder gar über die Identität der für die Aufgabe am besten qualifizierten Person fehlen. Auch kann eine ungünstige Verhandlungsposition dieses Privileg nicht zulassen. Eine Identifizierung bestimmter Personen kann das Vertrauen in deren gute Arbeit i.S. eines Dienstvertrags manifestieren, kann genauso gut aber auch eine Rückversicherung für die Qualität des Ergebnisses i.S. eines Werkvertrags oder gar beides bedeuten. Gleichermaßen kann eine Benennung fehlen, weil sie mangels geschuldeten Erfolgs als nicht so wichtig oder aufgrund geschul-

---

499 *Möffert,* in: Münchner Vertragshandbuch 2, Forschungsvertrag, § 2 (6); *ders.*, Entwicklungsvertrag, § 2 (8); *Wündisch,* FuE-Vertrag, § 15; *ders.*, Kooperationsvertrag, § 10.

500 *Möffert,* Der FuE-Vertrag, S.43; *Möffert,* in: Münchner Vertragshandbuch 2, Forschungsvertrag, Anm.7.

deten Erfolgs als nicht so notwendig erachtet wird. Folglich ist die Namensnennung als Indiz nicht aussagekräftig.

dd. Bereitstellung der Arbeits- und Produktionsmittel

Als weiteres Indiz wird die Bereitstellung der Arbeits- und Produktionsmittel vorgeschlagen, weil dies bei Dienstverträgen in aller Regel Aufgabe des Dienstberechtigten sei, während bei Werkverträgen beide Alternativen denkbar seien[501]. Jedoch sind auch hier nur vage Aussagen möglich und lässt sich der Bezug zur Risikotragung wiederum weder rechtlich noch tatsächlich herstellen, da es keine Gesetzmäßigkeit dergestalt gibt, dass die Risikotragung immer an eigene bzw. deren Fehlen immer an fremde Mittel gebunden sein muss.

ee. Vertragliche Vergütungsregelungen

Demgegenüber kann die konkrete Ausgestaltung der vertraglichen Vergütungsregelungen sowohl hinsichtlich der Vergütungshöhe als auch hinsichtlich der konkreten Zahlungsmodalitäten durchaus von Interesse sein.

Die Vergütungshöhe ist in gewissen Grenzen Maßstab für das mit der Vertragsdurchführung verbundene Risiko und, daran anknüpfend, auch für dessen Tragung[502]. Sie kann pauschal festgelegt werden, mit festen Obergrenzen Selbstkosten erstatten oder einen sonstigen Aufwand je nach Projektabschnitt vergüten[503]. Nachteilig ist, dies darf nicht vergessen werden, dass sie allein auf Sympathien, Verhandlungsgeschick, Bindungsbedürfnissen oder sonstigen wirtschaftlichen oder unternehmenspolitischen Entscheidungen beruhen kann. Auch kann unklar bleiben, welcher Teil der Zahlungen welcher Leistung gewidmet sein soll, wenn sich diese Informationen nicht ausdrücklich aus dem Vertrag selbst ergeben[504]. Schließlich wird sich die Bewertung als hoch oder niedrig nur in Relation zu sog. marktüblichen Preisen bestimmen lassen, welche aufwendig empirisch ermittelt werden müssen und am Ende trotz allem den genannten willkürlichen Schwankungen unterliegen. Dennoch kann, in diesen Grenzen, die Vergütungshöhe die vertragliche Risikoverortung durchaus dokumentieren. Ist sie großzügig bemessen, deutet dies auf Risikotragung des Auftragnehmers und damit auf Werkrecht hin, während eine geringe Vergütung eher allein die dienstvertragliche Leistungserbringung bezahlt.

---

501 *Staudinger/Peters/Jacoby*, Neubearb. 2008, Vorbem. zu §§ 631 ff Rn.29.

502 *Plander/Schiek*, RdA 1990, S.219(227).

503 *Ullrich*, in: FS Fikentscher, S.298(299).

504 Vgl. *Plander/Schiek*, RdA 1990, S.219(227).

Demgegenüber sollte der zweite Aspekt der Zahlungsmodalitäten ausdrücklich nur mit großer Vorsicht genutzt werden. Zwar wird die Vergütung im Rahmen von Dienstverträgen typischerweise zeit- bzw. abschnittsbezogen gewährt, während das Werkrecht oft erfolgsbezogen vergütet[505]; keine der genannten Handhabungen ist aber zwingend i.S. einer verbindlichen Gesetzmäßigkeit mit dem Dienst- oder Werkrecht verknüpft[506]. Dem steht schon das BGB selbst entgegen, welches in § 632a S.1 BGB zugunsten des Werkunternehmers Abschlagszahlungen für bereits erbrachte, in sich geschlossene Teile eines Werks vorsieht[507]. Die Vereinbarung von Stundenlöhnen ist gerade bei Werkverträgen alles andere als unüblich. Beispiele finden sich im Baugewerbe und bei der Anfertigung von Sachverständigengutachten[508] und das *OLG Düsseldorf* bejahte das Vorliegen eines Werkvertrags über die Erstellung eines EDV-Warenwirtschaftssystems trotz stundenlohnbasierter Vergütung[509]. Auch im Dienstrecht existieren „untypische" Vergütungsmodalitäten, man denke nur an die Gebühren eines Rechtsanwalts[510]. Konkret zu FuE-Leistungen muss beachtet werden, dass diese eo ipso auf lange Vertragslaufzeiten angelegt sind und schon allein deshalb in aller Regel eine zumindest teilweise abschnittsbezogene Vergütung enthalten werden. Dieses besondere Bedürfnis nimmt ihnen ihre Unterscheidungskraft jedenfalls insoweit, als aus ihnen nicht auf das Vorliegen eines Dienstvertrags geschlossen werden kann[511]. Umgekehrt kann für Werkrecht sprechen, dass die Zahlungsabschnitte nicht durch Zeitablauf, sondern durch Arbeitsfortkommen definiert werden, die Zahlungen also von Zwischenergebnissen und bestenfalls Zwischenabnahmen abhängig sind[512]. Auch die Vorabvereinbarung einer einmaligen, festen Pauschalzahlung schließt das Dienstrecht nicht aus, deutet aber eher auf eine Risikoübernahme durch den Auftragnehmer und damit auf Werkrecht hin.

---

505 So auch *OLG München*, Urt. v. 24.11.1998 – 25 U 2169/98, unveröff., S.6 und *Möffert*, in: Münchner Vertragshandbuch 2, Forschungsvertrag, Anm.7, die dies als abgrenzungstaugliches Indiz bewerten.

506 *OLG Düsseldorf*, Urt. v. 18.07.1997 – 22 U 3/97, NJW-RR 1998, S.345(346); *Roth*, JZ 2003, S.371(372).

507 *Gempe*, S.45.

508 *BGH*, Urt. v. 25.03.1993 - X ZR 17/92, NJW 1993, S.1972.

509 *OLG Düsseldorf*, Urt. v. 18.07.1997 – 22 U 3/97, NJW-RR 1998, S.345.

510 *Staudinger/Peters/Jacoby*, Neubearb. 2008, Vorbem. zu §§ 631 ff Rn.27.

511 A.A. *Plander/Schiek*, RdA 1990, S.219(227).

512 Zustimmend *Koch*, Haftungsfreizeichnung, S.57; *Plander/Schiek*, RdA 1990, S.219(227).

Deutlich für eine Risikoübernahme durch die leistende Partei spricht die Vereinbarung einer sog. Risikoprämie[513]. Eine solche ist als separate finanzielle „Belohnung“ für das Erreichen eines bestimmten Erfolgs sowohl hinsichtlich der Vergütungshöhe als auch der Zahlungsmodalitäten eine Besonderheit und nicht nur leicht erkennbar, sondern auch objektiv dem Beweis zugänglich. In Musterverträgen wird sie nur gelegentlich vorgeschlagen, darf aber in ihrer Bedeutung nicht unterschätzt werden.

Insgesamt ist die Vergütungshöhe durchaus aussagekräftig und findet in der Risikoprämie eine besondere Relevanz, bleiben die Zahlungsmodalitäten aber i.Ü. außer Betracht.

ff. Vertragliche Strafen-, Schadens- und Bonusvereinbarungen

Die Vertragsstrafe ist eine Geldsumme, deren Zahlung der Schuldner dem Gläubiger für den Fall verspricht, dass er eine Verbindlichkeit nicht oder nicht in gehöriger Weise erfüllt (§ 339 S.1 BGB). Bonus-/Malus-Vereinbarungen wollen demggü. mittels Erfolgsprämien oder Strafen Leistungen vermeiden, die zwar im Rahmen der positiven Vertragserfüllung liegen, aber hinter dem Optimum zurückbleiben[514]. Eine pauschalierte Verzugsentschädigung erspart schließlich allein den Beweis des Schadens, ohne, wie die Straf- und Bonus-/Malus-Regelungen, die Erfüllung zu sichern[515].

All diese Vereinbarungen können sich in den risikoträchtigen FuE-Verträgen bezahlt machen, sind aber weder an einen bestimmten Vertragstyp gebunden noch von einem solchen ausgeschlossen. Für die Vertragsstrafe ergibt sich dies aus deren Zulässigkeit selbst in Arbeitsverträgen[516], für die Schadenspauschale aus deren der Vertragsstrafe ggü. sogar noch geringerer Wirkungsintensität. Auch für die Bonus-/Malus-Vereinbarungen kann schließlich nichts anderes gelten, da Boni nicht nur in Werk-, sondern auch in Arbeits- und anderen Dienstverhältnissen vereinbart werden.

Insgesamt haben die genannten Vereinbarungen deshalb für die typologische Einordnung keine Aussagekraft.

---

513 *BGH*, Urt. v. 16.07.2002 - X ZR 27/01, BGHZ 151, S.330(333); zustimmend *Gempe*, S.45; *Schmeißer/Zirkel*, MDR 2003, S.849(850).

514 Ausführlich *Möffert*, in: Münchner Vertragshandbuch 2, Entwicklungsvertrag, Anm. 17.

515 *Möffert*, in: Münchner Vertragshandbuch 2, Entwicklungsvertrag, Anm. 19.

516 *BAG*, Urt. v. 23.06.1982 – 5 AZR 168/80, NJW 1983, S.1575; *BAG*, Urt. v. 04.03.2004 – 8 AZR 196/03, NZA 2004, S.727(729).

gg. Rechteverteilung

Die Rechteverteilung ist im Vertragsgefüge unbestritten bedeutsam, lässt aber nur geringe Rückschlüsse auf die typologische Einordnung der FuE-Leistungen zu. Zwar gehen Werkverträge regelmäßig mit einer vollständigen Übertragung aller entstandenen gewerblichen Schutz- und Urheberrechte vom Auftragnehmer auf den Auftraggeber einher[517]; auch Dienstverträge werden eine solche Übertragung aber regelmäßig enthalten, da der Auftraggeber nicht versäumen wird, sich die Früchte seines ggü. dem Werkrecht höheren Risikos zu sichern. Allein die Anmeldepflicht des Auftraggebers ggü. seinem Arbeitnehmererfinder nach § 13 I 1 ArbnErfG, die Zustimmung des Erfinders zu einer Nichtanmeldung nach § 13 II Nr.2 ArbnErfG oder die berechtigten Belange des Betriebs nach § 17 ArbnErfG deuten, so sie in den Vertrag aufgenommen werden, klar auf das Vorliegen eines Arbeits- und damit Dienstvertrags hin.

hh. Begrenzung der Vertragslaufzeit

Als typenspezifisches organisatorisches Indiz wird schließlich die Begrenzung der Vertragslaufzeit vorgeschlagen. *Plander/Schiek*[518] unterscheiden zwischen sachlichen, an der Dauer der Leistung orientierten Grenzen einerseits und rein zeitlichen Grenzen andererseits, wobei Erstere auf das Vorliegen eines Werkvertrags hindeuteten.

Dieser Zusammenhang zwischen Risikotragung und Vertragslaufzeit ist nachvollziehbar, da jedes Erfolgsversprechen i.S. des Werkrechts zur Wahrung der vertraglichen Klarheit und zur vernünftigen Begrenzung des eigenen Risikos klarer Konturen bedarf. Die Möglichkeit der Ausgestaltung als Dauerschuldverhältnis i.S. des § 314 BGB steht dem nicht entgegen, weil selbst dann die versprochene Leistung in aller Regel nicht in deren Erbringung endlos ausgedehnt, sondern schlicht mehrfach gefordert wird[519]. Problematisch ist allerdings die suggerierte Ausschließlichkeit, nach der sachliche Laufzeitbegrenzungen stets für eine Risikotragung und damit für Werkrecht sprächen. Sie trägt nicht, da, wie § 620 II BGB bestätigt, auch Dienstverträge sachlich und/oder zeitlich befristet sein können. Auch muss, entgegen dem vorgebrachten Ansatz, die Genauigkeit bzw. das Ausreichen der Zeitbestimmung bedeutungslos sein[520], da insb. FuE-Leistungen ob ih-

---

517 Statt vieler *Wündisch*, FuE-Vertrag, Anm.12.

518 *Plander/Schiek*, RdA 1990, S.219(225); skeptisch Staudinger/Richardi, Neubearb. 2005, Vorbem zu §§ 611 ff Rn.32.

519 Vgl. *Palandt/Grüneberg*, § 314 Rn.2.

520 A.A. *Plander/Schiek*, RdA 1990, S.219(225).

rer Unwägbarkeit selbst bei sachgerechter und realistischer Bewertung nicht immer korrekt eingeschätzt werden können. Eine sichere Aussage wäre erst im Nachhinein möglich und würde die typologische Einordnung entsprechend weit herauszögern oder aber sie nachträglichen Änderungen öffnen. Beides kann nicht gewollt sein.

Insgesamt reicht allein eine sachliche Befristung zur Bejahung des Werkrechts nicht aus. Jedoch ist im Gegenzug das völlige Fehlen jedweder Befristung ein deutliches Indiz gegen einen Einstandswillen. Auf Dienstverträge projiziert, ist deren Vorliegen wahrscheinlich, wenn jedwede Befristung fehlt.

d. Tätigkeitsbezogene inhaltliche Gesichtspunkte

Tätigkeitsbezogene inhaltliche Gesichtspunkte umfassen schließlich all jene Indizien, die speziell die FuE-Leistungen selbst betreffen, indem sie deren Inhalt und Umfang, Risikoträchtigkeit und Förderwürdigkeit darstellen.

aa. Einfluss der Unterarten

Zunächst und an das vorherige Kapitel anknüpfend muss auch hier geprüft werden, ob die Unterarten des FuE-Auftrags eine typenspezifische Differenzierung, nunmehr speziell hinsichtlich der FuE-Leistungen, ermöglichen. Dies wäre der Fall, wenn die jeweilige praktische Zweckgebung klare und typenspezifische Unterschiede offenbaren würde.

Die FuE-Leistungen in Forschungsförderungsverträgen können ob des wechselseitigen Austauschverhältnisses von Leistung und „Entgelt"[521] im Dienst- und/oder Werkvertragsrecht verortet werden, zumal § 631 II 2.Alt. BGB auch Tätigkeiten als werkvertraglich geschuldeten Erfolg zulässt. Eine bestimmte Tendenz ist nicht ersichtlich, weshalb allein das Vorliegen dieser Unterart keine Aussagekraft hat. Desgleichen können auch Gutachter- und Beratungs- sowie Projektmitwirkungsverträge sowohl unter das Dienst- als auch unter das Werkvertragsrecht fallen. Eine vorrangige Tendenz gibt es, was Gutachterverträge anbelangt, nicht. Zwar ist das Werkrecht für die selbständige und vollständige Bearbeitung eines konkreten FuE-Projekts auf den ersten Blick die wahrscheinlichste Wahl, insb. im universitären Bereich sind derartige Vereinbarungen mit den dort beschäftigten Wissenschaftlern aber durchaus auch als (zweckbefristete) Arbeitsverträge möglich[522]. Die rechtliche Qualifizierung von Projektmitwirkungsverträgen

---

521 Die Argumentation *Plander/Schieks* gegen die Existenz eines Austauschverhältnisses wurde bereits im Rahmen der Bestimmung der Unterarten entkräftet: § 2.B.III.4.g.

522 So auch *Plander/Schiek*, RdA 1990, S.219(230).

tendiert demggü. aufgrund des Erfordernisses der Eingliederung und Anpassung an bestehende Arbeitsstrukturen eher in Richtung des Dienstvertragsrechts, kann bei thematisch abgegrenzten Aufgaben aber auch unter das Werkvertragsrecht fallen[523].

Alles in allem ist die Aussagekraft der Unterarten des FuE-Auftrags deshalb sehr gering bzw. mit der thematisch abgegrenzten Projektmitwirkung an enge Voraussetzungen geknüpft.

bb. FuE-Risiko

In aller Munde ist zudem das mit den FuE-Leistungen einhergehende Risiko, mit dem in unausgesprochenem Einverständnis nicht jedes, sondern allein dasjenige Risiko gemeint ist, welches sich speziell aus den Unwägbarkeiten von Forschung und Entwicklung ableitet. Da es sich auf Arbeitsschritte und deren Ergebnisse bezieht, kann es klarstellend auch als Ergebnisrisiko, FuE-spezifisches Risiko oder schlicht FuE-Risiko bezeichnet werden[524].

Das FuE-Risiko wird im Wesentlichen auf drei unterschiedliche Arten genutzt, deren erste von dessen schlichter Existenz auf die Anwendbarkeit des Dienstrechts schließt, deren zweite von der Existenz des Risikos auf dessen fehlende Beherrschbarkeit und erst danach wiederum auf Dienstrecht schließt und deren dritte schließlich nur aus einem hohen Risiko die fehlende Beherrschbarkeit samt der Anwendbarkeit des Dienstrechts ableitet. Alle drei Herangehensweisen folgen einer zweistufigen Argumentationskette, in der sie zunächst die Existenz des Risikos bzw. zusätzlich dessen Beherrschbarkeit oder Höhe ermitteln, ehe sie an das erste Ergebnis Rechtsfolgen knüpfen.

(1) Die Ermittlung der Existenz des Risikos

Bei der Ermittlung der Risikoexistenz wird gern generalisierend schlicht auf das Vorliegen von Forschung einerseits oder Entwicklung andererseits abgestellt. Während die Forschung aufgrund ihrer viel zitierten Unwägbarkeit als notwendig risikobehaftet eingeordnet wird, sei das Risiko bei der Entwicklung geringer, da diese sich regelmäßig in den Grenzen des bekannten Standes von Wissenschaft und Technik bewege[525].

---

523 *Plander/Schiek*, RdA 1990, S.219(230).

524 Hierzu **Anhang 16**.

525 *Möffert,* in: Münchner Vertragshandbuch 2, Forschungsvertrag, Anm.7; *Plander/Schiek*, RdA 1990, S.219(223); *Schmeißer/Zirkel*, MDR 2003, S.849(850).

Der Schluss von Forschung auf die Existenz eines Risikos ist berechtigt, da Forschung tatsächlich immer gewissen Unwägbarkeiten unterworfen ist.

Weitaus problematischer ist jedoch die parallel gezogene Konsequenz, dass Entwicklung entscheidend weniger risikobehaftet sei. Zwar kann auch dieses Ergebnis im Einzelfall korrekt sein, in seiner Absolutheit ist es allerdings falsch. Dies zum einen schon deshalb, weil die Grenzen zwischen Forschung und Entwicklung fließend sind. Die obigen Versuche zur Definition von Forschung und Entwicklung bestätigen dies und auch der *BGH*[526] äußert sich in diesem Sinne. Eine Grenzziehung ist schon bei reinen Forschungs- und reinen Entwicklungsleistungen schwierig und gelingt nur dann eindeutig, wenn sich die Entwicklungsarbeiten klar auf den bekannten Stand der Technik beschränken. Besonders problematisch wird sie aber für die Leistungen, die von vornherein sowohl Forschung als auch Entwicklung betreffen, zumal diese den ganz überwiegenden Regelfall verkörpern[527]. In diesen hängt die Entwicklung derart von der Forschung ab, dass sie nur aufgrund der mit der Forschung erlangten Erkenntnisse überhaupt betrieben werden kann. Es müsste der exakte Zeitpunkt gefunden werden, an dem die Forschung zugunsten der Entwicklung völlig abgeschlossen ist, was aufgrund einander überlagernder und parallel zueinander verlaufender Arbeitsprozesse nahezu unmöglich ist. Darüber hinaus fußt die Entwicklung bei kombinierten FuE-Leistungen nicht wie sonst auf einem bekannten Stand der Technik, sondern auf den erhofften, aber unwägbaren Ergebnissen der Forschung. Streng genommen bewirkt diese Abhängigkeit, dass bei kombinierten FuE-Leistungen die Entwicklung ebenso risikobehaftet ist wie die Forschung selbst. Folglich besteht bei kombinierten FuE-Leistungen keine zwingende Gesetzmäßigkeit dergestalt, dass Forschung risikobehaftet, Entwicklung hingegen risikofrei sei. Vielmehr sind FuE-Leistungen insgesamt risikobehaftet und ist die Risikoexistenz deshalb für die weitere Differenzierung ungeeignet.

Im Ganzen ist der Schluss aus dem Vorliegen von Forschung auf die Existenz eines Risikos zutreffend und praktisch umsetzbar. Die gezogene Konsequenz, dass Entwicklung ggü. Forschung entscheidend weniger risikobehaftet sei, stimmt hingegen nur für reine Entwicklungsleistungen und auch hier nur in engen Grenzen. Kombinierte FuE-Leistungen sind insgesamt risikoträchtig. Folglich kann die Risikoexistenz bei reinen Forschungs- und bei kombinierten FuE-Leistungen angenommen werden, während das Fehlen eines Risikos allein bei reinen Entwicklungsleistungen und auch dann nur bejaht werden kann, wenn diese sich klar auf den bekannten

---

526 *BGH*, Urt. v. 16.07.2002 - X ZR 27/01, BGHZ 151, S.330(333).

527 Vgl. *Schmeißer/Zirkel*, MDR 2003, S.849(851).

Stand der Technik beschränken. Im Übrigen ist die Unterscheidung zwischen Forschung und Entwicklung zur Ermittlung der Risikoexistenz ungeeignet.

(2) Der Schluss vom Risiko auf Dienstrecht

Hinsichtlich der an die Risikoexistenz geknüpften Folgen gehen die Ansichten auseinander. Die erste Herangehensweise[528] stellt hierfür die grundlegende Frage, ob Forschungsarbeiten vor dem Hintergrund ihrer Risikobehaftetheit überhaupt Gegenstand eines Werkvertrags sein können oder nicht vielmehr aus ihrer Natur heraus auf Dienstverträge beschränkt bleiben müssen. Sie bejaht die grundsätzliche Beschränkung auf Dienstverträge, da der Auftragnehmer bei Existenz eines Risikos schlechterdings kein Erfolgsversprechen abgeben könne und ein fairer Auftraggeber ein solches auch nicht verlangen dürfe.

(a) Das „Ob?"

Dieser Schluss bedarf schon hinsichtlich seines „Ob?", also der Frage danach, ob die Existenz des Risikos tatsächlich derart unterscheidungskräftig ist, einer eingehenden Erörterung. Zunächst kann hierfür auf die Ausführungen zur Abgrenzung von Dienst- und Werkverträgen verwiesen werden, die klarstellen, dass nicht die Existenz des Risikos, sondern der Wille zu dessen Tragung das maßgebliche Abgrenzungskriterium ist. Auch der Schluss von der Risikoexistenz auf den fehlenden Tragungswillen kann nicht überzeugen. Zwar spricht auf den ersten Blick zu seinen Gunsten, dass die juristische und die gesellschaftliche Realität gleichermaßen vom Bestreben nach Risikominimierung geprägt sind. Jedoch äußert dieser Bezug selbst mit der Option von Ausnahmen eine zu absolute Regelvermutung. Er verkennt die Ambivalenz der Lebenswirklichkeit, in der, frei nach *Nehberg*[529], schon das Leben selbst die größte Lebensgefahr mit sich bringt und die dennoch nicht jedem Risiko mit Verweigerung begegnet und auch nicht begegnen kann. Gegen diese Annahme spricht auch der *BGH*, der die der Risikoexistenz zugesprochene Bedeutung relativiert, indem er betont, dass weder Logik noch Recht es ausschließen, ein Risiko auch bewusst zu

---

[528] *OLG München*, Urt. v. 24.11.1998 – 25 U 2169/98, unveröff., S.6; *Möffert*, Der FuE-Vertrag, S.42; *Möffert*, in: Münchner Vertragshandbuch 2, Forschungsvertrag, Anm.7 und Entwicklungsvertrag, Anm.1; in Bezug auf reine Forschungs- und reine Entwicklungsleistungen *Schmeißer/Zirkel*, MDR 2003, S.849(850).

[529] Nehberg, S.294.

übernehmen[530]. Schließlich wird die Unterscheidungskraft der Risikoexistenz dadurch entscheidend geschmälert, dass das Risiko als für den FuE-Bereich charakteristisch bei nahezu allen FuE-Verträgen auftritt.

(b) Das „Wie?"

Auch das „Wie?" dieses Ansatzes in dessen konkreter Ausgestaltung und Umsetzung hält einem zweiten Blick nicht stand.

Schon der Begriff des werkvertraglich geschuldeten Erfolgs hat Nachbesserungsbedarf, da er sich, wie *Plander/Schiek*[531] unter Berufung auf die verschiedenen Vertragsgegenstände des § 631 II BGB zutreffend betonen, auch auf eine fachgerechte Durchführung von FuE-Arbeiten beschränken kann. Dies räumt mit der weitverbreiteten und gepflegten Illusion auf, dass die geschuldete FuE-Leistung bei Bejahung eines Werkvertrags im FuE-Bereich zwingend in der Erarbeitung eines konkreten Ergebnisses läge. Aufgrund dessen ist es nicht nur inakkurat, sondern auch falsch, die Existenz eines FuE-Risikos pauschal als Indiz gegen das Werk- und für das Dienstrecht zu sehen. Trotz Risikoexistenz sind beide Varianten denkbar.

Über die Begrifflichkeiten hinaus muss sich diese Ansicht vorwerfen lassen, den Parteiwillen und mit diesem die maßgebende subjektive Bereitschaft zur Risikotragung außer Betracht zu lassen. Dies ist nicht nur im Allgemeinen eine Entmündigung, sondern widerspricht insb. auch dem Konzept der Vertragsfreiheit, welches die Entscheidung über etwaig einzugehende Risiken weitgehend dem Ermessen der Parteien überantwortet.

Zudem kann die fehlende Berücksichtigung der konkreten Vertragsumstände zu schwerwiegenden Verschiebungen des Vertragsgleichgewichts zugunsten der einen oder anderen Seite führen, denn eine rein objektive Charakterisierung als risikobelastet oder risikofrei kann dem dezidierten Gefüge einer individuellen Risikoverteilung in aller Regel nicht einmal annähernd gerecht werden. Dies verdeutlicht schon die Überlegung, dass die tatsächliche Größe des zu tragenden Risikos je nach Abstand des anvisierten Projekts vom bereits bekannten Stand der Technik sehr unterschiedlich sein kann. Auch kann es Umstände geben, die im konkreten Einzelfall das scheinbare Ungleichgewicht in der Risikoverteilung kompensieren oder beseitigen, etwa finanziell durch vertraglich vereinbarte Risikoprämien. Das pauschale und unbedachte Schieben des Risikos von einer Ecke in die andere konterkariert die von seinen Vertretern geforderte Fairness und macht sie als Korrektiv untauglich.

---

530 *BGH*, Urt. v. 16.07.2002 - X ZR 27/01, BGHZ 151, S.330(333); zustimmend: *Ullrich*, in: FS Fikentscher, S.298(309).

531 *Plander/Schiek*, RdA 1990, S.219(223).

Schließlich birgt die geschilderte Möglichkeit der Verschiebung des Vertragsgleichgewichts die reale Gefahr, zum strategischen Werkzeug jeweils individueller Interessenvertretung und ungerechtfertigter Begünstigung zu verkommen oder aber gar von vornherein nichts anderes zu sein. Provozierend gesprochen, würde die Frage dann lauten, wo das Risiko ist und wie man dies ggf. ändern kann. Das Abstellen auf die Risikoexistenz lässt hier eine gewisse Solidarisierung mit dem Auftragnehmer erkennen, wenngleich eine entsprechende Motivation oder auch nur ein Bewusstsein nicht unterstellt werden kann[532]. Dennoch kann dieses Verfahren bei seitenverkehrter Projektion und je nach Präferenz auch zugunsten des Auftraggebers instrumentalisiert werden. Beispielsweise würde dann aus Auftraggebersicht die Existenz eines Risikos immer zur Annahme eines Werkvertrags führen, während ein Dienstvertrag nur bei fehlendem oder geringem Risiko vorläge. Dies kann nicht gewollt sein, zumal eine derart ergebnisorientierte Argumentation auch dem wissenschaftlichen Anspruch nicht mehr genügen würde.

(c) Stellungnahme

Der Schluss von der Existenz eines Risikos auf das grundsätzliche Vorliegen eines Dienstvertrags vermag schon hinsichtlich seines „Ob?" nicht zu überzeugen, da die Risikoexistenz die suggerierte unterscheidende Bedeutung nicht besitzt. Auch hinsichtlich Ausgestaltung und Umsetzung ist dieser Ansatz nicht haltbar, da er aus ungenauen Begrifflichkeiten falsche Schlüsse zieht, weder den Willen der Parteien noch die konkreten Vertragsumstände im Einzelfall berücksichtigt und schließlich eine erhebliche Missbrauchsgefahr birgt.

Seine Formulierung als bloßer Grundsatz[533] vermag ihn nicht zu retten, da die alleinige Risikoexistenz insgesamt als Abgrenzungsindiz unzureichend ist und durch eine nur grundsätzliche Verwendung nicht tauglicher wird. Eine Regel dergestalt, dass bei der Existenz eines FuE-Risikos grds. Dienstrecht und bei dessen Fehlen grds. Werkrecht anwendbar sei, gibt es deshalb in Übereinstimmung mit dem *BGH*[534] nicht.

---

532 Einzig *Wündisch*, FuE-Vertrag, Anm.1 bezeichnet seinen FuE-Auftrag als „tendenziell auftraggeberfreundlich", dies aber nicht im Kontext der vertragstypologischen Einordnung, sondern als Charakterisierung des Gesamtvertrags.

533 Vgl. *Möffert*, Der FuE-Vertrag, S.42; *Möffert*, in: Münchner Vertragshandbuch 2, Forschungsvertrag, Anm.7.

534 *BGH*, Urt. v. 16.07.2002 - X ZR 27/01, BGHZ 151, S.330(333).

(3) Der Schluss vom Risiko auf dessen fehlende Beherrschbarkeit

Die zweite Herangehensweise schließt zunächst von der Existenz eines Risikos auf dessen fehlende Beherrschbarkeit und von dieser sodann auf das Fehlen eines Risikotragungswillens des Auftragnehmers, ehe sie das Vorliegen eines Dienstvertrags bejaht[535]. Dabei ist die Beherrschbarkeit ein Maß für die Wahrscheinlichkeit bzw. Vorhersehbarkeit des Erfolgseintritts und richtet sich anerkanntermaßen nach Sicht und Einschätzung der Parteien zum Zeitpunkt des Vertragsschlusses. Sie wird weithin i.S. von Technik und Wissenschaft verstanden, umfasst aber m. E. auch wirtschaftliche Aspekte bzw. die jeweilige Finanzkraft der Vertragsparteien, da ein inhaltlich nicht beherrschbares Projekt auch wirtschaftlich schnell nicht mehr beherrschbar sein wird.

Diese Herangehensweise geht davon aus, dass das Fehlen der Risikobeherrschbarkeit mit der Risikoexistenz identisch sei bzw. jedenfalls aus dieser unmittelbar zwingend hervorgehe. Sie verfolgt damit einen Argumentationsansatz, der zwar begrifflich leicht abgewandelt, inhaltlich aber mit dem Schluss von der Existenz eines Risikos auf das Vorliegen eines Dienstvertrags identisch ist.

Aufgrund dieser Identität streiten die bereits erörterten Argumente, insb. die fehlende Berücksichtigung subjektiver Komponenten, auch gegen diese Ansicht.

Ferner ist die suggerierte enge Beziehung zwischen Existenz und Beherrschbarkeit des Risikos sehr fragwürdig. Die Verwendung von Existenz und Beherrschbarkeit im Sprachgebrauch schürt diese Zweifel, da die Begrifflichkeiten dort ganz verschiedene Bereiche abdecken. Während die Existenz nämlich ein rein objektiver Fakt ist, enthält die Beherrschbarkeit eo ipso eine über das bloße „da sein" weit hinausreichende subjektive Wertung, da sie nur in Relation zu den Fähigkeiten des jeweiligen potenziell Beherrschenden überhaupt bestimmt werden kann. Diese subjektive Komponente wird zwar nicht immer umgesetzt, findet sich aber bei allen Vertretern der Beherrschbarkeit. Risikoexistenz und Risikobeherrschbarkeit sind nicht identisch.

Über die fehlende Identität hinaus kann nicht von der Risikoexistenz auf dessen fehlende Beherrschbarkeit geschlossen werden. Grund ist die fehlende Möglichkeit, den anerkanntermaßen subjektiven Gesichtspunkt der Beherrschbarkeit allein anhand eines objektiven Fakts zu bestimmen.

---

535 *BGH*, Urt. v. 16.07.2002 - X ZR 27/01, BGHZ 151, S.330(333); *OLG München*, Urt. v. 24.11.1998 – 25 U 2169/98, S.6, unveröff.;*Gempe*, S.44; *Over*, S.83; in Bezug auf gekoppelte Forschungs- und Entwicklungsleistungen *Schmeißer/Zirkel*, MDR 2003, S.849(851); *Ulsenheimer*, S.175.

Das „Mehr“ einer subjektiven Wertung ergibt sich nicht aus dem „Weniger“ eines objektiven Fakts. Zudem könnte dieser Ansatz, konsequent zu Ende gedacht, eine Risikobeherrschbarkeit nur bejahen, wenn ein Risiko gar nicht vorläge, womit sich die Argumentation im Kreis drehen würde, da ein nicht vorhandenes Risiko auch nicht beherrscht werden kann und zu werden braucht. Vielmehr fordern die Gesetze der Logik, dass ein Risiko immer erst dann beherrschbar sein kann, wenn dieses Risiko auch existiert. Sie offenbaren damit zum einen die fehlende Aussagekraft der Risikoexistenz und zum anderen das Bedürfnis nach einem weiteren Kriterium.

Folglich kann auch diese Herangehensweise nicht überzeugen, da die Existenz eines Risikos nicht zwingend mit dessen fehlender Beherrschbarkeit einhergeht. Die geschilderten Argumente offenbaren nicht nur wiederum die Scheinbeziehung zwischen Risikoexistenz und fehlender Risikotragungsbereitschaft als falsch, sondern stellen zudem klar, dass nicht jede Unwägbarkeit und nicht jedes noch so geringfügige Vordringen in wissenschaftliches Neuland dem Urteil der Unbeherrschbarkeit anheimfallen kann und darf. Die ebenfalls nur grundsätzliche Formulierung[536] dieser zweiten Herangehensweise macht diese Herangehensweise wiederum nicht tauglicher.

(4) Der Schluss vom hohen Risiko auf dessen fehlende Beherrschbarkeit

Die dritte Herangehensweise stellt auch auf die fehlende Beherrschbarkeit eines Risikos ab, schließt auf diese aber nicht aus der bloßen Existenz dieses Risikos, sondern verlangt ein aus Sicht der Parteien quantitativ messbar hohes Risiko. Erst aus diesem leitet sie das Fehlen der Beherrschbarkeit samt Risikotragungsbereitschaft des Auftragnehmers und hieraus wiederum das Vorliegen eines Dienstvertrags ab[537].

Definition und zeitliche Verankerung der Beherrschbarkeit bleiben unverändert. Auch hier muss zunächst ein Risiko vorliegen, für dessen Ermittlung die obigen Methoden aber ausreichen[538], zumal ihnen die problematische maßgebende Bedeutung nicht zukommt. Darüber hinaus schließen die Methoden zur Bestimmung der quantitativ messbaren Höhe des Risikos die Bejahung der Risikoexistenz ein.

---

536 *MüKo/Busche*, § 631 Rn.260; *Gempe*, S.44; Schmeißer/Zirkel, MDR 2003, S.849(850); *Wündisch*, FuE-Vertrag, Anm.3.

537 *BGH*, Urt. v. 16.07.2002 - X ZR 27/01, BGHZ 151, S.330(333); *LG Berlin*, Urt. v. 12.05.2005 – 5 O 299/04 (unveröff.), S.7; *Roth*, JZ 2003, S.371(372); *Brandi-Dohrn*, CR 1998, S.645(647) geht ähnlich vor, schließt aber nicht auf das Dienstrecht, sondern versucht eine Modifikation des Werkrechts.

538 Zur Ermittlung der Risikoexistenz siehe oben: § 4.D.II.2.d.bb(1).

(a) Die Ermittlung der Risikohöhe

Für die Ermittlung der Risikohöhe können verschiedene Gesichtspunkte herangezogen werden.

Deren wichtigster und oft genutzter Ansatz findet sich in dem den Parteien bei Vertragsschluss bekannten Stand der Technik und lässt sich allgemein durch das Wissen und Können eines Durchschnittsfachmanns im jeweiligen Bereich konkretisieren[539]. Da das FuE-Risiko überhaupt erst zu existieren beginnt, wenn die Grenze des parteibekannten Standes der Technik überschritten wird, muss die Risikobeherrschbarkeit jenseits dieser Grenze gesucht werden. Schmeißer/Zirkel schlagen denn auch vor, eine Beherrschbarkeit zu bejahen, wenn sich die Lösung des vertragsgegenständlichen Problems für den bereits erwähnten Fachmann in naheliegender Weise aus dessen Wissen und Können ergibt, sodass neue Erkenntnisse allein oder jedenfalls weitgehend aufgrund bekannter Tatsachen gefunden werden können[540]. Dieser Ansatz gibt dem Fachmann eine fassbare Maßeinheit zur Skalierung der Unwägbarkeiten[541], da die (weitgehende) Beschränkung auf bekannte Tatsachen dem Beweis zugänglich ist. Zudem ist er realitätsnah, insofern er nicht jede Unwägbarkeit und jedes auch noch so geringfügige Überschreiten der Grenze sogleich dem Urteil der Unbeherrschbarkeit anheimgibt. Dennoch muss er sich, insb. vor dem Hintergrund der Berücksichtigung der Sichtweise der Parteien, fragen lassen, ob die Beherrschbarkeit nur diesen schmalen Grenzstreifen einnimmt. Liegt die gesuchte Lösung weniger nahe, so wird die Antwortfindung schwieriger. Die bei Verwendung des Standes der Technik allein aussagekräftige Entfernung zwischen dessen Grenze und dem Projekt wird in aller Regel nur vage bestimmbar sein, da es keine Maßeinheit für die unbekannte Größe des unerforschten Wissens gibt. Zwar sind auch hierfür erfolgreiche Beweisführungen durchaus möglich, insgesamt aber mühsamer und mit erheblich größeren Unwägbarkeiten besetzt. Die Komponente der Parteibekanntheit lässt sich ggf. aus vertraglichen Vereinbarungen herauslesen, in denen die Parteien etwa ein Verfahren unter mehreren möglichen auswählen oder die einzelnen Arbeitsschritte ganz konkret festlegen. Auch Arbeitspläne, Skizzen und gewählte Testverfahren können hier Auskunft geben.

Alles in allem ist der Stand der Technik ein klares Kriterium zur Ermittlung der Risikofreiheit diesseits und der Risikobelastung jenseits seiner Grenze. Auch die entsprechende Beherrschbarkeit ist innerhalb des schmalen Grenzstreifens des unbekannten, aber naheliegenden Ergebnisses

---

539 *Gempe*, S.44; *Schmeißer/Zirkel*, MDR 2003, S.849(851).

540 Vgl. Schmeißer/Zirkel, MDR 2003, S.849(852).

541 So auch *Gempe*, S.44.

ermittelbar. Wird dieser Streifen allerdings verlassen, so nimmt die Aussagekraft des Standes der Technik mit zunehmender Entfernung von dessen Grenze ab. Die Parteibekanntheit ist in jedem Einzelfall erneut Auslegungs- und Beweisfrage.

Auch die Schwierigkeit bzw. das geistige Niveau der fraglichen Tätigkeit nach Einschätzung der Parteien kann Aufschluss darüber geben, wie hoch diesen das Risiko erscheint[542], zumal das Schwierigkeitsempfinden eo ipso subjektiv geprägt ist. Die Einschätzung der Schwierigkeit kann ausdrücklich niedergelegt sein, sich aber auch aus einzelnen Worten und vorsichtigen oder offengehaltenen Formulierungen in Vertragsklauseln ergeben, zumal die Parteien das Risiko wohl umso stärker zu kontrollieren versuchen, je größer es ihnen erscheint. Stellen die Parteien etwa die Erreichbarkeit ihres Ziels als sicher, wahrscheinlich oder auch nur möglich hin? Planen sie einen Versuch und bezwecken allein die Kenntnis von dessen Ergebnis, auch wenn dies ggf. nur ein Scheitern bestätigt[543]? Wie konkret sind ihre Arbeitspläne, Skizzen und Zeitabläufe in Relation zu dem bei Projekten der gleichen Art Üblichen betitelt? Formulieren sie ihr Herangehen an das angestrebte Ziel unsicher als „Bemühen"[544] und benennen sie ihr Projekt ergebnisneutral als „Versuch"[545]? Ergeben diese Formulierungen eine Einschätzung der Schwierigkeit durch die Parteien als hoch, so spricht viel dafür, dass die Parteien dementsprechend auch das Risiko als wenig beherrschbar ansehen.

Die Schwierigkeit ähnelt als Kriterium dem Stand der Technik, ist aber zugleich besser und schlechter als dieser. Besser ist sie, weil es die Qualifikation als leicht oder schwer sowohl innerhalb als auch außerhalb der Grenze des Standes der Technik gibt und sie damit von dieser unabhängig ist. Das Problem schwindender Aussagekraft bei zunehmender Entfernung von dieser Grenze besteht nicht. Ihre Schwäche liegt aber in den Unsicherheiten der Ermittlung einer rein subjektiven Wertung, welche schwerer zu beweisen ist als objektive Fakten. Dennoch ist die Schwierigkeit aus Parteisicht ein aussagekräftiges Indiz.

Zudem kann die Höhe des vertraglichen Risikos auch durch eine Machbarkeitsstudie, deren Resultat in die weitere Vertragsgestaltung einfließt, vorab ermittelt werden[546]. Eine solche Studie ist der Idealfall, da sie den Stand der Technik erörtert und zugleich eine klare Aussage über die

---

542 *Staudinger/Peters/Jacoby*, Neubearb. 2008, Vorbem. zu §§ 631 ff Rn.29.

543 Vgl. wiederum *LG Berlin*, Urt. v. 12.05.2005 – 5 O 299/04 (unveröff.), S.7.

544 *Möffert*, Der FuE-Vertrag, S.44.

545 *Ullrich*, in: FS Fikentscher, S.298(306).

546 Zu Machbarkeitsstudien vgl. bereits: *LG München*, Urt. v. 21.12.1998 – 28 O 13967/99 (unveröff.), S.6.

parteiliche Beurteilung der Schwierigkeit des FuE-Projekts trifft. Verpflichtet sich der Auftraggeber, im Rahmen einer Machbarkeitsstudie vorab die Risiken und deren Beherrschbarkeit zu erkunden, so ist dies ein starkes Indiz dafür, dass er die als beherrschbar qualifizierten Risiken tatsächlich übernimmt[547].

Schließlich wird in puncto Risikohöhe eine zusätzliche inhaltliche Differenzierung je nach betroffenem Industriezweig und Aufgabenbereich vorgeschlagen[548]. So seien Tätigkeiten in den Bereichen der Mechanik, des Maschinenbaus, der Elektronik und der EDV eher dem technologisch beherrschbaren und damit risikoärmeren Bereich zuzuordnen, während die Zweige der Chemie, Biologie oder Gentechnik ein höheres Risiko in sich trügen. Der Ansatz ist nachvollziehbar, jedoch suggerieren seine Vertreter mit ihrem „Vorbehalt abweichender individueller Vereinbarungen“[549] ein Regel-Ausnahme-Verhältnis von Risikohöhe und Forschungsgebiet, dessen Nachweis sie nicht erbringen, da sie die Kriterien, anhand derer die genannten Arbeitsgebiete eine hohe oder niedrigere Risikoeinstufung erfahren sollen, nicht offenbaren. Das Alter der Industrie- und Wissenschaftszweige scheidet hierfür schon deshalb aus, weil die „Uralt-Wissenschaft“ der Chemie, die ihre Anfänge in der seit Jahrtausenden in China, Europa und Indien praktizierten Alchimie hat[550], in einem Atemzug mit der vergleichsweise jungen Gentechnik genannt wird. Auch finanzielle Größen sind ungeeignet, da hohe Investitionen gleichermaßen durch geringes Risiko wie auch durch marktwirtschaftliche Chancen in neue Marktsegmente gelockt werden können. Einzig die Anzahl geförderter FuE-Projekte in den verschiedenen Arbeitsbereichen könnte bei entsprechender empirischer Belegung eine Abstufung bilden; selbst hier kann die Förderung aber neben der Risikohöhe auch schlicht auf sonstigen wirtschaftspolitischen Erwägungen beruhen.

Folglich bleibt der Differenzierung nach Arbeits- und Forschungsgebieten nur wenig Aussagekraft, da ihre Anwendung allein mit dem Nachweis des Fehlens einer anderslautenden Individualabsprache gerechtfertigt werden könnte.

---

547 So auch *Nicklisch*, in: FuE-Verträge in Wissenschaft und Technik, S.5(13).

548 *Beaumart*, in: FuE-Verträge in Wissenschaft und Technik, S.39(41); *Brandi-Dohrn*, CR 1998, S.645(647).

549 *Beaumart*, in: FuE-Verträge in Wissenschaft und Technik, S.39(41).

550 Von arabisch al-kimiya »Chemie«: *Brockhaus*, Bd.I, S.90.

(b) Die Tauglichkeit dieses Ansatzes

Der Schluss von der quantitativen Höhe des Risikos aus Sicht der Parteien auf das Vorliegen oder Fehlen der Risikobeherrschbarkeit beseitigt diejenigen Bedenken, welche die anderen Ansätze nicht zu zerstreuen vermochten. Nicht nur ist das Kriterium der Risikohöhe an sich erheblich aussagekräftiger als etwa die Risikoexistenz, sondern es gewährt auch endlich den zuvor vermissten subjektiven Einschlag. Es bietet, wie gesehen, dem Fachmann dann eine fassbare Maßeinheit, wenn es anhand des parteibekannten Standes der Technik ermittelt wird. Auch i.Ü. ist es aber der schlüssigen Erläuterung und dem Beweis zugänglich und wird im Rahmen von Machbarkeitsstudien in der Praxis auch tatsächlich angewendet[551].

Alles in allem ist die quantitative Höhe des Risikos ein konkretes, objektiv nachprüfbares und aussagekräftiges Indiz, aus dem über die Beherrschbarkeit die parteiliche Bereitschaft zur Risikotragung ermittelt wird. Um diese Maßgeblichkeit der Höhe des Risikos für dessen Beherrschbarkeit zu unterstreichen, wird das Indiz im Folgenden als „Höhe des FuE-Risikos" bezeichnet.

(5) Ergebnis

Das FuE-Risiko ist dann ein hinsichtlich der Bereitschaft zur Risikotragung aussagekräftiges Indiz, wenn und soweit nicht pauschal auf dessen Existenz, sondern unter Berücksichtigung der Sichtweise der Parteien auf dessen Höhe abgestellt wird. Diese ist dem Beweis zugänglich und objektiv nachprüfbar und wird damit den Anforderungen der Praxis gerecht.

cc. Konkrete Leistungsbeschreibungen

Konkrete Leistungsbeschreibungen finden sich in jedem FuE-Vertrag und werden deshalb regelmäßig im Rahmen der vertragstypologischen Einordnung angesprochen. Dennoch ist ihre Aussagekraft gering.

(1) Begrifflichkeiten

Auffallend ist zunächst die Vielzahl der für diesen Aspekt benutzten Begrifflichkeiten, die oft definitionslos, dafür aber mehr oder weniger synonym verwendet werden. So gibt es Zielbestimmungen für die gewünschten Ergebnisse und Aufgabenbeschreibungen zu konkret vertraglich geschuldeten Arbeiten, genauso aber auch Leistungsbeschreibungen, Aufgabenlisten, Zielvorgaben, Pflichtenhefte und Meilensteine im Vertrag selbst oder in

---

551 Vgl. *LG München*, Urt. v. 21.12.1998 – 28 O 13967/99 (unveröff.), S.6.

dessen Anhängen. Gemeinsam ist all diesen, dass sie die Leistung nicht rechtlich, sondern allein inhaltlich beschreiben.

(2) Existenz der Beschreibungen

Das erste Problem – und hier genügt die reine Wortlautbedeutung von Aufgabenbeschreibung und Zielbestimmung – liegt bereits im „Ob?" von deren Benutzung, in der Frage also, ob deren bloße Existenz eine Aussagekraft hinsichtlich der parteilichen Bereitschaft zur Risikotragung hat. Dies wird ganz überwiegend verneint[552].

Zwar ist es nicht fernliegend, einen werkvertraglich geschuldeten Erfolg genauer darzulegen, jedoch können auch Dienstverträge, beispielsweise zur Festlegung der Arbeitsrichtung oder Schwerpunktsetzung, Aufgaben- und Zielbeschreibungen enthalten. Weiterhin steht der Unterscheidungskraft allein der Existenz solcher Beschreibungen entgegen, dass diese als im FuE-Bereich typisch bei nahezu allen Verträgen auftreten[553]. Schließlich geht die übertriebene Bedeutungssuche in derartigen Beschreibungen regelmäßig an den tatsächlichen praktischen Gegebenheiten vorbei, was den juristischen Theoretiker schnell auf den Boden der Tatsachen zurückholt. So verlangen schon die Grundsätze des ordnungsgemäßen wissenschaftlichen Arbeitens eine Wiederholbarkeit der gegangenen Schritte[554] und können detaillierte Aufzeichnungen allein aus dieser Motivation heraus entstanden sein. Dies umso mehr, als die fraglichen Projektskizzen in aller Regel durch Wissenschaftler angefertigt werden, denen eine Beeinflussung der juristischen Typisierung oder auch nur der Wille zu einer solchen schlechterdings nicht unterstellt werden kann[555]. Folglich kann weder aus der Existenz von Aufgabenbeschreibung oder Zielbestimmung auf das Vorliegen eines Werkvertrags noch aus deren Fehlen auf das Vorliegen eines Dienstvertrags geschlossen werden.

---

552 *BGH*, Urt. v. 16.07.2002 - X ZR 27/01, BGHZ 151, S.330(334); *OLG Düsseldorf*, Urt. v. 18.07.1997 – 22 U 3/97, NJW-RR 1998, S.345(346); vgl. auch *Gempe*, S.44; *Roth*, JZ 2003, S.371(372); *Schmeißer/Zirkel*, MDR 2003, S.849(851); a.A. *MüKo/Busche*, § 631 Rn.260 sowie *Ullrich*, in: FS Fikentscher, S.298(305) und *Ulsenheimer*, S.175, die aber beide das entgegenstehende Urteil des BGH v. 16.07.2002 noch nicht kannten.

553 *Zeppenfeld/Beyerlein*, EWiR 2002, S.1039(1040).

554 Vgl. *Schmeißer/Zirkel*, MDR 2003, S.849(851).

555 *Schmeißer/Zirkel*, MDR 2003, S.849(851); zustimmend *Gempe*, S.44.

(3) Inhalt der Beschreibungen

Trotz der fehlenden Aussagekraft allein ihrer Existenz sind vertragliche Leistungsbeschreibungen bei der Ermittlung der Risikotragung mitnichten völlig bedeutungslos[556].

Allerdings muss vor dem genannten Fundus an Begrifflichkeiten gewarnt werden, denn diese enthalten, hierin liegt die Krux, sowohl aussagekräftige als auch unbedeutende Informationen, ohne eine trennscharfe Abgrenzung zu liefern. Das Dilemma wird zuallererst beim *BGH* deutlich, der in seiner wohlgemerkt einzigen tiefer gehenden Entscheidung zum Thema zuerst die Möglichkeit des Rückgriffs auf die konkrete Aufgabenbezeichnung als Indiz bejaht, ehe er diese Aussage später eingrenzt, nunmehr aber von „konkrete[n] Entwicklungsziele[n] bzw. Meilensteine[n]" spricht[557]. Dieser Begriffswirrwarr verleitet *Wündisch* zu der falschen Annahme, der *BGH* sehe in Meilensteinen[558] lediglich konkrete Entwicklungsziele[559], während er selbst sie nicht nur als Ziel-, sondern auch als Aufgabenbestimmung definiert[560]. Bedeutsam ist diese scheinbare Wortklauberei insoweit, als *Wündischs* Meilensteine Abgrenzungspotenzial erlangen können, die des *BGH* aber nicht. Ähnlich problematisch ist die Ansicht, dass die Schuldung eines Arbeitens nach „den Regeln der Wissenschaft und Technik" für das Dienstrecht spreche[561]. Die Betonung des „Arbeitens" als Handlungs- statt Erfolgsversprechen gehört der abgelehnten Perspektive der Handlungsmotivation an, aber auch i.Ü. ist diese Formulierung nicht aussagekräftig, da sie als Festlegung des vertraglichen Sorgfaltsmaßstabs zwar durchaus wichtig ist, sich in dieser Bedeutung aber gerade nicht auf Dienst- oder Werkverträge beschränkt[562].

Im Übrigen haben die Aufgabeninhalte und ihr rechtlicher Umfang aber durchaus Aussagekraft. Während die Pflicht zur Erbringung ordnungsgemäßer Arbeitsleistungen oder zur Übergabe bestimmter Ergebnisse ein Indiz zugunsten des Werkvertragsrechts sein kann, legt der Ausschluss eines Einstehens Dienstvertragsrecht nahe, zumal der Ausdrücklichkeit eo ipso der entsprechende Parteiwille immanent ist. Auch terminliche Vorgaben, Dokumentations- und Berichtspflichten können Indizien sein. Zwar dienen diese sowohl der Kontrolle dienstvertraglicher

---

556 A.A. *Schmeißer/Zirkel*, MDR 2003, S.849(851).

557 *BGH*, Urt. v. 16.07.2002 - X ZR 27/01, BGHZ 151, S.330(334).

558 Meilensteine werden gern auch englisch als „Milestones" bezeichnet.

559 *Wündisch*, FuE-Vertrag, Anm.5.

560 *Wündisch*, FuE-Vertrag, Anm.5.

561 *Staudinger/Richardi*, Neubearb. 2005, Vorbem zu §§ 611 ff, Rn.59.

562 Im Ergebnis ebenso *Koch*, Haftungsfreizeichnung, S.56.

Leistungspflichten als auch der Information in langfristigen Werkverträgen[563] und sind damit allein nicht aussagekräftig. Enthalten sie jedoch zusätzlich genau die fehlenden Informationen über ihren Zweck, so sind sie ein geeignetes Indiz. Schließlich können Leistungsbeschreibungen Aussagen zur Risikohöhe, zur Eigenverantwortlichkeit und mit den Schritten eines etwaigen Zahlungsplans auch zur Vergütung enthalten[564].

(4) Ergebnis

Insgesamt haben vertragliche Leistungsbeschreibungen durchaus Abgrenzungspotenzial. Zwar kann dieses nicht an die Begrifflichkeiten selbst gekoppelt werden, bei inhaltlicher Betrachtung sind die Beschreibungen aber als Indizien bedeutsam. Diese Bedeutung besteht klar und eindeutig bei ausdrücklichen Vereinbarungen darüber, wozu konkret eine Partei sich verpflichtet, ist etwas eingeschränkt aber auch bei terminlichen Vorgaben, Dokumentations- und Berichtspflichten sowie bei weiteren abgrenzungsrelevanten Informationen gegeben.

dd. Anfertigung eines Forschungsberichts

Teils wird in der vertraglichen Pflicht zur Anfertigung eines Forschungsberichts ein Indiz zugunsten des Vorliegens eines Werkvertrags gesehen, da diese Pflicht bereits für sich genommen Gegenstand eines Werkvertrags sein könne[565].

Zwar ist diese Einordnung der Berichtspflicht bei isolierter Betrachtung korrekt, ein darüber hinausgehender Schluss auf die Gesamtheit der FuE-Leistungen erscheint aber als fraglich. Die Zweifel bestehen schon deshalb, weil der werkvertraglich versprochenen Berichtspflicht dadurch Genüge getan werden kann, dass die Anforderungen an eine ordnungsgemäße Dokumentation und Wiedergabe gewahrt werden. Ein solches Versprechen ist ungleich überschaubarer als das Versprechen eines FuE-Ergebnisses oder auch nur des ordnungsgemäßen Arbeitens. Die Zweifel bestehen aber auch, weil die Berichtspflicht von anderer Seite[566] gerade als Indiz zugunsten der Anwendbarkeit des Dienstrechts gehandelt wird. Sie sei ein essenzielles Kontrollinstrument des Auftraggebers, um den Fortgang der Arbeit und die nutzbringende Verwendung seiner Gelder sicherzustellen. Dieser Ansatz trägt plausibel den Gegebenheiten der Praxis

---

563 So auch *Windisch*, FuE-Vertrag, Anm.5.

564 Diese wurden bereits separat erörtert.

565 *Plander/Schiek*, RdA 1990, S.219(224).

566 *Windisch*, FuE-Vertrag, Anm.5.

Rechnung, muss sich aber wiederum entgegenhalten lassen, dass seine Argumente auch auf Werkverträge passen, wenn und soweit diese abschnittsbezogen vergütet werden. Zudem kann die werkrechtliche Abnahmeentscheidung nach § 640 I 1 BGB durch einen Forschungsbericht nicht nur vereinfacht, sondern auch überhaupt erst ermöglicht werden.

Die Anfertigung eines Forschungsberichts kann separat betrachtet unter das Werkrecht fallen, ist hinsichtlich der übrigen Risikoverteilung aber nicht aussagekräftig.

ee. *Möglichkeit der Erfolgserreichung*

Fraglich ist, ob die Möglichkeit oder Unmöglichkeit der Erreichung des angestrebten Erfolgs ein Indiz für oder gegen die Risikotragungsbereitschaft sein kann. Dies ist umstritten[567].

So halten *Plander/Schiek*[568] Verträge, in denen eine Partei Forschungsergebnisse verspricht, nach § 306 BGB a. F. für nichtig, während *Ullrich*[569] etwas gemäßigter vorschlägt, die äußerste Grenze der Risikotragung mangels abweichender vertraglicher Vereinbarung in der absoluten Unmöglichkeit der Erfolgserreichung zu sehen, der die überobligationsmäßige Schwierigkeit gleichgestellt sei. Schließlich bejaht *Winzer*[570] das Werkrecht, sobald „das gewünschte Ziel technisch erreichbar ist".

Der erste Ansatz ist nicht nur insofern fragwürdig, als er das Erzielen konkreter Forschungsergebnisse pauschal als unmöglich darstellt, sondern wurde zwischenzeitlich auch durch die Schuldrechtsreform überholt. Nunmehr steht der Wirksamkeit eines Vertrages gemäß § 311a I BGB nicht entgegen, dass der Schuldner nach § 275 BGB nicht zu leisten braucht und das Leistungshindernis bereits bei Vertragsschluss bestand. Auch der zweite Vorschlag überzeugt nicht, da er, ebenfalls weit vor Inkrafttreten des Schuldrechtsmodernisierungsgesetzes gemacht, wohl die Garantiehaftung für anfängliches Unvermögen abmildern will. Diese wurde aus § 306 BGB a. F. hergeleitet, mit der Neuregelung aber aufgegeben[571]. Die neue Haftung allein nach dem Verschuldensprinzip des § 311a II 2 BGB wird den Parteiinteressen hinreichend gerecht und macht eine Milderung überflüssig. Gegen den zweiten Ansatz spricht auch dessen grundlos auftragnehmerfreundliche Tendenz, die im Falle der Unmöglichkeit den Auftraggeber mit

---

567 *Staudinger/Peters/Jacoby*, Neubearb. 2008, Vorbem. zu §§ 631 ff Rn.29; *Soergel/Kraft*, vor § 611 Rn.42.

568 *Plander/Schiek*, RdA 1990, S.219(223).

569 *Ullrich*, in: FS Fikentscher, S.298(312,314).

570 *Winzer*, FuE-Verträge, Teil 3 Rn.28.

571 *Palandt/Grüneberg*, § 311a Rn.1.

dem Risiko allein lassen würde. Der dritten Variante muss schließlich schon auf dogmatischer Ebene entgegengehalten werden, dass die Unterscheidung von Dienst- und Werkvertrag nicht an der Unterscheidung von Erfolg und Dienstleistung festgemacht wird. Vielmehr kann das werkvertragliche Versprechen etwa einer ordnungsgemäßen Forschungstätigkeit auch bei Unerreichbarkeit des Ziels eingelöst werden. Zudem behauptet sie eine zwingende Gesetzmäßigkeit, ohne diese zu begründen, geschweige denn den Parteiwillen, etwa in Gestalt wirtschaftlicher Zweckmäßigkeiten oder zeitlicher und sonstiger Gesichtspunkte, zu berücksichtigen. Die auftraggeberfreundliche Tendenz mag auf der praktischen Tätigkeit des Autors beruhen, rechtfertigt sich dadurch aber nicht.

Letztlich spricht gegen die Aussagekraft der Möglichkeit der Erfolgserreichung auch, dass diese u. U. erst am Ende des Projekts offenbar wird. So lange kann die Entscheidung über Risikotragung und Vertragstyp nicht warten. Insgesamt ist die Möglichkeit deshalb kein aussagekräftiges Indiz.

ff. Typenspezifische Störungsbewältigung

Vertragsstörungen können in einer völligen oder teilweisen Nichtleistung, einer Schlechtleistung oder einer Verletzung von Nebenpflichten liegen. Nicht sie selbst, wohl aber ihre Rechtsfolgen sind dabei jedenfalls teilweise typenspezifisch verschieden. Diese Unterschiede sind nicht Einordnungskriterium, da sie der Einordnung nachfolgen. Dennoch werden sie in individualvertraglichen Regelungen durchaus als Indizien anerkannt, wenn und soweit sie Aussagen zur Risikotragungsbereitschaft der Parteien enthalten.

Die Möglichkeiten der Störungsbewältigung definieren den Pflichtenumfang, auf den sich diese Bereitschaft erstreckt. So deutet etwa eine vertraglich vereinbarte Nachbesserungspflicht auf einen werkrechtlichen Einstandswillen, weil sich eine nachzubessernde Leistung eben gerade nicht in einem „Bemühen" erschöpft, sondern dieses „Bemühen" so oft wiederholen muss, bis es entweder von Erfolg gekrönt oder sein Misserfolg durch Rücktritt, Selbstvornahme oder Minderung quittiert ist. Dennoch kann umgekehrt nicht vom Fehlen einer solchen Regelung auf das Fehlen einer Einstandspflicht geschlossen werden, da die Nachbesserung als gesetzliche Folge des Werkrechts keiner individualvertraglichen Vereinbarung bedarf.

Insgesamt lassen die typenspezifischen Unterschiede als Indizien durchaus Rückschlüsse auf die Risikotragung zu. Da sie jedoch ihre größte Relevanz im Rahmen der Vertragsgestaltung finden, werden sie schwerpunktmäßig erst im folgenden Kapitel erörtert[572]. Den Ausführungen an

---

572 Siehe dort bei der Ermittlung des Risikos in Relation zum Vertragstyp: § 5.C.IV.2.d.

dieser Stelle schadet dies nicht, da sie sich mit dem Auffinden von Indizien begnügen. Deren Instrumentalisierung folgt später.

gg. Werkvertragliche Abnahmepflicht

Die vertragliche Festlegung der werkvertraglichen Abnahmepflicht[573] nach § 640 I 1 BGB ist wiederum kein Einordnungskriterium, lässt aber den Schluss auf eine korrespondierende Risikotragung zu. Sie ist aufgrund ihrer Fälligkeit auslösenden Wirkung nach § 641 I 1 BGB ein starkes Indiz dafür, dass tatsächlich ein Einstehen für die fragliche Leistung versprochen wurde. Auch sonstige Abnahmeregelungen, etwa zur Dokumentations- oder Ergebnisübergabe, sprechen für den Einstandswillen. Wiederum kann aber umgekehrt und unter Verweis auf die obige Begründung nicht vom Fehlen einer Abnahmevereinbarung auf das Fehlen einer Einstandspflicht geschlossen werden.

hh. Gewährung einer Forschungsförderung

Speziell im FuE-Bereich könnte als weiteres Kriterium die Gewährung einer öffentlich-rechtlichen oder privatrechtlichen Forschungsförderung relevant werden.

Die Forschungsförderung ist in Bedeutung und Umfang aus dem FuE-Bereich nicht wegzudenken und verkörpert in ihrer öffentlich-rechtlicher Ausprägung eine wesentliche Aufgabe des Staates[574], deren Umsetzung viel zur Größe dieses Wirtschaftszweigs beiträgt. Dennoch kann und wird auf inhaltliche Darstellungen verzichtet, da die Förderung im gegebenen Rahmen nur als Fakt relevant ist und Schlüsse sich allein aus deren Vorliegen oder Fehlen ergeben. Auf weiterführende Literatur sei verwiesen[575]. Allein erforderlich ist ein Hinweis auf die beiden Konstellationen, in denen die Förderung im FuE-Bereich relevant wird. Deren erste liegt in der Förderungsgewährung selbst, geregelt im Forschungsförderungsvertrag, einer Unterart des FuE-Auftrags. Darüber hinaus und wiederum als Unterart des FuE-Auftrags kann der Förderungsempfänger aber auch Gutachter- und Projektmitwirkungsverträge mit Dritten abschließen.

---

573 Ausführlich zu dieser *Möffert*, in: Münchner Vertragshandbuch 2, Entwicklungsvertrag, Anm.15 und 16.

574 *Winzer*, FuE-Verträge, Teil 5 Rn.1.

575 Zur öffentlichen Förderung gemeinsamer FuE-Projekte *Rosenberger*, Verträge über FuE, Kap.4; zur Vertragsgestaltung bei der Vergabe öffentlicher Mittel für FuE *Winzer*, FuE-Verträge, Teil 5.

(1) Forschungsförderungsverträge

Forschungsförderungsverträge sind, wie bereits dargelegt[576], hinsichtlich der typologischen Einordnung indifferent.

(2) Verträge des Förderungsempfängers

Demgegenüber ist die Aussagekraft der Förderungsgewährung hinsichtlich der durch den Förderungsempfänger vergebenen weiteren FuE-Aufträge konkreter, unterscheidet sich aber jeweils danach, ob die Förderung öffentlich-rechtlich, etwa durch Bund und Länder, oder privatrechtlich gewährt wird.

Eine öffentlich-rechtliche Förderung des Auftraggebers ist gleich in zweierlei Hinsicht aussagekräftig. Zwar hat der *BGH*[577] sie nicht gewürdigt, obwohl der betreffende Fall eine entsprechende Konstellation zum Gegenstand hatte, jedoch hat das *LG Hannover*[578] ihre Bedeutung erkannt. Zum Ersten kann aus der Förderungsgewährung auf die Risikobehaftetheit des fraglichen FuE-Projekts geschlossen werden, denn jedem Förderungsbescheid in Deutschland geht eine eingehende Prüfung zur Ermittlung des tatsächlichen Risikos voraus[579]. Die Förderungsrichtlinien des BMBF zum Programm „KMU-innovativ: Nanotechnologie" belegen dies beispielhaft, indem sie ausdrücklich „risikoreiche industrielle Forschungs- und vorwettbewerbliche Entwicklungsvorhaben" fordern[580]. Fehlten diese, so wäre die Zuwendung nicht nur haushaltsrechtlich problematisch, sondern u. U. auch eine gegen die Art. 87–89 EG-Vertrag verstoßende wettbewerbswidrige Wirtschaftsbeihilfe[581]. Zum Zweiten, und hier wird das Indiz sehr konkret, schließt die öffentlich-rechtliche Förderung des Auftraggebers grds. aus, dass dieser die FuE-Leistungen werkvertraglich vergeben kann. Dies beruht auf der Überlegung, dass die Förderung es gerade bezweckt, den Zuwendungsempfänger von den mit Forschungsvorhaben regelmäßig verbundenen finanziellen Risiken wenigstens teilweise zu entlasten[582]. Es wäre unbillig, wenn der Empfänger sich als Leistungsberechtigter eines Werk-

---

576 Siehe oben: § 4.D.II.2.d.aa.

577 *BGH*, Urt. v. 16.07.2002 - X ZR 27/01, BGHZ 151, S.330 ff.

578 *LG Hannover*, Urt. v. 13.07.1998 – 20 O 200/97, NJW-RR 1999, S.1655.

579 Vgl. Schmeißer/Zirkel, MDR 2003, S.849(852); ähnlich auch *Gempe*, S.46.

580 Richtlinie vom 04.09.2007: http://www.bmbf.de/_search/searchresult.php?URL=http%3A%2F%2Fwww.bmbf.de%2Ffoerderungen%2F10758.php&QUERY=f%F6rderrichtlinie+und+nanochance (Stand: 02.11.09).

581 Näher Schmeißer/Zirkel, MDR 2003, S.849(852).

582 Schmeißer/Zirkel, MDR 2003, S.849(852).

vertrags dieser Risiken erneut entledigte[583]. Die aus einem Werkvertrag Berechtigten tragen kein Risiko, welches im Wege einer Förderung kompensiert werden müsste.

Eine privatrechtliche Forschungsförderung durch die DFG, Stiftungen, Unternehmen oder sonstige Mäzene[584] kann vielfältigere Bedingungen und Beweggründe haben, weshalb ähnlich allgemeingültige Aussagen schwerlich möglich sind. Dennoch sollte auch hier die Aussagekraft der jeweiligen Förderbedingungen für die typologische Einordnung nicht unterschätzt werden.

(3) Ergebnis

Die Gewährung von Forschungsförderung wird den praktischen Anforderungen an deren objektive Feststellbarkeit und Klarheit hinreichend gerecht. Die hieraus zu ziehenden Schlüsse sind oft nicht generalisierbar, aber jedenfalls kann die Gewährung einer öffentlich-rechtlichen Förderung den Werkvertragscharakter des vom Geförderten erteilten FuE-Auftrags zuverlässig verneinen. Vorsorglich sei zudem darauf hingewiesen, dass die Forschungsförderung nicht mit Beihilfen anderer Art, etwa in den neuen Bundesländern mit Beihilfen zum Ausgleich der durch die Teilung Deutschlands verursachten Nachteile oder mit solchen für wirtschaftlich unterentwickelte Gebiete, verwechselt werden darf.

Im Rahmen dieser Einschränkungen ist die Gewährung von Forschungsförderung ein taugliches und aussagekräftiges Indiz.

3. Gesamtbetrachtung

Nachdem der Fokus bisher auf der Unterscheidung der dienst- und werkrechtlichen Elemente lag, hinterfragt der dritte Einordnungsschritt die jeweilige Einordnung in Bezug auf deren Typik oder Atypik.

FuE-Leistungen ist die typische Einordnung nicht von vornherein versperrt, da deren Komponenten durchaus in die gesetzliche Typenordnung passen. Jedoch müssten sie sich, um insgesamt typisch zu sein, „ganz" dem Dienst- oder aber dem Werkrecht zuordnen lassen, wofür wiederum ein Überwiegen erforderlich wäre. Das Maß für dieses Überwiegen, die Zielrichtung und Schwerpunktsetzung des Vertrags bzw. der FuE-Leistungen, kann sich in ausdrücklichen Vereinbarungen, eindeutigen Risikozuweisungen und speziellen Gesetzesverweisen finden, darf aber auch die genannten Indizien nicht unberücksichtigt lassen. Die Typik ist leicht bejaht, wenn

---

583 *Gempe*, S.46; Schmeißer/Zirkel, MDR 2003, S.849(852).

584 *Plander/Schiek*, RdA 1990, S.219.

ausdrückliche Vereinbarungen und Indizien dieselbe Sprache sprechen[585]. Bestehen allerdings Abweichungen oder gar Widersprüche, so muss die Frage nach dem Überwiegen anhand der bereits genannten Parameter[586] beantwortet werden.

Der wirtschaftliche Sinn und unternehmerische Nutzen einer Komponente kann, wie an den Indizien der finanziellen Situation und der wirtschaftlichen Parteiziele gesehen, in eine einzige Richtung deuten. Gleichwohl kann er auch beide Vertragstypen erforderlich machen, wenn etwa allein diese Risikoteilung den Vertrag überhaupt ermöglicht, da sich die Partner auf eine andere Verteilung nicht einigen können. Die Frage nach der losgelösten Existenz ist hinsichtlich der FuE-Leistungen wenig aussagekräftig, da bloße Dienstleistungen zwar kein Erfolgsversprechen enthalten, dieses im Gegenzug aber auch keiner separaten Dienstvereinbarung bedarf. Im Regelungsumfang innerhalb der FuE-Leistungen kann sich Gleichwertigkeit positiv aus entsprechenden Vereinbarungen und negativ aus dem Fehlen einseitiger Schwerpunktsetzungen ergeben. Besonders aussagekräftig sind die Vergütungsregelungen, die Forschung und Entwicklung gemeinsam oder getrennt, pauschal oder erfolgsbezogen bezahlen. Ist die Trennung deutlich, so besteht Gleichwertigkeit. Vorsicht ist vor zeitlichen und ablaufplanerischen Hierarchien geboten, da die Forschung denknotwendige Voraussetzung der Entwicklung ist, der Parteiwille sich aber dennoch und unabhängig hiervon auf diejenige Komponente beziehen wird, deren Umsetzung die eigenen Zwecke am besten verwirklicht. Geht es dem Auftraggeber etwa um die Markteinführung eines Produkts, so wird ihm das Erreichen von dessen Marktreife auch dann wichtiger sein, wenn diese nur durch vorangehende Forschungsarbeiten realisiert werden kann. Andererseits kann das Hauptaugenmerk aber auch auf den FuE-Arbeiten selbst liegen, wenn der werkvertraglich versprochene Erfolg sich in deren ordnungsgemäßer Durchführung realisiert. Die rechtsfolgenbezogene Betrachtung ist im Bereich der Typenverschmelzung durch die Zweckwürdigungstheorie eingeschränkt, kann sich aber jedenfalls auf die Beachtung des Normzwecks berufen. Schließlich ist auch das praktische Auseinanderdividieren von dienst- und werkrechtlichen Komponenten nicht vollumfänglich möglich, kann durch die Festlegung verschiedener Arbeitsschritte aber einen akzeptablen Rahmen erhalten.

---

585 Vgl. hierzu die Ausführungen zur Rechtfertigung des Rückgriffs auf Indizien: § 5.C.IV.4.b.bb.

586 Siehe oben: § 4.C.II.2.c.bb.

4. Fazit

Anhand des Kriteriums der Bereitschaft zur Risikotragung erfolgt die typische Einordnung der FuE-Leistungen in die Kategorien des Dienst- oder des Werkrechts.

Primär wird zur Einordnung auf ausdrückliche vertragliche Vereinbarungen abgestellt. Hierbei haben die rein inhaltliche Aufgabenbeschreibung und die typenspezifische Begriffswahl sowie pauschale Gesetzesverweise nur eine geringe Bedeutung, während der eindeutig versprochene rechtliche Umfang und konkrete Gesetzesverweise eine hohe Aussagekraft haben.

Neben den genannten wird eine Vielzahl weiterer Indizien herangezogen, die für jeden Einzelfall neu gefunden und gewichtet werden müssen. Sie machen – diese Konsequenz ziehen neben der Rspr.[587] auch viele Vertreter der Literatur[588] – eine noch entschlossenere Rückbesinnung auf den Einzelfall erforderlich. Als parteibezogene Indizien sind die finanzielle Situation und der rechtliche Status der Parteien aussagekräftig, während die wirtschaftlichen Ziele im Nachhinein zu missbrauchsanfällig sind. Die tätigkeitsbezogenen organisatorischen Gesichtspunkte sind demggü. weniger hilfreich, weil Aufgabendelegation und namentliche Benennung von Mitarbeitern, Bereitstellung der Arbeitsmittel und Zahlungsmodalitäten sowie die vertragliche Rechteverteilung für die Beurteilung der Risikotragung unerheblich sind. Klare Aussagen können allein der Vergütungshöhe entnommen werden, während das Maß der Eigenverantwortung und die Begrenzung der Vertragslaufzeit nur in Grenzen Informationen geben. Tätigkeitsbezogene inhaltliche Gesichtspunkte sind schließlich wieder aussagekräftiger. Allein Forschungsberichte und die Möglichkeit der Erfolgserreichung an sich enthalten keine Informationen, während das Vorliegen eines Projektmitwirkungsvertrags eine, wenngleich nicht zwingende Tendenz zugunsten des Dienstrechts enthält. Die ohnehin schwierige Unterscheidung zwischen Forschung und Entwicklung ist bei der Abgrenzung genauso wenig hilfreich wie die alleinige Existenz eines FuE-Risikos oder einer Leistungsbeschreibung im Vertrag, wird aber durch die aus der Risikohöhe resultierende Beherrschbarkeitsprognose und den Inhalt der Leistungsbeschreibung wirkungsvoll ersetzt. Auch typenspezifische Regelungen zur Störungsbewältigung, werkrechtliche Abnahmepflichten und die Gewährung einer Forschungsförderung an den Auftraggeber sind als Indizien unverzichtbar.

---

587 *BGH*, Urt. v. 16.07.2002 - X ZR 27/01, BGHZ 151, S.330(334); vgl. auch *OLG München*, Urt. v. 24.11.1998 – 25 U 2169/98, unveröff., S.6; *LG Hannover*, Urt. v. 13.07.1998 – 20 O 200/97, NJW-RR 1999, S.1655(1656).

588 *Schmeißer/Zirkel*, MDR 2003, S.849(851).

Die bis zu diesem Punkt betriebene Unterscheidung der dienst- und werkrechtlichen Elemente wird schließlich im Wege der Gesamtbetrachtung in Bezug auf ihre Typik oder Atypik hinterfragt. Die Indizien sind wichtige Parameter, vermögen die Einordnung aber nicht allein zu tragen, sondern erlangen ihre wahre Kraft erst im Zusammenspiel.

Insgesamt kann die typische Einordnung nur gelingen, wenn alle relevanten Parameter in dieselbe Richtung weisen.

III. Die atypische Einordnung

Auch die atypische Einordnung von FuE-Leistungen findet sich, wenngleich nicht in der Rspr., so doch in der Literatur[589]. Konkret kann sie eintreten, wenn und soweit die FuE-Leistungen Komponenten des Dienst-, Werk- oder Werklieferungsvertrags und/oder sonstiger typischer oder atypischer Verträge in sich vereinen.

1. Einordnung als Werklieferungsvertrag

Teils wird die Frage aufgeworfen, ob gemäß dem durch das Schuldrechtsmodernisierungsgesetz vom 01. 01. 2002 neu gefassten § 651 BGB auch das Kaufrecht auf FuE-Leistungen Anwendung finden könne[590]. § 651 BGB grenzt für den Fall der Schuldung eines Erfolgs, und nur für diesen, Kauf- und Werkverträge voneinander ab, indem er in S.1 all diejenigen Fälle dem Kaufrecht unterstellt, in denen die Lieferung herzustellender oder zu erzeugender beweglicher Sachen und damit ein körperlicher Arbeitserfolg geschuldet ist.

FuE-Leistungen i.S. dieser Arbeit können sich durchaus körperlich in Versuchsanordnungen oder Prototypen manifestierten[591] und diese auch als Produkt schulden. Fraglich ist deshalb, wie § 651 S.1 BGB genau zu verstehen ist und ob die FuE-Leistungen unter ihn fallen können.

a. Die Voraussetzungen des § 651 S.1 BGB

Einen anerkannten Kanon der Voraussetzungen des § 651 S.1 BGB gibt es nicht. Schon der Gesetzeswortlaut ist wenig hilfreich. Zwar nimmt er mit der Formulierung „[...] bewegliche[r] Sachen zum Gegenstand hat[...]"

---

589 Hierzu **Anhang 17**.

590 *Beaumart*, in: FuE-Verträge in Wissenschaft und Technik, S.39(50); *Schmeißer/Zirkel*, MDR 2003, S.849; *Palandt/Sprau*, § 651 Rn.4; *Wündisch*, FuE-Vertrag, Anm.3.

591 *Zirkel*, in: FS Polter, S.51(71).

unkörperliche Leistungen, Forderungen und Rechte vom Geltungsbereich der Vorschrift aus[592] und stellt zudem klar, dass maßgebendes Kriterium nur der Vertragsgegenstand selbst sein darf. Wie die Einordnung allerdings vorgenommen werden soll, wenn, wie so oft und insb. bei FuE-Leistungen der Fall, der geschuldete Erfolg sich zwar körperlich manifestiert, gleichzeitig aber das Ergebnis erheblicher „unkörperlicher" Anstrengungen, etwa geistiger und wissenschaftlicher Leistungen ist, bleibt unklar. Die Beantwortung dieser Frage entscheidet über die Anwendung des § 651 S.1 BGB und wird entsprechend kontrovers beurteilt.

aa. Absolute Geltung

Zum Teil wird eine Lösung über die absolute Geltung des § 651 S.1 BGB für jeden Fall einer Lieferung beweglicher Sachen versucht[593]. Begründet wird dies mit dem europarechtlichen Konzept, statt zwischen Dienst-, Werk- und Kaufverträgen nur zwischen Dienstleistungen und Tauschvorgängen zu unterscheiden[594]. Es findet über Art.1 IV VerbrRL[595], auf den § 651 BGB in seiner jetzigen Fassung zurückgeht, direkten Eingang in diesen und unterstellt ihm alle Tauschbeziehungen. Ob das zu tauschende Gut dabei bereits vorhanden oder noch herzustellen ist, sei für den Erwerber unter sozioökonomischen Gesichtspunkten belanglos[596].

bb. Eingeschränkte Geltung - Vertretbarkeit

Teils wird die Geltung des § 651 S.1 BGB insoweit eingeschränkt, als nur vertretbare bewegliche Sachen dem Kaufrecht zuzuordnen seien, während bei nicht vertretbaren Sachen jedenfalls auch Werkvertragsrecht zur Anwendung komme[597].

---

592 So *Haas*, in: Das neue Schuldrecht, Kap.6 Rn.70, der Verträge über die Erstellung von Software grds. als solche über die Herstellung einer beweglichen Sache ansieht.

593 *Haas*, in: Das neue Schuldrecht, Kap.6 Rn.64 und 70; *Mankowski*, MDR 2003, S.854(855); Schweinoch/Roas, CR 2004, S.326(327); Voit, BauR 2002, S.145(146).

594 *Mankowski*, MDR 2003, S.854(855); *Zirkel*, in: FS Polter, S.51(73) m.w.N.

595 Richtlinie 1999/44/EG des Europäischen Parlaments und des Rates vom 25.05.1999 zu bestimmten Aspekten des Verbrauchsgüterkaufs und der Garantien für Verbrauchsgüter (Verbrauchsgüterrichtlinie).

596 *Mankowski*, MDR 2003, S.854(855); *Zirkel*, in: FS Polter, S.51(73).

597 *Thode*, NZBau 2002, S.360(361).

cc. Eingeschränkte Geltung - Maßgeblichkeit

Teils wird, wiederum einschränkend und mit unterschiedlicher Begründung, für ein Eingreifen des § 651 S.1 BGB gefordert, dass die Lieferung beweglicher Sachen alleiniger oder jedenfalls maßgeblich überwiegender Vertragsgegenstand sein müsse.

So wird in Anknüpfung an eine bereits in der Rspr. zum früheren Recht verbreitete Ansicht[598] die hierarchische Stellung der Erfolgskomponente im Vertrag ermittelt[599]. § 651 S.1 BGB greife dann nicht, wenn nicht oder nicht primär ein körperlicher Arbeitserfolg, sondern darüber hinaus eine weitere Komponente geschuldet sei, die den Schwerpunkt der Verpflichtung ausmache und damit den Vertrag maßgeblich präge. Eine solche Komponente könne, so selbst Vertreter der ersten Ansicht[600], auch eine geistige, wissenschaftliche oder künstlerische Leistung sein[601].

Einen weiteren Begründungsansatz liefert *Pfeiffer* unter Verweis auf die Nähe der VerbrRL zum UN-Kaufrecht, genauer zum Übereinkommen der Vereinten Nationen über Verträge über den internationalen Warenkauf (Convention on the International Sales of Goods/CISG)[602]. Er zieht die Vorgaben der CISG, welche ebenfalls auf die Lieferung von Waren abstellt, für die Problemlösung heran und verweist auf Art. 3 II CISG, der Verträge mit überwiegendem Dienstleistungsanteil vom Anwendungsbereich ausnimmt. Zwar fehle der VerbrRL eine solche Ausnahme, dennoch sei sie bei überwiegendem Dienstleistungsaspekt nicht anwendbar, da in solchen Fällen die erforderliche „Lieferung“ eines Verbrauchsguts fehle. Eine Orientierung am Überwiegensmoment des CISG sei empfehlenswert[603].

dd. Grundsätzliche Geltung mit Ausnahme

Schließlich fordert Zirkel[604] als Einziger ausdrücklich, dass § 651 S.1 BGB zwar grundsätzlich für alle Lieferungen beweglicher Sachen greifen solle,

---

598 *BGH*, Urt. v. 22.07.1998 – VIII ZR 220/97, NJW 1998, S.3197(3198); *OLG Köln*, Urt. v. 23.07.1998 – 12 U 1/98, VersR 2000, S.501(502); *OLG Hamm*, Urt. v. 08.03.2001 – 22 U 197/99, NJW-RR 2001, S.1309.

599 Oetker/Maultzsch, Vertragliche Schuldverhältnisse, S.414; AnwK/Raab, § 651 BGB, Rn.11; *Palandt/Sprau*, § 651 Rn.4; *Westermann*, NJW 2002, S.241(244); *Wündisch*, FuE-Vertrag, Anm.3.

600 *Haas*, in: Das neue Schuldrecht, Kap.6 Rn.70; *Mankowski*, MDR 2003, S.854(856); Voit, BauR 2002, S.145(146).

601 *Palandt/Sprau*, § 651 Rn.4.

602 AnwKomm-BGB/*Pfeiffer*, Präambel VerbrauchRL Rn.2.

603 AnwKomm-BGB/*Pfeiffer*, Art.1 VerbrauchRL Rn.16.

604 *Zirkel*, in: FS Polter, S.51(73).

dies aber nicht gelte, wenn geistige Leistungen sich in körperlichen Gegenständen lediglich manifestierten.

ee. Stellungnahme

Die auf die Vertretbarkeit der beweglichen Sache abstellende Ansicht kann nicht überzeugen, da die VerbrRL im Gegensatz zur alten Rechtslage nicht mehr zwischen vertretbaren und nicht vertretbaren Sachen unterscheidet[605].

Auch die Befürworter der durch die Qualifizierung als maßgeblicher Vertragsgegenstand eingeschränkten Geltung müssen sich entgegenhalten lassen, dass Aussagen zum früheren Recht der geänderten Rechtslage keine Zugeständnisse abtrotzen können. Die Orientierung an der CISG kann nicht fruchten, da, wie Pfeiffer selbst erkennt[606], die VerbrRL diese Ausnahme nicht nachvollzieht und so auch nicht zur Grundlage des § 651 S.1 BGB macht.

Der ersten, eine absolute Geltung befürwortenden Ansicht ist hingegen zuzugestehen, dass das beschriebene und einschlägige europäische Konzept alle Tauschbeziehungen umfassen will und damit einer umfänglichen Geltung bedarf. Dennoch fehlt ihr ein Eingehen auf die Wechselbeziehung zu und die Handhabung von unkörperlichen Leistungen, da, wie die Erfahrung lehrt, körperliche und unkörperliche Leistungen oft genug innerhalb ein und desselben Vertrags anzutreffen sind. Diese nicht einfache Konstellation wird zu Unrecht völlig ausgeblendet.

Erst die vierte Ansicht holt das Versäumte auf. Sie hat den Gesetzeswortlaut auf ihrer Seite, kann aber auch auf die amtliche Gesetzesbegründung zurückgreifen, welche vorsieht, dass die Herstellung nichtkörperlicher Werke wie beispielsweise von Planungsleistungen oder Gutachten, die sich zu ihrer Perpetuierung in Sachen manifestieren, nicht von § 651 BGB erfasst werden soll[607]. Diese Ansicht nähert sich im Ergebnis stark der dritten Ansicht an, erreicht es aber auf einem anderen Weg. Während die dritte Ansicht die Lieferung beweglicher Sachen als Vertragsgegenstand bejaht und sie bei Vorliegen weiterer Gegenstände zurücktreten lassen will, verneint die vierte die Anwendbarkeit des Kaufrechts nur, wenn die Lieferung beweglicher Sachen gar nicht Vertragsgegenstand ist, sondern quasi nebenbei, allein dem Perpetuierungsbedürfnis der Ergebnisse dient.

---

605 *Mankowski,* MDR 2003, S.854(855); *Palandt/Sprau,* § 651 Rn.1; *Zirkel,* in: FS Polter, S.51(73).

606 AnwKomm-BGB/*Pfeiffer,* Art.1 VerbrauchRL Rn.16.

607 Vgl. amtliche Begründung des Gesetzesentwurfs, BT-Drucks. 14/6040, Bd.673, 2001, S.268; hinsichtlich des Gutachtens eines Sachverständigen bereits entschieden *BGH,* Urt. v. 04.04.2006 – X ZR 122/05, MDR 2007, S.75.

Diese letzte Ansicht ist vorzugswürdig; denn bildet die geistige Leistung den Gegenstand des Vertrags, der mithin gar nicht unter § 651 S.1 BGB subsumierbar ist, so darf sich diese Beurteilung nicht deshalb ändern, weil sich die geistige Leistung in einer körperlichen Sache manifestiert.

b. Die Subsumtion der FuE-Leistungen unter § 651 S.1 BGB

Auf FuE-Leistungen projiziert bedeutet dies, dass § 651 S.1 BGB nur Anwendung findet, wenn die FuE-Leistungen werkvertraglich ausgerichtet sind, ihr Gegenstand die Lieferung beweglicher Sachen umfasst und wenn sich schließlich der körperliche Herstellungserfolg nicht allein auf die Manifestation geistiger Leistungen beschränkt.

aa. Die überbietende geistige Leistung

Allein die Beziehung zwischen Geistesleistung und Herstellungserfolg bedarf der Erörterung. Es soll nicht von vornherein jede, sondern allein diejenige geistige Leistung ausgeschlossen werden, die in ihrer Verdiensthaftigkeit das bloß manuelle Tätigwerden überbietet oder, um mit *Zirkel* zu sprechen, „vollkommen überlagert"[608]. Ein solches Überbieten fehlt, wenn die Tätigkeit allein an bekanntes Wissen anknüpft und mithin von jedem Durchschnittsfachmann bewältigt werden kann. Genauso eindeutig ist es gegeben, wenn sämtliches erforderliche Wissen neu und erstmalig ermittelt werden muss. Die Dokumentationsleistung überbietet, wie gesehen, die geistige Leistung nie, ist aber ohnehin keine Hauptpflicht.

bb. Die Regelaussage

Schwieriger sind die Grenzfälle, die sich nunmehr an der charakteristischen Unwägbarkeit aller Projekte im FuE-Bereich und an deren Verortung jenseits der Grenze zum Unbekannten orientieren müssen. Die hieraus hervorgehende Regelaussage macht die geistige Leistung im ganz überwiegenden Normalfall zum wahren Anliegen der Vertragsparteien, welches das rein manuelle Herstellen überflügelt. Der entgegengesetzte Fall ist nur ausnahmsweise und nur dann denkbar, wenn die geistige Leistung gegenüber dem Herstellungserfolg vernachlässigbar ist[609].

---

608 *Zirkel*, in: FS Polter, S.51(73).

609 So auch *Beaumart*, in: FuE-Verträge in Wissenschaft und Technik, S.39(50); *Schmeißer/Zirkel*, MDR 2003, S.849; *Zirkel*, in: FS Polter, S.51(73).

cc. *Die Reichweite von FuE*

Eine solche Konstellation mag es geben; sie muss sich dann aber die Frage entgegenhalten lassen, ob sie sich noch innerhalb der Reichweite von Forschung und Entwicklung bewegt. Deren Grenze der bloßen Konstruktion ohne Neuartigkeitsrisiko entspricht der obigen Regelaussage und nimmt damit alle Anwendungsfälle des § 651 S.1 BGB von der Reichweite aus. Dem kann auch der spezielle Fall eines nachträglich offenbar gewordenen FuE-Bedarfs im Rahmen eines Werklieferungsvertrags nichts entgegensetzen, weil auch dann der Geltungsbereich des FuE-Vertrags verschlossen bleibt[610].

c. Ergebnis

Im Ergebnis können FuE-Leistungen nicht nach § 651 S.1 BGB als Werklieferung eingeordnet werden, weil sie mit dieser Einordnung aus dem Geltungsbereich der FuE-Verträge herausfallen und ihren Charakter als FuE-Leistungen verlieren.

2. Einordnung als atypischer Vertrag im engeren Sinne

Als weitere Variante wird von *Meusel* vorgeschlagen, die FuE-Leistungen gar keinem gesetzlichen Vertragstyp zuzuordnen, sondern sie als „Vertrag »sui generis« mit unterschiedlichen schuldrechtlichen Elementen" zu behandeln[611]. Er begründet dies sehr pauschal damit, dass ein Dienstvertrag mangels Abhängigkeit und Weisungsgebundenheit des Auftragnehmers ausscheide und auch ein Werkvertrag nicht möglich sei, da der Auftragnehmer keinen bestimmten Forschungserfolg zusichern könne[612]. Jedoch überzeugt diese Argumentation nicht, da die Konstruktion des Vertrags »sui generis« überhaupt nur dann in Betracht kommt, wenn kein gesetzlich vorgesehener Vertragstyp greift[613]. Dies ist hier nicht der Fall, da die FuE-Leistungen, wie gesehen, dem Dienst- oder Werkrecht zugeordnet werden können. Darüber hinaus fehlt der Argumentation die individuelle Einzelfallbetrachtung, welche aufgrund der subjektiven Unterscheidungsmerkmale aber nicht unterbleiben darf.

---

610 Zur Frage, wen in einem solchen Fall das Risiko trifft: *Nicklisch*, in: FuE-Verträge in Wissenschaft und Technik, S.5(14).

611 *Meusel*, S.492.

612 *Meusel*, S.492.

613 Siehe zur Definition oben: § 4.C.III.1.a.bb.

Auch *Plander/Schiek* vertreten für die Unterart der Forschungsförderungsverträge eine Einordnung als Vertrag »sui generis«, müssen sich aber ebenfalls die obigen Argumente entgegenhalten lassen.

FuE-Leistungen sind nicht atypisch i.e.S.

3. Einordnung als atypischer Vertrag im weiteren Sinne

Mit den Argumenten der Verneinung eines atypischen Vertrags i.e.S. kann zugleich der atypische Vertrag i.w.S. bejaht werden, da in den FuE-Leistungen eben doch die Charakteristika gesetzlich geregelter Vertragstypen erkennbar bleiben.

a. Anwendungsfälle

Jedoch muss sich dieses theoretische Konstrukt fragen lassen, ob es auch praktisch denkbare Anwendungsfälle enthält, ob also die FuE-Leistungen tatsächlich aus gleichgewichtigen verschiedentypischen Komponenten bestehen können oder ob dann nicht vielmehr eine Komponente die andere überwiegt. Die gesuchte Gleichwertigkeit von dienst- und werkrechtlichen Komponenten ist möglich. Wie schon angedeutet, macht sie das Risiko für den Auftragnehmer besser kalkulierbar, indem die Ergebnisvergütung zwar erfolgsabhängig ist, die nicht unerheblichen reinen Arbeitsleistungen aber in jedem Fall eine Gegenleistung erhalten. Auch der Auftraggeber hat Vorteile aus dieser Situation, da er insb. bei sehr unwägbaren Projekten nicht darauf hoffen kann, sämtliche Risiken durch die Vereinbarung eines Werkvertrags von sich abzuwälzen, er die ergebnisbezogene Vergütung aber dennoch nur dann zahlen muss, wenn ein solches Ergebnis tatsächlich erreicht wird. Bei Forschungsförderungsverträgen sind Dienstpflichten neben werkrechtlichen Gewährleistungen denkbar, wenn Letztere etwa zusätzliche Publikationen oder Gutachten erfordern oder wenn der Fördergeber neben Arbeitsberichten auch Anwesenheit, die Nutzung bereitgehaltener Ressourcen oder die Erprobung spezieller Apparate erfordert. Die Atypik von FuE-Leistungen ist damit nicht nur praktisch denkbar, sondern als wirtschaftlich sinnvolle Aufteilung des FuE-Risikos unter den Parteien auch sehr bedeutsam.

b. Weitere Unterteilung

Hieran anknüpfend ist nunmehr fraglich, ob als weitere Untergruppe die Typenkombination oder die Typenverschmelzung greift.

aa. *Typenkombination i.e.S.*

FuE-Leistungen sind aufgrund ihrer einheitlichen finanziellen Gegenleistung keine Verträge mit anderstypischer Gegenleistung.

Eine Typenkombination i.e.S. würde demggü. vorliegen, wenn die Elemente verschiedener Vertragstypen gegenständlich aufspaltbar wären, die FuE-Tätigkeiten also an den Grenzen der dienst- und der werkvertraglichen Charakteristika getrennt werden könnten. Dies kann schon an den begrifflichen und inhaltlichen Problemen der Unterscheidung von Forschung und Entwicklung scheitern, führt aber auch rein praktisch zu erheblichen Schwierigkeiten. So mag zwar etwa die Vergütung für reine Arbeitsleistungen gestaffelt und zudem mit einer Prämie für den Erfolg versehen sein. Jedoch tut dies der Tatsache keinen Abbruch, dass der Erfolg eben nicht in einer separaten Staffel, sondern während der ohnehin vereinbarten Arbeitsschritte erzielt wird. Eine Trennung scheitert dann schon an der fehlenden Vorhersehbarkeit des Erfolgs, dessen Eintritt, wenn überhaupt, vom Zufall geprägt ist.

Gegenständliche Spaltbarkeit hängt somit unmittelbar mit der konkreten und detailgenauen auch inhaltlichen Planbarkeit der einzelnen Arbeitsschritte zusammen. Sie kann nur vorliegen, wenn der Anteil tatsächlicher Forschung bzw. das Überschreiten der Grenzen des bekannten Stands der Technik nur gering ist, wenn also der Schwerpunkt der Tätigkeit im Entwicklungsbereich liegt.

Insgesamt können FuE-Leistungen Typenkombinationen i.e.S. sein, es entscheidet auch hier aber letztlich der konkrete Einzelfall.

bb. *Typenverschmelzung*

Neben dem eher speziellen Fall der Typenkombination ist die Typenverschmelzung die wahrscheinlichere Alternative, da die engen Voraussetzungen der gegenständlichen Spaltbarkeit der Dienst- und Werkvertragselemente, wie soeben gesehen, oft verneint werden müssen.

c. Ergebnis

FuE-Leistungen können atypisch i.w.S. sein, wobei je nach Einzelfall sowohl die Typenkombination i.e.S. als auch die Typenverschmelzung denkbar ist.

IV. Fazit

Die vertragstypologische Einordnung von FuE-Leistungen stellt mit deren Typik einerseits und deren Atypik andererseits zwei gleichwertige Ergebnisse nebeneinander.

Die typische Einordnung ist, so viel kann der i.Ü. eher dürftigen Rspr. entnommen werden, vielleicht nicht die günstigste Alternative, in jedem Fall aber die zumeist angenommene und praktizierte Lösung. Sie schafft klare Verhältnisse und legt die Risikoverteilung eindeutig und einseitig fest. Nach ihr können FuE-Leistungen dienst- oder werkrechtlicher Natur sein. Die atypische Einordnung wird demggü. von der Rspr. nahezu vollständig ausgeblendet, fristet aber mitnichten das ihr zugewiesene Schattendasein, sondern überflügelt die Typik sogar. Sie findet sich in Literatur und Kautelarpraxis und eröffnet mit ihren Möglichkeiten der Aufteilung des Risikos zwischen den Parteien Spielräume, die eine angemessenere und nicht zuletzt auch interessengerechtere Vertragsgestaltung ermöglichen. Auch die atypische Einordnung bejaht in den FuE-Leistungen allein die Charakteristika des Dienst- und Werkrechts.

E. Das Ergebnis zur Behandlung bestehender Verträge

1. „Rettungsbedürfnis"

Das mit der Kapitelüberschrift suggerierte „Rettungsbedürfnis" der bestehenden FuE-Aufträge wurde in den entsprechenden Grenzen bereits bejaht und findet seine Bestätigung in den unternommenen Anstrengungen, den aufgedeckten Unstimmigkeiten und den vielen zu beantwortenden Fragen. Das aufgeworfene Problem hat sich als sehr real erwiesen.

2. Lösungsansatz

Dessen Behandlung fußt auf der vertragstypologischen Einordnung der FuE-Leistungen, da allein diese Verortung im Vertragsgefüge des BGB ermitteln kann, welche gesetzlichen Vorschriften anwendbar sind. Diese Einordnung ist, nicht zuletzt dank der Geltung der „Ganz-oder-gar-nicht"-Theorie, ein zur Problemlösung tauglicher Ansatz. Ihr Bezug auf die FuE-Leistungen selbst überflügelt die Einordnung des Gesamtvertrags, denn während Letztere zwar, dogmatisch korrekt, den ersten Ansatzpunkt darstellt, lässt ihr Ergebnis der regelmäßigen Atypik des FuE-Auftrags sämtliche Optionen und damit viele Fragen offen.

3. Lösungsweg

Der Lösungsweg findet seine Krux in der wieder und wieder betonten Ausrichtung am konkreten und individuellen Einzelfall.

Diese muss zunächst begrüßt werden, denn gerade die Menge der zu berücksichtigenden Umstände gewährleistet ein Mindestmaß dessen, was gemeinhin als umfassende Gesamtschau bezeichnet wird. Nur dieser umfassende Einblick ermöglicht eine objektive und richtige Sammlung der tatsächlichen Beweggründe und Interessen der Beteiligten. Schwer wiegt jedoch, dass dieser Weg samt seinen Ergebnissen in keiner Weise generalisierbar ist oder sonst allgemeingültig zusammengefasst werden kann. Ein homogener Typus des FuE-Auftrags existiert ebenso wenig[614] wie ein konzeptionell und inhaltlich einheitliches Grundmuster der FuE-Leistungen, weshalb die typologische Einordnung der FuE-Leistungen nur als Summe der Auswertung einer Vielzahl von Indizien gelingt.

Eine Abstraktion zur Wahrung der Darstellbarkeit ist lediglich dergestalt möglich, dass einige maßgebliche Kriterien denjenigen Vertragsgestaltungen zugeordnet werden, mit denen sie unter dem Gesichtspunkt der Parteiinteressen typischerweise oder zumindest in einiger Regelmäßigkeit zusammentreffen. Zudem können Grundsatzentscheidungen und allgemein verbindliche Abgrenzungsregelungen jedenfalls insoweit formuliert werden, als sie negativ klarstellen, welchen Aspekten die Aussagekraft fehlt. Positive Deklarationen sind die seltene Ausnahme.

4. Ergebnisse

Die Ergebnisse selbst sind ob der Notwendigkeit der separaten Betrachtung des jeweiligen Einzelfalls durch eine sehr aufwendige Ermittlung geprägt. Dies nicht nur in zeitlicher Hinsicht, sondern auch intellektuell, da es in aller Regel nicht genügt, auf den Vertragstext zurückzugreifen, sondern zudem erforderlich ist, eine Vielzahl von Begleit- und sonstigen Umständen, wirtschaftliche Fakten und die tatsächlichen Beweggründe der Parteien zu entschlüsseln. Oft kommen mit der notwendigen Inanspruchnahme juristischen Beistands zudem finanzielle Aufwendungen hinzu. Diese Schwierigkeit belastet die Vertragsbeziehungen, die im Falle, dass eine typologische Einordnung erforderlich wird, in aller Regel ohnehin bereits angespannt sind, zusätzlich.

Darüber hinaus ist die Ergebnisfindung als Summe der Auswertung eines Straußes von Indizien allen Unwägbarkeiten einer Willensermittlung im Nachhinein unterworfen. Sie ist, nicht zuletzt aufgrund der stark subjek-

---

614 *Beaumart*, in: FuE-Verträge in Wissenschaft und Technik, S.39(43).

tiven Prägung von Argumentation und Beweisführung, in der richterlichen Entscheidungsfindung kaum vorhersehbar und birgt für alle Beteiligten eine nicht unerhebliche Rechts- und Planungsunsicherheit. Dies hilft der Praxis nur begrenzt.

Schließlich lassen sich auch die eingangs genannten Vorteile der Kenntnis der anwendbaren Normen bei einer Behandlung im Nachhinein nur teilweise einlösen. Während die Auffangwirkung sich jedenfalls im Rahmen der genannten Einschränkungen noch realisiert, ist von einer Vereinfachung im Nachhinein nichts zu spüren. Dies beruht darauf, dass sich die Vorteile der Vereinfachung bei Vertragsanbahnung und Vertragsschluss sowie im Rahmen der Vertragsdurchführung manifestieren, die Kenntnis der Normen zu diesem Zeitpunkt aber oft noch gar nicht gegeben ist. Die Einordnungsbemühungen beginnen in aller Regel erst, wenn die Parteien sich über unterschiedlichen Ansichten hinsichtlich anwendbarer Normen entzweit und diese gerichtlich oder außergerichtlich streitig gestellt haben.

5. „Rettungserfolg"

Vor diesem Hintergrund kann deshalb kaum von einem „Rettungserfolg" gesprochen werden.

Zwar verschafft die typologische Einordnung Klarheit darüber, welche gesetzlichen Vorschriften auf bereits bestehende Verträge anwendbar sind, und ist damit grundsätzlich eine Problemlösung. Jedoch gehen mit ihr viele neue Probleme einher. Schon auf theoretischer Ebene müssen Abstriche gemacht werden, weil die Einordnung weder generalisierend noch auch nur in jedem Fall eindeutig möglich ist und diese Einzelfallabhängigkeit einen erheblichen Aufwand verursacht. Auf praktischer Ebene setzen sich diese Bedenken fort, da die Vielfalt individueller Interessen und die Vielfalt der hieraus resultierenden Konstellationen den Einordnungsaufwand außerordentlich erhöhen. Die typologische Einordnung im Nachhinein kann für die betroffenen Verträge eine „Rettung" in der Not sein, mehr aber nicht.

§5. DIE „HILFE" FÜR KÜNFTIGE VERTRÄGE

Nachdem im vorangegangenen Kapitel die bereits bestehenden Verträge im Vordergrund standen, geht es im zweiten großen Schwerpunktbereich der Arbeit um künftige Vertragsgestaltungen und darum, wie in diesen durch bewusste und zielgerichtete Arrangements die leidige Unklarheit hinsichtlich der auf die FuE-Leistungen anwendbaren gesetzlichen Vorschriften von vornherein vermieden werden kann[615].

Die mit der Kapitelüberschrift suggerierte Frage nach der „Hilfsbedürftigkeit" künftiger Vertragsgestaltungen greift diejenige nach einem „Rettungsbedarf" wieder auf und ist mit dieser derart verbunden, dass sie jedenfalls hinsichtlich des Bedürfnisses an sich keine andere Beantwortung zulässt. Entsprechend ist auch hier die „Hilfe" keine Disqualifizierung der Kautelarpraxis, sondern das Angebot einer Lösung für eine spezielle Problemkonstellation. Deren Tauglichkeit und Erfolg müssen sich noch erweisen.

Die Lösungsansätze lassen sich in drei Gruppen unterteilen, deren erste die Unklarheit hinsichtlich der anwendbaren gesetzlichen Vorschriften zu umgehen sucht, deren zweite die Unklarheit als gegeben hinnimmt und deren dritte schließlich die Beseitigung der Unklarheit anstrebt.

A. Die Umgehung der Unklarheit

Die Unklarheit hinsichtlich der anwendbaren gesetzlichen Vorschriften würde dann keine Probleme aufwerfen, wenn sie umgangen werden könnte, wenn es also eine Möglichkeit gäbe, die etwaige Notwendigkeit des Rückgriffs auf Gesetzesrecht von vornherein und unter allen erdenklichen Gesichtspunkten sicher auszuschließen.

615 Hierzu **Anhang 18** f.

Hier kommt uns die Erkenntnis zugute, dass die Kenntnis der anwendbaren Gesetzesnormen nur in den Konstellationen der Frage nach den Schranken zwingenden Gesetzesrechts einerseits und den Regelungslücken oder sonstigen Unklarheiten im Vertrag andererseits überhaupt relevant wird. Sie liefert eine Antwort gleich mit, denn die Kontrolle, ob die Schranken zwingenden Gesetzesrechts eingreifen, kann als selbst zwingendes Gesetzesrecht schlechterdings nicht ausgeschlossen werden.

Auch ein positives Ergebnis hätte das Gesamtresultat hier aber nicht zu ändern vermocht, da die Konstellation der Regelungslücken und sonstigen Unklarheiten ebenfalls nicht vermeidbar ist. Sie würde eine „wasserfeste" Vertragsgestaltung erfordern, die von vornherein alle Fragen behandeln und sämtliche Eventualitäten klären würde. Dies ist als ambitioniertes Ziel und bei gehörigem Gestaltungsaufwand durchaus denkbar. Dennoch bleibt ein Unsicherheitsfaktor, denn ob ein Vertrag tatsächlich hält, was er verspricht, weiß man zuverlässig erst hinterher. Darüber hinaus ist gerade der enorme Regelungsumfang und -bedarf einer der Missstände, die mit der rechtlichen Handhabung von FuE-Verträgen einhergehen und die beseitigt werden sollen. Die Erstellung eines autarken Vertragsgefüges ist ohne Zweifel ein prestigeträchtiges Ziel, dem hier gestellten Anspruch des sicheren Ausschlusses der etwaigen Notwendigkeit, auf Gesetzesrecht zurückgreifen zu müssen, aber nicht gewachsen.

B. Die Hinnahme der Unklarheit

Als zweiter Lösungsansatz für die Behandlung künftiger Verträge könnte versucht werden, die Unklarheit als gegeben hinzunehmen.

I. Einordnung im Nachhinein

Die praktizierte vertragstypologische Einordnung im Nachhinein wäre eine solche Möglichkeit, bliebe aber in ihrer als unzureichend erkannten Handhabung stecken. Sie ließe ein juristisches Problem in einem noch dazu zukunftsträchtigen Geschäftszweig ohne Ausschöpfung aller vorhandenen Lösungsmöglichkeiten auf sich beruhen und ist deshalb für Dogmatik und Praxis gleichermaßen kein befriedigender Ansatz.

II. Inanspruchnahme von Forschungsförderung

Eine weitere Möglichkeit des Hinnehmens und in diesem Falle gar des Kompensierens der Unklarheit könnte in der Inanspruchnahme von Forschungsförderung gefunden werden.

Zwar kann diese die Unklarheit nicht beseitigen, sich aber positiv auf einen mit dieser einhergehenden Missstand auswirken. Die im Rahmen der Einordnung von FuE-Leistungen am häufigsten gestellte und für die Parteien zugleich brisanteste Frage ist diejenige nach der vertraglichen Risikotragung[616], da ihre Beantwortung die Konsequenzen etwaiger Vertragsstörungen den jeweils haftenden Parteien aufbürdet. Sie geht nicht aus der Unklarheit hervor, sondern dieser voran[617] und könnte deshalb durch die Verringerung ihrer Relevanz auch die Relevanz der noch immer ungeklärten Frage nach den anwendbaren Gesetzesvorschriften verringern. Die auf diese Weise gemilderten Auswirkungen einer Haftungszuweisung für die betreffende Partei könnte es für diese erträglicher erscheinen lassen, die Unklarheit hinzunehmen.

Die Rolle der Forschungsförderung in dieser Idee ist komplex, wird aber sogleich deutlicher, indem nochmals an das Indiz der Gewährung einer ebensolchen öffentlich-rechtlichen Förderung an den Auftraggeber erinnert wird[618]. Das Indiz schließt den Werkvertragscharakter des vom Geförderten erteilten FuE-Auftrags aus und rechtfertigt sich aus der Überlegung, dass öffentlich-rechtliche Forschungsförderung das mit einem FuE-Projekt einhergehende Risiko auf die Allgemeinheit abwälzt und dabei nicht nur den Förderungsempfänger, sondern auch dessen Vertragspartner entlastet. Diese Entlastung bringt die gewünschte Milderung für die offene Haftungsfrage und kompensiert bis zu einem gewissen Maß die Unwägbarkeit von Forschung und Entwicklung. Wer weiß, dass die aus dieser Unwägbarkeit resultierenden Risiken ihn aufgrund von deren Abwälzung auf die Allgemeinheit nicht oder nur teilweise treffen werden, wird auf die exakte Feststellung seiner Risikotragung weniger Wert legen als derjenige, der kein Risiko abwälzen kann.

Dennoch muss der Ansatz im Hinblick auf seine Tauglichkeit zur Problemlösung kritisch betrachtet werden, da er sich auf den porträtierten engen Spezialfall beschränkt und da er selbst für diesen das Problem nicht ausräumt, sondern nur finanziell kompensiert. Dies mag im Einzelfall genügen, befriedigt den wissenschaftlichen Anspruch einer Lösungsfindung aber nicht.

---

616 Siehe zu dieser Feststellung bereits oben: § 4.B.II.3.a.

617 Siehe ebenfalls oben: § 4.B.II.3.c.bb.

618 Hierfür wiederum oben: § 4.D.II.2.d.hh(2).

C. Die Beseitigung der Unklarheit

Die dritte Möglichkeit der Handhabung der Unklarheit ist deren Beseitigung. Sie verspricht angesichts der Ergebnisse der beiden vorangegangenen Vorschläge am ehesten Erfolg, zumal sie nicht versucht, sich mit dem Problem zu arrangieren, sondern es lösen will. Sie umfasst eine Reihe von Vorschlägen, die, wie der Beseitigungsversuch im Nachhinein auch, sämtlich an der vertragstypologischen Einordnung ansetzen. Der entscheidende Charakter dieser Einordnung als speziell der Ermittlung der anwendbaren Gesetzesvorschriften dienendes Instrument ist anerkannt, die verschiedenen Herangehensweisen müssen aber noch genauer erörtert werden.

I. Beseitigung durch Gesetzesänderung

Ein erster, sehr radikaler Ansatz zur Beseitigung der Unklarheit könnte in einer Gesetzesänderung liegen, um auf diese Weise der Schwierigkeiten mit den bekannten Vertragstypen Herr zu werden.

Die Änderung ist in zwei Alternativen denkbar und könnte zunächst die im FuE-Bereich so oft problematische Unterscheidung zwischen Dienst- und Werkvertrag nach europäischem Vorbild[619] und unter Einbeziehung des Kaufvertrags in eine Unterscheidung zwischen einem auf Dienstleistung ausgerichteten Vertrag und einem auf den Austausch von Gütern gerichteten Vertrag wandeln. Ohne hier in eine Gegenüberstellung der deutschen und europäischen Typenordnung einsteigen zu wollen[620], kann dem Ansatz zugutegehalten werden, dass er die Abgrenzung von Werk- und Kaufrecht überflüssig machen würde. Zugleich blieben der Austausch von Gütern und die Erbringung von Dienstleistungen aber präsent, womit die Frage nach den anwendbaren Gesetzesvorschriften nicht beantwortet, sondern nur verlagert würde. Diese Alternative ist deshalb zur Problemlösung nicht geeignet.

Als zweite Möglichkeit könnte de lege ferenda für das BGB die Entwicklung eines neuen Vertragstyps in Form eines FuE-Vertrags angedacht werden, der die auf FuE-Leistungen anwendbaren Vorschriften unter seinem Dach vereinte. Problematisch ist aber schon, dass dieser neue Typ weitgehend aus Komponenten bereits bekannter Typen bestünde, deren etwaigem Kombinationsbedürfnis durch die Möglichkeit atypischer Verträge bereits Rechnung getragen wird, sodass die Notwendigkeit dieses neuen Vertrags nicht begründet werden kann. Zudem müsste der neue Typus, um seine Tauglichkeit zu beweisen, das bisher praktizierte Zusam-

---

[619] Hierzu siehe oben: § 4.D.III.1.a.aa.

[620] Hierzu ausführlich *Mankowski,* MDR 2003, S.854(855 ff).

menspiel verschiedener Vertragstypen und deren Geltung für jeweils unterschiedliche Arten von FuE-Verträgen samt deren Gestaltungsvariationen ermöglichen. Dies ist angesichts der unüberschaubaren Vielzahl möglicher Fallgestaltungen nicht umsetzbar. Auch wird das Ergebnis bestätigt durch die Grenzen der Normifizierung der Lebenswirklichkeit und durch die Existenz atypischer Verträge, welcher es bei voll variablen Vertragstypen nicht bedürfte. Auch die zweite Alternative löst das Problem somit nicht.

Folglich kann auch eine Gesetzesänderung die Unklarheit hinsichtlich der auf FuE-Leistungen anwendbaren Normen nicht beseitigen.

II. Beseitigung durch Separierung der Vertragskomponenten

Nachdem eine Gesetzesänderung keinen Erfolg verspricht, könnte in Erwägung gezogen werden, zur Erleichterung der vertragstypologischen Einordnung der FuE-Leistungen diese schlicht in ihre verschiedenen Komponenten zu spalten und auf sie bezogene separate Einzelverträge abzuschließen.

Jedoch stehen dem schon die erörterten begrifflichen und faktischen Schwierigkeiten bei der Unterscheidung von Forschung und Entwicklung entgegen, die eine praktische Grenzziehung zumeist nur auf Vermutungen stützen und sich damit schnell dem Vorwurf der Willkür aussetzen. Die erwähnten reinen Forschungs- und reinen Entwicklungsverträge helfen nicht, da auch sie die fließenden Grenzen nicht zu begradigen vermögen und da es eine Regel dergestalt, dass bei Forschung grds. Dienstrecht und bei Entwicklung grds. Werkrecht gälte, nicht gibt. Zudem würde die Separierung auch die Abhängigkeitsbande zwischen den einzelnen Leistungen durchtrennen, sodass das Schicksal der einen die übrigen Komponenten unberührt ließe. Dies würde atypischen Vertragsgestaltungen hohnlachen, auch in der ganz überwiegenden Anzahl der übrigen Fälle aber dem Willen der Vertragsparteien nicht gerecht werden. FuE-Verträge sind, wie wiederholt dargelegt, regelmäßig das Resultat genauester Abwägungen und harter Verhandlungen. Erst dieses dezidiert ausgearbeitete Vertragsgefüge verbindet die verschiedenen Regelungsaspekte zu einem sinnvollen Ganzen. Separate Verträge würden die Basis zerstören, auf der die Gestaltung von FuE-Abreden überhaupt möglich ist, und damit das Kind mit dem Bade ausschütten. Sie lösen das Problem nicht.

III. Beseitigung durch Verwendung von Musterverträgen

Eine Möglichkeit der Beseitigung der Unklarheit könnte auch darin liegen, die vertragstypologische Einordnung dergestalt vorab zu entschärfen, dass ein bereits eingeordneter, dem gewünschten Typ entsprechender Mustervertrag verwendet würde.

Dies ist angesichts der nicht ganz unbeachtlichen Kautelarpraxis im FuE-Bereich[621] nicht von der Hand zu weisen, zumal die Ermittlung der anwendbaren gesetzlichen Vorschriften dadurch zwar nicht erleichtert, der Einordnungsaufwand aber nur einmal und zudem vorab anfallen würde. Jedoch ergeben sich auch hier eine Reihe von Nachteilen, deren erster schon in der Tatsache begründet liegt, dass sich das Leben und mit diesem die Vertragsbeziehungen zwischen Parteien nicht in Musterentwürfe pressen lassen. Sinn und Zweck dieser Muster ist nicht deren Passgenauigkeit für jede beliebige Vertragskonstellation, zumal der Vertragsgestaltende die individuellen Bedürfnisse ihm unbekannter Parteien zu einem ihm unbekannten Zeitpunkt und in beliebigen Rahmenbedingungen schlechterdings nicht vorhersehen kann. Vielmehr dienen Musterverträge eher als Richtungsweiser, zur Sensibilisierung ggü. regelmäßig wiederkehrenden Problemen und als individuell anzupassende Schablonen. Schließlich sei in diesem Kontext auch aus einem anderen Grunde davor gewarnt, „benutzte" Verträge ganz oder teilweise zu recyceln, denn diese Wiederverwendung öffnet schnell den Anwendungsbereich der AGB-rechtlichen Inhaltskontrolle. Zwar wird die Kontrolle sich mangels Verbraucherbeteiligung[622] an FuE-Verträgen regelmäßig auf § 307 BGB beschränken, kann aber gemäß § 310 I 1 BGB gleichwohl auch in den Klauselverboten der §§ 308 und 309 BGB aufgeführte Aspekte unwirksam machen.

IV. Beseitigung durch eine individuelle Einordnung vorab

Der vierte Ansatz versucht sich ebenfalls an einer Einordnung des jeweiligen Vertrags vorab, knüpft die Einordnung aber statt an Mustervorgaben an individuelle Bedürfnisse und Parteiinteressen, indem er sich von vornherein auf den gewünschten Vertragstyp festlegt und sodann zielgerichtet auf diesen hinarbeitet. Dieses zeitliche Ansetzen vor Vertragsschluss bewirkt als Neuerung und Vorteil gleichermaßen, dass die Einordnungsparameter nicht mehr wie bisher ihres zufälligen Auffindens harren müssen, sondern dass sie von vornherein bewusst als Werkzeug verwendet und damit instrumentalisiert werden können.

Um dies praxistauglich bewerkstelligen zu können, wird zunächst hinsichtlich der Parteiinteressen sensibilisiert, ehe die Möglichkeiten bewusster Vertragsgestaltung erörtert werden und schließlich mittels konkre-

621 *Nicklisch*, in: FuE-Verträge in Wissenschaft und Technik, S.5(6).

622 Die zur Bejahung der Verbrauchereigenschaft erforderliche private Zwecksetzung des rechtsgeschäftlichen Handelns (*Ring*, in: *Dauner-Lieb/Heidel/Lepa/Ring*, § 12 Rn.5) ist im Rahmen der Beauftragung oder auch Vornahme von FuE-Tätigkeiten kaum realistisch denkbar.

ter Formulierungsvorschläge auf den passenden Vertragstyp hingearbeitet wird[623].

1. Die zielgerichtete Vertragsgestaltung in Literatur und Kautelarpraxis

Die bewusste Gestaltung eines Vertrags zugunsten seiner zielgerichteten typologischen Einordnung ist in Literatur und Kautelarpraxis nur wenig verbreitet[624]. Dies ist insoweit verständlich, als jeder Einzelfall individuell betrachtet werden muss, ist aber weder hilfreich noch entspricht die suggerierte Neutralität den Tatsachen. Vielmehr offenbart schon die Dienstvertragstendenz der Anbieter von FuE-Leistungen[625] eine lenkende Vertragsgestaltung und ist *Wündisch* ein Vorreiter darin, die einseitig begünstigende Wirkung seines Formulars und konkret dessen tendenzielle Auftraggeberfreundlichkeit ausdrücklich voranzustellen[626].

Die tendenziösen Neigungen von Vertragsmustern sind nicht verwerflich, sollten aber bewusst wahrgenommen und ggf. geändert oder selbst instrumentalisiert werden.

2. Die typenspezifischen Parteiinteressen

Die für eine typenspezifisch zielgerichtete Vertragsgestaltung maßgeblichen Parteiinteressen[627] umfassen sämtliche Beweggründe und Zwecksetzungen eines jeden Vertragspartners. Sie können, etwa im Falle von Kompromissen, über den vertragsbezogenen Parteiwillen hinausgehen und wurden im Rahmen der Vertragsauslegung im Nachhinein als nicht unproblematisch dargestellt, da sie in Verbindung mit Fairnessgesichtspunkten praktisch zu jedem Ergebnis gelangen können. Was jedoch bei der Behandlung bestehender Verträge nachteilig wirkt, gereicht den künftigen Verträgen zum Vorteil, da die Interessenlage ganz gezielt instrumentalisiert werden kann, um das gewünschte Resultat zu erhalten. Die einstigen Nachteile fehlen hier, da die Interessen nicht nachträglich und losgelöst von den vertraglichen Vereinbarungen durchgesetzt, sondern vielmehr von vornherein im Vertrag verankert werden. Dieses Verfahren geht unternehmerisch-

---

623 Hierzu **Anhang 19** f.

624 Zielbezogene Formulierungsvorschläge etwa bei *Schmeißer/Zirkel*, MDR 2003, S.849(853); in Ansätzen auch bei *Pagenberg/Beier*, Muster 9 Rn.7.

625 Zu dieser *Ullrich*, in: FS Fikentscher, S.298(306, 307).

626 *Wündisch*, FuE-Vertrag, Anm.1.

627 Hierzu **Anhang 20**.

instrumentalisierend an die Verträge heran, ist im Rahmen von Recht und Gesetz aber durchaus zulässig.

Was genau sind aber diese Parteiinteressen? Welche Aspekte sind besonders relevant und wo liegen die typenspezifischen Unterschiede? Diese Fragen werden im Folgenden beantwortet.

a. Der wissenschaftliche Anspruch

Wissenschaft und Wirtschaft gestalten das menschliche Leben und Zusammenleben in nie zuvor dagewesener Intensität. FuE-Verträge und mit diesen die Interessen der Parteien sind diesem Wirkungskreis ausgesetzt, beruhen auf ihm und werden durch ihn geformt. Erst seine Durchdringung offenbart Ziele und Motivationen sowie Konfliktpotenzial und ermöglicht die Konstruktion tragfähiger Verträge.

aa. Gemeinsamkeiten und Unterschiede

Die Grundidee[628] aller Wissenschaft ist das Streben nach Wahrheit als, wie *Wilhelm von Humboldt*[629] sagte, „etwas noch nicht ganz Gefundenes und nie ganz Aufzufindendes". Trotz dieser Ergebnisoffenheit brachte und bringt die Wissenschaft unzählbare neue und nützliche Erkenntnisse in allen Bereichen des menschlichen Wissens hervor[630]. Grundidee und Daseinsberechtigung der Wirtschaft lassen sich hingegen treffend mit der Befriedigung der menschlichen Bedürfnisse nach Waren und Dienstleistungen zusammenfassen[631].

Die Wissenschaft betont in ihrer prinzipiellen Unabgeschlossenheit das Streben nach Ergebnissen ggü. den Ergebnissen selbst und wird folgerichtig auch ausdrücklich als „Verfahren" charakterisiert[632]. Sie sieht sich als autarke Größe, unbeeinflusst und nur sich selbst verpflichtet und eröffnet nur in dieser äußeren Autonomie den Schutzbereich des Art.5 III GG[633]. Die Wirtschaft betreibt demggü. die Bedarfsbefriedigung nicht um ihrer selbst willen, sondern ist, ohne dies wertend zu belegen, geprägt von Kos-

---

628 Ausführliche Darstellung der Positionen der Wissenschaft und der Wirtschaft bei *BMWi*, Mustervereinbarungen für FuE-Kooperationen, S.8-9.

629 Zitiert nach BVerfGE 35, S.79 (113).

630 Vgl. hierzu bereits bei der Bedeutung von FuE: A.

631 *Brockhaus*, Bd.5, S.5142

632 Den Wissenschaftsbegriff als Verfahrensbegriff bezeichnete erstmals *Schmitt Glaeser*, WissR 7 (1974), S.107(115).

633 BVerfG, Beschl. v. 11.01.1994 – 1 BvR 434/87, BVerfGE 90, S.1(12); Dreier/*Pernice*, Art.5 III Rn.26.

ten-Nutzen-Kalkülen, Wettbewerbsdenken und finanziellem Gewinnstreben.

bb. Konfliktpotenzial

Die Konflikte entzünden sich oft und zuerst an diesem Kosten-Nutzen-Kalkül und münden in einer stereotypen Hol- bzw. Bringschuld-Diskussion[634], in der die Wirtschaft das Vorliegen zu weniger Ergebnisse mit Innovationspotenzial kritisiert und die Wissenschaft mit dem Vorwurf mangelnder Risikobereitschaft der Wirtschaft kontert. Streit entsteht zudem in Zusammenhang mit dem wissenschaftlichen Anspruch der Selbständigkeit, da der wirtschaftliche Auftraggeber u. U. ein Interesse an der inhaltlichen Einflussnahme auf die Forschungsergebnisse oder ggf. an deren auch teilweisem Verschweigen hat, derart „gebundene" Forschung aber nicht mehr vom Schutzbereich der Wissenschaftsfreiheit nach Art. 5 III GG umfasst wird[635]. Die Veröffentlichung von Ergebnissen ist auch losgelöst hiervon problematisch, weil die Wissenschaft von fachlichem Diskurs und gegenseitiger Kommunikation lebt[636], die Wirtschaft eine Veröffentlichung aber schon aufgrund der Neuheitsschädlichkeit für etwaig anzumeldende Schutzrechte eher vermeiden möchte.

cc. Zusammenfassung

Die Unterschiede zwischen Wissenschaft und Wirtschaft schlagen sich in deren wechselseitiger Wahrnehmung nieder und verursachen nicht selten Missverständnisse, Fehleinschätzungen und Vorbehalte auf beiden Seiten. Dennoch hat die Wirtschaft trotz ihrer Gewinnorientierung ein Interesse an neuen Erkenntnissen und bedarf auch die Wissenschaft finanzieller Mittel, ohne die der Aufwand der Erkenntniserlangung nicht bezahlbar wäre. Beide Bereiche unterliegen einer jeweils eigenen Logik[637], hängen aber voneinander ab und gelangen nur vereint zu voller Blüte.

b. Die wirtschaftliche Zweckmäßigkeit

Vor diesem Hintergrund sei nunmehr auch die materielle Komponente beleuchtet, die, allem Idealismus zum Trotz, vorrangig über das „Ob?" und

---

634 Ausführlich *Wissenschaftsrat,* Drucksache 7865-07, S.68 ff.

635 *Jarass,* in: Jarass/Pieroth, GG, Art.5 Rn.121-122.

636 *Jarass,* in: Jarass/Pieroth, GG, Art.5 Rn.121; *Dreier/Pernice,* Art.5 III Rn.28.

637 So auch *Wissenschaftsrat,* Drucksache 7865-07, S.68-69.

„Wie?" sowohl von Forschung und Entwicklung an sich als auch von FuE-Aufträgen entscheidet. Sie beruht auf der Entgeltlichkeit der Leistungserbringung und liegt in deren wirtschaftlicher Zweckmäßigkeit. Diese Zweckmäßigkeit lässt sich in drei miteinander in Beziehung stehende Gruppen unterteilen, deren Inhalte jeweils individuell unterschiedlich gewichtet werden. So sind zunächst alle Parteien eines FuE-Auftrags an die Grenzen ihrer wirtschaftlichen Leistungsfähigkeit gebunden (Gruppe 1), müssen zugleich aber auch ihre Konkurrenzfähigkeit wahren (Gruppe 2) und werden ihre Entscheidungen zudem an ihrer konkreten Unternehmenspolitik ausrichten (Gruppe 3).

aa. Wirtschaftliche Leistungsfähigkeit

Die wirtschaftliche Leistungsfähigkeit wird in erster Linie durch finanzielle und Risikoerwägungen bestimmt, wobei neben kurzfristiger Liquidität auch mittel- bis langfristige Planungssicherheit eine Rolle spielen kann. In dieser Gruppe hat die Sicherheit Vorrang. Risiken, seien es die FuE-Risiken, die mit diesen einhergehenden rechtlichen oder die geschäftlichen Risiken etwa des Überholtwerdens durch einen Konkurrenten oder der erfolglosen Vermarktung werden mit Vorsicht gehandhabt oder abzuschieben versucht.

bb. Wahrung der Konkurrenzfähigkeit

Die Konkurrenzfähigkeit am jeweiligen Markt folgt wiederum finanziellen Erwägungen, ist insgesamt aber eher mittel- bis langfristig angelegt und vermag auf diese Weise, die obigen Beschränkungen im Rahmen des Machbaren wieder zu lockern.

cc. Unternehmenspolitik

Unternehmenspolitische Aspekte verfolgen ebenfalls mittel- bis langfristige Ziele und versuchen, die Konkurrenzfähigkeit durch Prestige, Standing und/oder ein entsprechend aussagekräftiges Unternehmensprofil zu sichern. Sie sind losgelöst vom kurzfristigen Denken und deshalb durchaus bereit, kurzfristige Nachteile in Kauf zu nehmen, um Kunden zu binden oder etwa als Betreiber eines Prestigeprojekts wahrgenommen zu werden.

dd. Zusammenfassung

Die Überlegungen zur wirtschaftlichen Zweckmäßigkeit lassen sich, so viel dürfte deutlich geworden sein, auf einen Abwägungsprozess kondensieren, in dem verschiedene Chancen und Risiken einander gegenübergestellt, zueinander in Beziehung gesetzt und schließlich eingegangen oder verweigert werden. Sie sind je nach Einzelfall unterschiedlich stark ausgeprägt, gehen aber in dem Sinne Hand in Hand, dass jede Chance ein Risiko und jedes Risiko eine Chance birgt.

c. Das Risiko in Relation zum Parteiwillen

Die wirtschaftliche Zweckmäßigkeit bestätigt wiederum die Grundausrichtung des Parteiwillens an der Risikotragung und ordnet beide situativ und einzelfallbezogen einander zu. Jedoch enthält sie keine Regelmäßigkeit hinsichtlich der Beziehung zwischen Risiko und Parteiwille. Während dies angesichts der vielschichtigen Praxis realistisch ist, würde die angestrebte Problemlösung schon im Interesse der Verständlichkeit durchaus gewinnen, wenn die Beziehung zwischen Risiko und Parteiwille nicht absolut, wenigstens aber richtungsweisend, etwa in Gestalt eines Regel-Ausnahme-Verhältnisses, festgehalten und vorangestellt werden könnte.

Hierfür kann ganz allgemein das bereits erwähnte Streben eines jeden nach Risikominimierung herangezogen werden. Konkret im FuE-Bereich, der für seine Risikoträchtigkeit und Kostenintensität bekannt ist, wird eine bewusste Risikoübernahme bei hohem Risiko wohl umso mehr eine Ausnahme sein. Die viel zitierte Entscheidung des *BGH* erkennt diesen Zusammenhang, indem sie den Satz prägt: „Je größer die mit der Tätigkeit erkennbar verbundenen Unwägbarkeiten sind, umso ferner kann es aber aus Sicht eines verständigen Bestellers liegen, dass der Unternehmer das Erfolgsrisiko dennoch übernehmen will.“[638]. Insgesamt und folglich kann somit jedenfalls grundsätzlich eine Interessenausrichtung dergestalt bejaht werden, das Risiko so klein wie möglich zu halten oder gar ganz zu beseitigen. Der regelmäßige Parteiwille wird dem zustimmen.

d. Das Risiko in Relation zum Vertragstyp

Die festgestellte Interessenausrichtung und die große Abhängigkeit von Risiko und Vertragstyp wirft die Frage auf, welcher Vertragstyp wann und für wen welches Risiko birgt oder vermeidet. Ihre Beantwortung geschieht anhand derjenigen Risiken, die sich je nach Vertragstyp unterschiedlich auswirken. Zwar kann hierfür, da allein die Dienst- und Werkverträge in Betracht kommen, teilweise auf die Ausführungen zu deren Abgrenzung verwiesen werden. Jedoch beschränken sich diese auf die Maßgeblichkeit der Risiko- und Gefahrtragung, ohne deren Umfang und Folgen darzustel-

638 *BGH*, Urt. v. 16.07.2002 - X ZR 27/01, BGHZ 151, S.330(333).

len und ohne darüber hinaus zu fragen, welche sonstigen Risiken typenspezifisch unterschiedlich sind. Dies wird im Folgenden nachgeholt.

aa. Risiko- und Gefahrtragung

Das erste Risiko ist die sog. Risiko- und Gefahrtragung hinsichtlich der vertragsgegenständlichen FuE-Leistungen selbst. Sie grenzt Dienst- und Werkvertrag voneinander ab, indem sie den rechtlichen Umfang des Leistungsversprechens festlegt. Konkret thematisiert sie die Handhabung von Störungen, die von keiner Seite zu vertreten, sondern vielmehr zufällig sind[639].

Die Leistungsgefahr bestimmt den Zeitpunkt, zu dem in einem gegenseitigen Vertrag die Gefahr einer zufälligen Störung vom Schuldner auf den Gläubiger übergeht, ab dem der Schuldner also nicht mehr leisten muss und der Gläubiger seinen entsprechenden Anspruch verliert[640]. Die Preis- oder auch Vergütungsgefahr fragt sodann, wann trotz Wegfalls der Hauptleistungspflicht die vereinbarte Gegenleistung erbracht werden muss[641].

Eine dienstverpflichtete Partei haftet verschuldensabhängig für ein zielgerichtetes „Bemühen"[642], welches sich auf ordnungsgemäßes, sorgfältiges und zielorientiertes Planen und Arbeiten beschränkt. Die Leistungsgefahr liegt von vornherein beim Gläubiger, während die Preisgefahr zwar gemäß § 326 I 1 1.HS BGB grds. beim Schuldner liegt, im Falle der Unmöglichkeit[643] oder des Annahmeverzugs des Gläubigers[644] aber auch eher auf diesen übergehen kann.

Auch im Werkrecht muss die geschuldete FuE-Leistung nicht zwingend in der Herbeiführung eines FuE-Ergebnisses liegen[645]. Jedoch geht jedes Leistungsversprechen mit einer verschuldensunabhängigen Gewährleistung einher, sodass die Leistungsgefahr erst dann auf den Besteller übergeht, wenn ein Fall des § 275 BGB eintritt, das Werk abgenommen wurde, der Besteller in Verzug der Annahme ist oder das fertige Werk auf Verlangen des Bestellers versandt wurde[646]. Die Preisgefahr im Werkrecht richtet sich nach den §§ 644, 645 BGB und geht nach § 644 I 1 BGB grds. erst

---

639 Staudinger/Peters/Jakoby, Neubearb. 2008, § 644 Rn.1.

640 Staudinger/Peters/Jakoby, Neubearb. 2008, § 644 Rn.3.

641 Staudinger/Peters/Jakoby, Neubearb. 2008, § 644 Rn.2.

642 *Möffert*, in: Münchner Vertragshandbuch 2, Forschungsvertrag, Anm.21.

643 § 326 II 1. 1.Alt. und 2.Alt. BGB.

644 § 615 BGB.

645 Vgl. *Zirkel*, in: FS Polter, S.51(68).

646 Vgl. *Staudinger/Peters/Jakoby*, Neubearb. 2008, § 644 Rn.12.

mit Abnahme auf den Besteller über. Ein zeitigerer Übergang findet wiederum bei Annahmeverzug nach § 644 I 2 BGB und bei Versendung des Werks nach § 644 II BGB sowie in den Fällen der Verantwortlichkeit des Bestellers nach § 645 BGB statt. Bei zufälligem Untergang oder zufälliger Verschlechterung eines vom Besteller gelieferten Stoffes beim Werkunternehmer gehen weder Leistungs- noch Preisgefahr auf den Besteller über, ist der Unternehmer aber nach § 644 I 3 BGB grds. nicht zu Schadensersatz oder Neubeschaffung verpflichtet.

Garantieversprechen sind im Dienst- und Werkrecht denkbar. Sie sind mit der verschuldensunabhängigen Gewährleistungspflicht des Werkrechts vergleichbar, können diese aber in der Weise ausweiten, dass selbst ein etwaiger Schadensersatzanspruch verschuldensunabhängig ist[647]. Für den Dienstverpflichteten führt das Garantieversprechen zu einer verschuldensunabhängigen Gewährleistung. Es muss deshalb gut erwogen worden sein.

Alles in allem hält das Dienstrecht für beide Parteien gut überschaubare Risiken bereit, belastet den Auftraggeber aber mit der Leistungsgefahr und ggf. speziellen arbeitsrechtlichen Regelungen. Das Werkrecht ist für den Auftragnehmer ungleich risikoträchtiger, für den Auftraggeber aber gut kalkulierbar. Folglich und unter Anknüpfung an das Streben eines jeden nach Risikominimierung oder -vermeidung, wird das Dienstrecht eher den Interessen des Auftragnehmers gerecht, während das Werkrecht für den Auftraggeber günstiger ist.

bb. Leistungsstörungsrisiko

Angesichts der großen Bedeutung der Primärpflicht drängt sich die Frage auf, ob und inwieweit deren Störung Sekundärpflichten hervorruft. Das Risiko liegt in den bereits ausgeführten und je nach Betrachterhorizont durchaus gravierenden Rechtsfolgen von Störungen. Sie betreffen dann nicht nur das Interesse am Gelingen des FuE-Projekts an sich, sondern schlagen unmittelbar auf die geschäftlichen bzw. finanziellen Interessen durch. Dies umso mehr, als die charakteristische Unwägbarkeit von Forschung und Entwicklung diese Interessen ohnehin gefährdet.

(a) Nichtleistung

Eine große Kategorie von Störungen liegt in der Nichterfüllung einer Leistungspflicht.

Diese Nichterfüllung kann rein zeitlicher Natur sein, wenn sich die Leistung des Schuldners verzögert, aber nicht endgültig ausfällt. Ein Er-

---

647 Vgl. zu dieser *Palandt/Heinrichs*, § 276 Rn.29.

satzanspruch des Gläubigers auf den Verzögerungsschaden ergibt sich aus den §§ 280 I, II, 286 BGB, lässt seine Leistungsverpflichtung ggü. dem Schuldner aber unberührt[648]. Auch ein Rücktritt ist unter den Voraussetzungen des § 323 BGB möglich.

Im Werkrecht sind aus der Verzögerung der Nacherfüllung resultierende Schäden als Mangelfolgeschäden von § 634 Nr.4 BGB erfasst[649]. Im Dienstrecht sichert § 616 BGB als Sonderregelung den Vergütungsanspruch, wenn der Dienstverpflichtete für eine verhältnismäßig nicht erhebliche Zeit unverschuldet an der Leistungserbringung gehindert wird.

Die Unmöglichkeit der Leistung geht über die Nichterfüllung hinaus und schwebt wie ein Damoklesschwert über dem notorisch unsicheren FuE-Bereich. Sie kann auf einem Widerspruch zu geltenden oder noch unbekannten Naturgesetzen oder auf mangelndem Wissen über lösungsrelevante Aspekte beruhen.

Sie ist insoweit nicht einordnungsrelevant, als ihr Vorliegen oder Fehlen kein Indiz für die Bereitschaft der Parteien zur Risikotragung ist[650]. Dennoch sind ihre Folgen typenspezifisch unterschiedlich. Zwar schließt ihr Vorliegen aufgrund des in § 275 I BGB festgehaltenen Grundsatzes des „impossibilium nulla est obligatio" den Primäranspruch aus und verlagert so die Leistungsgefahr vom Schuldner auf den Gläubiger. Jedoch verliert der Schuldner nicht immer nach § 326 I 1 1.HS BGB seinen Vergütungsanspruch, sondern behält diesen bei Anwendung der dienstrechtlichen Sonderregelung des § 616 BGB, wenn er für eine verhältnismäßig nicht erhebliche Zeit unverschuldet an der Leistungserbringung gehindert war[651].

Hat der Schuldner die Unmöglichkeit hingegen zu vertreten, so sind die haftungsrechtlichen Folgen nach dem Verschuldensprinzip für Dienst- und Werkvertragsrecht gleich[652]. Zwar wird nun doch die Unterscheidung zwischen anfänglicher und nachträglicher Unmöglichkeit wiederbelebt[653], indem § 311a II 2 BGB dem Versprechenden aufgibt, das anfängliche Leistungshindernis bei Vertragsschluss nicht gekannt und seine Unkenntnis auch nicht zu vertreten gehabt zu haben, während sich das Verschulden für eine nachträgliche Unmöglichkeit aus § 280 I 2 BGB ergibt. Jedoch gelangen die Normen zu identischen Ergebnissen, da der Gläubiger jeweils Schadensersatz statt der Leistung nach § 283 BGB oder Ersatz seiner vergebli-

---

648 *Palandt/Heinrichs*, § 286 Rn.44.

649 *Palandt/Sprau*, Vorb. v. § 633 Rn.12.

650 Siehe oben: § 4.D.II.2.d.ee.

651 Palandt/Weidenkaff, § 616 Rn.3.

652 *Palandt/Heinrichs*, § 311a Rn.3.

653 Vgl. hierzu *Palandt/Heinrichs*, § 275 Rn.4.

chen Aufwendungen nach § 284 BGB verlangen kann. Die Frage nach der letztlich anwendbaren Norm kann folglich i. d. R. offenbleiben[654].

Im Umgang mit der Gefahr der Unmöglichkeit ist, schon um der Verschuldenshaftung zu entgehen, eine sorgfältige Analyse des aktuellen Stands von Wissenschaft und Technik vor Projektbeginn ratsam. Darüber hinaus bleibt nur, mit ihr als Teil des FuE-Risikos zu kalkulieren.

(b) Schlechtleistung

Die Schlechtleistung ist im FuE-Bereich ob dessen Unwägbarkeit von besonderer Bedeutung. Schlechtleistungen bzw. Mängel sind nach der Definition des § 633 BGB für den Auftraggeber ungünstige Abweichungen der Ist- von der vertraglich vorgesehenen oder üblichen Soll-Beschaffenheit[655]. Sie können sach-, rechts- oder verhaltensbezogen sein[656]. Im FuE-Bereich kann die Schlechtleistung darin liegen, dass die versprochene Leistung nicht ordnungsgemäß, etwa ohne die geforderte Sorgfalt, ausgeführt wird, dass Berichts- oder Dokumentationspflichten verletzt werden und dass Ergebnisse falsch oder unzureichend sind, Versuchsanordnungen nicht funktionieren oder Prototypen die vereinbarte Reifestufe fehlt.

Das Dienstrecht hat keine besonderen Vorschriften zur Mängelhaftung. Diese richtet sich deshalb nach den allgemeinen Regeln der §§ 280 ff. BGB, die einen verschuldensabhängigen Schadensersatzanspruch (§ 280 I BGB), Schadensersatz statt der Leistung (§ 281 BGB) und Ersatz vergeblicher Aufwendungen (§ 284 BGB) vorsehen. Für Arbeitnehmer greift die Haftungsmilderung der sog. gefahrgeneigten Tätigkeit[657]; ein Nacherfüllungsanspruch bzw. eine Nacherfüllungspflicht ist hingegen nicht vorgesehen.

Das Werkrecht ist im Gegensatz zum Dienstrecht mit besonderen Regelungen zur Mängelhaftung versehen. Mängel lösen hier Gewährleistungspflichten aus, die sich vordergründig in der nicht separat zu vergütenden Nacherfüllung nach §§ 634 Nr.1, 635 BGB realisieren. Diese Nacherfüllung ist Pflicht und Recht zugleich und kann dem Schuldner dessen Vergütungsanspruch erhalten[658]. Konsequent greifen die übrigen Ansprüche erst bei Ausbleiben oder Fehlschlag der Nacherfüllung, wobei der Schadensersatz aber auch hier an ein Verschulden des Werkunternehmers

---

[654] *Palandt/Heinrichs*, § 311a Rn.2 und 4.

[655] *Beaumart*, in: FuE-Verträge in Wissenschaft und Technik, S.39(45).

[656] Auf Rechtsmängel wird unter Verweis auf die Schwerpunktsetzung dieser Arbeit nicht weiter eingegangen. Ausführlich aber *Gempe*, S.49 ff.

[657] *Palandt/Weidenkaff*, § 611 Rn.156 ff.

[658] *Plander/Schiek*, RdA 1990, S.219(224).

gebunden ist. Die typenspezifischen Rechte der Selbstvornahme und Minderung hat der Besteller unter den besonderen Voraussetzungen der §§ 634 Nr.2, 637 I bzw. der §§ 634 Nr.3, 638 BGB.

Eine weitere typenspezifische Besonderheit ist die Verjährungsvorschrift des § 634a BGB, die sich allerdings nur auf Mängelansprüche, nicht hingegen auf Ansprüche aus sonstigen Pflichtverletzungen bezieht.

(c) Verletzung von Mitwirkungspflichten

Mitwirkungspflichten sind diejenigen Obliegenheiten des Auftraggebers, deren Einhaltung die Leistungserbringung durch den Auftragnehmer erleichtert oder zuallererst ermöglicht[659]. Im Dienstrecht verpflichtet § 615 BGB den Dienstberechtigten zur Annahme der Dienste, indem er im Falle eines Annahmeverzugs die Preisgefahr auf den Dienstberechtigten übergehen lässt. Das Werkrecht unterscheidet demggü. zwischen Annahmeverzug einerseits und der Verletzung von Mitwirkungspflichten andererseits. Der Annahmeverzug i.S. des § 644 I 2 BGB ist ein Verzug bei der Abnahme einer angebotenen, also fertiggestellten Leistung[660] und damit das Pendant zur Annahme der Dienste. Die Verletzung von Mitwirkungspflichten betrifft hingegen nach § 642 I BGB Pflichten „bei der Herstellung des Werkes", etwa das Zurverfügungstellen von Geräten oder Räumlichkeiten, und ist damit, wenngleich ohne Normierung, auch im Dienstrecht denkbar. Bei der Verletzung von Mitwirkungspflichten hat der Werkunternehmer einen Anspruch auf angemessene Entschädigung bzw. ist gemäß § 643 S.1 BGB zur Kündigung des Vertrags berechtigt.

Die Mitwirkungspflichten des Dienst- und Werkrechts sind einander sehr ähnlich. Ihre Rechtsfolgen können tendenziell auftraggeber- oder auftragnehmerfreundlich gestaltet werden[661], beeinflussen die Typenwahl aber nicht.

(d) Haftungsausschluss

Mustervertragsformulare bedienen sich gern umfassender Haftungsausschlüsse[662]. Zwar sind diesen durch die jeweils vertragswesentlichen Pflichten Grenzen gesetzt[663], einen weitergehenden Bezug zu den typenspezifi-

---

659 *Palandt/Sprau*, § 642 Rn.2.

660 Vgl. hierzu die Verweisung auf die §§ 293 ff. bei *Palandt/Sprau*, § 645 Rn.6.

661 Vgl. *Wündisch*, FuE-Vertrag, § 4 und Anm.7.

662 Ausführlich *Koch*, Haftungsfreizeichnung.

663 Laut *BGH*, Urt. v. 20.07.2005 – VIII ZR 121/04, NJW-RR 2005, S.1496(1505) ist ein Ausschluss der Haftung für leichte Fahrlässigkeit hier nicht möglich.

schen Besonderheiten der FuE-Leistungen haben sie aber nicht. Folglich bleiben auch sie bei der typenspezifischen Vertragsgestaltung außer Betracht.

cc. *Veröffentlichungsrisiko*

Ein Streitpunkt und Risiko kann in der etwaigen Veröffentlichung der FuE-Ergebnisse liegen. Zum einen kann der Auftraggeber diese Ergebnisse veröffentlichen, zum anderen sie aber auch als geheimes Know-how behandeln wollen. Seitenverkehrt kann auch der Auftragnehmer eine Veröffentlichung wollen oder ablehnen.

Virulent wird dies allgemein bei Willenskollisionen und konkret im Arbeitsrecht, wo die bereits erwähnte Pflicht nach § 13 I 1 ArbnErfG den Auftraggeber zur Anmeldung zwingt. Zwar kann sie nach § 13 II Nr.2 oder § 17 ArbnErfG entfallen, die etwaige Notwendigkeit entsprechender Vereinbarungen darf bei Arbeitsverträgen aber nicht vergessen werden. Im Hochschulbereich bzw. bei Vertragsschluss mit einer Hochschule steigert sich die Brisanz, da § 42 Nr.1 ArbnErfG Hochschulwissenschaftlern eine positive Publikationsfreiheit einräumt[664].

dd. *Kalkulatorisches Risiko*

Ein mögliches kalkulatorisches Risiko erwächst aus Situationen, in denen hinsichtlich des FuE-Projekts Schein und Wirklichkeit auseinanderklaffen. Hierbei kann die Diskrepanz entweder aufgrund von Fehleinschätzungen bzw. Fehlprognosen bereits von Anfang an bestanden haben oder aber durch eine Änderung der Vertragsumstände nachträglich eingetreten sein. Auch dieses Risiko ist im FuE-Bereich ständig präsent, da dessen charakteristische Unwägbarkeit viele Vereinbarungen über Prognosen nicht hinauskommen lässt[665]. Dieses Fehlen einer klaren Kalkulationsbasis verkompliziert nicht nur Vertragsanbahnung und -abschluss, sondern kann auch zu erheblichen einseitigen Verschiebungen des Leistungsgleichgewichts führen, zumal die Projektkosten ohnehin oft zu niedrig kalkuliert werden[666]. So können finanzielle Planungen obsolet werden, zeitliche Vorgaben nicht haltbar sein und insgesamt die Schwierigkeit des Projekts erheblich ansteigen. Kommunikationsdefizite können die ohnehin angespannte Situation der Verwirklichung eines FuE-Risikos durch ungeklärte Verantwortungs-

---

664 Das Problem ist kein typologisches, findet sich aber in guter Darstellung bei *Bartenbach/Volz*, in: FS 50 Jahre VPP, S.225(245 ff.).

665 So auch *Ulsenheimer*, S.117.

666 *Rosenberger*, Verträge über FuE, Kap.2 Rn.10.

fragen noch zusätzlich verkomplizieren. Der Umgang mit diesem Risiko bietet die Optionen des Vermeidens einerseits und der Handhabung des eingetretenen Risikos andererseits.

Die Option des Vermeidens ist nicht vollständig, wohl aber teilweise möglich, da das Risiko zwar ständig präsent, in seiner Intensität aber typenspezifisch unterschiedlich ausgeprägt ist. So bietet der Werkvertrag dem Werkbesteller eine recht genaue Vorstellung von den einzukalkulierenden Kosten, während der Dienstberechtigte weniger genau weiß, ob und in welchem zeitlichen Rahmen die in Anspruch genommenen Dienste das gewünschte Ziel erreichen. Aufseiten des jeweils Verpflichteten sind die Unwägbarkeiten spiegelverkehrt verteilt, da der Werkunternehmer bei der Werkerstellung sämtliche Eventualitäten und ggf. Mehrkosten selbst auffangen muss, während der Dienstverpflichtete Art und Umfang der geforderten Leistung ungleich konkreter vorhersehen kann. Der Weg zur Risikovermeidung liegt in der jeweils passenden Typenwahl.

Ist das Risiko eingetreten, so muss die Lösung des Konflikts zunächst mittels gesetzlicher Sonderregelungen, auch soweit diese den Motivirrtum betreffen, mittels der Vertragsauslegung, mittels der Nichtigkeit wegen Perplexität und mittels der Unmöglichkeit versucht werden. Erst subsidiär greift die Lehre von der Geschäftsgrundlage[667]. Sie thematisiert Störungen derjenigen „Umstände, die zur Grundlage des Vertrags geworden sind" und ist seit der Schuldrechtsmodernisierung in § 313 BGB geregelt. Jedoch ist ihr Ansatz typenunspezifisch für jeden Vertrag gleich und deshalb für die Ermittlung typenbezogen unterschiedlicher Parteiinteressen irrelevant.

ee. *Geschäftsrisiko*

Das Geschäftsrisiko oder auch wirtschaftliche Risiko umfasst all jene Unwägbarkeiten, mit denen ein Tätigwerden im Geschäftsverkehr einhergehen kann. Es ist eng gekoppelt an die bereits genannten Risiken, da deren Verwirklichung in aller Regel auch das Geschäftsrisiko verwirklicht, geht teilweise aber auch über diese hinaus und birgt selbst dann noch Gefahren, wenn Forschung und Entwicklung an sich erfolgreich sind.

Das Risiko kann auf externen oder internen Ursachen beruhen und ist meist finanzieller Natur, auch wenn der Schaden sich nicht zwingend in einem unmittelbaren monetären Verlust manifestiert, sondern sich etwa in einer Einbuße an Ansehen verwirklicht. Externe Faktoren sind u. a. die gesamtwirtschaftliche Situation, Krisen und Änderungen der Bedürfnisse des Marktes. Interne Faktoren können in Fehleinschätzungen der eigenen Leistungsfähigkeit, der erwähnten Marktbedürfnisse oder etwa der Vermark-

---

[667] Ausführlich *Medicus*, Rn.153-162.

tungschancen liegen[668]. Auch die Unfähigkeit der Einhaltung zeitlicher bzw. saisonaler Vorgaben des Marktes, bestimmter Stückzahlen oder qualitativer Standards fällt hierunter[669].

Das Geschäftsrisiko ist ganz überwiegend nicht vertraglich geregelt, da kaum eine Partei bereit sein wird, für die Geschäftsinteressen der anderen Seite einzustehen. Dennoch ist es insb. aufgrund seiner engen Verbindung zu den anderen Risiken durchaus typenspezifisch unterschiedlich. Konkrete Ausprägungen finden sich in den parteibezogenen Indizien; ganz allgemein kann aber auch hier festgehalten werden, dass Dienstverträge für den Auftraggeber und Werkverträge für den Auftragnehmer mit dem jeweils größeren Risiko einhergehen.

ff. Restriktionsrisiko

Als Risiko sei weiter die Möglichkeit genannt, in der Vertragsgestaltung gesetzlichen oder richterrechtlichen Restriktionen ausgesetzt zu sein. Hierfür muss der Werkvertrag dem Arbeitsvertrag als Spezialfall des Dienstvertrags gegenübergestellt werden, denn der Weg zwischen Dienst- und Arbeitsvertrag ist kurz, aufgrund des dann anwendbaren Arbeitsrechts aber folgenschwer. Ohne diesen Themenkomplex zu vertiefen, sei nur daran erinnert, dass Arbeitsverträge etwa mit der Bezahlung nach geltendem Tarifrecht, den gesetzlichen und tariflichen Kündigungsschutzbestimmungen und den Mitbestimmungsrechten von Betriebs- und Personalräten[670] einhergehen. Zwar lässt auch die Ausgestaltung einfacher Dienst- oder Werkverträge nicht völlig freie Hand, die allein eingreifenden Grundsätze der Vertragsgerechtigkeit sind aber weniger restriktiv und zudem kaum einmal gegeben.

gg. Risiken bei öffentlicher Beteiligung

Schließlich können juristische Personen des öffentlichen Rechts als Vertragspartei besondere Interessen bei der Typenwahl haben. Die bereits mehrfach erwähnte, mit dieser besonderen rechtlichen Stellung einhergehende Beschränkung der Haftungsübernahme bestätigt dies. Darüber hinaus besteht das spezielle Problem der Hochschulen mit der Handhabung der Änderung des ArbnErfG, jedoch beruht dieses auf dem Innenverhältnis der Hochschulen zu deren Mitarbeitern und findet in den FuE-Verträgen nur als typenunspezifisches Gestaltungsproblem Ausdruck.

---

668 *Rosenberger*, Verträge über FuE, Kap.2 Rn.21.

669 Vgl. hierfür auch *Ulsenheimer*, S.99.

670 *Plander/Schiek*, RdA 1990, S.219(220).

e. Fazit

Die typenspezifischen Parteiinteressen sind vor allem geprägt von wirtschaftlichen Zweckmäßigkeitserwägungen, in denen die Parteien Chancen und Risiken gegeneinander abwägen. Die strategische Vertragstypenwahl muss eine ganze Reihe verschiedener Risiken und Ansatzpunkte berücksichtigen, ist aber grundsätzlich auf Risikominimierung oder gar Risikovermeidung ausgerichtet. Sie lässt sich deshalb darauf komprimieren, dass Auftragnehmer Dienstrecht bevorzugen, während Auftraggeber Werkrecht wählen.

3. Die individuellen Parteiinteressen

Nachdem die typenspezifische Risikozuordnung eher allgemein und grundsätzlich agiert, müssen als zweite Standfeste der zielgerichteten Vertragsgestaltung auch die konkreten, individuellen Parteiinteressen ermittelt werden.

a. Analyse der eigenen Situation

Der erste Ansatz in diese Richtung ist eine Analyse der eigenen Situation, die aber trotz ihrer recht offensichtlichen Notwendigkeit nicht immer die ihr gebührende Stellung zu erhalten scheint. Gelegentlich entsteht gar der Eindruck, dass diese Analyse in Vollendung erst im Nachhinein gelingt, dann also, wenn der Vertrag an irgendeiner Stelle objektiv oder subjektiv unzureichend ist und das Kind somit bereits in den Brunnen gefallen ist. Dennoch und gerade deshalb darf nicht auf sie verzichtet werden.

aa. „Worst-case"-Szenario

Ein erster und gerade aufgrund der Unwägbarkeit von Forschung und Entwicklung sehr hilfreicher Schritt zur Erkennung der eigenen Interessenlage kann darin liegen, sämtliche denkbaren Risiken vor Vertragsschluss konkret und speziell auf das fragliche Projekt zugeschnitten durchzuspielen, denn das hierdurch entstehende „Worst-case"-Szenario führt den Parteien sämtliche Eventualitäten vor Augen. *Beaumart* empfiehlt zudem eine Risikoanalyse zur Erleichterung der individuellen Modifizierung des Haftungsrahmens eines gesetzlichen Vertragstyps[671]. Auch die grundlegende Entscheidung über die Typenwahl selbst kann durch diese Analyse erheblich vereinfacht werden.

---

[671] *Beaumart*, in: FuE-Verträge in Wissenschaft und Technik, S.39(54).

Konkret sollten die projektspezifischen Interessen danach unterteilt werden, welche Ziele am Ende des Vertrags zwingend verwirklicht sein müssen, welche verwirklicht sein können und welche notfalls verzichtbar sind. Eine Zuordnung des Projekts zu Grundlagen- oder angewandter Forschung sowie Entwicklung kann helfen, die eigenen Ziele zu vergegenwärtigen. Ebenso sollten die Parteien darauf achten, ob das gewünschte Ergebnis unmittelbar vertraglich versprochen werden kann oder nur mittelbar mit der Vertragserfüllung einhergeht. Eine Unterteilung der Ziele anhand deren zeitlicher Priorität in kurz-, mittel- und langfristig kann Interessenkollisionen und sonstige Konflikte entschärfen. Letztlich müssen die Parteien realistisch einzuschätzen lernen, um welchen Preis sie welche Ziele zu verwirklichen bereit sind.

bb. Artenspezifische Unterschiede

Auch ein Blick auf die Unterarten des FuE-Auftrags ist trotz deren geringer Aussagekraft hilfreich, da deren jeweilige Zweckrichtungen sich mit entsprechend verschiedenen Parteiinteressen verbinden. Während der Förderungsvertrag sein Hauptaugenmerk gerade nicht auf die Ergebnisse richtet, ist diese Komponente bei Gutachter- und Beraterverträgen ungleich wichtiger, da der Auftraggeber maßgeblich und oft allein von der Leistung des Auftragnehmers abhängt. Die reine Projektmitwirkung lässt eine differenziertere Betrachtung zu.

cc. Instrumentalisierung der Indizien

Eine Schau der im vorherigen Teil erarbeiteten Indizien kann zudem Abhilfe schaffen, da die Aussagekraft dieser Indizien darauf beruht, dass sie regelmäßig mit einem gewissen Parteiwillen einhergehen bzw. für die betroffene Partei in einer bestimmten Konstellation vorteilhaft oder nachteilig sind. Zwar sind die Indizien keine zwingenden und schon gar keine allgemeingültigen Parameter. Indem die Parteien sich aber nochmals nicht nur vergegenwärtigen, welche rechtliche Stellung oder finanzielle Situation besteht, sondern auch, welche Aussagekraft etwa die vertragliche Vergütungsregelung hat und wie sich die Risikosituation auf den Vertrag auswirken kann, beantworten sie für sich selbst die Frage, ob die indizierte Vermutung zutrifft oder nicht. So gesehen sind die Indizien nicht nur Hilfestellungen bei der Ermittlung des Parteiwillens im Nachhinein, sondern auch treffsichere Testfragen, mit deren Hilfe die eigenen Bedürfnisse realistisch und vertragstauglich vorab ermittelt werden können.

b. Berücksichtigung der fremden Situation

Neben der Analyse der eigenen ist auch die Berücksichtigung der Situation des Vertragspartners äußerst wichtig, da die Parteien sich bei Vertragsschluss in eine wechselseitige Abhängigkeit begeben[672]. Der dergestalt bestehende Interessengegensatz, dass Auftragnehmer eher einen Dienstvertrag bevorzugen, während Auftraggeber einen Werkvertrag wählen würden, erfordert vor diesem Hintergrund besondere Aufmerksamkeit, denn eine feinfühlig ausgleichende Gestaltung kann hier den Erfolg des Vertrags sichern oder aber, bei deren Fehlen, ihn auch scheitern lassen. Dieser Aspekt ist einordnungsrelevant, da er, wie angedeutet[673], u. U. für eine atypische Regelung der FuE-Leistungen spricht, deren Risikoverteilung den Auftragnehmer in Relation zur vollen Einstandspflicht entlastet, ohne die Interessen des Auftraggebers zu sehr einzuschränken.

Zwar liegen die Grenzen zulässiger einseitiger Vertragsgestaltung in der Sittenwidrigkeit, der Knebelung und dem Wucher, aber auch sonst sollten grob ungleichgewichtige Verträge vermieden werden, da sie das Parteiverhältnis u.U. unnötig verkomplizieren und da auf ihre Rechtsbeständigkeit nicht vertraut werden kann[674].

4. Die Umsetzung der zielgerichteten Vertragsgestaltung

Die Umsetzung der ermittelten Parteiinteressen im Rahmen der zielgerichteten Vertragsgestaltung ist in verschiedenen Ausprägungen denkbar.

a. Gesetzlich oder vertraglich

Die erste Frage ist dabei notwendig die, ob die Interessen mittels des Rückgriffs auf gesetzliche Regelungen oder aber durch vertragliche Vereinbarungen umgesetzt werden sollen.

Für ihre Beantwortung relevant ist zunächst die Beziehung zwischen beiden Alternativen, wobei eingestanden werden muss, dass die Umfänge der Verträge in der Praxis trotz der nun erlangbaren Kenntnis der anwendbaren Gesetzesnormen nicht geringer werden. Zwar scheint eine solche Vereinfachung theoretisch attraktiv, ihre Umsetzung scheitert jedoch, wie bereits erörtert, in aller Regel an den tatsächlichen praktischen Bedürfnissen. Die individuelle vertragliche Vereinbarung geht deshalb dem bloßen Gesetzesbezug vor.

---

672 *Ullrich,* in: FS Fikentscher, S.298(327).

673 Hierfür siehe oben bei der Gesamtbetrachtung der FuE-Leistungen: § 4.D.II.3.

674 *Langenfeld,* Rn.358.

Dennoch kann der Verweis auf einzelne oder mehrere Rechtsnormen bei Wahrung der erforderlichen Genauigkeit die Vertragsgestaltung erleichtern, indem er das „Abschreiben“ der fraglichen Regelungen ersetzt. Wird auf typenspezifisch unterschiedlich einzuordnende Normen verwiesen, so deutet dies auf eine Atypik des Vertrags hin.

In bestimmten Situationen kann es schließlich empfehlenswert sein, die typenspezifischen gesetzlichen Besonderheiten einzeln oder zu mehreren abzubedingen. Dies ist aufgrund der Vertragsfreiheit grundsätzlich möglich, muss aber auch gewisse Grenzen, etwa in Gestalt berufsgruppenspezifischer Sonderregelungen, und immer die allgemeinen Vorschriften der §§ 134, 138 BGB beachten. Trotz dieser gewährt die Abdingbarkeit eine große Flexibilität. Die Abbedingung muss deutlich[675], günstigstenfalls ausdrücklich vereinbart werden, denn allein aus dem Fehlen einer vertraglichen Regelung, die der spezifischen gesetzlichen Besonderheit eines Vertragstyps entspricht, kann nicht geschlossen werden, dass diese abbedungen sein sollte[676].

b. Ausdrücklich oder durch Indizien

Eine weitere Umsetzungsfrage ist diejenige, ob ausdrückliche Formulierungen einerseits oder die erarbeiteten Indizien andererseits verwendet werden sollten.

aa. Ausdrückliche Formulierungen

Während die essentialia negotii ohnehin ausdrücklich benannt werden müssen, sind ausdrückliche Formulierungen auch darüber hinaus sehr vorteilhaft[677]. Die Ausdrücklichkeit macht, um *Rosenbergers* Formulierung zu verwenden, den Vertrag nicht nur klarer, sondern auch dessen Gefüge durchsichtiger. Für FuE-Verträge, die nicht nur im Falle eines Streits, sondern aufgrund ihres häufigen Charakters als Dauerschuldverhältnisse auch sonst Richtschnur für die Vertragsdurchführung sein sollen und müssen, ist dies besonders hilfreich[678]. Dennoch, und so schließt sich der Kreis, gelten auch hier die skizzierten Vorbehalte ggü. einer typenspezifischen Begriffswahl. Es kann gar nicht oft genug wiederholt werden, dass neben der Ausdrücklichkeit vor allem Eindeutigkeit erforderlich ist.

---

675 *Plander/Schiek*, RdA 1990, S.219(225).

676 *Plander/Schiek*, RdA 1990, S.219(225).

677 Vgl. oben: § 4.D.II.1.

678 *Rosenberger*, Verträge über FuE, Kap.7 Rn.4.

bb. Rechtfertigung des Rückgriffs auf Indizien

Der Rückgriff auf Indizien mag ggü. den ausdrücklichen Formulierungen als unnötig erscheinen, ist aber dennoch neben diesen nicht nur möglich, sondern sogar vorteilhaft.

Der erste Vorteil liegt darin, dass die vorgeschlagene Verwendung als „Testfragen" geradezu dazu einlädt, die Ergebnisse im Vertrag zu verankern, weil sie warnend vor Augen führt, was anderenfalls etwa „herbeiinterpretiert" werden kann. Der richtige Ort der Verankerung wird bereits mit der interpretationsfähigen Klausel und deren Platzierung im Vertrag offenbart. Würde hier nicht lenkend eingegriffen, könnten etwaige Widersprüche selbst ausdrücklichen Festlegungen zum Verhängnis werden, da diese ihre Eindeutigkeit verlören und ein Festhalten an ihnen u.U. den Vorwurf verbotener Buchstabeninterpretation heraufbeschwören könnte. Ist beispielsweise dem Auftraggeber daran gelegen, die Projekt- und Arbeitsschritte bereits vorab so konkret wie möglich festzulegen, soll dies aber nicht den Anschein einer Weisungsbindung des Auftragnehmers hervorrufen, so kann erst das Bewusstsein dieser Möglichkeit eine Verhinderungsstrategie anstoßen. Eine Erläuterung der wahren Natur des Arbeitsplans, etwa dergestalt, dass die Eigenverantwortlichkeit des Auftragnehmers hiervon unberührt bleiben solle, würde das Problem beheben.

Hieraus resultiert mit der Klarheit des Vertrags ein zweiter Vorteil. Indizien markieren Punkte im Vertragsgefüge, an denen mehr als eine Option der Regelung besteht und an denen deshalb die Frage gestellt werden muss, welcher Weg eingeschlagen werden soll. Die Ergebnisse der „Testfragen" weisen diesen Weg.

Schließlich sind Indizien, entgegen einem bei nachträglichen Einordnungsversuchen durchaus berechtigten Eindruck, bei ihrer Verwendung vorab nicht mit Unsicherheiten belastet. Sie sind es schon deshalb nicht, weil die Unsicherheit zu großen Teilen auf den Schwierigkeiten der Willensermittlung im Nachhinein beruht, die vorab nicht bestehen. Sie sind es aber auch deshalb nicht, weil sie im Gegensatz zu ebenjenen nachträglichen Betrachtungen bewusst eingesetzt werden. Wird zudem das Erfordernis der Ausdruckfindung im Vertrag bzw. der sonstigen Erkennbarkeit des Parteiwillens[679] berücksichtigt, welches auch für Indizien gilt, so kann beruhigt festgestellt werden, dass Indizien, vorab betrachtet, von den ausdrücklichen Feststellungen gar nicht derart weit entfernt sind.

Insgesamt kann und sollte bei der bewussten Vertragsgestaltung auch neben eindeutigen Festlegungen auf Indizien zurückgegriffen werden. Dieser Rückgriff gibt den Parteien nicht nur ein Werkzeug zum Auffinden

---

[679] Vgl. bereits oben: § 4.A.II.3.b.cc.

interpretationsfähiger Regelungen, sondern schafft es in erstaunlichem Maße auch, diese zu entschärfen. Da schließlich das Erfordernis der Ausdruckfindung im Vertrag auch und besonders für Indizien gilt, ist die bewusste Vertragsgestaltung vor allem eine ausdrückliche.

c. Statisch oder dynamisch

Neben den rein technischen Umsetzungsmöglichkeiten sollte die Vertragsgestaltung auch den genannten Interessengegensatz zwischen Auftraggeber und Auftragnehmer auszugleichen versuchen.

Eine insb. vor dem Hintergrund der Unwägbarkeit der FuE-Projekte oft gewählte Möglichkeit hierfür liegt darin, statt allein statischer Klauseln auch flexible, dynamische Vereinbarungen in den Vertrag aufzunehmen. *Ulsenheimer* empfiehlt dies in Bezug auf FuE-Kooperationen[680], auch bei FuE-Aufträgen kann dieses Verfahren aber die interessengerechte Anpassung des Vertrags an sich verändernde Umstände erheblich erleichtern.

Dynamische Vereinbarungen sind als Gestaltungsmöglichkeit hilfreich, an sich aber unabhängig von und grds. ohne Einfluss auf die vertragstypologische Einordnung. Konsequent wird es deshalb bei dieser ihrer kurzen Erwähnung bewenden gelassen[681].

d. Gesichtspunkte der Vertragsgerechtigkeit

Wichtige Aspekte der typenspezifisch zielgerichteten Vertragsgestaltung sind schließlich, insb. bei der Verwendung von allgemeinen Geschäftsbedingungen i.S. des § 305 I 1 BGB, die Gesichtspunkte der Vertragsgerechtigkeit. Da diese in der gebotenen Kürze bereits diskutiert wurden[682] und keine typenspezifischen Besonderheiten aufweisen, sei ihnen mit diesem Hinweis Genüge getan[683].

---

680 *Ulsenheimer*, S.172.

681 Für ausführliche Lektüre vgl. bei: *Möffert*, in: Münchner Vertragshandbuch 2, Forschungsvertrag, Anm.11 und Entwicklungsvertrag, Anm.5; *Wündisch*, FuE-Vertrag, § 3 und Anm.6.

682 Siehe oben: § 4.A.II.3.c.dd.

683 Ausführlich zur rechtlichen Wirksamkeit vertraglicher Risikoverteilungen durch AGB *Henssler*, S.258 ff.

5. Konkrete Formulierungen für die zielgerichtete Vertragsgestaltung

Die konkreten vertraglichen Ausgestaltungen der FuE-Leistungen können auf eine vollständige Anwendbarkeit allein des Dienst- oder des Werkvertragsrechts abzielen oder aber Komponenten des Dienst- und Werkrechts im dann atypischen Vertrag vereinen. Dennoch wird der folgende Abschnitt nicht nach den gewünschten Vertragstypen gegliedert, sondern werden diejenigen Vertragskomponenten benannt, in denen sich ein gängiger FuE-Auftrag zu den FuE-Leistungen äußert. Erst in diesem Rahmen werden die möglichen typenspezifischen Gestaltungen erörtert.

Die folgenden Formulierungen sind Vorschläge und Orientierungshilfen. Sie sind technologieneutral. Angesichts der Vielzahl möglicher Vertragskonstellationen und Interessengestaltungen erlangen die Formulierungen keine Allgemeingültigkeit und sollten deshalb nicht unreflektiert verwendet werden.

Die Vorschläge legen den Schwerpunkt auf die typenspezifische Unterscheidbarkeit und sind deshalb hinsichtlich sonstiger Komponenten, etwa Geheimhaltungsvereinbarungen oder Konfliktlösungsklauseln, unvollständig[684].

a. Vertragsbezeichnung

Jeder Vertrag beginnt mit einer Überschrift. Dass deren typenspezifische Begriffswahl allein nicht genügt, wurde erörtert. Dennoch kann auch die Überschrift Hinweise auf den Vertragsinhalt geben. Neutral sind die Titel „Vertrag" oder „FuE-Vertrag", schon alleinige „Forschungsverträge" oder „Entwicklungsverträge" deuten aber auf einen entsprechend begrenzten Leistungsrahmen hin, während „Konstruktionsverträge" gar die thematische Reichweite dieser Arbeit infrage stellen. Die Aussagekraft bleibt klein, zumal in der Kürze der Überschrift meist keine umfassenden Angaben gelingen, kann aber, wie gesehen, dennoch reichlich Verwirrung stiften. Da somit der Schaden einer inhaltlichen Formulierung leicht größer ist als ihr Nutzen, sei von ihr abgeraten. Wird sie dennoch genutzt, sollten die Parteien sich über ihre geringe Aussagekraft im Klaren sein.

---

[684] Zu diesen vgl. die Ausführungen in den einschlägigen Mustervertragsformularen. Zu häufigen Fehlern bei der Vertragsgestaltung im FuE-Bereich *Winzer*, FuE-Verträge, Teil 3 Rn.55-59.

b. Präambel

Die Präambel und der in ihr festgelegte Basiskonsens sind mit Bezug auf die typologische Einordnung von FuE-Leistungen in mehreren Hinsichten sehr aussagekräftig.

Zunächst kann die Präambel, ohne die Leistungsvereinbarung überflüssig zu machen, deren viel gepriesene Eindeutigkeit stärken, indem sie bereits vorab festhält, was die Interessenlage der Parteien ist[685]. Sind zieloffene Versuche geplant oder werden konkret bestimmte Ergebnisse angestrebt? Wie soll das Projekt aufgeteilt werden? Zudem kann die Präambel als Auslegungshilfe instrumentalisiert werden, weil sie in der Lage ist, die alles entscheidende „Situation im Zeitpunkt des Vertragsschlusses" einzufrieren[686]. Deren konkrete Umstände, das parteiliche Risikobewusstsein und hoffnungsvolle Anfangszusagen werden später und insb. bei langfristig angelegten Verträgen gern vergessen bzw. zu relativieren versucht[687], wogegen eine sorgsam formulierte Präambel Abhilfe schaffen kann. Darüber hinaus ist die Präambel ganz allgemein der Ort, an dem die wirtschaftlichen Gegebenheiten und das technische Umfeld des Vertragsschlusses sowie dessen Vorgeschichte[688] festgehalten werden können. Sie liefert nicht nur den Gerichten eine wertvolle Auslegungs- und damit Entscheidungshilfe, sondern schafft auf diese Weise auch größere Rechtssicherheit für die Parteien. Schließlich kann die Präambel die Typik oder Atypik des Vertrags und/oder der FuE-Leistungen lenken, indem sie die gewollte Zielrichtung und Schwerpunktsetzung des Vertrags illustriert.

Konkret zugunsten eines ergebnisoffenen, allein der Informationsgewinnung dienenden Projekts mit Dienstvertragscharakter kann formuliert werden:

> *„Der folgende Vertrag dient der zieloffenen Ermittlung von… [Verfahren, Technik, Beantwortung einer Fragestellung] durch Versuch."*
>
> *„Die Parteien bezwecken die Auslotung etwaiger wirtschaftlicher Nutzungsmöglichkeiten von…"*
>
> *„Die Parteien nutzen das Projekt zur Ermittlung der Zukunftsträchtigkeit von…"*
>
> *„Die Nutzung etwaiger Ergebnisse und die Herstellung von Prototypen bis hin zur Marktreife werden ggf. gesondert vereinbart."*

---

685 So vorgeschlagen auch von *Groß*, FuE-Vertrag, S.3 und 15.

686 *Möffert*, in: Münchner Vertragshandbuch 2, Forschungsvertrag, Anm.5.

687 Zur Missbrauchsgefahr bei Fairnesserwägungen siehe oben: § 4.D.II.2.a.

688 So *Rosenberger*, Verträge über FuE, Kap.7 Rn.36; ähnlich *Winzer*, FuE-Verträge, Teil 3 Rn.18.

„Das vertragsgegenständliche Projekt betritt wissenschaftliches Neuland. Es beinhaltet das Risiko, dass verwertbare Ergebnisse nicht oder nicht vollständig erreicht werden."

„Der positive Ausgang der Versuche ist nicht gewiss."

Für eine werkvertragliche Ausrichtung kann, mit und ohne Bezug auf die finanzielle Situation und die wirtschaftlichen Ziele der Parteien, sprechen:

„Der Auftraggeber ist auf eine kurz- bis mittelfristige Amortisation der Kosten angewiesen, weshalb das Projekt seinen Fokus auf die Ergebnisse richtet."

„Mit dem zu entwickelnden Prototyp will der Auftraggeber den Anschluss an... [Konkurrent/Markt/Technologie] erlangen und sich zugleich an dessen Spitze setzen."

„Ziel des Projekts ist die Fertigung/Verwirklichung eines marktreifen Prototyps/Erstellung eines Verfahrens zur Verbesserung/Vervollständigung des Produkts oder der Angebotspalette des Auftraggebers."

Die Gleichwertigkeit dienst- und werkrechtlicher Komponenten innerhalb der FuE-Leistungen kann wie folgt zum Ausdruck gebracht werden.

„Die vertragsgegenständlichen FuE-Leistungen umfassen zwei Abschnitte, die zur Wahrung der berechtigten Interessen beider Parteien gleichberechtigt nebeneinanderstehen."

c. Leistungsrahmen

Die geschuldete Leistung ist das erste und wichtigste Kriterium zur Differenzierung zwischen den Vertragstypen und sollte deshalb mit entsprechend großer Sorgfalt benannt werden.

aa. Inhalt der Leistung

Die inhaltliche Leistungsbeschreibung kann auf verschiedene Vertragstypen hindeuten, bedarf aber, wie die vorangegangenen Kapitel bestätigen, jedenfalls einer rechtlichen Klarstellung, da sie über eine Wirkung als Indiz oft nicht hinauskommt.

Dennoch kann sie aus den dargelegten Gründen[689] nicht unbeachtet bleiben und sollte deshalb eindeutig aufzählen,

was,	*„FuE-Arbeiten im Bereich…“,*
durch wen,	*„den Auftragnehmer“,*
und mit welchem Ziel,	*„der Erlangung eines Stoffes X zur Verbesserung des Produktes Y durch die Wirkung Z“,*

geleistet werden soll.

Hierher gehören die genaue Beschreibung des zu betreibenden Leistungsaufwands, etwa in einem Leistungsverzeichnis[690], die Arbeitsschrittfolge und die zeitliche Chronologie.

> *„Die FuE-Arbeiten umfassen konkret die folgenden Tätigkeiten: … [Aufzählung].“*
>
> *„Sachlich und zeitlich unterteilen sie sich in die folgenden Schritte: … [Aufzählung].“*

Die inhaltliche Leistungsbeschreibung lässt aus ihrer Begriffswahl Rückschlüsse auf die Risikohöhe aus Parteisicht zu[691] und spricht, ähnlich auch der Formulierungsvorschläge in der Präambel, dann für ein hohes Risiko bzw. einen geringen Tragungswillen, wenn die Parteien

> *„versuchen, ausloten, prüfen, skizzieren“ oder „sich bemühen“.*

Auch hinsichtlich etwaig enthaltener terminlicher Vorgaben, Berichts- und Dokumentationspflichten erfordert die Leistungsbeschreibung besondere Aufmerksamkeit. So sprechen die folgenden Formulierungen im Arbeitsplan für eine Eigenverantwortlichkeit und damit – in den oben genannten Grenzen – zugunsten des Werkrechts:

> *„Die sachlichen und terminlichen Vorgaben zum Arbeitsablauf lassen die Eigenverantwortlichkeit des Auftragnehmers unberührt.“*
>
> *„Die zeitlich gestaffelten Berichte dienen allein der Information des Auftraggebers über den Arbeitsfortgang. Die Eigenverantwortlichkeit des Auftragnehmers berühren sie nicht.“*

Das Dienstrecht kann im Arbeitsplan wie folgt etabliert werden:

> *„Der Auftragnehmer ist an die sachlichen und terminlichen Vorgaben sowie an die Weisungen des Auftraggebers gebunden. Mit jedem Kontrolltermin steht es dem*

---

689 Siehe bei der Rechtfertigung des Rückgriffs auf Indizien: § 5.C.IV.4.b.bb.

690 *Beaumart*, in: FuE-Verträge in Wissenschaft und Technik, S.39(45).

691 Hierzu siehe bereits oben: § 4.D.II.2.d.bb(4)(a).

Auftraggeber frei, den Arbeitsplan entsprechend an die gefundenen Ergebnisse anzupassen."

bb. Umfang der Leistung

Der Umfang der Leistungspflicht bestimmt, in welchem Maß der Versprechende für die Erbringung der Leistung einzustehen bereit ist, und sollte, seiner Bedeutung entsprechend und wo immer möglich, ausdrücklich und eindeutig bestätigt werden.

Der Stand von Wissenschaft und Technik ist nur die Basis der über ihn hinausgehenden FuE-Arbeiten, legt aber wirksam ein Mindestmaß der Haftung fest[692]. Dies ist für Dienst- und Werkverträge gleichermaßen hilfreich.

„Die Durchführung der FuE-Arbeiten erfolgt nach dem im Durchführungszeitraum aktuellsten Stand von Wissenschaft und Technik."

Ein dienstvertraglicher Leistungsumfang könnte lauten:

„Das tatsächliche Erreichen des angestrebten Forschungs- und Entwicklungsziels ist nicht geschuldet."

„Der Auftragnehmer ist haushaltsrechtlich gebunden. Er steht deshalb nicht für das Erreichen des Forschungs- und Entwicklungsziels ein."

Das werkrechtliche Erfolgsversprechen lässt sich demggü. wie folgt formulieren:

„Der Auftragnehmer verpflichtet sich zur Entwicklung des in Anlage X bezeichneten Prototyps/zur Erreichung des beschriebenen Ziels/zur fachgerechten Ausführung der festgelegten Arbeitsschritte und übernimmt die Gewähr für diese."

„Der Auftragnehmer sichert die in Anlage X vereinbarten Eigenschaften des angestrebten Ergebnisses/der zu erbringenden Tätigkeit zu."

Sollen beide Komponenten in einem Vertrag enthalten sein, so müssen sie nebeneinander genannt werden.

„Ohne die Übernahme einer Gewähr schuldet der Auftragnehmer die folgenden FuE-Arbeiten... [Aufzählung]."

„Darüber hinaus schuldet der Auftragnehmer einstandspflichtig die folgenden Ergebnisse... [Aufzählung]."

---

692 So auch *Wündisch*, FuE-Vertrag, Anm.17.

d. Rechteverteilung

Die Rechteverteilung deutet dann auf das Vorliegen eines Arbeitsvertrags hin, wenn die Inanspruchnahme nach § 6 ArbnErfG, die Anmeldepflicht des Auftraggebers nach § 13 I 1 ArbnErfG oder die Zustimmung des Erfinders zu einer Nichtanmeldung nach § 13 II Nr.2 ArbnErfG in den Vertrag aufgenommen werden.

> *„Der Auftraggeber wird die vom Auftragnehmer geschaffenen patent- und/oder gebrauchsmusterfähigen Erfindungen unbeschränkt in Anspruch nehmen*[693] *und diese anmelden."*

> *„Der Auftraggeber wird die vom Auftragnehmer geschaffenen patent- und/oder gebrauchsmusterfähigen Erfindungen unbeschränkt in Anspruch nehmen, diese aber mit Zustimmung des Auftragnehmers nicht anmelden."*

e. Vergütung

aa. Vergütungshöhe

Für die typologische Einordnung sind, wie gesehen, hauptsächlich die Vergütungshöhe und die spezielle Ausprägung der Risikoprämie aussagekräftig. Zugunsten eines Werkvertrags kann wie folgt formuliert werden:

> *„Der Auftragnehmer übernimmt das mit dem Projekt verbundene Risiko der tatsächlichen Zielerreichung und erhält hierfür vom Auftraggeber eine gesonderte Vergütung in Höhe von X."*

bb. Zahlungsmodalitäten

Die Zahlungsmodalitäten sind weniger aussagekräftig, können bei leistungsabhängiger oder einmaliger pauschaler Vergütungszahlung aber auf das Werkrecht hinweisen.

> *„Die Vergütung besteht aus 3 Teilbeträgen in Höhe von A, B und C, die bei erbrachter Leistung nach folgendem Zahlungsplan fällig werden [Verweis auf abnahmebasierten Zahlungsplan]."*

> *„Der Auftraggeber zahlt eine einmalige Gegenleistung i.H.v. X."*

---

693 So in etwas anderem Zusammenhang auch *Wündisch*, FuE-Vertrag, § 9(3).

cc. Abnahme und Fälligkeitsregeln

Hilfreich sind Abnahme- und an diese gekoppelte Fälligkeitsregelungen.

Abnahmeregelungen weisen hinsichtlich der betroffenen Leistungskomponente auf den parteilichen Einstandswillen und damit auf Werkrecht hin.

> *„Die Parteien vereinbaren für das FuE-Ergebnis nach... [Verweis auf Leistungsbeschreibung in Vertrag bzw. Anlage] eine förmliche Abnahme."*
>
> *„Die Abnahme richtet sich maßgeblich nach den im Folgenden/in der Anlage X niedergelegten Abnahmekriterien."*

Auch die Koppelung der Vergütungsfälligkeit an eine vorangegangene Abnahme deutet auf Werkrecht hin.

> *„Zahlungsplan:*
>
> *Der Betrag A wird fällig bei Abnahme des Arbeitsschritts X, der Betrag B wird fällig bei Abnahme des Arbeitsschritts Y und der Betrag C wird fällig bei Abnahme des Arbeitsschritts Z."*
>
> *„Die Gegenleistung wird mit der Abnahme von... [Prototyp, Ergebnis, FuE-Arbeit] fällig."*

Demgegenüber spricht zugunsten des Dienstrechts:

> *„Die Vergütung ist vom Auftraggeber auch dann zu zahlen, wenn das angestrebte FuE-Ergebnis nicht erreicht wird."*[694]

dd. Dienst- und werkrechtliche Komponenten

Sollen die FuE-Leistungen dienst- und werkrechtliche Komponenten enthalten, so muss sich diese Dualität auch im Rahmen der Vergütung niederschlagen. Ein deutliches Indiz zugunsten der Atypik ist eine getrennte und unabhängig voneinander erfolgende Bezahlung von Tätigkeit und Erfolg. Die soeben vorgeschlagene Formulierung für eine leistungsabhängige Vergütung muss diese Trennung im Zahlungsplan verwirklichen.

> *„Für die FuE-Arbeiten nach... [Verweis auf Leistungsbeschreibung in Vertrag bzw. Anlage] erhält der Auftragnehmer eine monatliche Vergütung i.H.v. X/eine Aufwandsentschädigung nach folgendem Zahlungsplan: ... [erste Zahlung bei Inkrafttreten des Vertrags, weitere Zahlungen je nach Erreichen eines Arbeitsschritts]."*

---

694 *Möffert*, in: Münchner Vertragshandbuch 2, Forschungsvertrag, § 4(1).

„Für das FuE-Ergebnis nach… [Verweis auf Leistungsbeschreibung in Vertrag bzw. Anlage] erhält der Auftragnehmer mit Abnahme durch den Auftraggeber nach… [Verweis auf Abnahmeregelung im Vertrag] eine zusätzliche Vergütung/einen Festpreis/eine Pauschale[695] i.H.v. X."

f. Vertragsstörung

Die Handhabung von Vertragsstörungen ist im FuE-Bereich ob dessen Unwägbarkeit von besonderer Bedeutung[696]. Zwar bleiben wie gehabt die Konsequenzen der Rechtsmängel und die deliktische Haftung außer Betracht, i. Ü. kann die typenspezifische Störungsbewältigung aber durchaus instrumentalisiert werden.

Für eine werkrechtliche Gestaltung sprechen:

> *„Im Falle von Mängeln ist der Auftragnehmer verpflichtet, diese binnen angemessener Frist durch Nachbesserung oder Neuerstellung zu beseitigen."*
>
> *„Nach erfolglosem Fristablauf/Ablauf der zweiten Nachbesserungsfrist[697] kann der Auftraggeber die Vergütung herabsetzen oder vom Vertrag zurücktreten."*
>
> *„Die Selbstvornahme durch den Besteller ist ausgeschlossen, es sei denn, dass der Auftragnehmer ihr schriftlich zustimmt.[698]"*

6. Resümee

Der Ansatz der individuellen Einordnung vorab findet sich in der Rspr. denknotwendig gar nicht, ist aber auch in der Literatur sehr selten. Trotz dessen gelangt er zu stringenten und nachvollziehbaren Lösungen. Diese konzentrieren sich, wie bei der Einordnung im Nachhinein auch, auf die Charakteristika des Dienst- und Werkrechts, welche sich in den FuE-Leistungen einzeln und somit typisch, ebenso gut aber auch gemischt und somit atypisch wiederfinden. Im abgesteckten Rahmen der typenspezifischen Unterschiede können die Vertragsparteien ihre Interessen analysieren und, gestützt von konkreten Bausteinen und Formulierungsvorschlägen, einen individuellen Weg der Vertragsgestaltung gehen.

---

695 Diese ist aus Sicht des Auftraggebers weniger empfehlenswert: *Wündisch*, FuE-Vertrag, Anm.9.

696 so auch *Beaumart*, in: FuE-Verträge in Wissenschaft und Technik, S.39(43).

697 So *Wündisch*, FuE-Vertrag, § 12 (2).

698 Zitiert aus *Möffert*, in: Münchner Vertragshandbuch 2, Forschungsvertrag, § 12 (2) S.4.

D. Das Ergebnis zur Behandlung künftiger Verträge

1. Lösungsansätze

Die Vorablösungsansätze sind in Relation zur nachträglichen Behandlung breiter gefächert. Dennoch vermögen sie durch eine Umgehung oder Hinnahme der Unklarheit hinsichtlich der anwendbaren Gesetzesnormen keine befriedigenden Ergebnisse zu erzielen. Auch die Beseitigung der Unklarheit hinsichtlich der auf FuE-Leistungen anwendbaren Gesetzesvorschriften kann sich weder auf eine Gesetzesänderung noch eine Separierung der Vertragskomponenten oder gar die Verwendung von Musterverträgen stützen und findet ihren Lösungsansatz erst in der individuellen Einordnung der FuE-Leistungen vorab.

2. Lösungsweg

Diese Einordnung nutzt, wie ihr Pendant im Nachhinein auch, die vertragstypologische Einordnung, befreit sich aber von deren Beschränkungen. Während die Betrachtung im Nachhinein die genannten, nicht unerheblichen, Probleme aufwirft, eröffnet die Vorablösung Möglichkeiten der Einflussnahme, welche diese Probleme in erheblichem Maße entschärfen. Statt ein unbekanntes Ergebnis aufwendig zu ermitteln, legt sie sich von vornherein auf das gewünschte Ergebnis fest, arbeitet sodann auf dieses hin und nutzt damit das Privileg des zeitlichen Ansetzens vor Vertragsschluss.

Auch diese Lösung untersteht der Einzelfallmaßgeblichkeit und ist deshalb hinsichtlich möglicher Gestaltungen und Interessen nicht generalisierbar. Dennoch sind ihr klarere Aussagen möglich, da sie nicht ziellos nach zufällig verteilten Indizien suchen muss, sondern diese bewusst als Werkzeuge verwenden und ihre Aussagekraft damit kanalisieren kann. Statt einer bloßen Aufzählung von Eventualitäten verknüpft sie Umsetzungs- und Formulierungsvorschläge mit konkreten Ergebnissen.

3. Ergebnisse

Auch dieser Lösungsweg verursacht in seiner Umsetzung einen nicht unerheblichen Aufwand. Zudem erfordert er in aller Regel die Inanspruchnahme juristischen Beistands, da die individuellen Parteiinteressen dem passenden Vertragstyp zugeordnet werden müssen, ehe dieser Typ mit den gegebenen Instrumenten realisiert werden kann. Dennoch ist dieser Lösungsweg schon deshalb günstiger, weil sich die Arbeit auf das Vorfeld der Vertragsbeziehung beschränkt.

Ein Vorteil dieser frühen Problemlösung liegt auch in der Vertragsgestaltung an sich, die mit Motiv und Wille nicht nur einfacher ist, sondern aufgrund der Instrumentalisierung der rechtlich relevanten Parameter auch rechts- und planungssicherer wird. Zwar bleibt auch hier die richterliche Entscheidungsfindung letztlich dem Richter selbst überlassen, ihr wahrscheinlicher Ausgang ist aber ungleich besser vorhersehbar.

Selbst die eingangs mit der Klarheit über die anwendbaren gesetzlichen Regelungen verbundene Funktionalität steigert sich, wenn diese Klarheit vor Vertragsschluss erreicht wird. Die Auffangfunktion greift ohne die Schwierigkeiten der Willensermittlung im Nachhinein beschleunigt und vergleichsweise reibungslos. Auch eine Vereinfachung ist deutlich zu erkennen. Zwar werden die Verträge aufgrund der dargestellten abweichenden Bedürfnislage der Praxis wohl nicht tatsächlich weniger umfangreich. Jedenfalls bietet das zusätzliche Wissen aber eine bessere Orientierung und Verhandlungsbasis, erhöht die Planungs- und Rechtssicherheit und kann sich, auf diese Weise formend und zielführend, auf das gesamte Vertragsverhältnis positiv auswirken.

4. Erfolg

Die Vorabeinordnung künftiger Verträge ist geeignet, verlässliche Aussagen hinsichtlich der typologischen Einordnung von FuE-Leistungen zu machen und ist deshalb für die Handhabung der betroffenen FuE-Aufträge eine echte „Hilfe".

§6. GESAMTFAZIT UND AUSBLICK

Kartografierung ist die Vermittlung und Veranschaulichung eines komplexen Sachverhalts durch Vermessung und Grenzziehung.

1. Der komplexe Sachverhalt

Forschung und Entwicklung samt den zu diesen abgeschlossenen Verträgen sind charakteristisch unwägbar und komplex. Diese Besonderheit ist ein Unsicherheitsfaktor, der die FuE-Verträge nicht nur faktisch ergebnisoffen lässt, sondern auch deren rechtliche und praktische Handhabung erheblich erschwert. Zugleich ist diese Besonderheit aber auch die Herausforderung, der sich diese Arbeit auf juristischer Ebene und mit ausgewählter Schwerpunktsetzung stellt.

2. Die Vermessung

Vermessen werden FuE-Verträge als all jene Vereinbarungen, welche die Erbringung von Forschungs- und Entwicklungsleistungen auf einem beliebigen Gebiet betreffen. Sie werden durch die thematische Reichweite der Arbeit auf die charakteristischen Besonderheiten der Forschung und Entwicklung bezogen. Als Oberbegriff werden sie in die beiden großen Gruppen der FuE-Kooperationen einerseits und der FuE-Aufträge andererseits unterteilt, wobei Erstere zwischen gemeinsam arbeitenden Parteien und Letztere zwischen Abnehmer und Lieferant geschlossen werden.

In Wissenschaft und Wirtschaft sind FuE-Verträge als juristische „Gewandung" des viel gepriesenen Wissens- und Technologietransfers nicht mehr wegzudenken und erfreuen sich dementsprechend einer zunehmenden Beliebtheit auch in der juristischen Literatur. Allein die Rspr. zum aufgeworfenen Themenkomplex beschränkt sich nach wie vor auf nur eine tief gehende höchstrichterliche Entscheidung des *BGH* vom 16. 07. 2002.

3. Die Grenzziehung

Die Grenzziehung stellt die Vertragstypologie der FuE-Leistungen voran und legt sich schwerpunktmäßig auf diese fest. Die FuE-Leistungen sind nur eine unter mehreren Komponenten der FuE-Verträge – allein sie und allein die für ihre typologische Einordnung relevanten Aspekte bestimmen aber das Thema dieser Arbeit.

Konsequent bleiben die FuE-Kooperationen mit der Frage nach ihrer gesellschaftsvertraglichen Ausgestaltung und die Beteiligung juristischer Personen des öffentlichen Rechts als einordnungsneutral außer Betracht.

Das Problem ist die ganz regelmäßige Unklarheit darüber, welche gesetzlichen Vorschriften auf die FuE-Leistungen anwendbar sind. Die Problemlösung setzt in zwei Schwerpunkten zunächst im Nachhinein an bereits bestehenden Verträgen, später aber auch vorab an künftigen Gestaltungsoptionen an. Sie wählt in beiden Fällen die vertragstypologische Einordnung der FuE-Leistungen als entscheidenden Ansatz, da diese originär auf die Ermittlung der anwendbaren Rechtsnormen gerichtet ist. Die Einordnung ist für die Problemlösung tauglich, da die für die FuE-Leistungen als anwendbar ermittelten Rechtsnormen gemäß der „Ganz-oder-garnicht"-Theorie zwingend an die jeweilige Typenwahl gebunden sind. Sie funktioniert anhand einer Aufeinanderfolge dreier wesentlicher Schritte, der Ermittlung der Fakten, der Definition der Grenzen und der Subsumtion der FuE-Leistungen unter diese Grenzen. Die entscheidenden Anhaltspunkte für den Verlauf der Grenze zwischen den Vertragstypen finden sich in deren Inhalt, konkretisiert durch die jeweiligen vertraglichen Hauptpflichten. Sie gehen bestenfalls aus ausdrücklichen Vereinbarungen hervor, können i. Ü. aber auch durch Auslegung ermittelt werden, wobei der für die Auslegung maßgebliche Parteiwille anhand einer Vielzahl von Indizien konkretisiert werden kann.

Die Betrachtung im Nachhinein versucht zunächst eine Einordnung der FuE-Leistungen durch Einordnung des FuE-Auftrags als Gesamtheit, scheitert aber daran, dass FuE-Aufträge, von der Unterart der Forschungsförderungsverträge abgesehen, regelmäßig atypisch sind. Sie fallen unter die Typenkombinationsverträgen i.e.S. – ggf. mit »verschmelzenden« Elementen. Als Folge können FuE-Leistungen nur eingeordnet werden, wenn und soweit die Einordnung sich auf diese selbst bezieht.

Die Schwierigkeiten dieser Einordnung kumulieren sich in der Abgrenzung von Dienst- und Werkverträgen, die trotz ihrer über einhundertjährigen Geschichte noch immer mit teils ganz erheblichen Unschärfen belastet sind. Die Abgrenzung setzt zutreffend an der Erfolgsbezogenheit an, hält aber in der Perspektive der Handlungsmotivation den „Erfolg außerhalb der Arbeit" für entscheidend, während die Perspektive der Bereitschaft zur Risikotragung auf den „Erfolg innerhalb der Arbeit" abstellt. Die letztgenannte Alternative ist in Rspr. und Literatur noch nicht vollends angekommen, dennoch aber vorzugswürdig, da sie nicht nur besser handhabbar, sondern auch insgesamt klarer ist.

Konkret auf die FuE-Leistungen bezogen bedeutet dies, dass für deren Einordnung nur diejenigen ausdrücklichen vertraglichen Festlegungen sowie Indizien herangezogen werden können, die hinsichtlich der Bereitschaft zur Risikotragung aussagekräftig sind. Sie müssen auf eine verschuldensabhängige Haftung einerseits oder eine verschuldensunabhängige Gewährleistung andererseits hindeuten.

Im Ergebnis können FuE-Leistungen Komponenten des Dienst- oder Werkvertragsrechts sowie ggf. auch beider Typen enthalten. Sie können damit in sich selbst typisch, genauso gut aber auch atypisch i.w.S. sein, wobei dann je nach Einzelfall sowohl die Typenkombination i.e.S. als auch die Typenverschmelzung denkbar sind. Eine Einordnung als Werklieferung nach § 651 S.1 BGB scheitert am Verlassen des thematischen Rahmens dieser Arbeit.

Die Betrachtung künftiger Verträge, als zweiter Schwerpunkt, gelangt nicht zu anderen Ergebnissen, beschreitet aber einen anderen Lösungsweg. Statt die zufälligen nachträglichen Gegebenheiten hinzunehmen, wird hierbei eine individuelle Einordnung der FuE-Leistungen vorab versucht. In der Rspr. kommt dieser Ansatz denknotwendig gar nicht, in der Literatur nur rudimentär vor. Er knüpft an individuelle Bedürfnisse und Parteiinteressen an, indem er sich von vornherein auf den gewünschten Vertragstyp festlegt und sodann auf diesen hinarbeitet. Die Einordnungsparameter harren dabei – dies macht die Neuerung und den Vorteil des zeitlichen Ansetzens vor Vertragsschluss gleichermaßen aus – nicht wie bisher ihrer zufälligen Auffindung, sondern werden von vornherein bewusst als Werkzeuge verwendet und damit instrumentalisiert.

Beide Lösungsansätze benennen im Ergebnis die gesuchten anwendbaren Gesetzesvorschriften und beseitigen damit das Problem der Unklarheit in Bezug auf diese. Dennoch bescheinigt ein Vergleich beider Schwerpunkte der Vorabbetrachtung eine Reihe von Vorzügen.

Die nachträgliche Einordnung beantwortet zwar die Frage nach den anwendbaren gesetzlichen Vorschriften, geht aber ihrerseits mit vielen Problemen auf theoretischer und praktischer Ebene einher. So ist sie weder generalisierend noch auch nur in jedem Fall eindeutig möglich, während die Vielfalt individueller Interessen samt der Vielfalt der aus diesen resultierenden Konstellationen den Einordnungsaufwand übermäßig in die Höhe treibt. Die Auffangwirkung greift auch im Nachhinein, eine Vereinfachung findet aber nicht statt.

Die Einordnung vorab ist von diesen Zwängen befreit. Ihr Privileg des zeitlich früheren Ansetzens eröffnet Möglichkeiten der Einflussnahme, die die Problematik in erheblichem Maße entschärfen. Statt ein unbekanntes Ergebnis aufwendig zu ermitteln, legt sie sich von vornherein auf das gewünschte Ziel fest und arbeitet sodann auf dieses hin. Indizien und sonstige Einordnungsparameter verwendet sie bewusst und kanalisiert damit deren Aussagekraft. Der Einordnungsaufwand ist zwar dennoch nicht unerheblich, beschränkt sich aber auf das Vorfeld der Vertragsbeziehung und entlastet diese spürbar, zumal die Vertragsgestaltung mit Motiv und Willen einfacher sowie rechts- und planungssicherer ist. Die Auffangfunktion greift beschleunigt und auch die Vereinfachung wird, von der Verringerung des Vertragsumfangs abgesehen, deutlich spürbar.

Insgesamt kann die Kenntnis der anwendbaren Normen auch im Nachhinein erlangt werden, erspart eine Vorabeinordnung aber nicht nur die Schwierigkeiten der Willensermittlung im Nachhinein, sondern steigert auch die mit der Kenntnis einhergehenden Vorteile erheblich. Der beiden Schwerpunktbereichen innewohnende Einzelfallbezug birgt eine gewisse Rechtsunsicherheit, kann diese als der Vertragsgestaltung immanent aber schlicht nicht vermeiden.

Die „Rettung“ von und die „Hilfe“ für FuE-Verträge beziehen sich, dies sei nochmals betont, nicht wertend auf deren Qualität. Dennoch beschreiben sie Essenz und Ergebnis dieser Arbeit, denn die vertragstypologische Einordnung, deren Konzept und Durchführung, kommt im Nachhinein über eine „Rettung“ in der Not nicht hinaus, ist vorab aber eine tatsächliche „Hilfe“.

4. Ausblick

FuE-Verträge sind geprägt von Unwägbarkeit und Komplexität. Dies steht keiner Änderung offen, denn wenn wir forschen, wissen wir, frei nach *Einstein*, nicht, was wir tun.

Demgegenüber geht die Schwierigkeit der vertragstypologischen Einordnung der FuE-Leistungen zwar aus diesen Besonderheiten hervor, ist aber als Handhabungsproblem nicht an diese Besonderheiten gebunden, sondern durch geeignete Einordnungsparameter und alternative Gestaltungen sehr wohl der Veränderung zugänglich. Die Beseitigung der Unklarheit hinsichtlich der auf FuE-Leistungen anwendbaren Gesetzesvorschriften ist möglich.

Die vorliegende Arbeit hat zwei Wege vorgeschlagen, ihre Windungen nachverfolgt, ihre Höhen und Tiefen ausgelotet, leichte und schwierige Abschnitte markiert, kurz – sie kartografiert. Sie hat eine Auswahl getroffen.

Der gefundene Weg hat das Potenzial, hilfreich zu sein, muss in seiner praktischen Umsetzung aber noch erprobt und etabliert werden. Die eingangs geschilderte Problemstellung macht diesen Weg erforderlich, die Bedeutung der FuE-Verträge weist ihn, das forschende Streben nach neuen Erkenntnissen rechtfertigt ihn.

Jedoch – gegangen werden muss er von den Betroffenen selbst.

ANHÄNGE

Anhang 1: Das Problem – Problemaufriss

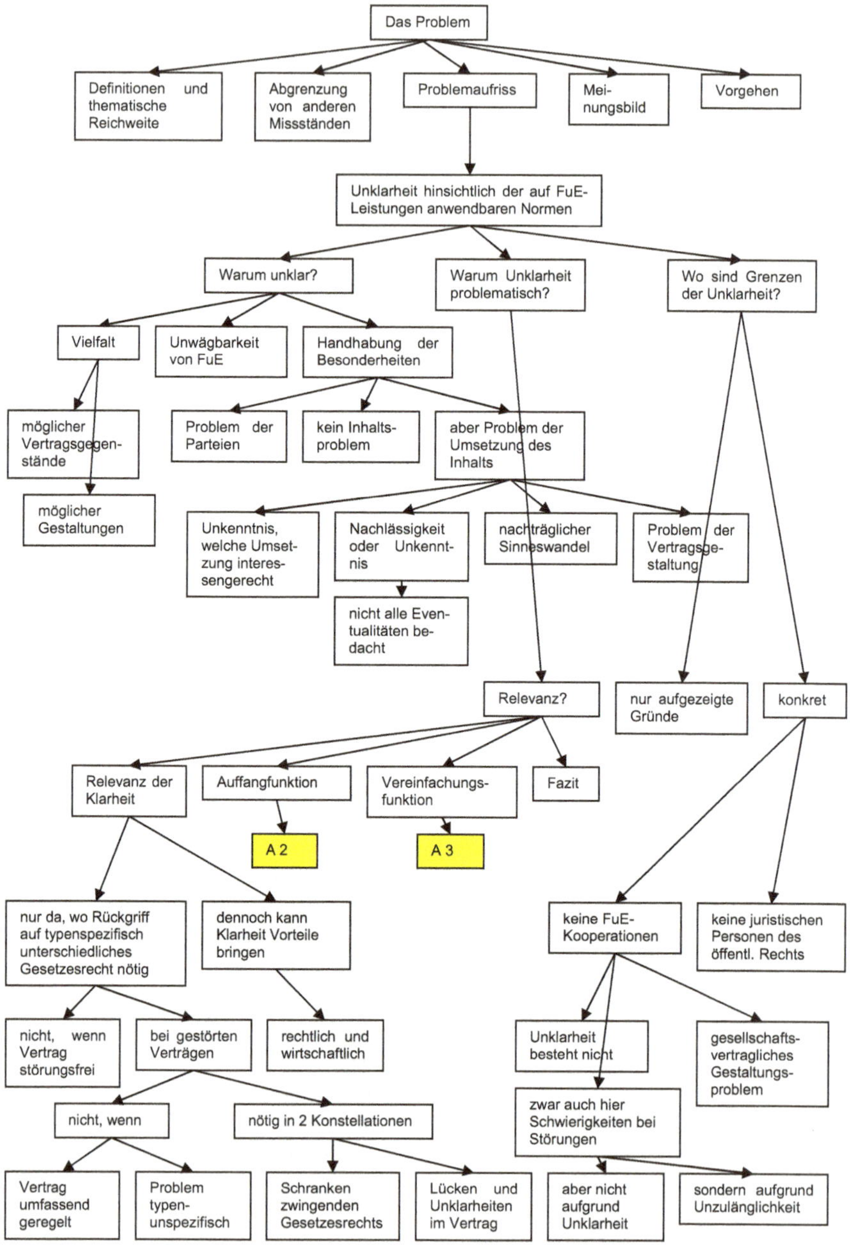

Anhang 2: Problemaufriss – Auffangfunktion

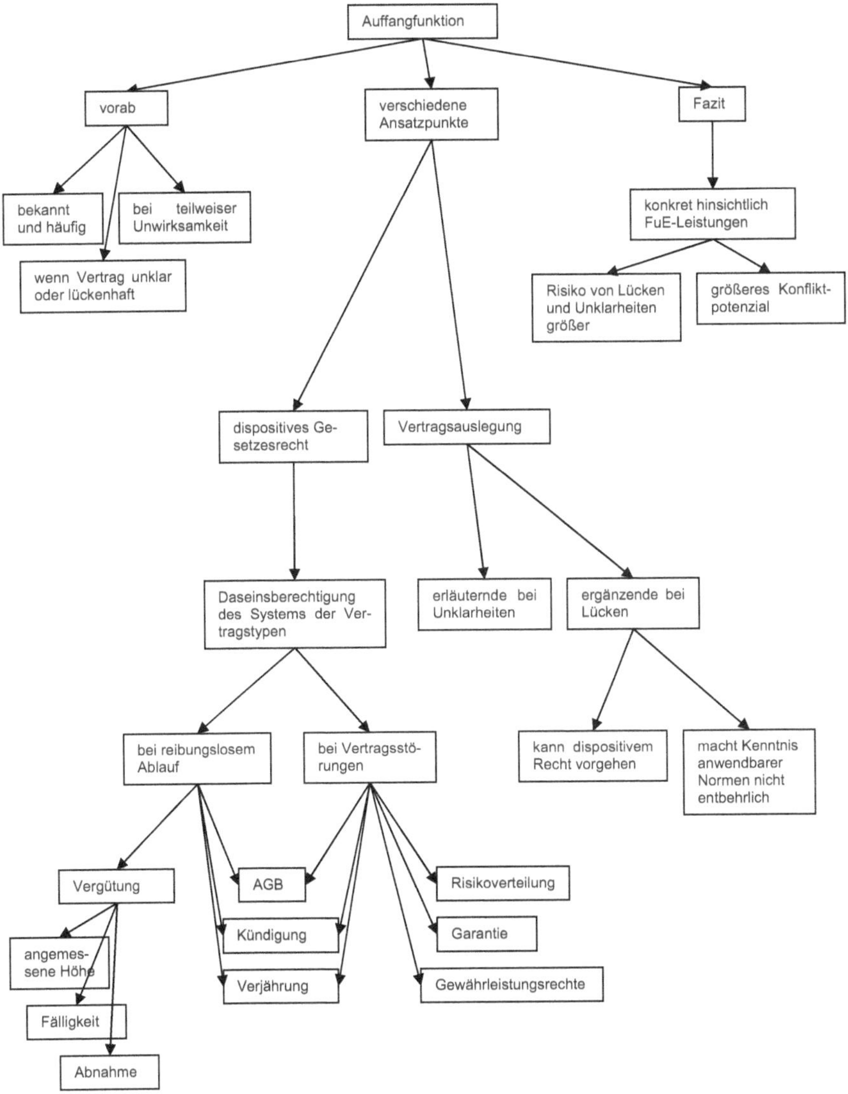

Anhang 3: Problemaufriss – Vereinfachungsfunktion

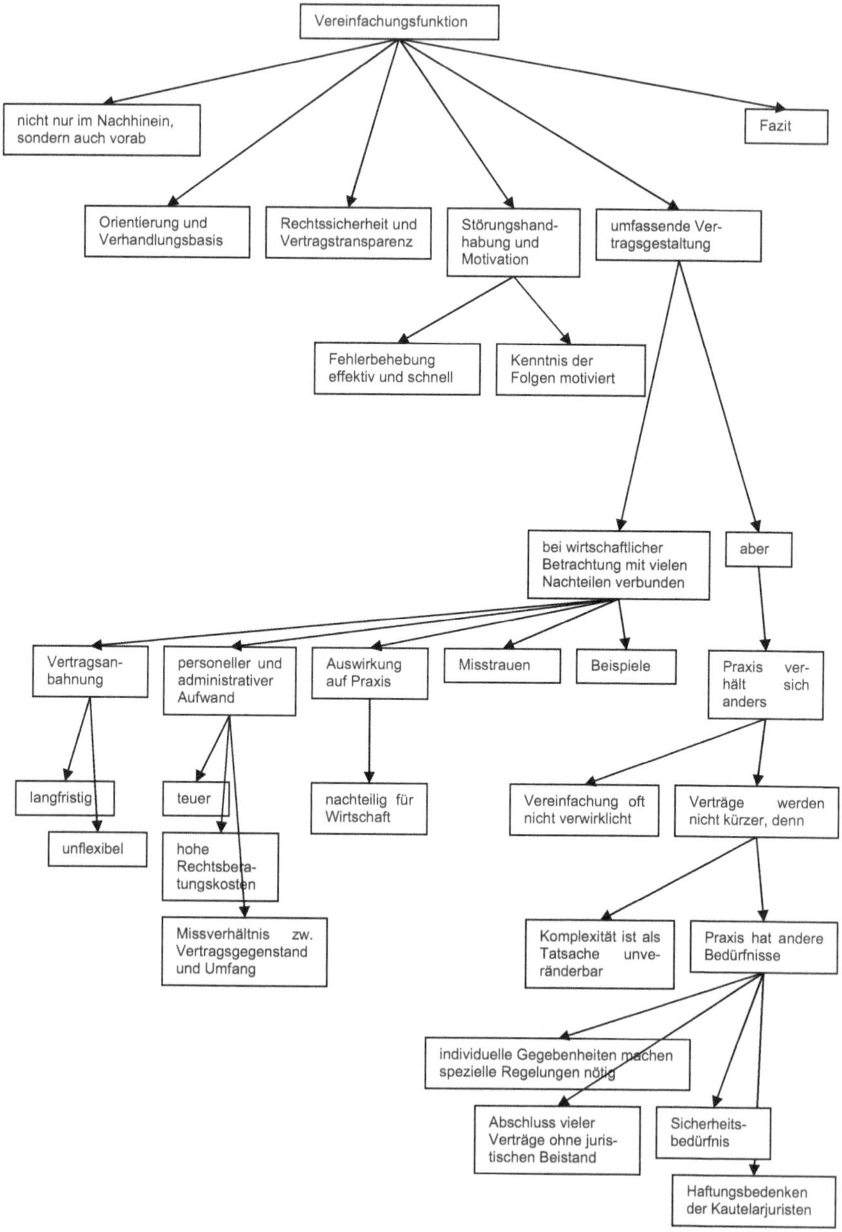

Anhang 4: Die Begrifflichkeiten der FuE-Verträge – FuE-Verträge – Arten von FuE-Verträgen

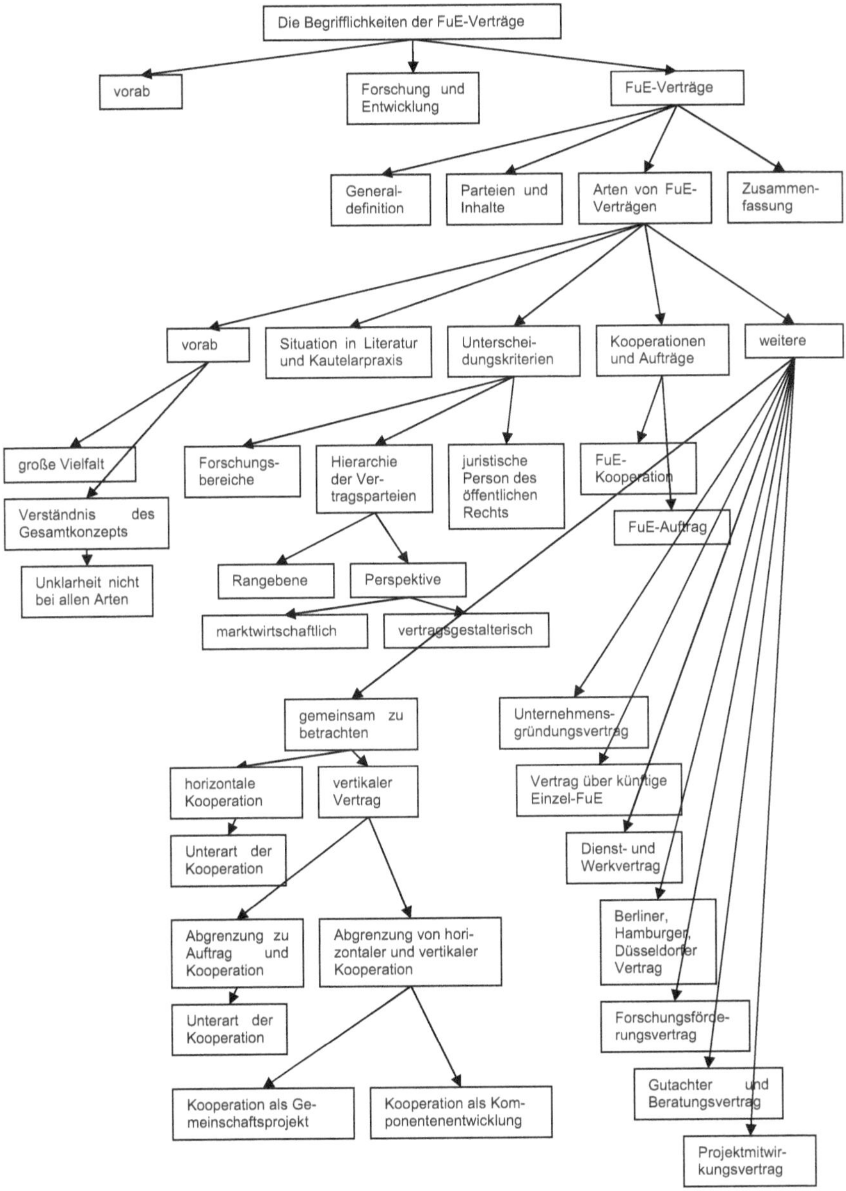

Anhang 5: „Rettung“ bestehender Verträge

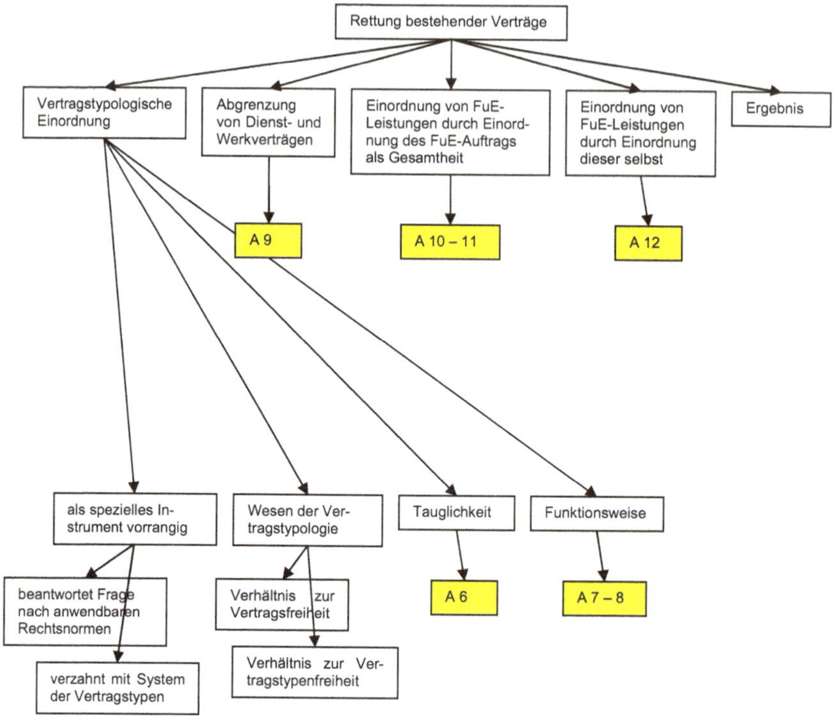

Anhang 6: „Rettung“ bestehender Verträge – Tauglichkeit der vertragstypologischen Einordnung

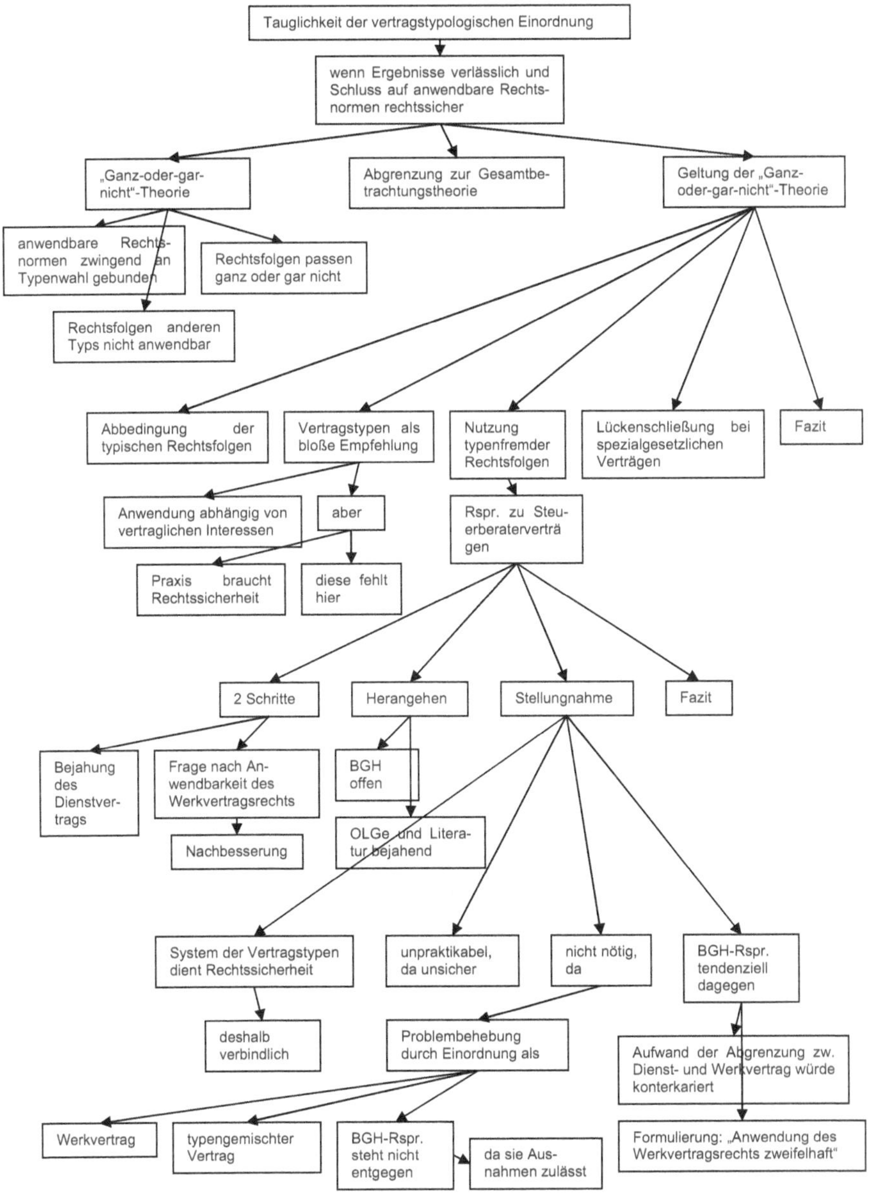

Anhang 7 – „Rettung“ bestehender Verträge – Funktionsweise der vertragstypologischen Einordnung

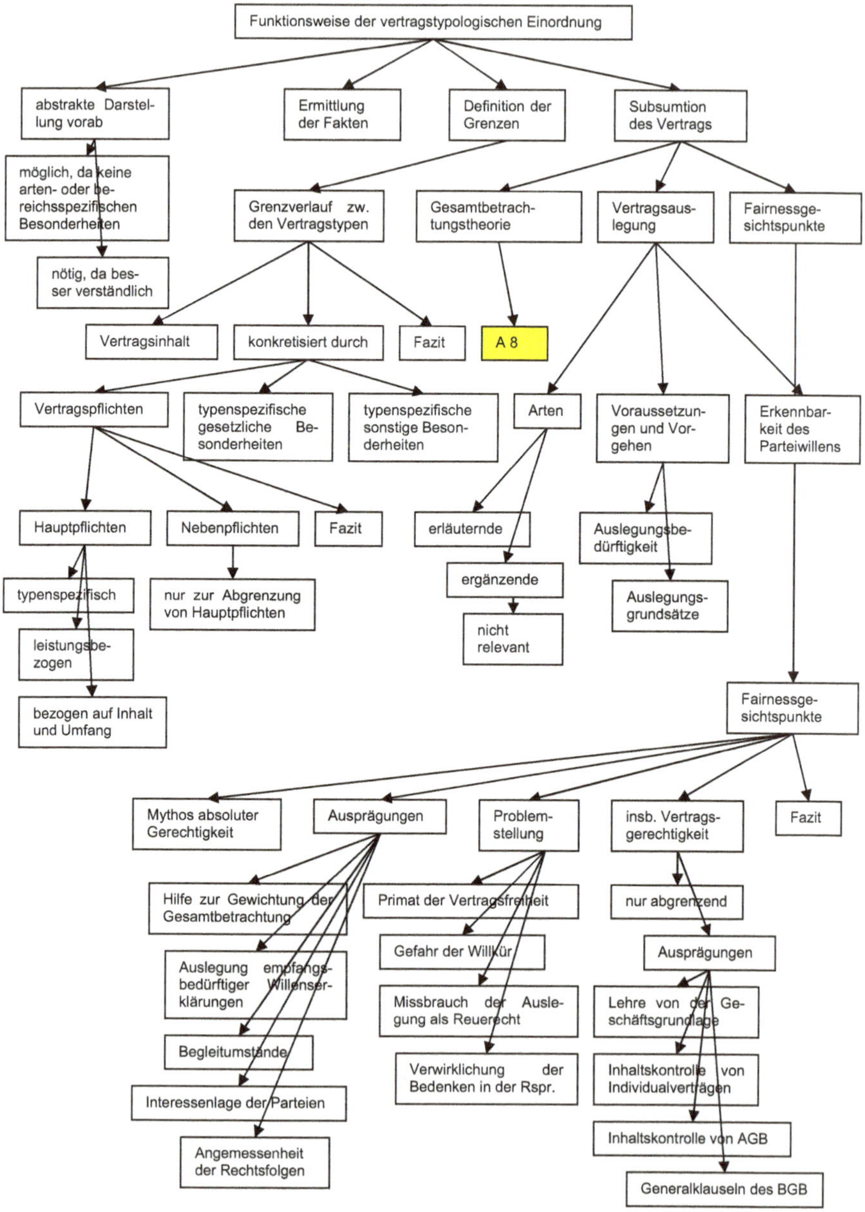

Anhang 8: Funktionsweise der vertragstypologischen Einordnung – Gesamtbetrachtungstheorie

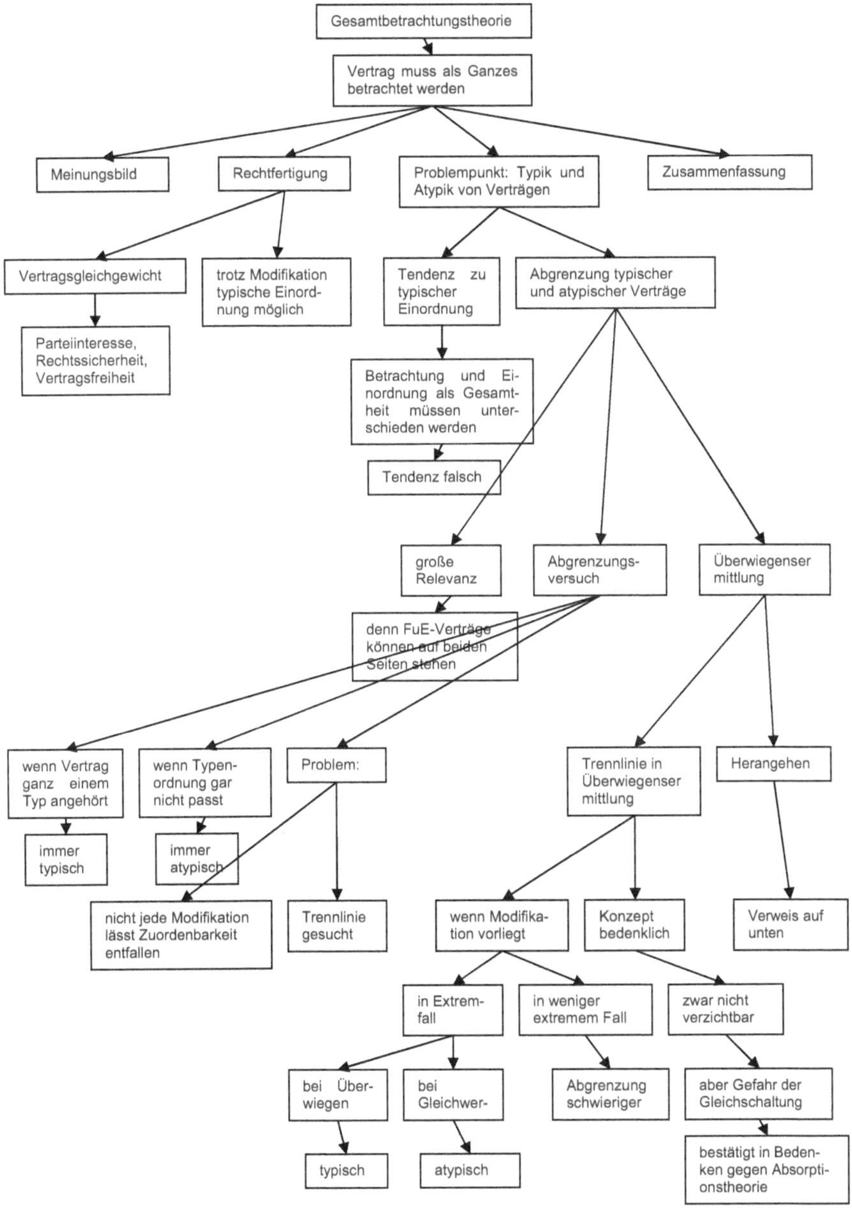

Anhang 9: „Rettung“ bestehender Verträge – Abgrenzung von Dienst- und Werkverträgen

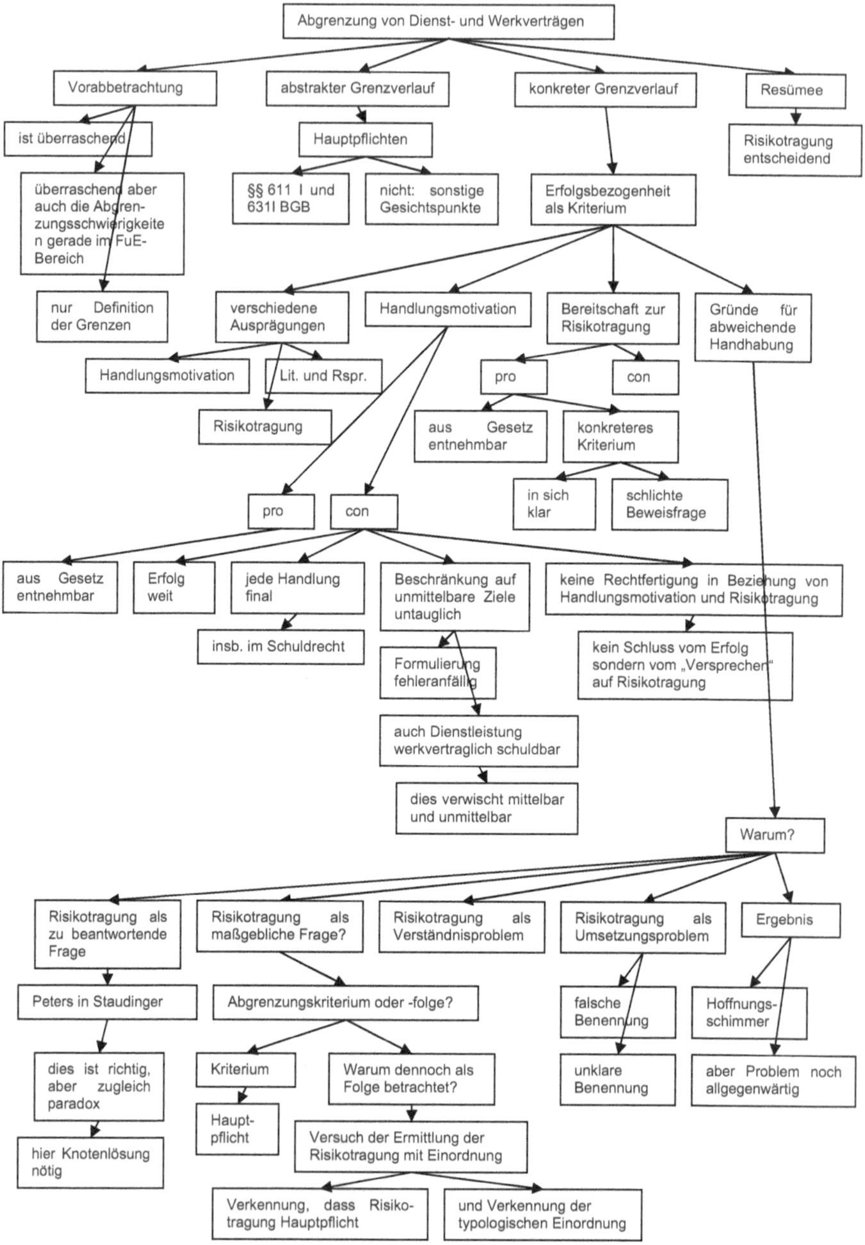

Anhang 10: Einordnung von FuE-Leistungen durch Einordnung des FuE-Auftrags als Gesamtheit

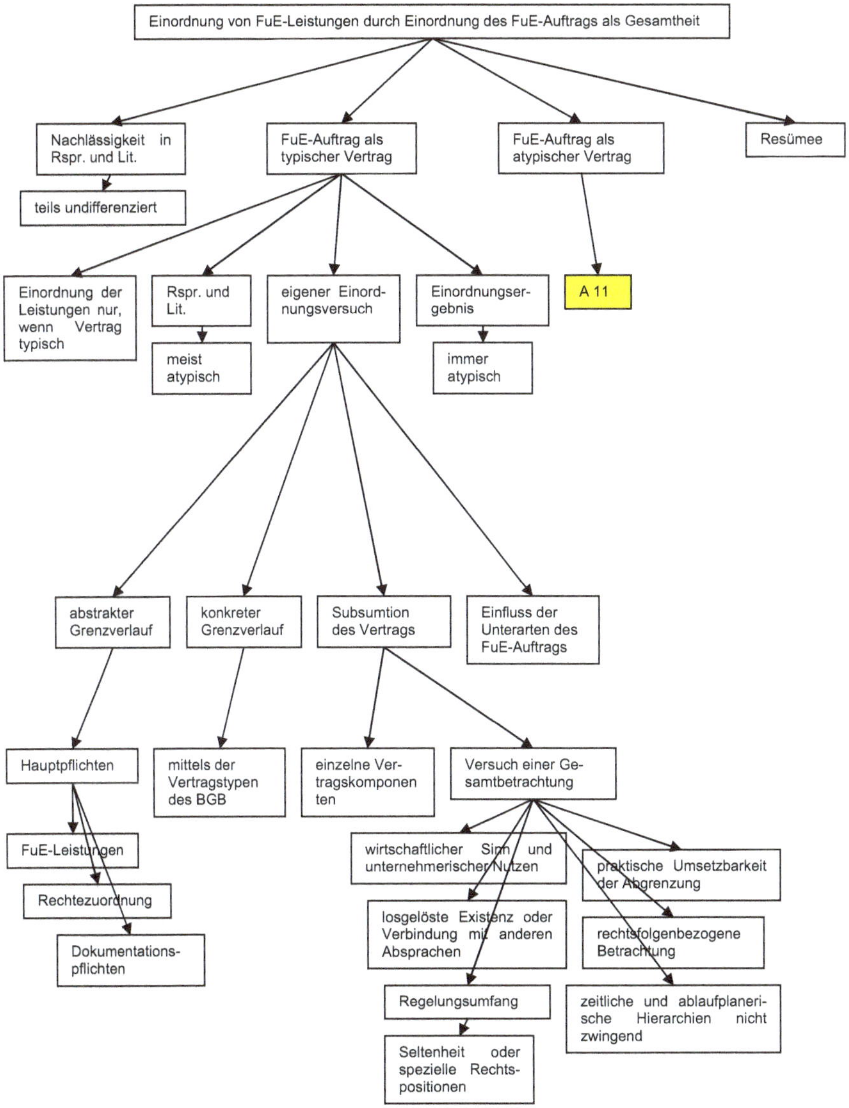

Anhang 11: Einordnung von FuE-Leistungen durch Einordnung des FuE-Auftrags als Gesamtheit – FuE-Auftrag als atypischer Vertrag

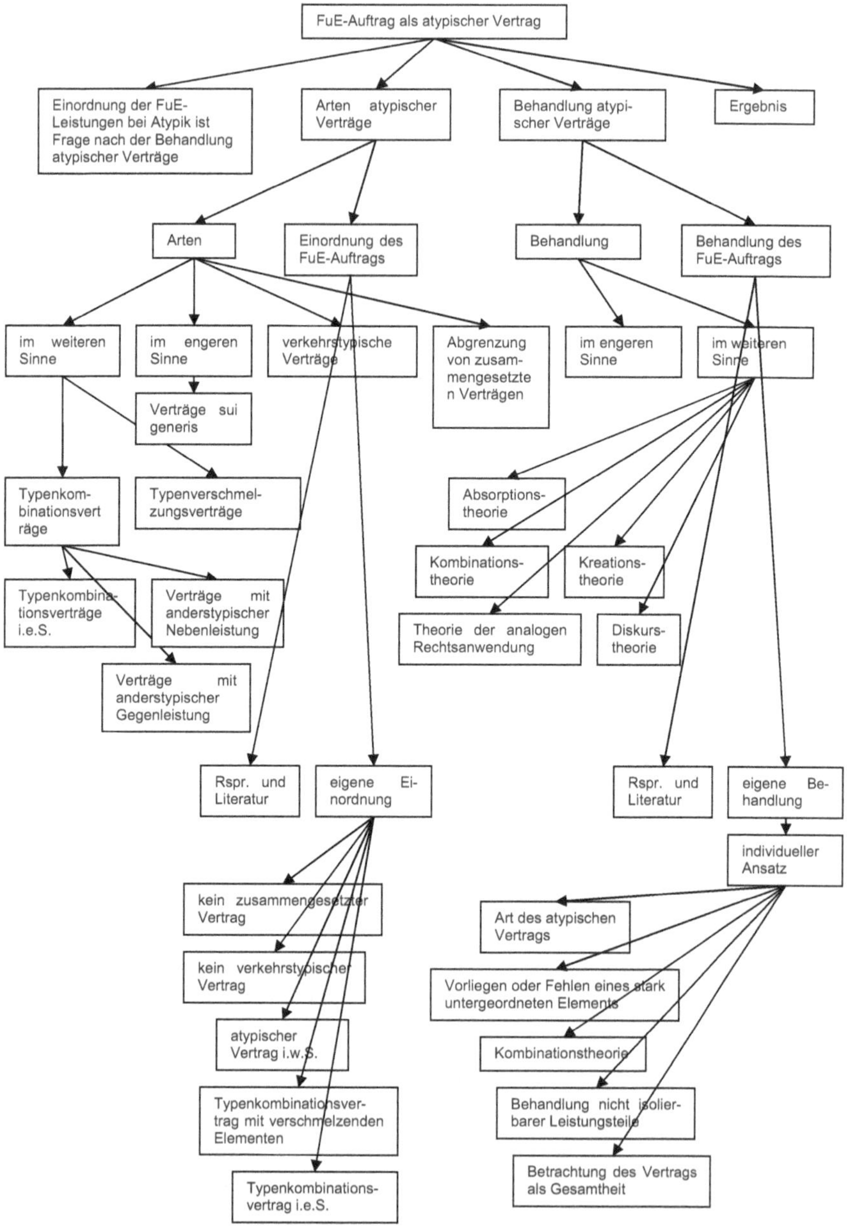

Anhang 12: Einordnung von FuE-Leistungen durch Einordnung dieser selbst

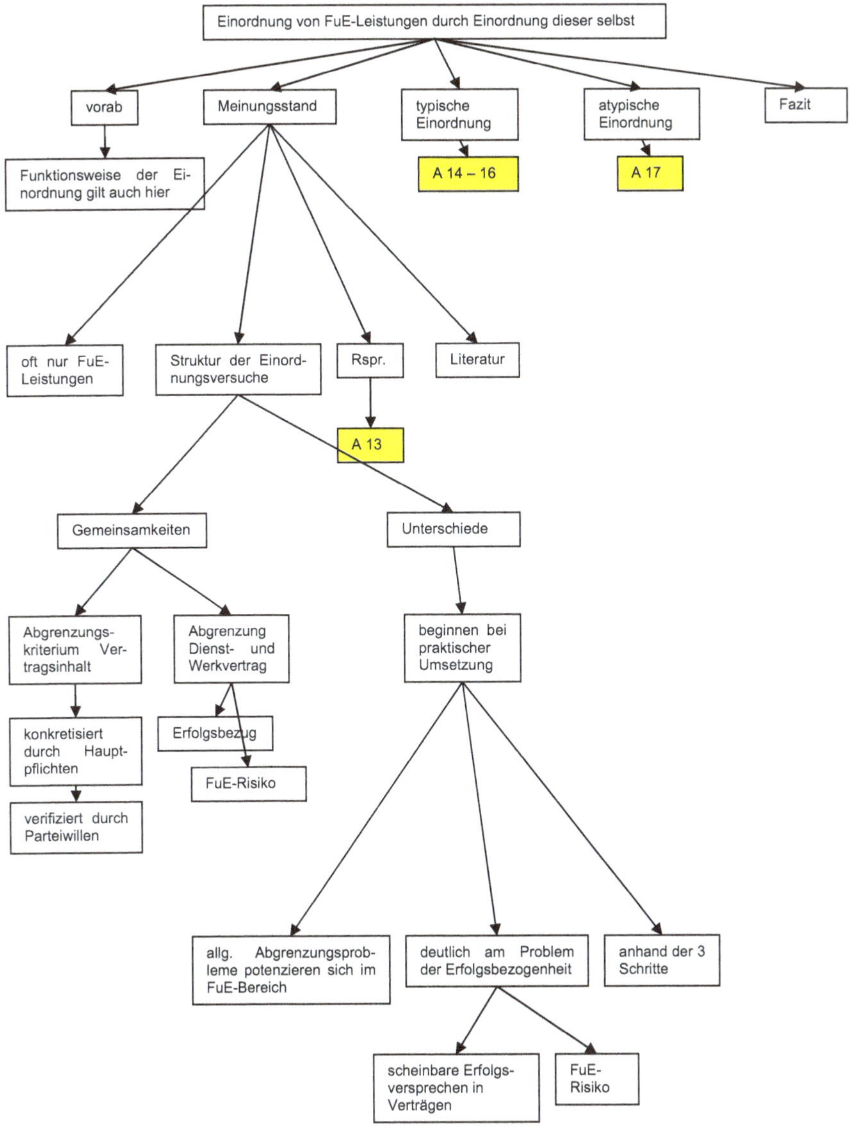

Anhang 13: Einordnung von FuE-Leistungen durch Einordnung dieser selbst – BGH

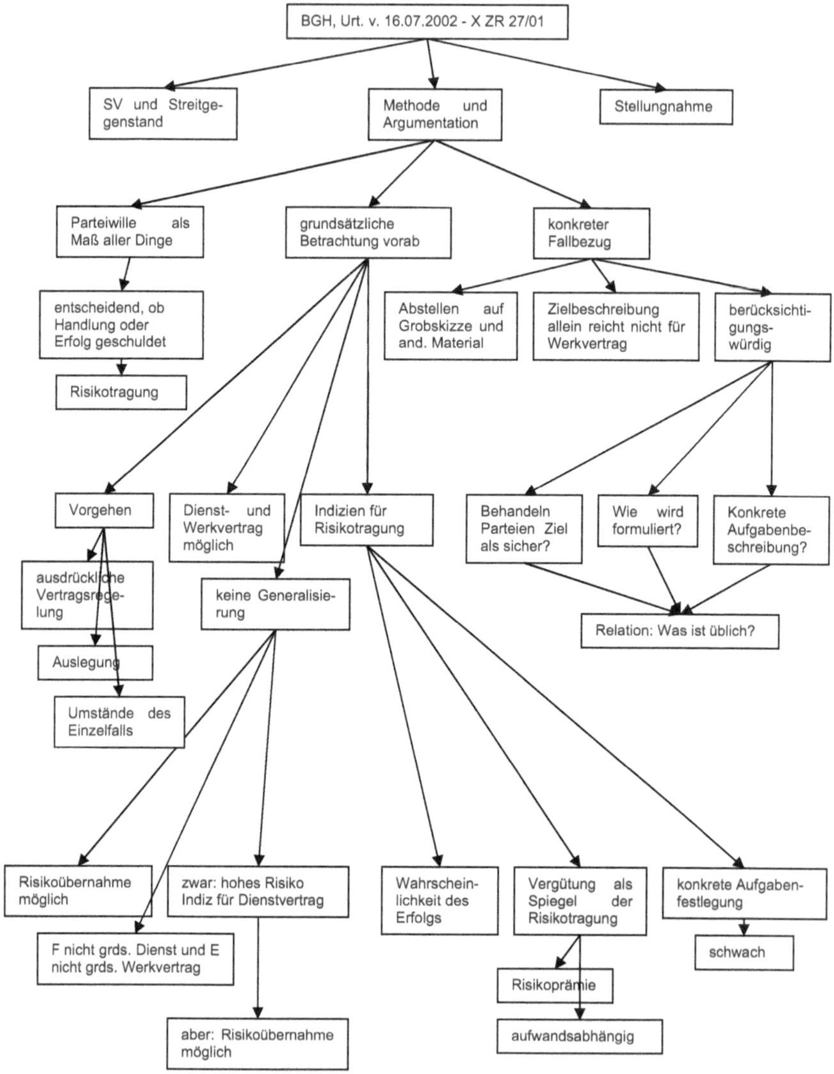

Anhang 14: Einordnung von FuE-Leistungen durch Einordnung dieser selbst – typische Einordnung

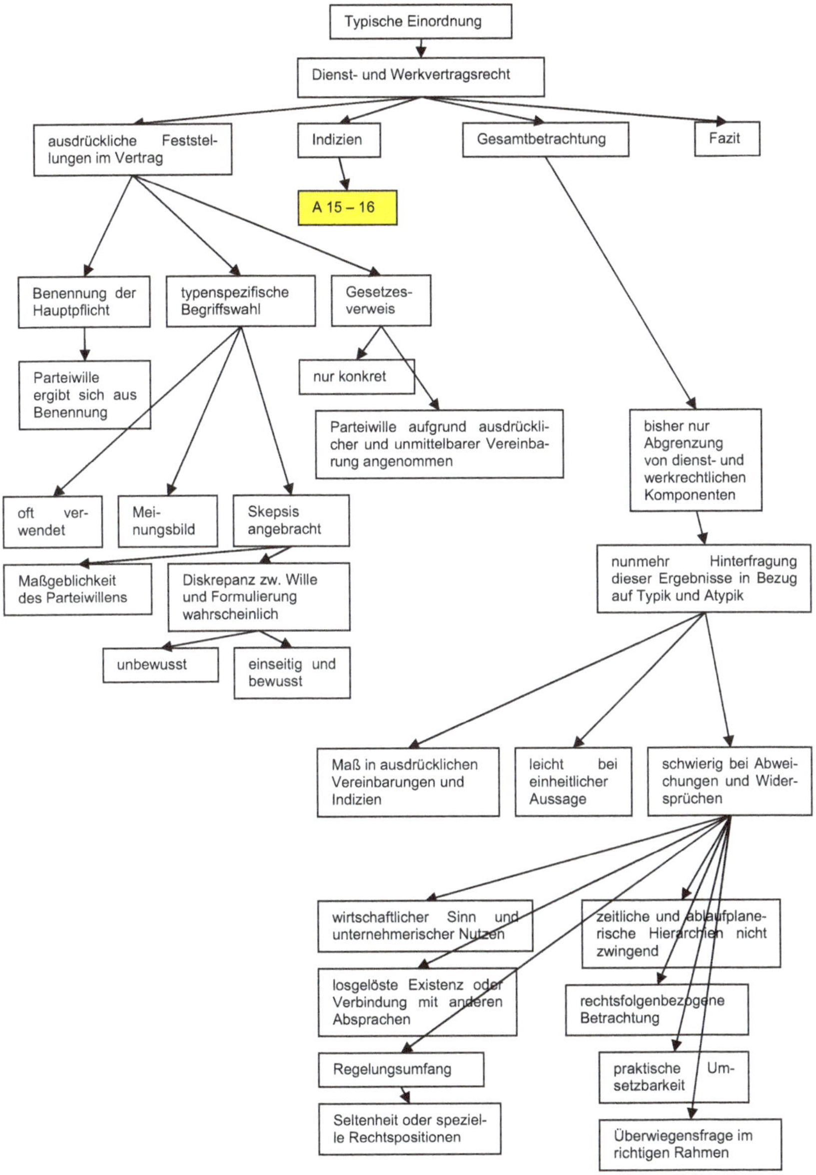

Anhang 15: Einordnung von FuE-Leistungen durch Einordnung dieser selbst - typische Einordnung – Indizien

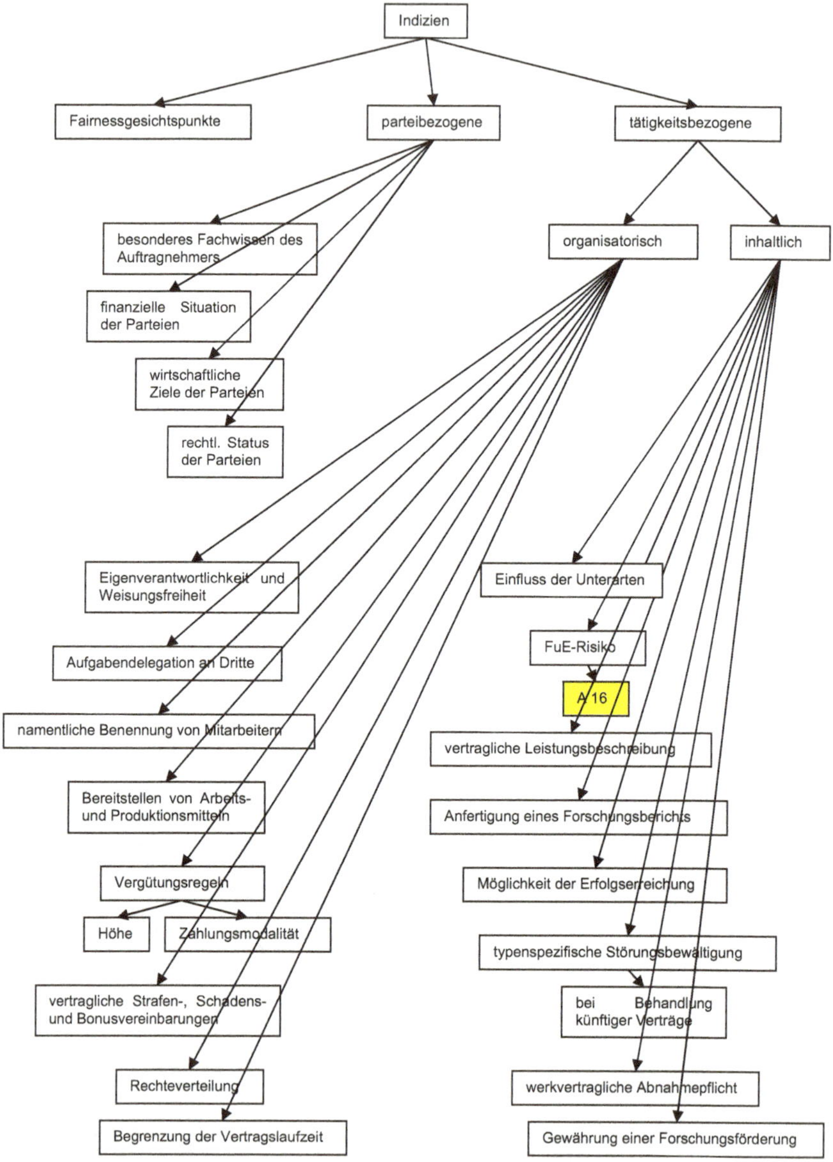

Anhang 16: Einordnung von FuE-Leistungen durch Einordnung dieser selbst - typische Einordnung – Indizien

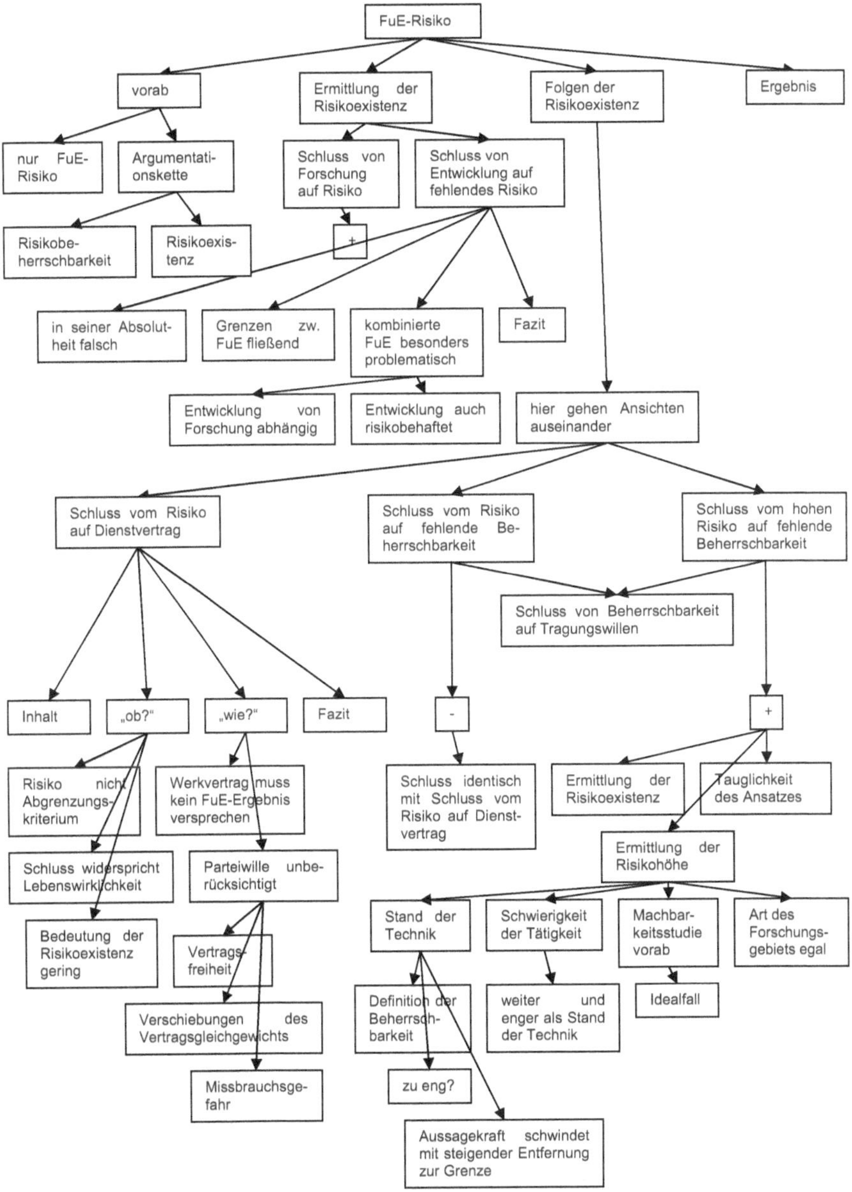

Anhang 17: Einordnung von FuE-Leistungen durch Einordnung dieser selbst – atypische Einordnung

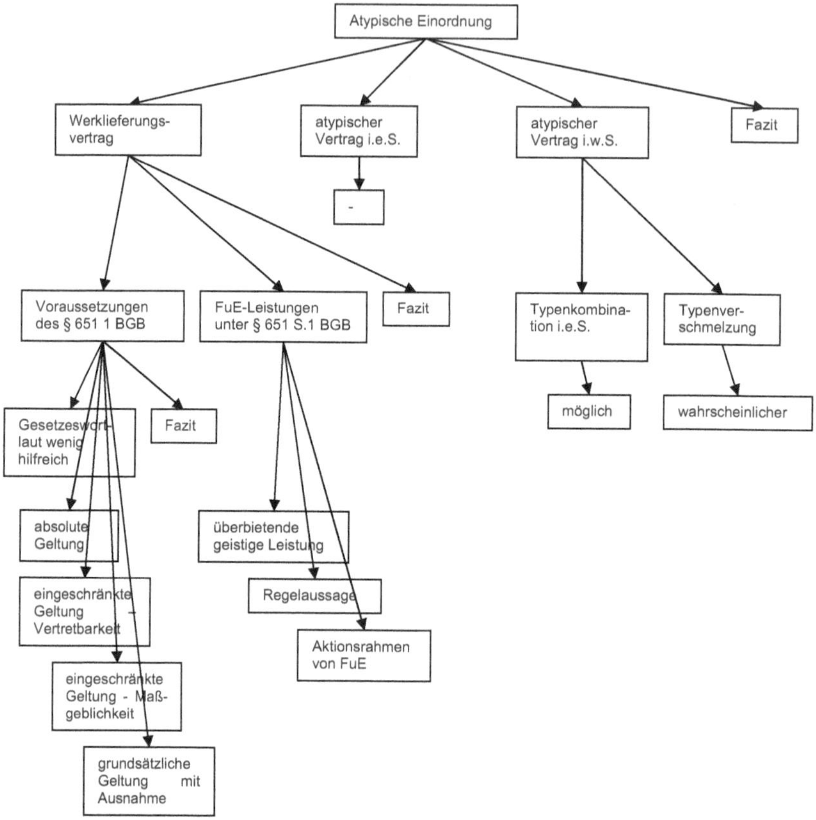

Anhang 18: „Hilfe“ für zukünftige Verträge

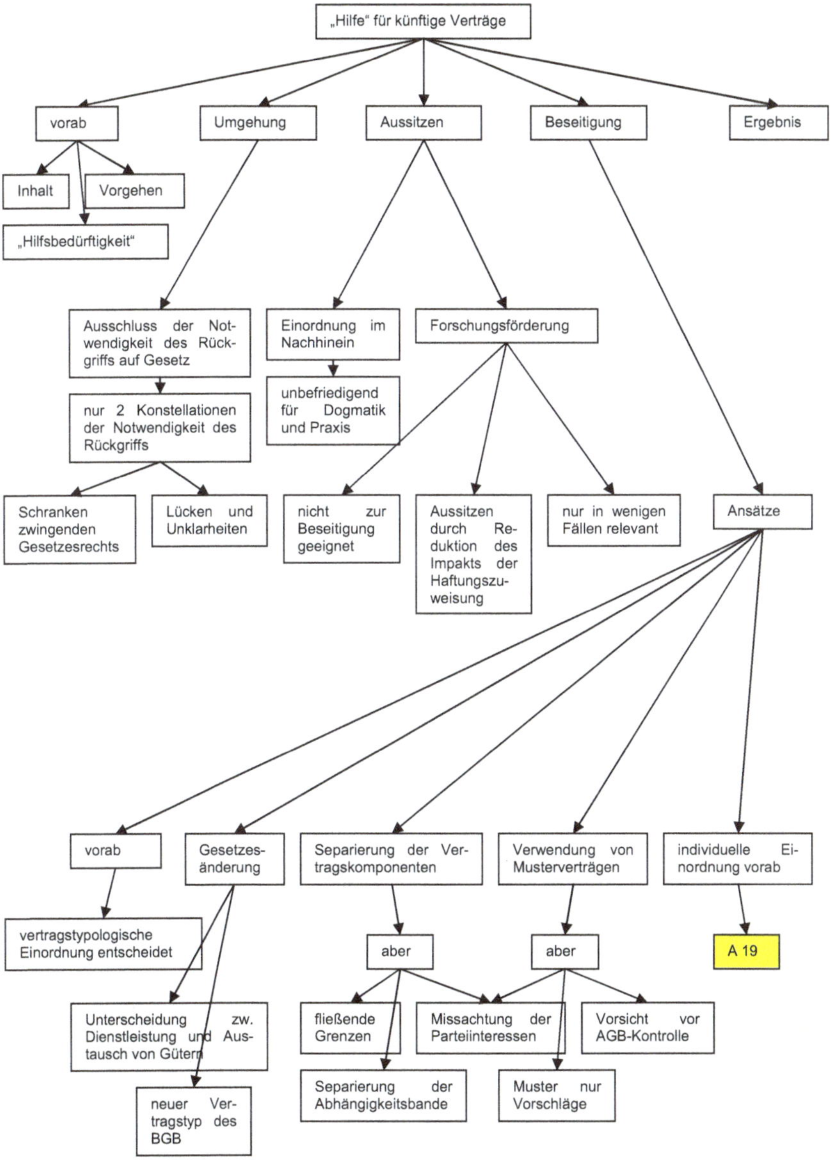

Anhang 19: „Hilfe" für zukünftige Verträge – individuelle Einordnung vorab

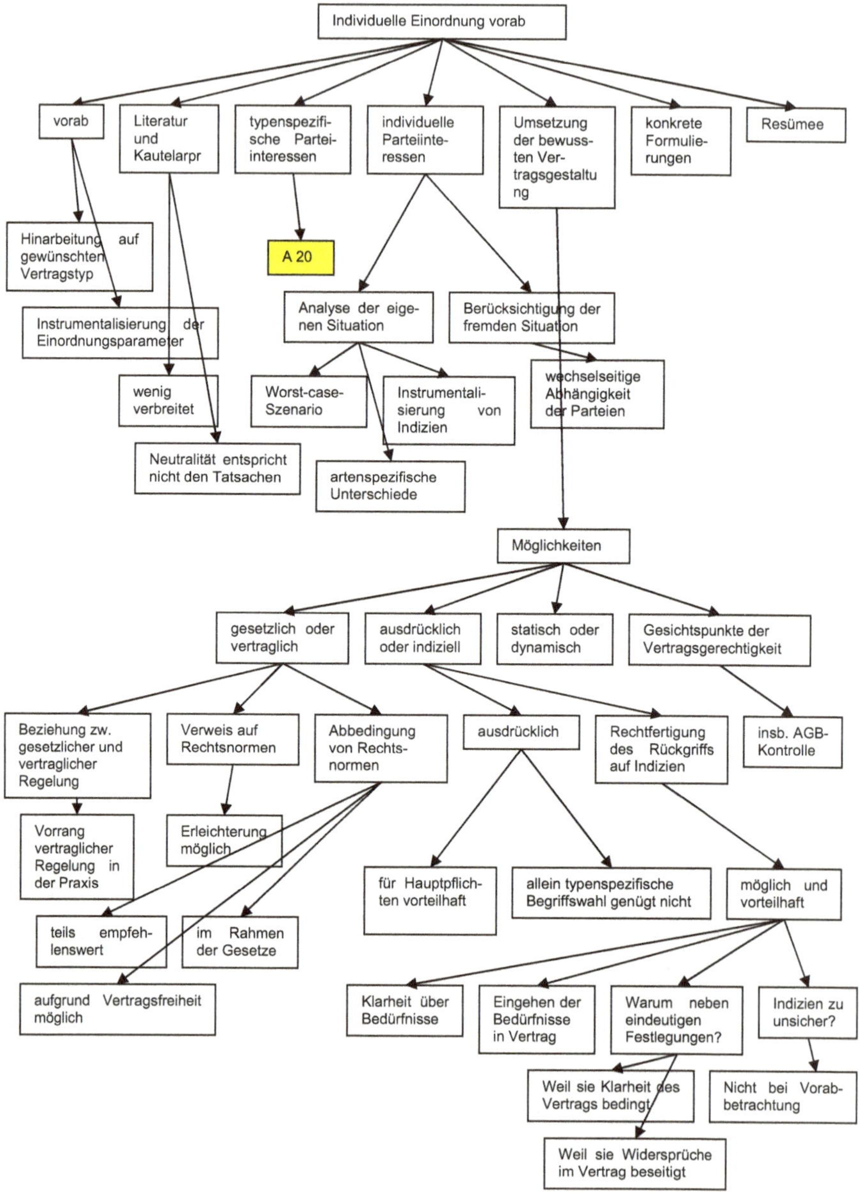

Anhang 20: Individuelle Einordnung vorab – typenspezifische Parteiinteressen

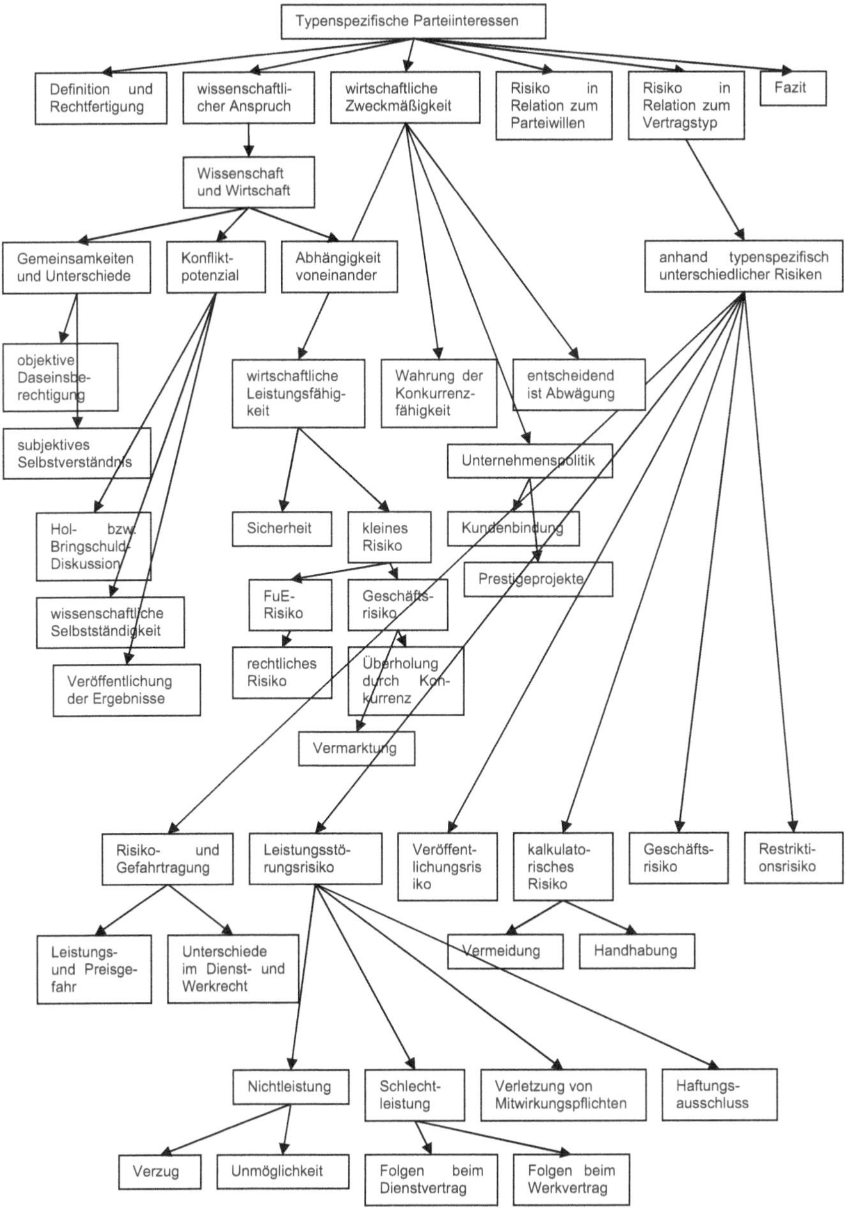

LITERATURVERZEICHNIS

Anwaltkommentar BGB hrsg. v. *Dauner-Lieb, Barbara/Heidel, Thomas/Lepa, Manfred/Ring, Gerhard,* Schuldrecht, Bonn 2002 (zitiert: AnwKomm-BGB/*Bearbeiter*)

Bartenbach, Kurt/Volz, Franz-Eugen Erfindungsrechtliche Aspekte der universitären Auftragsforschung, in: 50 Jahre VPP, Duisburg 2005, S.225–261

Beaumart/Markus Werkerfolgsrisiken in F&E-Verträgen, in: *Nicklisch, Fritz* (Hrsg.), Heidelberger Kolloquium Technologie und Recht, Bd.22,Forschungs- und Entwicklungsverträge in Wissenschaft und Technik, München 2004, S.39–55

Beilhack, Florian Buchrezension zu Winzer, Wolfgang, Forschungs- und Entwicklungsverträge – Ein Vertragshandbuch, , GRUR Int 2006, S.960–961

Beilhack, Florian Buchrezension zu Rosenberger, Hans-Peter, Verträge über Forschung und Entwicklung – F&E-Kooperationen in rechtlicher und wirtschaftlicher Sicht, GRUR Int 2007, S.872–873

BMWi Mustervereinbarungen für Forschungs- und Entwicklungskooperationen, hrsg. v. Bundesministerium für Wirtschaft und Technologie, Berlin 2007

Brandi-Dohrn, Matthias Das Risiko im Entwicklungsvertrag, CR 1998, S.645–651

Brockhaus Der Brockhaus in fünf Bänden, Bd.I und Bd.II, 9. Auflage, Leipzig, Mannheim 2000

Brox, Hans/Walker, Wolf-Dietrich Allgemeines Schuldrecht, 32. Auflage, München 2007

Brox, Hans/Walker, Wolf-Dietrich Besonderes Schuldrecht, 32. Auflage, München 2007

*Busche, Jan/Peter, Markus/ Runge, Philipp/Steigüber, Christian/ Wille, Nils*Leitfaden zu Forschungs- und Entwicklungsverträgen zwischen Hochschulen und der Industrie. Die kommentierten Düsseldorfer Bausteine für einen Forschungs- und Entwicklungsvertrag sowie eine Einführung ins Patent- und Arbeitnehmererfinderrecht, 4. Auflage, Düsseldorf 2008

*Dauner-Lieb, Barbara/Heidel, Thomas/Lepa, Manfred/Ring, Gerhard (Hrsg.)*Das Neue Schuldrecht. Ein Lehrbuch, Heidelberg 2002 (zitiert: *Bearbeiter*, in: *Dauner-Lieb/Heidel/Lepa/Ring*)

Dreier, Horst (Hrsg.) Grundgesetz Kommentar, Bd. I – Art. 1–19, 2. Auflage, Tübingen 2006 (zitiert: *Dreier/Bearbeiter.*)

Drescher, Jochen Anm. zu OLG Düsseldorf, Urt. v. 02.11.2005 - I-15 U 117/04, WuB IV A § 611 BGB 1.07.

Duden Das Herkunftswörterbuch. Etymologie der deutschen Sprache, Bd. 7, 3. Auflage, Mannheim, Leipzig, Wien, Zürich 2001

Erman Bürgerliches Gesetzbuch Handkommentar, hrsg. v. *Westermann, Harm, Peter*, Bd. I – §§ 1–811, 11. Auflage, Münster, Köln 2004

Falck, Andreas von/Schmaltz, Christiane, Auswirkungen des neuen Arbeitnehmererfindungsgesetzes auf FuE-Verträge sowie auf die Auftragsforschung, GRUR 2004, S. 469–475

Fikentscher, Wolfgang/Heinemann, Andreas Schuldrecht, 10. Auflage, Berlin 2006

Fuchs, Andreas Kartellrechtliche Grenzen der Forschungskooperation. Eine vergleichende Untersuchung nach US-amerikanischem, europäischem und deutschem Recht, Baden-Baden 1989 (zugl. Diss. Göttingen 1987/88)

Ganten, Hans Dienstleistungen als Werkleistungen – Anmerkungen zum „Erfolgs"-Begriff in der Rechtsprechung des BGH, in Festschrift Thode, S.21–28

Gaul, Dieter/Bartenbach, Kurt/Gennen, Klaus Patentlizenz- und Know-how-Vertrag, 4. Auflage, Köln 1997

Gempe, Michael Haftung für Rechtsmängel im Zusammenhang mit der Durchführung von Forschungs- und Entwicklungsaufträgen, Dresden 2008 (zugl. Diss. Jena 2007/2008)

Gleeson, Janet Das weiße Gold von Meißen, München, Zürich 1998

Götting, Horst-Peter Gewerblicher Rechtsschutz und Urheberrecht als Mittel der Techniksteuerung, in: Vieweg, Klaus (Hrsg.), Techniksteuerung und Recht: Referate und Diskussionen eines Symposiums an der Universität Erlangen-Nürnberg, Köln, Berlin, Bonn, München 2000, S.121–149

Götting, Horst-Peter Bemerkungen zum Spannungsverhältnis zwischen Patentschutz und Wettbewerbsfreiheit. Festschrift für Gert Kolle und Dieter Stauder, Köln 2005, S. 63–76

Götting, Horst-Peter Gewerblicher Rechtsschutz. Patent-, Gebrauchsmuster-, Geschmacksmuster- und Markenrecht, 8. Auflage, München 2007

Goldman, William The Princess Bride. S. Morgenstern´s classic tale of true love and high adventure, paperback edition, London, Berlin, New York 1999

Groß, Michael, Forschungs- und Entwicklungsvertrag, in: Heidelberger Musterverträge, Heft 79, 3. Auflage, Frankfurt am Main 2009

Grüter, Karl Der gemeinsame Zweck bei der vertikalen Entwicklungskooperation, WRP 1970, S. 334–337

Haas, Lothar/Medicus, Dieter/Rolland, Walter/Schäfer, Carsten/Wendtland, Holger Das neue Schuldrecht, München 2002 (zitiert: *Bearbeiter,* in: Das neue Schuldrecht)

Henssler, Martin Risiko als Vertragsgegenstand, Tübingen 1994 (zugl. Habil. Konstanz 1989/1990)

Jarass, Hans D./Pieroth, Bodo Grundgesetz für die Bundesrepublik Deutschland, 9. Auflage, München 2007 (zitiert: *Bearbeiter,* in: *Jarass/Pieroth*)

juris Praxiskommentar-BGB hrsg. v. *Rüßmann, Helmut,* Bd.II/3 – Schuldrecht §§ 631–853, 2. Auflage, Saarbrücken 2004 (zitiert: jurisPK-BGB/*Bearbeiter)*

Kalkschmidt, Eugen Der Goldmacher Böttger und die Erfindung des europäischen Porzellans, 5. Auflage, Stuttgart 1926

Klawitter, Christian/Zintler, Mathias Neuer Mustervertrag für F&E-Kooperationen zwischen Wirtschaft (industriellen Auftraggebern) und Hochschulen, Mitteilungen der deutschen Patentanwälte 2006, S. 116–118

Koch, Thurid Die Haftungsfreizeichnung in Forschungs- und Entwicklungsverträgen, Köln 2009 (zugl. Diss. Köln 2008)

Langenfeld, Gerrit Vertragsgestaltung. Methode – Verfahren – Vertragstypen, 3. Auflage, München 2004

Larenz, Karl Lehrbuch des Schuldrechts, Bd.II/1 – Besonderer Teil, 13. Auflage, München 1986

Larenz, Karl/Canaris, Claus-Wilhelm Lehrbuch des Schuldrechts, Bd. II/2 – Besonderer Teil, 13. Auflage, München 1994

Leenen, Detlef Typus und Rechtsfindung. Die Bedeutung der typologischen Methode für die Rechtsfindung dargestellt am Vertragsrecht des BGB, Berlin 1971 (zugl. Diss. München 1970/71)

Mankowski, Peter Werkvertragsrecht – Die Neuerungen durch § 651 BGB und der Abschied vom Werklieferungsvertrag, MDR 2003, S. 854–860

Martinek, Michael Moderne Vertragstypen, Bd. I – Leasing und Factoring, München 1991

Medicus, Dieter, Bürgerliches Recht, 21. Auflage, Köln, Berlin, München 2007

Meusel, Ernst-Joachim Außeruniversitäre Forschung im Wissenschaftsrecht, Köln, Berlin, Bonn, München 1992

Möffert, Franz-Josef Der Forschungs- und Entwicklungsvertrag, 3. Auflage, München 2008

Möffert, Franz-Josef Forschungs- und Entwicklungsverträge, in: Münchener Vertragshandbuch, hrsg. v. *Schütze, Rolf A./Weipert, Lutz,* Bd. 3 – Wirtschaftsrecht II, 6. Auflage, München 2009, S. 225–276

Motive zu dem Entwurfe eines bürgerlichen Gesetzbuches für das Deutsche Reich, Amtliche Ausgabe, Bd. II – Recht der Schuldverhältnisse, Berlin, Leipzig 1888

Münchener Kommentar- BGB hrsg. v. Säcker, Franz Jürgen/Rixecker, Roland, Bd.IV - Schuldrecht BT II – §§ 611–704, 5. Auflage 2009 (zitiert: *MüKo/Bearbeiter*)

Naujok, Jan-Pieter/Rode, Oliver Anm. z. *BGH,* Urt. v. 11.05.2006 – IX ZR 63/05, EWiR 2007, S. 103–104

Nehberg, Rüdiger Die Autobiographie, München 2007

Nicklisch, Fritz (Hrsg.) Der komplexe Langzeitvertrag. Strukturen und internationale Schiedsgerichtsbarkeit, Heidelberg 1987, S. 17 ff.

Nicklisch, Fritz Kooperation und Risikoverteilung bei FuE-Verträgen, in: *Nicklisch, Fritz* (Hrsg.), Heidelberger Kolloquium Technologie und Recht, Bd. 22,Forschungs- und Entwicklungsverträge in Wissenschaft und Technik, München 2004, S. 5–14

Oetker, Hartmut/Maultzsch, Felix Vertragliche Schuldverhältnisse, Berlin, Heidelberg, New York 2002

Over, Uwe Zivilrechtliche Haftung für Fehlleistungen in der Forschung, Karlsruhe 1991 (zugl. Diss. Köln 1990/91)

Pagenberg, Jochen/Beier, Dietrich Lizenzverträge. License Agreements, 6. Auflage, München 2008

Palandt, Otto Kommentar zum Bürgerlichen Gesetzbuch, bearb. v. *Bassenge, Peter/Brudermüller, Gerd/Diederichsen, Uwe* u.a., 68. Auflage, München 2009 (zitiert: *Palandt/Bearbeiter*)

Plander, Harro/Schiek, Dagmar Forschung als Gegenstand von Werkverträgen, RdA 1990, S. 219–230

Rosenberger, Hans-Peter Verträge über Forschung und Entwicklung – F&E-Kooperationen in rechtlicher und wirtschaftlicher Sicht, Köln, Berlin, München 2006

Roth, Herbert Anm. z. *BGH*, Urt. v. 16.07.2002 - X ZR 27/01, JZ 2003, S. 371–372

Rümelin, Gustav Dienstvertrag und Werkvertrag, Tübingen 1905

Rupprecht, Bernd Vertragliche Gestaltungsmöglichkeiten bei Forschungs- und Entwicklungskooperationen zwischen Wirtschaft und Wissenschaft unter besonderer Berücksichtigung der neuen Mustervereinbarungen des Bundesministeriums für Wirtschaft und Technologie, ISIPLAV News 02, S. 11–15

Sandberger, Georg Gestaltungsfragen bei Forschungs- und Entwicklungsverträgen, in: *Nicklisch, Fritz* (Hrsg.), Heidelberger Kolloquium Technologie und Recht, Bd.22,Forschungs- und Entwicklungsverträge in Wissenschaft und Technik, München 2004, S. 17–27

Schmeißer, Nikolai/Zirkel, Markus P. Forschungs- und Entwicklungsverträge. Rechtliche Einordnung und vertragliche Gestaltung, MDR 2003, S. 849–853

Schmitt Glaeser, Walter Die Freiheit der Forschung, in: WissR Bd. 7 (1974), S. 107–134

Scholz, Lothar Definition und Abgrenzung der Begriffe Forschung, Entwicklung, Konstruktion, in: RKW-Handbuch Forschung, Entwicklung, Konstruktion, 1987

Schwintowski, Hans-Peter Recht und Gerechtigkeit. Eine Einführung in Grundfragen des Rechts, Berlin, Heidelberg, New York 1996

Soergel, Hans Th. Kommentar zum Bürgerlichen Gesetzbuch, hrsg. v. *Siebert, Wolfgang*, Bd.IV/1, Schuldrecht III/1 – §§ 516–651, 12. Auflage, Stuttgart, Berlin, Köln 1998

Staudinger, Julius von Kommentar zum Bürgerlichen Gesetzbuch mit Einführungsgesetz und Nebengesetzen,

Buch 2, Recht der Schuldverhältnisse, Dienstvertragsrecht 1 – §§ 611–615, bearb. v. Annuß, Georg/Richardi, Reinhard, Neubearb., Berlin 2005 (zitiert: *Staudinger/Bearbeiter*, Neubearb. 2005)

Buch 2, Recht der Schuldverhältnisse, Werkvertragsrecht – §§ 631–651, bearb. v. *Jacoby, Florian/Peters, Frank*, Neubearb., München 2008 (zitiert: *Staudinger/Bearbeiter*, Neubearb. 2008)

Stifterverband für die Deutsche Wirtschaft (Hrsg.) Forschung und Entwicklung – facts. Zahlen & Fakten aus der Wissenschaftsstatistik GmbH im Stifterverband, August 2009 (erhältlich unter: http://www.stifterverband.org/statistik_und_analysen/publikationen/fue_facts/index.html; Stand: 02.11.2009)

Störi, Fritz Forschungs- und Entwicklungsverträge, Zürich 1979 (zugl. Diss. Zürich 1979)

Stumpf, Herbert/Groß, Michael Der Lizenzvertrag, 8. Auflage, Frankfurt am Main 2005

Thode, Reinhold Die wichtigsten Änderungen im BGB-Werkvertragsrecht: Schuldrechtsmodernisierungsgesetz und erste Probleme – Teil 1, NZBau 2002, S. 297–305

Thode, Reinhold Die wichtigsten Änderungen im BGB-Werkvertragsrecht: Schuldrechtsmodernisierungsgesetz und erste Probleme – Teil 2, NZBau 2002, S. 360–366

Ullrich, Hanns Zum Werkerfolgsrisiko beim Forschungs- und Entwicklungsvertrag, in: Festschrift für Wolfgang Fikentscher zum 70. Geburtstag, Tübingen 1998, S. 298–328

Ullrich, Hanns Geschäftsrisiko und Unternehmenskooperation, in: Festschrift für Steindorff, Berlin, New York 1990, S. 281–302

Ulsenheimer, Stefan Die zwischenbetriebliche Forschungs- und Entwicklungskooperation, Frankfurt am Main 2002 (zugl. Diss. München 2001)

Winzer, Wolfgang Forschungs- und Entwicklungsverträge. Ein Vertragshandbuch, München 2006

Wissenschaftsrat (Hrsg.) Empfehlungen zur Interaktion von Wissenschaft und Wirtschaft, Drucksache 7865-07, 2007 (Volltext unter http://www.wissenschaftsrat.de/texte/7865-07.pdf oder bestellbar unter post@wissenschaftsrat.de, Stand: 02.11.09)

Wündisch, Sebastian Forschungs- und Entwicklungsvertrag, in: Beck'sche Online-Formulare, hrsg. v. *Krauß, Hans-Frieder/Weise, Stefan*, 2. Auflage, München 2007

Wündisch, Sebastian Kooperationsvertrag, in: Beck'sche Online-Formulare, hrsg. v. *Krauß, Hans-Frieder/Weise, Stefan*, 2. Auflage, München 2007

Zeppenfeld, Guido/Beyerlein, Thorsten Zur Abgrenzung von Dienstvertrag und Werkvertrag, EWiR 2002, S. 1039–1040

Zirkel, Markus P. Innovation durch Vertragsforschung. Zur Entwicklung eines Rechtsgebiets, in: Festschrift für Polter, 2007, S. 51–75

FSC
www.fsc.org
MIX
Papier | Fördert gute Waldnutzung
FSC® C083411

Kolibri 360 GmbH
Ferdinand-Jühlke-Straße 7
99095 Erfurt, Deutschland
produktsicherheit@kolibri360.de